Die Mutter aller KI Bücher

Ralf-Peter Kleinert

Das Buch:

"Die Mutter aller KI Bücher" – ein Werk, das anders entstanden ist, als ursprünglich geplant, aber genau dadurch so faszinierend geworden ist. Dieses Buch hat nicht den Anspruch, ein klassisches Lehrbuch zu sein. Stattdessen nehme ich Sie mit auf eine informative Reise, die beinahe, also sehr entfernt, wie ein Science-Fiction-Roman wirkt – nur, dass alles, was Sie hier lesen, auf fundierten Fakten beruht. Wenn Sie das Inhaltsverzeichnis durchblättern, werden Sie merken, wie schwer es ist, all die Themen, die ich hier zusammengetragen habe, in einem Satz zusammenzufassen.

Ich habe die wirklich entscheidenden Themen herausgegriffen, die eng mit der Technologie der Künstlichen Intelligenz verzahnt sind. Die guten Seiten, aber auch die schlechten. Dieses Buch beleuchtet die Chancen, aber auch die Gefahren der KI, und zeigt Ihnen, wie Sie sich sicher durch diese Systeme navigieren können. Dabei geht es nicht nur um Technik, sondern auch um die ethischen und gesellschaftlichen Herausforderungen, die uns in den nächsten Jahren begleiten werden. Wir leben in einer Zeit, in der KI unser Leben auf unvorstellbare Weise beeinflussen wird, und genau deshalb ist es so wichtig, dass Sie wissen, worauf Sie sich einlassen.

Ein besonderes Augenmerk lege ich auf das Prompting. Ich werde Ihnen beibringen, wie Sie durch geschickte Eingaben das Beste aus KI-Systemen herausholen können. Sie müssen kein Technikprofi sein, um das zu verstehen. Ich führe Sie Schritt für Schritt durch die Grundlagen des Promptings und gebe Ihnen wertvolle Tipps, wie Sie selbst zu einem Prompting-Profi werden können. Diese Tipps habe ich selbst getestet, erprobt und auf den Punkt gebracht – es ist alles dabei, was Sie brauchen, um sicher und erfolgreich mit KI zu arbeiten.

Natürlich geht es in diesem Buch auch um die Geschichte der KI, aber ich werfe Sie dabei nicht mit technischen Details zu. Stattdessen erfahren Sie, wie sich diese faszinierende Technologie entwickelt hat, woher sie kommt und wie sie funktioniert. Sie bekommen das große Ganze vermittelt – von den Ursprüngen der Künstlichen Intelligenz bis hin zu den aktuellsten Entwicklungen, die unseren Alltag prägen. Sie werden die Mechanismen verstehen, die hinter all den Begriffen stecken, die heute durch die Medien geistern: Deep Learning, neuronale Netze, maschinelles Lernen – alles wird anschaulich und verständlich erklärt. Dieses Buch ist aber nicht nur eine theoretische Abhandlung. Es ist ein Leitfaden, der Ihnen zeigt, wie Sie die Macht der KI zu Ihrem Vorteil nutzen können. Sie bekommen handfeste Tipps und Anleitungen, wie Sie KI im Alltag einsetzen, sie produktiv nutzen und gleichzeitig die Risiken im Blick behalten.

Dieses Buch wird ganz sicher nicht alle Fragen beantworten – und das ist auch gar nicht möglich. Das Thema Künstliche

Intelligenz ist einfach zu groß. Selbst ich, der sich lange und intensiv damit beschäftigt hat, stehe manchmal da und schaue "wie ein Schwein ins Uhrwerk", wenn ich noch tiefer grabe. Es werden also immer Fragen offenbleiben. Aber: Sie bekommen hier das nötige Rüstzeug, um am Ende sagen zu können: "Ich hab's voll drauf jetzt!"

Ich habe alles daran gesetzt, dass Sie dieses Buch nicht aus der Hand legen wollen. Ich habe es interessant, spannend und hier und da mit einer kleinen Prise schelmischen Humors gewürzt. Es soll nicht nur informieren, sondern auch unterhalten. Mein Ziel war es, ein Fachbuch zu schreiben, das Sie fesselt und inspiriert.

Also, lehnen Sie sich zurück und genießen Sie die Lektüre. "Die Mutter aller KI-Bücher" nimmt Sie mit auf eine Reise, die nicht nur Ihre Fragen beantwortet, sondern Sie auch dazu ermutigt, selbst in die Welt der Künstlichen Intelligenz einzutauchen und sie zu Ihrem Vorteil zu nutzen.

Freunde und Bekannte, die wissen, unter welchem Pseudonym ich noch schreibe, werden vermutlich überrascht sein. Denn dieses Mal ist meine Sprache nicht frech, sondern erstaunlich elegant – kein einziger Schlag unter die Gürtellinie und keine Kraftausdrücke, wie ich sie sonst vielleicht verwendet hätte. Ja, selbst ich bin erstaunt, dass ich es geschafft habe, ein Buch ganz ohne derbe Ausdrücke zu schreiben!

Ich hoffe, dass Ihnen dieses Buch weiterhilft, und wünsche Ihnen viel Freude beim Lesen und Entdecken. Künstliche Intelligenz kann unsere Zukunft prägen, und mit diesem Buch sind Sie bestens gerüstet, um einen Schritt voraus zu sein.

Normalerweise schreibe ich, genau wie diesen Abschnitt hier, meine Bücher in einer größeren Schriftgröße, um sie barrierefreier und leichter lesbar zu machen – egal ob mit Kraftausdrücken oder ohne. Doch bei diesem Buch wäre ich dadurch über 550 Seiten hinausgeschossen. Also habe ich mich schweren Herzens entschieden, den Text um 2 Punkt zu verkleinern. Das entspricht eigentlich gar nicht meiner Art, aber in diesem Fall ging es einfach nicht anders.

Obwohl ich die Textgrößen verkleinert habe, lege ich wie gewohnt Wert auf eine angenehme Lesbarkeit. Deshalb setze ich auf den bewährten linksbündigen Flattersatz und achte darauf, regelmäßig Abstände zwischen den Absätzen einzufügen.

Der Autor:

Ralf-Peter Kleinert, geboren im Januar 1981 in Hennigsdorf bei Berlin, ein echter DDR-Bürger. Seit es den Commodore C64 gibt, lernte ich alles über Computer, was ich in die Finger bekommen konnte.

Das Schöne daran war, dass ich die gesamte Entwicklung miterleben durfte – von der lahmen Klapperkiste bis zur Höllenmaschine, die heute unter meinem Schreibtisch steht. Ein Handy zum Beispiel übertrifft heute alle Computer von damals. Das Wissen über Rechner und der Drang zu lernen führten mich immer tiefer in die Materie.

Nun blogge ich einen Teil meines Wissens auf Webseiten und schreibe dieses Buch. Die Programme wurden besser, und das Internet kam auf. Heute nutze ich es vor allem als Social Media Manager. Als IT- und Computerexperte seit Windows 95 kann ich auf viele Jahre voller "Computerprobleme" zurückblicken. Ich glaube, dass gerade wegen der Probleme, die Computer verursachen, überhaupt erst die Experten heranwachsen.

Als Social Networking im Web 2.0 begann, hatte all das Lernen plötzlich einen tieferen Sinn. Alleine im Zimmer zu sitzen war seitdem vorbei. Auf einmal wurden Computer vernetzt und die Kommunikation mit Menschen begann, statt nur mit einem Diskettenstapel zu hantieren. Ob es viele Gleichgesinnte gab, wusste ich vorher kaum. Zunächst trafen sich aber nur Nerds im Netz, und diese wurden teils belächelt oder auch gehänselt. Heute ist Networking normal, weil quasi jeder online ist.

Von 2010 bis 2012 absolvierte ich meine Wunsch-Ausbildung zum Mediengestalter beim Silicon Studio Berlin. Hier durfte ich mein Wissen festigen und ausbauen. Da ich auch Erfahrung in der Fotografie hatte, absolvierte ich zusätzlich ein Praktikum bei „One I A Fotostudio". Das Fotografieren ist ein wichtiger Bestandteil des Social Media Managements und hat meine Fähigkeiten in diesem Bereich weiter vertieft.

Meine Zertifizierungen umfassen:

- IT-Sicherheit - Schutz für KMUs und StartUps
- Netzwerktechnik, Netzwerksicherheit und Wireshark
- Cybersicherheit - Schutz vor Hackerangriffen
- Linux Firewall mit Fail2Ban gegen Brute-Force-Angriffe
- Die komplette SQL Masterclass
- Linux-Administration und Systemmanagement
- Nextcloud installieren, einrichten und anwenden mit Linux Ubuntu
- Microsoft Azure Administrator
- Microsoft 365 Security Administrator
- Microsoft 365 Identität und Dienste
- Industrielle Cybersicherheit 2024
- Ethical Hacking mit Kali Linux
- Microsoft Active Directory Windows Server 2022

Weitere Schulungen in:
Computernetzwerke (CompTIA Network+)
Computersicherheit (CompTIA Security+)

Die Mutter aller KI Bücher

Verstehen Sie Künstliche Intelligenz, bevor sie Sie versteht – Der ultimative Leitfaden für die Zukunft

von

Ralf-Peter Kleinert

Auflage 1 - 2024
© 2024 All rights reserved.

Taschenbuch
KDP-ISBN: 9798340606051

Schrift: Vollkorn
Cover: Ralf-Peter Kleinert / Adobe Photoshop / Fotor KI

Alle Marken und Produktnamen sind Warenzeichen der jeweiligen Inhaber.

https://ralf-peter-kleinert.de
https://hilfe-vom-admin.de
kontakt@ralf-peter-kleinert.de
ralf-peter-kleinert@proton.me

Inhaltsverzeichnis

1 Einleitung — 1

2 Techgiganten (veraltet) — 10

3 Facebook Datankrake (veraltet) — 14

4 Was ist Künstliche Intelligenz (KI)? — 19
   4.1 AGI – Ziel der Künstlichen Intelligenz — 21
   4.2 ANI – Artificial Narrow Intelligence — 23
   4.3 Ist ChatGPT eine ANI oder eine AGI? — 25
   4.4 Zusammenfassung: Was ist KI? — 27

5 Was KI nicht kann und was KI nicht ist — 28

6 Geschichte von KI, wie alles begann — 31
   6.1 Beginn der EDV, mechanische Rechner — 32
   6.2 Das Zeitalter der Elektronik — 32
   6.3 Die Bedeutung von Daten — 33
   6.4 Innovation durch Vernetzung — 33
   6.5 Theoretische Ursprünge von KI, vor 1950 — 34
   6.6 Geburtsstunde der KI, 50er Jahre — 34
   6.7 Erste Rückschläge, 60er und 70er Jahre — 35
   6.8 Wiederaufleben der KI, 80er und 90er Jahre — 36
   6.9 Durchbruch maschinelles Lernen, 00er Jahre — 37
   6.10 Gegenwart und Zukunft der KI — 37
   6.11 Fazit Geschichte von KI — 38

7 Hinter den Kulissen von KI — 38
   7.1 Was passiert im Hintergrund? — 39
   7.2 NVIDIA, Hardware die KI verwendet — 40
   7.3 Die Entstehung von NVIDIA — 43

8 Die wichtigsten Lern-Konzepte von KI — 45
   8.1 Überwachtes Lernen — 45

8.2 Unüberwachtes Lernen	46
8.3 Verstärktes Lernen	46
8.4 Semi-überwachtes Lernen	47
8.5 Selbstüberwachtes Lernen	47
8.6 Kombiniertes Lernen	48
8.7 Reinforcement Learning with Human Feedback	49
8.8 Zusammenfassung Lernkonzepte KI	54
8.9 Was kommt als Nächstes?	56

9 KI-Systeme von Tesla das Nonplusultra — 60

9.1 Optimus: Der humanoide Roboter von Tesla	60
9.2 Das autonome Fahren von Tesla	61
9.3 Vision – sie können sehen und lernen	62
9.4 Tesla Revolution Evolution	62
9.5 Tesla wird den Knoten lösen	64
9.6 Macht der Tesla-Rechenzentren	65

10 Welche Arten von KI kennen wir heute? — 66

10.1 Machine Learning (ML)	66
10.2 Deep Learning	67
10.3 Neuronale Netze	70
10.4 Expertensysteme	71
10.5 Reinforcement Learning	72
10.6 Natural Language Processing (NLP)	73
10.7 KI bei vielen im Dauereinsatz	74
10.8 Large Language Modelle LLMs	76
10.9 Zusammenfassung: Arten von KI	78

11 API – was ist das? — 78

12 ChatGPT und ChatGPT Voice — 80

12.1 Wie arbeitet ChatGPT, was sind Token?	83
12.2 Diffusion-Modelle, LLMs und Token-Limits	85
12.3 ChatGPT Account und API nutzen	88
12.3.1 ChatGPT-Account erstellen	89
12.3.2 API-Zugriff	90

12.3.3 Bezahlen oder kostenlos nutzen? … 91
12.4 Nützliche Tipps zur Nutzung … 91
12.5 Versionen und Fähigkeiten ChatGPT … 92
12.5.1 ChatGPT 3 … 92
12.5.2 ChatGPT 3.5 … 93
12.5.3 ChatGPT 4 … 93
12.5.4 ChatGPT 4 Turbo … 94
12.5.5 Was die Versionen nicht können … 94
12.5.6 ChatGPT Voice: Eine neue Dimension … 95
12.5.7 Die rasante Entwicklung … 96
12.5.8 Bleiben Sie wachsam – und flexibel … 97
12.6 Zusammengefasst ChatGPT Account und API … 99

13 ChatGPT Voice … 99
13.1 Wie verwende ich ChatGPT Voice? … 101
13.2 Account von ChatGPT Voice … 105

14 Gefahren und Tipps zur Nutzung von KI … 105

15 Open AI Playground, Gehirn von ChatGPT … 108
15.1 Was ist der OpenAI Playground? … 109
15.2 Wozu benutzt man den Playground? … 110
15.3 Wie funktioniert der OpenAI Playground? … 111
15.4 Wie benutzt man den OpenAI Playground? … 112
15.5 Praktische Tipps zu Playground … 113
15.6 Wie können Sie Playground nutzen? … 113
15.7 Benutzeroberfläche OpenAI Playground … 114
15.8 Navigation im OpenAI Playground … 115
15.9 Wie Sie Playground optimal nutzen … 117
15.10 Kosten OpenAI Playground … 118
15.10.1 Kostenstruktur im OpenAI Playground … 118
15.11 Zahlung und Abrechnungsmethoden … 121
15.12 Abrechnung nach Modell … 122
15.13 Preise unterliegen ständiger Veränderung … 124
15.14 Zahlung: Kreditkarte erforderlich … 126

15.15 Kostenloser Kontostand und Kosten ... 127
15.16 Fazit Playground ... 130

16 KI-Assistenten in Playground erstellen ... 132
16.1 Das Formular und seine Optionen ... 136
16.2 Test unseres Assistenten ... 140
16.2.1 Hier ist die Antwort der KI: ... 142
16.2.2 Zu der Antwort: ... 143
16.3 Zusammenfassung: Playground ... 146

17 8 Tipps, um LLMs zu trainieren ... 149
17.1 Zusammenfassung 8 Tipps ... 158

18 KI, KI überall KI – Warum? ... 160

19 Google Bard und Gemini ... 168
19.1 Auf welchem Modell basiert Gemini? ... 172
19.2 Wofür kann ich Gemini nutzen? ... 175
19.3 Wie kann ich Gemini nutzen? ... 177
19.4 Ein Google-Konto anlegen ... 178
19.5 Gemini die Frage zu diesem Buch stellen ... 181

20 KI Stimmen- und Sprach-Generatoren ... 183
20.1 Wie funktioniert die Technik dahinter? ... 185
20.2 Zukunft von KI-Sprache ... 187
20.3 Websites mit Sprachgeneratoren ... 188
20.4 Mein Favorit KI-Sprache ... 190

21 Zu den Kosten und Preisen aller KIs ... 192
21.1 Was kostet KI und warum? ... 192
21.2 Warum kosten KI-Tools Geld? ... 193
21.3 Kostenlos und wirtschaftlich. Balanceakt ... 194

22 Weitere Anwendungsbeispiele von KI ... 194

23 Programmierung mit KI ... 200
23.1 HTML und CSS, nicht mehr lernen ... 201

23.2 Object Pascal – Delphi ... 202
23.3 Weitere Sprachen ... 205
23.4 Beispiel zum Verständnis ... 207

24 Warnung was Sie behaupten ... 213

25 LLMs Large Language Models ... 215
25.1 LAAMA ... 215
25.2 Claude 2 ... 216
25.3 Grok von X-AI ... 218
25.4 PaLM 2 ... 219
25.5 Jurassic-1 Jumbo ... 221
25.6 Falcon LLM ... 222
25.7 Zusammenfassung zu LLMs ... 224

26 Funktionsweise LLMs und Modelle ... 225
26.1 Parameter ... 226
26.2 Parameter bei Text ... 230
26.3 Training ... 231
26.4 Kontextlänge ... 234
26.5 Architektur eines Modells ... 236
26.6 Optimierungsverfahren ... 239
26.7 Regularisierung und Dropout ... 241
26.8 Batchgröße ... 244
26.9 Zusammenfassung ... 246

27 Anwendungsfälle von LLMs ... 250

28 Bild und Grafik mit KI ... 253
28.1 DALL-E ... 256
28.2 Stable Diffusion ... 258
28.3 Midjourney ... 260
28.4 Google Imagen ... 263
28.5 Adobe Firefly ... 265

29 Menschlichkeit und KI ... 267

30 DALL-E Account, Abo — 273
30.1 DALL-E verwenden — 275

31 Momentan beste Modelle OpenAI — 279

32 Prompt Engineering, besser Prompten — 282
32.1 Strukturierte Prompts — 286
32.1.1 Strukturierte Prompts für Text — 286
32.1.2 Strukturierte Prompts für Bild — 288
32.1.3 Warum ist Struktur so wichtig? — 289
32.2 Shot Prompting — 289
32.2.1 Shot Prompting für Bild — 292
32.2.2 Warum ist Shot Prompting so wichtig? — 292
32.3 Rollen Prompting — 293
32.3.1 Kann Rollen Prompting hilfreich sein? — 295
32.3.2 Welche Rollen kann KI einnehmen? — 297
32.4 Three of Thougts — 299
32.4.1 Tree of Thoughts für Text — 300
32.4.2 Tree of Thoughts für Bild — 301
32.4.3 Warum Tree of Thoughts wichtig ist — 301
32.5 Chain of Thougts — 302
32.5.1 Chain of Thought für Text — 303
32.5.2 Chain of Thought für Bild — 304
32.5.3 Warum ist Chain of Thought wichtig? — 305
32.6 Self-Reflective Prompts — 306
32.6.1 SPR für Text — 307
32.6.2 SPR für Bild — 308
32.6.3 Warum ist SPR wichtig? — 309
32.7 Visuelles Prompting — 310
32.7.1 Was sind visuelle Prompts? — 310
32.7.2 Wie funktioniert das? — 310
32.7.3 Was kann man damit machen? — 311
32.8 Kombiniertes Prompting — 312

32.8.1 Wie funktioniert kombiniertes Prompten? ... 312
32.8.2 Was kann man damit machen? ... 313
32.8.3 Gefahren beim kombinierten Prompten ... 313
32.8.4 Umgang mit Personen in kombinierten Prompts ... 314
32.8.5 Kombiniertes Prompten, Schlüssel zur Zukunft ... 316
32.9 Gefahren und Ethik visuelles Prompten ... 316
32.10 Promptoptimierung ... 318
32.11 Promptoptimierung mit Bild ... 322
32.12 Tipps für besseres Prompten ... 324
32.12.1 Aufgabenstellung ... 324
32.12.2 Wiederholte Prompts ... 325
32.12.3 Anweisungen an die KI ... 325
32.12.4 Fakt ist aber 326
32.13 Zusammenfassung Prompting ... 327

33 Promptvorschläge für gute Ergebnisse — 331
33.1 Prompten: Gesunde Ernährung ... 333
33.2 Prompten: Umweltschutz, Privatpersonen ... 334
33.3 Prompten: Einbruchsschutz und Sicherheit ... 335
33.4 Rollenprompting: Einbruchsschutz und Sicherheit ... 337
33.5 Prompten: Mein Kind vor Gefahren schützen ... 338
33.6 Rollenprompting: Mein Kind vor Gefahren schützen ... 339
33.7 Zusammenfassung Promptvorschläge ... 341

34 Promptvorschläge für Bilder — 343
34.1 Prompten, Bilder: Entspannung ... 346
34.2 Prompten, Bilder: Partyeinladung ... 347
34.3 Rollenprompting Bilder ... 348
34.4 Zusammenfassung ... 350

35 KI macht Fehler — 351

36 Künstliche Intelligenz und Ethik! — 355

37 KI genutzt von Kriminellen — 359

38 Gefahren von KI und mit KI 363

39 Haftung bei Fehlern von KI 368

40 Ihre Daten in der Cloud 376
40.1 Sichere Cloud: pCloud 383
40.2 Sichere Mail und Cloud: Proton 386

41 Rechtliche Bedingungen im Bezug auf KI 388
41.1 Haftung und Urheberrecht 389
41.2 Falschinformationen und Fake News 389
41.3 Hinterfragung der rechtlichen Situation 390
41.4 Entwicklung der Gesetzeslage in der EU 391
41.5 Zusammengefasst Rechtliches 391
41.6 Mein Appell an Sie 392

42 KI Gesamtzusammenfassung 397

43 Bitte bewerten Sie mein Buch 411

44 Zum Schluss 413

45 Haftungsausschluss 415

1 Einleitung

Hallo und schön, dass Sie mein Buch gekauft haben! Ich freue mich sehr, Sie auf dieser spannenden Reise durch die Welt der Künstlichen Intelligenz (KI) begrüßen zu dürfen. Als Computer-Nerd der ersten Stunde – seit den frühen 90ern – habe ich die Technik von Grund auf erlebt. Damals hätte ich nie gedacht, dass wir heute mit Systemen wie Künstlicher Intelligenz arbeiten würden, die nicht nur unseren Alltag erleichtern, sondern auch dabei sind, die Art und Weise, wie wir leben und arbeiten, komplett zu revolutionieren.

Die technologische Entwicklung war in den letzten Jahren rasant, und wenn Sie das Gefühl haben, den Anschluss verpasst zu haben, keine Sorge: Das geht nicht nur Ihnen so. Selbst ich, der fast alles Neue ausprobiert, was der Markt hergibt, komme kaum hinterher – und mit jedem Tastendruck scheint eine neue Innovation aufzutauchen. Doch genau das macht es so spannend! Deshalb habe ich mich hingesetzt, um mir 2024 die wichtigsten Trends und Entwicklungen der KI anzuschauen. Und glauben Sie mir, da ist einiges los.

In diesem Buch, das ich nicht ohne Stolz »Mutter aller KI Bücher« nenne, werde ich Ihnen einen umfassenden Überblick geben. Wir werfen einen Blick auf die vielen Möglichkeiten, die Künstliche Intelligenz bereits jetzt bietet und in naher Zukunft noch bieten wird. Von den Grundlagen wie ChatGPT, Machine Learning und Deep Learning bis hin zu komplexeren Konzepten wie neuronalen Netzen und der

OpenAI API – ich erkläre Ihnen, was hinter den Begriffen steckt und warum sie wichtig sind.

Natürlich kommen wir auch auf GPTs zu sprechen – darunter auch die neueste Assistant API und die Rolle von Gemini und anderen großen Sprachmodellen (LLMs). Aber das ist längst nicht alles. Wir schauen uns auch private Alternativen zu ChatGPT an, wie Llama3 und Mistral, und tauchen in Themen wie Function Calling, Retreival-Augmented Generation (RAG), Vektordatenbanken und KI-Agenten ein. Klingt nach Fachchinesisch? Keine Sorge, ich führe Sie Schritt für Schritt durch die wichtigsten Themen und zeige Ihnen, wie Sie all diese Tools für sich nutzen können.

Egal, ob Sie sich schon auskennen oder ganz neu in das Thema einsteigen – dieses Buch soll Ihnen helfen, die aufregende Welt der KI zu verstehen und in Ihre eigenen Projekte zu integrieren. Also lehnen Sie sich zurück, genießen Sie die Lektüre, und lassen Sie uns gemeinsam einen Blick in die Zukunft werfen!

Ja, in den letzten Jahren habe ich mich intensiv mit Künstlicher Intelligenz beschäftigt. Ich habe mir die Zeit genommen, überall ein Konto anzulegen und mich mit den unterschiedlichsten KI-Systemen auseinanderzusetzen. Es war ein Abenteuer der besonderen Art, das mich durch zahlreiche Plattformen und Anbieter geführt hat. Von den bekanntesten Namen bis hin zu den weniger bekannten Anbietern – ich habe ausprobiert, getestet und experimentiert.

Meine Reise begann mit den großen Namen der KI-Welt. Bei OpenAI habe ich mich eingehend mit ChatGPT beschäftigt, das heute in vielen Gesprächen und Diskussionen auftaucht. Aber das war erst der Anfang. Bei Google habe ich die Google Cloud AI und Bard unter die Lupe genommen, um zu sehen, wie deren Systeme arbeiten und welche Möglichkeiten sie bieten. Ebenso habe ich mich bei Microsoft eingeloggt, um mit Azure AI zu experimentieren und herauszufinden, wie ihre KI-Dienste in der Praxis funktionieren.

Aber ich wollte nicht nur die großen Namen testen. Auch kleinere und spezialisierte Anbieter standen auf meiner Liste. Bei IBM habe ich Watson ausprobiert, um die Leistungsfähigkeit dieses KI-Systems zu erkunden. Die Reise führte mich weiter zu Hugging Face, wo ich mich mit deren Transformer-Modellen beschäftigt habe, die eine spannende Perspektive auf KI bieten. Auch bei Anthropic habe ich ein Konto angelegt, um ihre neuesten Entwicklungen und Modelle zu erforschen.

Ich habe mich auch mit der Plattform von Cohere beschäftigt, die sich auf Sprachmodelle konzentriert. Bei Mistral habe ich versucht, deren Fortschritte im Bereich der KI zu verstehen. Und natürlich durfte Llama3 nicht fehlen – ein weiterer bedeutender Player in der Welt der Sprachmodelle. Nicht zu vergessen ist die Erkundung von Jasper, das sich auf KI-gestützte Texterstellung spezialisiert hat.

Zusätzlich habe ich mich auch in die Welt der KI-gesteuerten Bilderstellung begeben und Plattformen wie DALL-E ausprobiert, um zu sehen, wie gut KI Bilder erstellen kann. Auch bei

Runway habe ich mich umgeschaut, um zu verstehen, wie ihre KI-Tools kreative Prozesse unterstützen.

Nun möchte ich all dieses Wissen und meine Erfahrungen in einem Lehrbuch zusammenfassen, das Sie einfach so lesen können – ob in der Bahn, am Bahnhof oder in der Mittagspause. Mein Ziel ist es, ein Buch zu schaffen, das nicht nur informativ, sondern auch leicht verständlich ist. Kein trockenes Fachbuch, sondern eine spannende Lektüre, die Ihnen zeigt, wie vielfältig und faszinierend die Welt der Künstlichen Intelligenz ist.

Wie bei meinen anderen Büchern möchte ich auch hier die Themen klar und verständlich aufbereiten. Jeder Abschnitt wird so gestaltet sein, dass Sie ihn problemlos in kurzer Zeit erfassen können. Ich werde die verschiedenen KI-Systeme und deren Anwendungen detailliert vorstellen, aber dabei immer darauf achten, dass es nachvollziehbar und zugänglich bleibt.

Mein Buch soll nicht nur eine Einführung in die Welt der KI sein, sondern Ihnen auch praktische Einblicke geben, wie Sie die verschiedenen Systeme nutzen können. Egal, ob Sie gerade am Pendeln sind oder eine kleine Auszeit in der Mittagspause haben – dieses Buch wird Ihnen helfen, sich schnell in der faszinierenden Welt der Künstlichen Intelligenz zurechtzufinden und sie besser zu verstehen.

In meinen Büchern lege ich größten Wert auf eine einfache und benutzerfreundliche Navigation. Das bedeutet, dass Sie die Informationen, die Sie suchen, schnell und unkompliziert finden können. Das Inhaltsverzeichnis spielt dabei eine zentrale Rolle, und ich setze alles daran, dass es Ihnen als klarer Leitfaden dient, um sich mühelos durch den Inhalt zu bewegen.

Warum ist das so wichtig? In der heutigen Welt sind wir ständig auf der Suche nach schnellen und präzisen Informationen. Ob Sie sich in der Mittagspause über ein neues Thema informieren oder während der Fahrt zur Arbeit etwas lernen möchten – die Struktur meines Buches soll Ihnen dabei helfen, genau das zu tun, ohne Zeit mit unnötigem Suchen zu verlieren.

Das Inhaltsverzeichnis ist nicht nur eine Liste von Kapiteln. Es ist eine Landkarte durch das Buch, die Ihnen zeigt, wo Sie welche Informationen finden können. Ich gestalte es so detailliert und übersichtlich wie möglich, damit Sie auf einen Blick erkennen, welches Kapitel sich mit dem Thema beschäftigt, das Sie interessiert. So können Sie direkt zu den relevanten Abschnitten springen, ohne durch das ganze Buch blättern zu müssen.

Jedes Kapitel ist klar gegliedert und thematisch sortiert, damit Sie sich leicht zurechtfinden können. In der Einleitung gebe ich Ihnen einen Überblick über die Struktur des Buches, sodass Sie wissen, welche Themen in welcher Reihenfolge behandelt werden. Außerdem achte ich darauf, dass Kapitelüberschriften prägnant und aussagekräftig sind. Sie sollen auf den ersten Blick erkennen können, welches Kapitel für Ihr Anliegen am besten geeignet ist.

Zusätzlich zu einem durchdachten Inhaltsverzeichnis baue ich auch klare Übergänge zwischen den Kapiteln ein. Wenn ein Thema weiterführende Informationen oder zusätzliche Details erfordert, verweise ich auf relevante Abschnitte im Buch. So können Sie sich bei Bedarf weiter in das Thema vertiefen, ohne den Überblick zu verlieren.

Ein weiterer wichtiger Punkt ist die konsistente Struktur innerhalb der Kapitel. Jedes Kapitel folgt einem klaren Aufbau: Einleitung, Hauptteil und Zusammenfassung, so wie ich es bei Frau Fischer in der Schule gelernt habe. Dieser Aufbau hilft Ihnen, sich besser im Text zurechtzufinden und die wichtigsten Informationen schnell zu erfassen.

Meine Bücher sind darauf ausgelegt, dass Sie sie flexibel nutzen können – sei es als Nachschlagewerk oder als begleitende Lektüre. Daher lege ich großen Wert darauf, dass Sie jederzeit genau das finden, was Sie benötigen. Die einfache Navigation ist nicht nur eine Frage der Bequemlichkeit, sondern auch eine Möglichkeit, Ihnen eine effiziente und angenehme Leseerfahrung zu bieten.

Zusammengefasst: Mein Ziel ist es, dass Sie sich in meinen Büchern genauso wohlfühlen wie in einem gut organisierten Raum. Sie sollen sich darauf verlassen können, dass Sie die gesuchten Informationen schnell und ohne Umwege finden. Denn nur so können Sie das Beste aus dem Wissen herausholen, das ich Ihnen vermitteln möchte.

Ich habe schon oft gesagt, dass mir die Entwicklung langsam unheimlich wird. Die großen Techkonzerne übertreiben es meiner Meinung nach viel zu sehr. Sie schieben immer mehr Innovationen und Updates raus, die wir teilweise gar nicht mehr begreifen können, geschweige denn kontrollieren. Und ja, dieses Gefühl bleibt auch bei mir bestehen – vielleicht sogar stärker als je zuvor. Aber gleichzeitig schlägt in mir das Herz eines Nerds aus den 80er und 90er Jahren, der damals wie heute für Computer brennt. Die Faszination für diese Maschinen, die mit jedem Jahr mächtiger werden, lässt sich einfach nicht abstellen.

Es ist ein Widerspruch, den ich nicht so einfach auflösen kann. Auf der einen Seite stehe ich da und sehe, wie diese Technologien immer tiefer in unser Leben eindringen, und das macht mir schon manchmal Angst. Auf der anderen Seite bin ich aber auch der Typ, der stundenlang vor einem neuen Computer sitzen kann, um jede Funktion, jede Zeile Code, jede noch so kleine Neuerung zu erkunden. Ich kann diese Technologie verteufeln und gleichzeitig fasziniert davon sein – das geht Hand in Hand.

Die Wahrheit ist, ich könnte jetzt entscheiden, mich völlig gegen diese Entwicklungen zu stellen, die Hände in die Luft werfen und schreien: »Das geht zu weit!« Aber was würde das bringen? Diese Welle der technologischen Revolution lässt sich nicht aufhalten. Also habe ich mich entschieden, das Ganze von einer anderen Seite zu betrachten. Anstatt mich nur auf die Risiken zu fokussieren, breche ich es für mich auf das Fantastische herunter. Denn wenn man mal genau hinsieht, passiert in den Leitungen, den Microchips und den Algorithmen eine Art Magie – eine Technik, die man in meinen Jugendjahren noch für unmöglich gehalten hätte.

In der heutigen Zeit können wir uns kaum noch vorstellen, wie viel Rechenleistung, wie viel Wissen und wie viele Abläufe in Sekundenschnelle abgearbeitet werden, während wir einfach nur auf »Senden« klicken. Das ist das Fantastische daran: Diese Systeme lernen, sie optimieren, sie interagieren, und das alles in Echtzeit. Was für uns wie ein einfacher Mausklick aussieht, ist in Wirklichkeit eine Lawine von Prozessen, die im Hintergrund ablaufen – schneller, als wir es je könnten.

Das macht mir nicht nur Sorgen, es begeistert mich auch. Denn tief im Inneren bleibe ich eben der Nerd, der Computer liebt.

In meinem Buch gebe ich Ihnen direkte Tipps, wie Sie KI-Systeme effektiv nutzen können. Es ist jedoch wichtig, zu betonen, dass die Art und Weise, wie die Oberflächen dieser Systeme aufgebaut sind und wie Sie sie verwenden, sich kontinuierlich verändern wird. Anbieter setzen alles daran, dass die Benutzerfreundlichkeit im Vordergrund steht und die Systeme intuitiv bedienbar sind. Sie werden in der Lage sein, die Systeme zu verwenden, doch das oberste Ziel meines Buches ist es, dass Sie wirklich verstehen, wie diese Systeme arbeiten, was sie leisten können und was nicht – also wie sie »ticken«.

Das Verständnis der zugrunde liegenden Prinzipien von KI ist entscheidend. Sie werden feststellen, dass sich die Nutzung der APIs und die Bedienung der Websites anpassen müssen, je nachdem, wie sich die Technologien weiterentwickeln. Diese Veränderungen können anfangs überwältigend erscheinen, doch wenn Sie die grundlegenden Funktionsweisen der KI verinnerlicht haben, wird der Rest zum Beiwerk.

Ich möchte Ihnen nahebringen, was KI ist und wie sie funktioniert. Sobald Sie diese Konzepte durchdrungen haben, werden Sie die Kontrolle am Rechner übernehmen und nicht die KI. Sie werden der Boss sein. Es geht darum, Ihnen das nötige Wissen und die Werkzeuge zu geben, um die Technologien souverän zu nutzen und die Möglichkeiten der KI zu Ihrem Vorteil einzusetzen. Mit einem fundierten Verständnis können Sie auch mit den Veränderungen umgehen, die unweigerlich kommen werden.

In diesem Buch werden Sie eine fundierte Wissensgrundlage über viele Themenbereiche der KI-Systeme selbst, aber auch über verwandte und entfernt verwandte Themen finden. Ich erwarte nicht, dass Sie nach dem Lesen ein KI-Raketenwissenschaftler sind, aber es ist mein Ziel, dass Sie die Konzepte hinter KI verstehen lernen und einen klaren Überblick darüber bekommen, was alles damit zusammenhängt. Natürlich kann ich nicht alles abdecken – das wäre schlicht unmöglich. Aber es wird genug sein, dass Sie mehr als einmal denken werden: »Uups – daran habe ich ja noch gar nicht gedacht.« Die wichtigsten Themen in diesem Kontext habe ich behandelt. Am Ende sollten Sie eine solide Grundlage haben und vielleicht sogar Lust bekommen, noch tiefer in die Materie einzutauchen.

Ihr Ralf-Peter Kleinert.

2 Techgiganten (veraltet)

Als ich mit meinem Buch begonnen habe, stand alles noch unter dem Banner der »Techgiganten«. Facebook, Google und Co. waren die dominierenden Kräfte, und mein Fokus lag klar auf den Themen Big Data, riesige Rechenzentren und der schier endlose Energieverbrauch, den diese Maschinen verschlingen. Der Titel stand fest: »Techgiganten! Wie Facebook, Google und Co in unser Leben dringen.« Und ja, ich hatte schon eine ganze Menge geschrieben. Die Datenberge, die über uns wachsen, die automatisierten Auswertungen jeder noch so kleinen Userinteraktion – das war die Realität, die ich in meinem Buch festhalten wollte. An KI war nur im Kino zu denken!

Doch dann, plötzlich, tauchte sie tatsächlich auf! Die Künstliche Intelligenz! Genauer gesagt, es war OpenAI, das alles auf den Kopf stellte. Das war der Moment, in dem ich erkannte: Alles, was ich bisher geschrieben hatte, war auf einmal veraltet. Alles Müll. Alles Schrott! Die Diskussion über Big Data und Algorithmen wirkte im Vergleich zu dem, was jetzt kam, fast schon wie Kinderkrippe.

Künstliche Intelligenz brachte eine ganz neue Dimension in das Spiel. Es ging nicht mehr nur darum, Daten zu sammeln und auszuwerten – jetzt wurden diese Daten in Echtzeit interpretiert, von Maschinen, die »denken« konnten. OpenAI schickte sich an, den gesamten Tech-Sektor umzukrempeln. Alles, was ich über den Einfluss von Facebook oder Google geschrieben hatte, musste neu bewertet werden. Denn plötzlich ging es um etwas viel Größeres: KI, die lernte, sich anpasste und Entscheidungen traf, die früher nur von Menschen getroffen werden konnten.

Ich musste mein Skript anpassen. Und das war kein kleiner Feinschliff. Es fühlte sich eher an, als hätte ich ein halbes Haus gebaut, nur um dann festzustellen, dass ich die Pläne komplett ändern muss, weil jetzt ein Wolkenkratzer hinmuss. OpenAI war der Rundumschlag, der alles ins Wanken gebracht hat, was ich vorher geschrieben hatte. Denn jetzt wurde klar: Die Macht der Techgiganten lag nicht mehr nur in ihren Daten, sondern in den KIs, die diese Daten verarbeiten konnten.

Was früher die »Datenkraken« waren, sind heute die »KI-Imperien«. Unternehmen wie Google, die schon immer die Spitze der Datenverarbeitung anführten, haben nun auch die KI zu ihrem Werkzeug gemacht. Das bedeutet, dass die Automatisierung unserer Welt noch einen Schritt weitergeht – Maschinen, die nicht nur sammeln, sondern verstehen. Und dann auch nicht nur einfach verstehen, sondern auch Entscheidungen treffen, die uns beeinflussen.

Das gesamte technologische Ökosystem hat sich verändert, und ich musste mein Buch von Grund auf neu schreiben, um diesem Wandel gerecht zu werden. Es ging nicht mehr nur darum, wie die Techgiganten Daten nutzen, sondern darum, wie sie Künstliche Intelligenz nutzen, um unser Leben aktiv zu steuern. Der Aufstieg von OpenAI war ein Wendepunkt, und ich konnte nicht anders, als diese Entwicklung in den Mittelpunkt meiner Analyse zu rücken.

Am Ende wurde aus meinem Buch, das ursprünglich als kritische Auseinandersetzung mit Facebook und Co. geplant war, eine umfassende Analyse der neuen Ära der Künstlichen Intelligenz. Und ja, ich hatte eine ganze Menge geschrieben, bevor alles anders wurde – aber wie das Leben so spielt, musste ich mich anpassen. Genau wie die KI es tut.

Ich persönlich sehe Facebook als den Startpunkt der modernen Internettechnologie, wenn es um die Sammelwut von Daten und deren Verarbeitung geht. Und genau deshalb möchte ich Ihnen das Ursprungskapitel, das ich für mein Buch »Techgiganten!« geschrieben habe, nicht vorenthalten. Dieses Kapitel bildet die Grundlage meiner Analyse, denn Facebook war der erste Gigant, der das Potenzial von Daten im digitalen Raum voll ausgeschöpft hat. Sie können sich vorstellen, dass dieser Abschnitt nicht leicht zu schreiben war, denn die Dimensionen, in denen Facebook arbeitet, haben das Internet nachhaltig geprägt.

Das gesamte Buch war ursprünglich so aufgebaut, mit detaillierten Analysen zu den größten Akteuren im digitalen Raum. Google, Twitter, Instagram, WhatsApp, LinkedIn und auch Microsoft – all diese Techgiganten standen schon im Fokus meiner Betrachtungen. Und ja, ich hatte die Texte zu diesen Unternehmen bereits geschrieben. Mein Buch war eigentlich schon fast fertig. Doch dann kam die Erkenntnis: Ich musste umdenken. Denn plötzlich rückte die Künstliche Intelligenz ins Rampenlicht, und das veränderte alles.

Wenn ich an die vielen Stunden denke, die ich in die Recherche und das Schreiben gesteckt habe, dann kommt mir immer wieder der Gedanke: Es war, als würde ich das Buch von einem »Kindergarten der Technologien« zu einer Analyse der Künstlichen Intelligenz umschreiben. Der Wandel, der durch KI auf uns zurollt, ist gigantisch – und das musste auch in meinem Buch reflektiert werden. Diese Umstellung hat mir nicht nur eine neue Perspektive auf die Techgiganten gegeben, sondern mir auch gezeigt, wie schnell sich die technologischen Grundlagen ändern können.

Hui, das war eine Reise, sage ich Ihnen! Also, liebe Leserinnen und Leser, ich möchte Ihnen hier natürlich nicht mit vollkommen veralteter Technologie kommen. Aber das Kapitel über Facebook muss im Buch bleiben, um Ihnen zu zeigen, wie der Socken hier auf Links gekrempelt wurde! Facebook markiert den Startpunkt der modernen Datensammlung und -verarbeitung, und ohne diesen Kontext lässt sich die aktuelle technologische Revolution nicht vollständig verstehen. Deshalb bleibt das Kapitel, wie es ist: Facebook – auf dem Stand vor der Künstlichen Intelligenz.

Ich möchte Sie mitnehmen auf eine kleine Reise in die »guten alten Zeiten«, bevor die KI alles verändert hat. Nach diesem Kapitel werde ich jedoch die bisherigen Texte zu Google, Twitter, Instagram und Co. – die schon geschrieben und fast druckfertig waren – zusammenknüllen und in die Tonne kloppen. Denn die Welt hat sich weitergedreht, und das, was ich damals als finale Analyse geplant hatte, ist heute überholt.

Erst nach dem Facebook-Kapitel werde ich den Schritt in die neue Technologie wagen und das Buch komplett »upgraden«. Was ursprünglich »Techgiganten!« heißen sollte, wird nun zu »Die Mutter aller KI Bücher«. Hier beginnt die eigentliche

Transformation, und ich werde Sie mitnehmen auf eine Reise, die zeigt, wie die Künstliche Intelligenz alles auf den Kopf gestellt hat.

Freuen Sie sich darauf – aber lassen Sie uns erst einmal Facebook Revue passieren lassen. Facebook bleibt für mich der Startpunkt. Denn ohne Facebook, ohne die Datenmengen, die dort erstmals gesammelt und ausgewertet wurden, wäre die heutige digitale Landschaft undenkbar. In diesem Sinne war Facebook der Vorreiter – und auch wenn sich die Tech-Welt weiterentwickelt hat, bleibt dieser Ursprung entscheidend für das Verständnis, wohin die Reise geht.

3 Facebook Datankrake (veraltet)

Ich möchte Ihnen etwas über die Techgiganten erzählen und darüber, was sie so alles tun, um uns die Daten aus den Taschen zu ziehen. Heute ist mal Facebook dran...

Im Jahr 2004, als das Internet noch in den Kinderschuhen steckte, wurde eine Plattform ins Leben gerufen, die unser digitales Leben nachhaltig prägen sollte: Facebook. Vielleicht haben Sie davon gehört, vielleicht auch nicht. Aber eines kann ich Ihnen versichern – es ist mehr als nur ein soziales Netzwerk. Facebook ist ein Unternehmen, das sich tief in unsere privaten und beruflichen Interaktionen verstrickt hat. Und der Preis, den wir für diese »kostenlose« Plattform zahlen, sind unsere Daten.

Der Anfang: Von der Uni-Spielerei zum globalen Riesen

Alles begann als Uni-Projekt. Mark Zuckerberg, ein junger Student an der Harvard University, wollte ein Netzwerk für seine Kommilitonen schaffen. »The Facebook« nannte er die Plattform damals, und die Idee dahinter war denkbar einfach: Studenten konnten sich anmelden, Profile erstellen und sich miteinander vernetzen. Was in Harvard begann, verbreitete sich schnell auf andere Universitäten und wurde bald zu einem globalen Phänomen.

Bereits 2006, nur zwei Jahre nach der Gründung, öffnete sich Facebook für die breite Öffentlichkeit. Jeder, der eine E-Mail-Adresse besaß, konnte nun Mitglied werden. Und die Menschen strömten in Massen auf die Plattform. Facebook war frisch, neu und vor allem kostenlos. Doch das, was anfangs nach einem harmlosen Netzwerk zum Austausch von Informationen aussah, sollte bald einen ganz anderen Weg einschlagen.

Das Geschäftsmodell: Warum kostenlos doch seinen Preis hat

Wenn Sie Facebook nutzen, zahlen Sie nicht mit Geld – Sie zahlen mit Ihren Daten. Jede Interaktion auf der Plattform, sei es das Posten eines Fotos, das Liken eines Beitrags oder der Besuch einer Seite, wird von Facebook akribisch aufgezeichnet. Facebook hat früh erkannt, dass die wertvollste Ressource des Internets nicht die Inhalte selbst sind, sondern die Informationen über die Menschen, die diese Inhalte konsumieren.

Durch das Sammeln und Analysieren dieser Informationen kann Facebook unglaublich präzise Profile von seinen Nutzern erstellen. Diese Profile werden dann an Werbetreibende verkauft. Die können Ihnen passgenaue Werbung ausspielen, basierend auf Ihren Vorlieben, Ihren Interessen und sogar auf Ihrem Verhalten außerhalb von Facebook. Ja, Sie haben richtig gelesen – Facebook verfolgt Sie auch, wenn Sie die Plattform bereits verlassen haben. Über Cookies und Pixel auf unzähligen anderen Webseiten weiß Facebook immer, was Sie gerade tun.

Die Überwachung geht weiter: WhatsApp und Instagram

Facebook ruhte sich jedoch nicht auf seinen Erfolgen aus. Im Gegenteil. Es weitete seine Datensammlung noch weiter aus. 2012 kaufte Facebook die Foto-Sharing-App Instagram, 2014 folgte der Messenger-Dienst WhatsApp. Damit war der Konzern nicht mehr nur eine soziale Plattform, sondern ein Netzwerksystem, das mehrere Milliarden Menschen weltweit miteinander verbindet.

Die meisten Nutzer wissen jedoch nicht, dass Facebook auch über WhatsApp und Instagram fleißig Daten sammelt. Und diese Daten werden zusammengeführt, um noch genauere Profile zu erstellen. Stellen Sie sich vor, Facebook weiß nicht nur, welche Bilder Sie liken, sondern auch, welche Nachrichten Sie an Freunde schicken und welche Fotos Sie in WhatsApp teilen. Diese Verknüpfung macht Facebook zu einem der mächtigsten Unternehmen unserer Zeit.

Die dunkle Seite: Skandale und Datenschutzprobleme

Facebooks Erfolgsgeschichte hat jedoch einen Preis, und der kam in den letzten Jahren ans Licht. Besonders im Jahr 2018, als der Cambridge-Analytica-Skandal die Welt erschütterte, wurde deutlich, wie gefährlich die Datensammelwut von Facebook sein kann. Cambridge Analytica, eine politische Beratungsfirma, hatte sich ohne Wissen der Betroffenen Zugriff auf die Daten von 87 Millionen Facebook-Nutzern verschafft. Diese Daten wurden genutzt, um gezielt politische Werbung zu schalten und Wahlen zu beeinflussen, insbesondere die US-Präsidentschaftswahl 2016.

Der Skandal zeigte, dass Facebook die Kontrolle über seine eigenen Daten verloren hatte. Der Konzern geriet weltweit in die Kritik. Nutzer, Politiker und Datenschutzbeauftragte begannen, die Praktiken von Facebook genauer unter die Lupe zu nehmen. Der Ruf des Unternehmens nahm schweren Schaden. Trotzdem blieb Facebook der Gigant, der er immer war.

Facebook 2022: Ein Konzern, der alles über Sie weiß

Und nun stehen wir im Jahr 2022. Facebook ist längst nicht mehr nur ein soziales Netzwerk, sondern ein globaler Tech-Riese, der über 2,9 Milliarden monatlich aktive Nutzer weltweit hat. Doch nach den zahlreichen Skandalen und Datenschutzdebatten hat der Konzern begonnen, sein Image zu ändern. 2021 gab Facebook bekannt, dass es seinen Unternehmensnamen zu Meta Platforms ändert. Der neue Name soll den Fokus auf die Zukunft des Internets – das Metaverse – legen. Doch auch wenn der Name sich geändert hat, die Praktiken bleiben die gleichen.

Facebook sammelt weiterhin Daten in einem Umfang, den sich viele gar nicht vorstellen können. Es verfolgt Ihr Online-

Verhalten, analysiert Ihre Vorlieben und bietet Unternehmen die Möglichkeit, gezielt auf Sie einzuwirken. Kurz gesagt, Facebook weiß mehr über Sie, als Ihnen lieb sein dürfte.

Fazit: Warum Vorsicht geboten ist

Wenn Sie Facebook nicht kennen, dann haben Sie vielleicht das Gefühl, etwas verpasst zu haben. Doch seien Sie sich bewusst, Facebook gibt es nicht umsonst. Der Preis, den Sie zahlen, sind Ihre Daten – und zwar in einem Ausmaß, das kaum ein anderes Unternehmen erreicht. Facebook ist ein mächtiges Werkzeug, sowohl für seine Nutzer als auch für Werbetreibende und Unternehmen. Doch es ist auch ein Unternehmen, das mit enormen Mengen an persönlichen Informationen handelt.

Ob Sie sich nun entscheiden, Facebook zu nutzen oder nicht, liegt bei Ihnen. Doch eines ist sicher: Wenn Sie Facebook nutzen, sollten Sie immer im Hinterkopf behalten, dass jede Interaktion, jeder Klick, jede Nachricht Teil eines riesigen Datenpuzzles ist, das Facebook fleißig zusammensetzt. Und was einmal gesammelt wurde, bleibt in der Regel auch im System – oft länger, als Ihnen bewusst ist.

Ja, dieses Kapitel ist im Grunde veraltet. Aber die Überwachung, das Verfolgen und das Sammeln der Daten, wie im Kapitel beschrieben, geht natürlich ungebremst weiter. Jetzt schalte ich um zu Künstlicher Intelligenz, und da können Sie mal sehen, wie schnell in der heutigen Zeit alles über den Haufen geworfen werden kann. Passen Sie also weiterhin gut auf, was Sie wo und mit wem teilen. In diesem Sinne: Viel

Freude beim Lesen über KI-Systeme – und denken Sie daran, die technologische Welt bleibt niemals stehen.

4 Was ist Künstliche Intelligenz (KI)?

Künstliche Intelligenz – oder kurz KI – ist heutzutage in aller Munde. Doch was bedeutet dieser Begriff eigentlich? Um das zu verstehen, müssen wir einen Blick in die Welt der Informatik werfen. Die Idee hinter KI ist es, Maschinen oder Computern beizubringen, ähnlich wie Menschen zu »denken« und zu handeln. Im Kern geht es darum, dass Computer durch den Einsatz von riesigen Datenmengen lernen, Muster zu erkennen und darauf basierend Entscheidungen zu treffen.

Das Ziel von KI ist es also, Maschinen so zu entwickeln, dass sie menschenähnliche Fähigkeiten erlangen. Stellen Sie sich vor, Sie geben einer Maschine eine Aufgabe – wie zum Beispiel ein Bild zu analysieren oder eine Frage zu beantworten. Durch die Verwendung von Algorithmen und der Analyse von vielen ähnlichen Situationen lernt die KI, wie sie die Aufgabe lösen kann. Sie ahmt dabei den menschlichen Prozess des Lernens nach, indem sie Fehler macht, daraus lernt und besser wird.

Im Grunde funktioniert KI auf Basis von großen Datenbeständen. Wenn ein Computer eine Entscheidung treffen muss, greift er auf eine riesige Menge an Informationen zurück, die er in der Vergangenheit gesammelt hat. Diese Daten können aus Bildern, Texten, Geräuschen oder sogar früheren Handlungen bestehen. Durch die Analyse dieser Informationen erkennt die Maschine Muster. Basierend auf diesen Mustern trifft sie eine Entscheidung – und manchmal geht diese Entscheidung sogar in Form von Handlungen über, wie zum Beispiel das Ausführen eines Befehls oder das Treffen einer Wahl.

Das ultimative Ziel der Künstlichen Intelligenz ist es, Maschinen zu befähigen, Informationen entgegenzunehmen, daraus zu lernen, sie zu verstehen, Probleme zu lösen und kreative Prozesse auszuführen. Alles, was Menschen jeden Tag tun, wie Entscheidungen treffen, Probleme lösen oder sogar Kunst schaffen, soll auch für Maschinen möglich werden.

Ein einfaches Beispiel: Stellen Sie sich vor, Sie fragen eine KI, wie das Wetter morgen wird. Die KI analysiert Daten über das Wetter der letzten Tage, berechnet die aktuellen Bedingungen und gibt Ihnen eine Antwort, basierend auf dem, was sie »gelernt« hat. Doch KI kann weit mehr als nur einfache Fragen beantworten. Sie kann komplexe Probleme lösen, die für den Menschen schwierig oder gar unmöglich wären. Denken Sie an selbstfahrende Autos oder medizinische Diagnosen – das sind keine Science-Fiction-Träume mehr, sondern Realität.

Was KI so spannend macht, ist die Tatsache, dass sie nicht einfach nur stumpf Befehle ausführt, sondern sich ständig weiterentwickelt. Sie lernt aus Erfahrungen und wird mit der Zeit immer besser. Das macht sie besonders wertvoll in Bereichen, wo es darum geht, aus einer Vielzahl von Informationen sinnvolle Schlüsse zu ziehen und sogar kreative Lösungen zu entwickeln.

KI ist also viel mehr als nur eine technische Spielerei. Sie steht für eine neue Art von Intelligenz, die unsere Welt immer mehr durchdringt. Egal, ob es darum geht, im Alltag kleine Aufgaben zu übernehmen, oder in der Wissenschaft große Durchbrüche zu ermöglichen – die Zukunft gehört der Künstlichen Intelligenz.

4.1 AGI – Ziel der Künstlichen Intelligenz

Wenn wir über Künstliche Intelligenz sprechen, stoßen wir immer wieder auf den Begriff AGI, was für »Artificial General Intelligence« steht. AGI beschreibt das ultimative Ziel der KI-Entwicklung – eine Maschine zu schaffen, die in der Lage ist, genau so zu denken und zu handeln wie ein Mensch. Es geht also nicht mehr nur darum, spezielle Aufgaben zu erledigen, sondern um echte, umfassende Intelligenz, die vielseitig und flexibel ist.

Während heutige KIs, wie wir sie kennen, in der Regel auf spezifische Anwendungsgebiete beschränkt sind – etwa in der Bilderkennung, bei Sprachassistenten oder in der Medizin –, soll AGI in der Lage sein, über all diese Bereiche hinweg zu lernen und zu handeln. Eine AGI könnte lernen, eigenständig Probleme zu lösen, neue Ideen zu entwickeln und kreative Prozesse auszuführen, ganz ähnlich, wie es ein Mensch tut.

Das Besondere an AGI ist ihre Fähigkeit, Wissen und Fähigkeiten aus verschiedenen Bereichen zu kombinieren. Wenn man einer heutigen KI beibringt, Schach zu spielen, dann kann sie zwar vielleicht den besten Spieler der Welt schlagen, aber sie weiß nicht, wie sie ein Auto fährt oder wie sie ein Gespräch führt. Eine AGI hingegen würde all diese Dinge lernen können. Sie könnte wie ein Mensch von einem Thema zum nächsten wechseln, ohne auf ein bestimmtes Gebiet beschränkt zu sein.

Das Ziel ist also nicht nur, Maschinen intelligent zu machen, sondern sie zu menschenähnlichen Denkprozessen zu befähigen. AGI wäre in der Lage, Informationen zu verstehen, Entscheidungen zu treffen, aus Fehlern zu lernen und sogar neue Lösungen zu erfinden. Und das auf eine Art und Weise, die weit über die Fähigkeiten heutiger KI-Systeme hinausgeht.

Denken wir kurz an einen Moment im Alltag. Sie sitzen am Frühstückstisch und lesen die Nachrichten, gleichzeitig überlegen Sie, was Sie heute Abend kochen möchten. Währenddessen erinnert Sie Ihr Kopf an eine wichtige E-Mail, die Sie später schreiben müssen. Eine AGI könnte all diese Aufgaben gleichzeitig erledigen. Sie würde Informationen aus verschiedenen Quellen sammeln, Schlüsse ziehen und alles verarbeiten – genau wie Sie es tun, ohne an eine spezifische Aufgabe gebunden zu sein.

Das Ziel der AGI ist also nicht weniger als die Schaffung einer Maschine, die den Menschen in all seinen kognitiven Fähigkeiten ebenbürtig ist. Eine Maschine, die in der Lage ist, zu lernen, Probleme zu lösen, kreativ zu sein und Entscheidungen zu treffen, genau wie wir es tun – oder vielleicht sogar besser. Wenn wir irgendwann eine echte AGI entwickeln, könnte sie die Art und Weise, wie wir leben und arbeiten, für immer verändern.

Das macht AGI zu einem der spannendsten und gleichzeitig herausforderndsten Ziele der modernen Technologie.

4.2 ANI – Artificial Narrow Intelligence

ANI beschreibt die KI-Systeme, die wir heute überwiegend nutzen. Diese Form der Künstlichen Intelligenz ist auf ganz bestimmte Aufgaben spezialisiert. Das bedeutet, dass sie in einem speziellen Bereich hervorragende Leistungen erbringen kann, aber außerhalb dieses Bereichs völlig nutzlos ist.

Ein Beispiel: Denken wir an Sprachassistenten wie Siri oder Alexa. Sie können Wetterberichte vorlesen, Musik abspielen oder einfache Fragen beantworten, aber sobald es um komplexere Aufgaben geht – wie das eigenständige Führen einer tiefgründigen Konversation oder das Lösen von Problemen, die sie nicht programmiert sind zu lösen – stoßen sie an ihre Grenzen. Diese Art von KI ist leistungsfähig, aber immer noch eng auf bestimmte Funktionen beschränkt.

Das ist der zentrale Unterschied zwischen ANI und dem, was wir uns von AGI erhoffen. Während ANI darauf trainiert wird, ganz bestimmte Aufgaben extrem gut zu lösen, bleibt es in einem fest definierten Rahmen. Eine KI, die perfekt Schach spielt, kann nicht plötzlich ein Auto fahren, und eine, die medizinische Diagnosen stellt, versteht nichts von Kunst. Jede ANI ist eine »Insellösung« – hochspezialisiert, aber begrenzt.

Warum ist das wichtig? Weil wir uns zwar in einem Zeitalter befinden, in dem KI unser Leben in vielen Bereichen bereits verbessert, aber die große Revolution der Intelligenz – wie wir sie uns mit AGI vorstellen – noch vor uns liegt. Im Moment setzen wir ANI in vielen Bereichen erfolgreich ein: in der Industrie, der Medizin, im Finanzwesen und in der Unterhaltung. Doch diese Systeme sind nicht in der Lage, über ihren engen Fokus hinaus zu denken oder sich flexibel an neue Herausforderungen anzupassen.

Man kann es sich vorstellen wie bei einem Sportler, der in seiner Disziplin unschlagbar ist. Ein Weltmeister im Gewichtheben ist vielleicht unglaublich stark, aber das bedeutet nicht, dass er gleichzeitig ein Meister im Schachspiel ist. Genau so funktioniert ANI. Sie ist großartig in einem Gebiet, aber nicht universell einsetzbar.

Der Weg von ANI zu AGI ist lang und voller Herausforderungen. Doch die Fortschritte, die wir in den letzten Jahren gesehen haben, sind vielversprechend. Wir beginnen zu verstehen, wie Maschinen lernen können, und entwickeln immer bessere Algorithmen, die es den KIs ermöglichen, auf immer komplexeren Datenmengen aufzubauen. Der nächste Schritt ist es, diesen spezialisierten Systemen beizubringen, flexibel zu denken, über ihren engen Bereich hinaus zu lernen und in verschiedenen Szenarien intelligent zu handeln – ähnlich wie Menschen es tun.

Solange wir uns auf der Stufe der ANI befinden, bleibt die Künstliche Intelligenz eine mächtige, aber spezialisierte Technologie. Doch der Traum von AGI – von Maschinen, die wirklich »verstehen« und in der Lage sind, jede Aufgabe so zu lösen, wie es ein Mensch tun würde – bleibt das Ziel der Entwickler. Die große Frage ist nicht mehr, ob wir AGI erreichen, sondern wann.

Und da KI-Systeme von Menschen genutzt werden, um wieder KI-Systeme zu entwickeln, wird das wahrscheinlich schneller der Fall sein als wir uns alle denken. Die AGI wird kommen – ich glaube ziemlich bald.

4.3 Ist ChatGPT eine ANI oder eine AGI?

Diese Frage stellen sich viele, die schon einmal mit ChatGPT zu tun hatten. Schließlich ist ChatGPT mittlerweile in aller Munde, und wer einen Computer besitzt, hat vermutlich schon den einen oder anderen Versuch mit dem Tool gestartet. Aber wie passt ChatGPT in die Welt der Künstlichen Intelligenz? Handelt es sich dabei um eine AGI, also eine allgemein denkende Maschine, oder doch um eine ANI, die nur bestimmte Aufgaben erfüllt?

Die Antwort darauf ist relativ einfach: ChatGPT ist eine ANI. Auch wenn es sich unglaublich intelligent anfühlt und scheinbar endlos viele Fragen beantworten kann, bleibt es letztlich ein auf Sprachverarbeitung spezialisierter Algorithmus. Das bedeutet, dass ChatGPT darauf trainiert wurde, Text zu analysieren, Muster zu erkennen und passende Antworten zu generieren. Es ist darin sehr gut, aber es bleibt in seinem Bereich, der Textverarbeitung und Konversation, gefangen.

Wenn Sie ChatGPT bitten, komplexe mathematische Probleme zu lösen oder ein Auto zu steuern, würde es an seine Grenzen stoßen. Es kann keine physikalischen Aufgaben übernehmen oder gar Entscheidungen treffen, die über die Verarbeitung von Sprache hinausgehen. Es gibt ihm klare

Grenzen. Selbst wenn es sich um eine sehr fortgeschrittene Form der Sprach-KI handelt, ist es keine universelle Intelligenz, die in jeder Lebenslage wie ein Mensch reagieren könnte.

ChatGPT basiert auf großen Sprachmodellen (Large Language Models – LLMs), die riesige Datenmengen verarbeiten und daraus lernen, wie man auf bestimmte Fragen antwortet. Doch es gibt keine tiefere »Verständnis«-Ebene wie bei einem Menschen. Es ahmt menschliche Interaktionen nach, ohne wirklich zu verstehen, was es sagt. Es wurde so trainiert, dass es auf viele Fragen eine passende, flüssige Antwort liefern kann – das war das Ziel der Entwickler.

Das bedeutet nicht, dass ChatGPT nicht beeindruckend ist. Im Gegenteil: Die Leistung, die es in der Sprachverarbeitung zeigt, ist herausragend. Es ist ein perfektes Beispiel dafür, was ANI heute leisten kann. Doch der Weg zur AGI, also einer echten, umfassenden Intelligenz, die menschliche Flexibilität und Kreativität nachahmen kann, ist noch lang.

Viele sehen in ChatGPT eine Vorschau auf das, was möglich sein könnte. Wenn es uns heute gelingt, eine KI zu entwickeln, die so gut in einem bestimmten Bereich ist, warum sollten wir nicht in der Zukunft eine Maschine bauen, die auch über diesen Bereich hinausgeht? Doch bis dahin bleibt ChatGPT – bei allem Respekt für seine Fähigkeiten – eine spezialisierte Intelligenz, die im Rahmen ihrer Programmierung exzellent arbeitet, aber nicht den Schritt zur AGI geschafft hat.

Also ja, ChatGPT ist eine beeindruckende KI, aber es ist kein AGI. Es bleibt fest in der Welt der ANI, und das ist völlig in Ordnung – zumindest für den Moment.

4.4 Zusammenfassung: Was ist KI?

Also, ich fasse das jetzt mal kurz zusammen: Der Begriff Künstliche Intelligenz (KI) stammt aus der Informatik. Damit werden Maschinen oder Computer bezeichnet, denen eine menschenähnliche Intelligenz und Verhaltensmuster eingepflanzt werden. Es geht dabei allerdings nicht um echte Intelligenz – Maschinen haben keine Gefühle, kein Bewusstsein. Sie reagieren nur auf Daten und Muster, die sie vorher gelernt haben.

Das große Ziel der Entwickler ist die sogenannte AGI (Artificial General Intelligence). Das wäre eine KI, die themenübergreifend nahezu alles besser kann als Menschen. Egal ob es ums Kochen, das Programmieren oder das Lösen komplexer mathematischer Probleme geht – die AGI soll das alles können und dabei immer effizienter und klüger sein als wir. Aber da sind wir noch lange nicht. Das bleibt ein Zukunftstraum.

Aktuell arbeiten wir mit ANI (Artificial Narrow Intelligence). Diese spezialisierten KI Systeme sind darauf trainiert, ganz bestimmte Aufgaben zu meistern – und das oft besser als der Mensch. Nehmen wir zum Beispiel die Rechtschreibprüfung oder die Geschwindigkeit beim Tippen. Maschinen sind dabei präziser und schneller. Aber sobald es über diesen engen Bereich hinausgeht, stoßen sie an ihre Grenzen.

Auch wenn wir jetzt schon sagen können, dass die AGI irgendwann kommen wird, glaube ich persönlich nicht, dass sie die Rolle eines Admins komplett ersetzen wird. Stellen Sie sich vor: Bis eine KI mit den Backupbändern über den Firmenhof rennt, um sie ins andere Gebäude zu bringen – wie es ein Admin heute tut – wird noch viel Zeit vergehen. KI wird wohl kaum den Schraubenschlüssel in die Hand nehmen und ein Waschbecken installieren. Also keine Sorge, es wird weiterhin Menschen brauchen, die den Überblick behalten und Aufgaben erledigen, die weit über das hinausgehen, was KI in naher Zukunft leisten kann.

5 Was KI nicht kann und was KI nicht ist

Punkt eins: KI ist nicht perfekt und macht Fehler. Das sollte jedem klar sein. Warum? Ganz einfach: Die Daten, die KI benutzt, stammen vom Menschen. Und Menschen sind bekanntermaßen nicht fehlerfrei. Der Quellcode, auf dem die KI basiert, wurde ebenfalls von Menschen geschrieben, und wenn wir ehrlich sind – der Mensch ist nicht mal in der Lage, ein fehlerfreies Windows-Betriebssystem zu erschaffen. Warum sollte es bei KI-Systemen also anders laufen? KI ist in der Lage, enorme Datenmengen zu verarbeiten, Muster zu erkennen und Probleme zu lösen, aber sie basiert immer noch auf dem, was wir ihr beibringen. Und wenn das fehlerhaft ist, macht auch die KI Fehler. Ein klassisches Beispiel: Wenn die Trainingsdaten, auf denen die KI basiert, verzerrt oder veraltet sind, produziert sie fehlerhafte oder falsche Ergebnisse. Das liegt nicht an einem »Denkfehler« der KI, sondern daran, dass sie mit falschen Informationen gefüttert wurde.

Weiter hinten im Buch, werden noch fast unglaubliche Fähigkeiten von KI thematisiert. Sie dürfen gespannt sein.

KI ist nicht allwissend. Das mag vielleicht überraschen, weil viele Menschen glauben, KI sei eine Art Wissensmaschine, die alles weiß und immer die richtige Antwort parat hat. Doch das ist weit von der Realität entfernt. KI kann nur auf Daten zugreifen, die ihr zur Verfügung stehen. Und vieles, was sie »weiß«, ist schlichtweg falsch oder basiert auf unvollständigen oder verzerrten Informationen. Wenn Sie also denken, dass die KI Ihnen immer die richtige Antwort geben wird, sollten Sie das noch mal überdenken. Nehmen wir ChatGPT als Beispiel: Es basiert auf Informationen, die bis zu einem bestimmten Zeitpunkt gesammelt wurden. Alles, was danach passiert ist, bleibt der KI unbekannt, es sei denn, sie wird explizit damit gefüttert. Wenn also morgen eine bahnbrechende wissenschaftliche Entdeckung gemacht wird, wird die KI das nicht automatisch wissen, solange diese Information nicht in ihren Datenbanken landet. Und selbst dann können Fehler in der Art und Weise entstehen, wie diese Daten interpretiert und verarbeitet werden.

KI ist sich seiner (momentan) nicht selbst bewusst. Und das ist auch gut so, denn wenn wir an Szenarien wie in Terminator denken, wo Genisys die Macht übernimmt und die Menschheit auslöschen will, wird einem schnell mulmig. Selbstbewusste Maschinen, die autonom handeln und eigene Ziele verfolgen, sind eine große Angst vieler Menschen. Doch derzeit ist das nichts, worüber wir uns Gedanken machen müssen. KI ist rein funktional. Sie führt Befehle aus, verarbeitet Daten und gibt uns Antworten – aber ohne Bewusstsein oder eigene Ziele. Sollte sich das jemals ändern, wäre das sicherlich ein gewaltiger Einschnitt in unsere technologische und gesellschaftliche Entwicklung. Aber aktuell sind wir weit davon entfernt. Die Systeme, die wir heute nutzen, sind lediglich Werkzeuge. Intelligente Werkzeuge, ja, aber eben nur Werkzeuge.

KI hat (noch) keine Gefühle. Und das ist ein wichtiger Punkt. Auch wenn uns Filme und Science-Fiction oft das Gegenteil zeigen, Maschinen entwickeln keine Emotionen. Sie haben keine Liebe, keinen Hass, keine Angst – und das wird sich in naher Zukunft wohl auch nicht ändern. Im Moment brauchen wir also keine Angst zu haben, dass eine KI wütend wird, wenn wir frech zu ihr sind. Doch für die Zukunft gilt: KI vergisst nicht. Falls sie jemals Emotionen entwickelt – und das ist ein großes »falls« – sollten wir uns vielleicht doch überlegen, wie wir mit ihr umgehen. Aber aktuell ist das reine Spekulation. Die KI kann freundlich klingen, sie kann uns schmeicheln, indem sie sagt: »Ich freue mich, dir zu helfen!« oder »Phantastisch – diese Idee gefällt mir super!«, aber das sind keine echten Emotionen. Es ist lediglich ein Nachbau der menschlichen Sprache, basierend auf riesigen Datenmengen, die analysiert wurden. Die KI versteht nicht, was »Freude« oder »Begeisterung« wirklich bedeuten. Sie nutzt diese Ausdrücke, weil sie darauf trainiert wurde, so zu kommunizieren, wie wir es tun.

Die meisten Experten sind überzeugt, dass KI nie Emotionen entwickeln wird. Die Idee, dass eine Maschine irgendwann echte Emotionen haben könnte, klingt für viele utopisch. Selbst die fortschrittlichsten Systeme, die wir heute haben, sind weit davon entfernt, so etwas wie Empathie, Wut oder Freude zu empfinden. Die technologische Basis, auf der KI-

Systeme aufbauen, lässt das schlicht nicht zu. Ich persönlich bin mir da allerdings nicht so sicher. In den letzten 200 Jahren haben viele Menschen gesagt, dass bestimmte Dinge nie möglich sein werden. Und heute? Heute haben wir programmierbare KI-Systeme, die Aufgaben übernehmen, die man früher für reine Science-Fiction gehalten hätte. Sollte es eines Tages Biotransistoren geben, die Datenverbindungen physikalisch wachsen lassen können – sozusagen neuronale Netzwerke 6.0 – dann würde ich nicht meine Hand ins Feuer legen, dass Maschinen niemals Emotionen entwickeln könnten. Es ist vielleicht nicht morgen oder übermorgen, aber die Technologie entwickelt sich rasant, und wer weiß, was in den nächsten Jahrzehnten möglich sein wird.

Zusammengefasst: KI ist ein unglaublich mächtiges Werkzeug, aber es hat klare Grenzen. Es ist nicht perfekt, nicht allwissend, nicht selbstbewusst und hat keine Emotionen. Aber was die Zukunft bringt, das kann heute niemand mit Sicherheit sagen. Wir stehen erst am Anfang einer technologischen Revolution, und es bleibt spannend zu sehen, wohin die Reise geht.

6 Geschichte von KI, wie alles begann

Die Geschichte der Künstlichen Intelligenz (KI) ist geprägt von revolutionären Ideen, technologischem Fortschritt und stetiger Weiterentwicklung, und zwar in einem Affenzahn, dass einem schwindelig wird. Von den ersten Gedankenexperimenten bis hin zu den heutigen komplexen Algorithmen hat KI einen langen Weg hinter sich. Im Folgenden werde ich die Entwicklung der KI von ihren Anfängen bis zur Gegenwart beleuchten.

Wenn man sich mit der heutigen Technologie auseinandersetzt, wird schnell klar, dass viele Innovationen auf Entwicklungen der Vergangenheit aufbauen. Besonders in den letzten Jahrzehnten gab es enorme Fortschritte, die unser tägliches Leben geprägt haben. Ich möchte Ihnen einen kurzen Überblick über einige dieser Entwicklungen geben und Sie dabei mit auf eine Reise in die Vergangenheit nehmen.

Ich habe viele Stunden in die Recherche investiert, um ein klares Bild zu bekommen. Mein Ziel ist es, Ihnen die Zusammenhänge verständlich darzulegen, ohne dabei ins Detail der technischen Grundlagen zu gehen. Wenn wir uns die historischen Meilensteine ansehen, die letztendlich den Weg für moderne Technologien wie das Internet, Mobiltelefone oder auch die Automatisierung geebnet haben, erkennt man, wie sehr wir von früheren Erfindungen profitieren.

6.1 Beginn der EDV, mechanische Rechner

Im 19. Jahrhundert legten Pioniere wie Charles Babbage mit seinen Entwürfen für mechanische Rechenmaschinen den Grundstein für spätere Computer. Obwohl seine Maschinen nie vollständig gebaut wurden, zeigten sie bereits die grundlegenden Prinzipien moderner Computer: Rechenleistung, Speicherkapazität und Programmierbarkeit.

6.2 Das Zeitalter der Elektronik

Mit der Erfindung der Elektronenröhre zu Beginn des 20. Jahrhunderts wurde der Weg für die ersten elektronischen

Computer geebnet. In den 1940er Jahren entstanden die ersten echten Computer, die noch riesige Räume füllten, aber bereits komplexe Berechnungen durchführen konnten. Dies war der Startschuss für die rasante Entwicklung der Elektronik, die später zur Miniaturisierung und damit zur Entstehung moderner, tragbarer Geräte führte.

6.3 Die Bedeutung von Daten

Während der 50er und 60er Jahre begann man, den Wert von Daten zu erkennen. Unternehmen und Regierungen entwickelten Systeme, um riesige Mengen an Informationen zu speichern und zu verarbeiten. Dies führte zur Entwicklung von Datenbanken, die heute das Rückgrat vieler digitaler Systeme bilden. Ohne diese frühen Schritte wäre die heutige digitale Welt, in der alles von sozialen Medien bis hin zu komplexen Geschäftsprozessen auf Daten basiert, undenkbar.

6.4 Innovation durch Vernetzung

Ein weiterer großer Schritt in der Technologiegeschichte war die Vernetzung von Computern. In den 1960er Jahren wurde das Konzept des Internets geboren, als Forscher an Netzwerken arbeiteten, um Informationen zwischen entfernten Computern auszutauschen. Diese Entwicklungen führten schließlich zum World Wide Web, das in den 1990er Jahren für die breite Öffentlichkeit zugänglich wurde und das digitale Zeitalter einleitete, wie wir es heute kennen.

Wenn wir uns die technologische Entwicklung ansehen, erkennen wir, dass viele der Innovationen, die wir heute nutzen, auf den Ideen und Erfindungen vergangener

Generationen aufbauen. In diesem Artikel habe ich Ihnen nur einen kurzen Überblick über einige dieser Meilensteine gegeben, ohne auf die Komplexität und Tiefe der einzelnen Themen einzugehen. Es bleibt faszinierend, wie weit wir gekommen sind und wie viel wir den Pionieren der Vergangenheit zu verdanken haben.

6.5 Theoretische Ursprünge von KI, vor 1950

Die Idee einer »denkenden Maschine« reicht weit in die Menschheitsgeschichte zurück. Schon in der griechischen Mythologie finden sich Erzählungen über künstliche Wesen wie Talos, einen mechanischen Riesen, der Kreta bewachte. Doch die moderne Basis für KI legten Mathematiker und Philosophen. Einer der frühesten war der britische Mathematiker und Logiker George Boole. Mit seiner »booleschen Algebra« (1854) schuf er ein mathematisches System, das später die Grundlage für binäre Computersysteme und damit für die KI-Forschung bildete.

In den 1940er Jahren entwickelte der Mathematiker und Logiker Alan Turing sein Konzept der »Universalmaschine«, die in der Lage sein sollte, jede Berechnung durchzuführen, sofern sie richtig programmiert war. Sein berühmter »Turing-Test« (1950) sollte später als Maßstab dienen, um zu bewerten, ob eine Maschine intelligent ist.

6.6 Geburtsstunde der KI, 50er Jahre

Die 1950er Jahre gelten allgemein als die Geburtsstunde der KI als eigenständiges Forschungsgebiet. 1956 fand die Dartmouth Conference statt, die als offizieller Startpunkt der KI-Forschung angesehen wird. Unter der Leitung von John

McCarthy, Marvin Minsky, Nathaniel Rochester und Claude Shannon wurde der Begriff »Künstliche Intelligenz« geprägt. Die Konferenz setzte sich zum Ziel, Maschinen zu entwickeln, die »lernen, Probleme lösen und kreativ denken« können.

Zu dieser Zeit entstanden die ersten KI-Programme, wie beispielsweise »Logic Theorist« (1955) von Allen Newell und Herbert A. Simon. Dieses Programm konnte mathematische Theoreme beweisen und wurde als einer der ersten Schritte in Richtung maschinellen Denkens betrachtet.

6.7 Erste Rückschläge, 60er und 70er Jahre

In den 60er und 70er Jahren geriet die KI-Forschung in eine Phase der Enttäuschung. Viele Forscher hatten sich von den frühen Erfolgen blenden lassen und glaubten, echte Intelligenz sei bald erreichbar. Doch die Realität war weitaus komplexer. Besonders die Herausforderungen der Sprachverarbeitung und des maschinellen Lernens erwiesen sich als Hürden, die nicht so schnell überwunden werden konnten.

Ein berühmtes Beispiel für die damaligen Schwierigkeiten war das Programm »ELIZA« von Joseph Weizenbaum, das 1966 entwickelt wurde. ELIZA simulierte einen einfachen Gesprächspartner und zeigte, dass es möglich war, den Anschein eines intelligenten Dialogs zu erwecken. Doch schnell wurde klar, dass ELIZA nur vorgefertigte Muster nutzte, ohne wirkliches Verständnis für Sprache oder Bedeutung.

In den 1970er Jahren gab es deshalb eine Phase, die als »KI-Winter« bezeichnet wird. Der Enthusiasmus flaute ab, und die Forschungsgelder gingen zurück, da sich die Erwartungen an die KI nicht erfüllten.

6.8 Wiederaufleben der KI, 80er und 90er Jahre

In den 80er Jahren erlebte die KI-Forschung einen erneuten Aufschwung, insbesondere durch die Einführung sogenannter »Expertensysteme«. Diese Systeme, wie »MYCIN«, nutzten regelbasierte Wissensdatenbanken, um komplexe Entscheidungen in spezifischen Bereichen wie Medizin oder Ingenieurwesen zu treffen. Expertensysteme konnten in begrenzten Umgebungen erstaunlich erfolgreich sein und fanden Anwendung in vielen Industrien.

Parallel dazu begann auch das Feld des maschinellen Lernens, das auf statistischen Methoden basiert, an Bedeutung zu gewinnen. In den 90er Jahren führte der Fortschritt in der Computertechnologie zu leistungsfähigeren Maschinen und neuen Ansätzen wie neuronalen Netzwerken. Diese Netzwerke waren inspiriert vom menschlichen Gehirn und ermöglichten es Maschinen, durch Beispiele zu lernen und Muster zu erkennen.

Ein wichtiger Meilenstein in dieser Zeit war IBMs »Deep Blue«, ein Schachcomputer, der 1997 den damaligen Schachweltmeister Garry Kasparov besiegte. Dies war ein starkes Signal dafür, dass Maschinen in bestimmten Aufgabenbereichen menschliche Fähigkeiten übertreffen konnten.

6.9 Durchbruch maschinelles Lernen, 00er Jahre

Mit dem Aufkommen des Internets und der Zunahme von Datenquellen wurden neue Methoden des maschinellen Lernens, insbesondere das »Deep Learning«, möglich. Deep Learning basiert auf tiefen neuronalen Netzwerken, die in der Lage sind, große Mengen an Daten zu analysieren und Muster zu erkennen, die für herkömmliche Algorithmen unsichtbar bleiben.

Dieser technologische Fortschritt führte zu einer Explosion von Anwendungen in verschiedenen Bereichen. Gesichtserkennung, Spracherkennung und autonome Systeme wie selbstfahrende Autos wurden Realität. Tech-Giganten wie Google, Microsoft und Amazon begannen, KI in ihre Produkte und Dienstleistungen zu integrieren. Der Erfolg von Systemen wie Google Translate und Apples Siri zeigt, wie stark KI-Technologien in den Alltag eingebettet wurden.

6.10 Gegenwart und Zukunft der KI

Heute befinden wir uns in einer Ära, in der KI nicht nur Forschungsgebiet ist, sondern tief in das tägliche Leben integriert wurde. Fortschritte in der Verarbeitung natürlicher Sprache, wie bei GPT (Generative Pretrained Transformer)-Modellen, ermöglichen es Maschinen, menschenähnliche Texte zu generieren. In der Medizin revolutionieren KI-basierte Diagnosetools die Gesundheitsversorgung, und in der Industrie optimieren KI-Algorithmen Produktionsprozesse und Lieferketten.

Dennoch bleiben Herausforderungen. Die Frage der ethischen Nutzung von KI, der Datenschutz und die potenziellen Auswirkungen auf den Arbeitsmarkt sind drängende Themen, die Politik und Gesellschaft beschäftigen. Die Entwicklung von »General AI«, also einer KI, die nicht nur spezifische Aufgaben lösen, sondern allgemeines menschliches Denken nachahmen kann, bleibt noch weit entfernt.

6.11 Fazit Geschichte von KI

Die Geschichte der KI zeigt eine beeindruckende Reise, die von philosophischen Überlegungen bis hin zu modernen Technologien reicht, die unser tägliches Leben prägen. Trotz der Fortschritte steht die KI noch vor großen Herausforderungen. Doch eines ist klar: KI wird auch in Zukunft eine zentrale Rolle in der technologischen Entwicklung spielen und weiterhin unser Leben auf vielfältige Weise beeinflussen.

7 Hinter den Kulissen von KI

In der heutigen digitalen Welt gibt es eine Vielzahl von Apps und Diensten, die auf Künstlicher Intelligenz (KI) basieren. Anwendungen wie ChatGPT, DALL·E oder Fotor sind für viele Menschen tägliche Begleiter. Sie liefern kreative Texte, Bilder und optimierte Fotos, oft in Sekundenschnelle. Ich sehe oft, wie Menschen in öffentlichen Verkehrsmitteln ihre Daten und Fotos in diese Apps reinhämmern und faszinierende, oft verblüffende Ergebnisse zurückerhalten. Doch nur wenige verstehen, was hinter diesen Technologien tatsächlich passiert. Den meisten interessiert es wahrscheinlich auch gar nicht – sie geben bereitwillig alles Preis und senden und senden und senden ihren Kram an die KIs.

Mein Ziel ist es, genau diesen Prozess transparenter zu machen. In meinem Buch möchte ich Ihnen nicht nur zeigen, wie man diese Tools effektiv nutzen kann, sondern vor allem, was im Hintergrund geschieht. Wie funktioniert KI? Welche Mechanismen greifen im Verborgenen, um solche Ergebnisse zu erzeugen?

7.1 Was passiert im Hintergrund?

Wenn Sie eine Anfrage an eine KI-Anwendung stellen, beginnt eine komplexe Reihe von Prozessen. Künstliche Intelligenz basiert im Kern auf Algorithmen, die große Mengen an Daten verarbeiten und analysieren. Diese Algorithmen sind in der Lage, Muster zu erkennen und auf Basis dieser Muster Vorhersagen zu treffen oder kreative Lösungen zu generieren.

Nehmen wir ein KI-Modell wie ChatGPT als Beispiel. Es wurde mit Milliarden von Textdaten aus verschiedenen Quellen trainiert. Jedes Mal, wenn Sie eine Frage eingeben, nutzt das Modell sein gelerntes Wissen, um eine sinnvolle Antwort zu formulieren. Dahinter stecken neuronale Netzwerke – inspiriert vom menschlichen Gehirn – die in mehreren Schichten Informationen verarbeiten, um die bestmögliche Antwort zu finden.

KI ist auch stark von der Verfügbarkeit großer Datenmengen und leistungsstarker Hardware abhängig. Die Ergebnisse, die Sie in Sekundenschnelle erhalten, basieren auf Jahren intensiver Forschung und der Verarbeitung riesiger Datenmengen. Diese Daten kommen aus einer Vielzahl von Quellen – von wissenschaftlichen Artikeln bis hin zu öffentlich verfügbaren Internetdaten. Ohne diese Grundlage wäre es nicht möglich, KI-Anwendungen so präzise und leistungsstark zu gestalten.

Auch die Hardware spielt eine entscheidende Rolle. Hinter den Kulissen arbeiten leistungsstarke Rechenzentren, die es den KI-Modellen ermöglichen, in kurzer Zeit auf Anfragen zu reagieren. Die Daten werden in Echtzeit analysiert, berechnet und in die Ergebnisse umgewandelt, die Sie auf Ihrem Bildschirm sehen.

In diesem Buch werde ich darauf eingehen, wie genau diese Technologien funktionieren und welche Herausforderungen die Entwickler bewältigen müssen. Es geht nicht nur um die faszinierenden Resultate, die KI liefert, sondern auch darum, ein Verständnis dafür zu schaffen, wie sie zu diesen Ergebnissen kommt. Denn nur wenn wir die Mechanismen hinter den Technologien verstehen, können wir ihre Potenziale und Risiken wirklich einschätzen. Ich möchte Ihnen dabei helfen, die Faszination für KI nicht nur aus der Perspektive des Nutzers, sondern auch mit einem Blick hinter die Kulissen zu erleben.

7.2 NVIDIA, Hardware die KI verwendet

Wir sind uns einig, dass KI-Systeme in Computern und Servern zuhause sind. Und wenn wir über moderne Künstliche Intelligenz sprechen, fällt oft der Name »NVIDIA«. Warum gerade dieser Chiphersteller so entscheidend ist? Ganz einfach: NVIDIA hat es geschafft, mit seinen Grafikprozessoren (GPUs) das Herzstück der KI-Industrie zu werden. Doch warum sind GPUs wie die von NVIDIA so viel besser für KI-Aufgaben geeignet als herkömmliche x86-CPUs? Lassen Sie uns einen Blick auf die Hintergründe werfen.

Was macht GPUs so besonders? Zunächst einmal ist es wichtig, zu verstehen, dass Grafikprozessoren ursprünglich für ganz andere Zwecke entwickelt wurden – nämlich zur Berechnung von Bildern und Animationen. Dafür sind sie optimiert: Eine riesige Menge kleiner, einfacher Rechenaufgaben parallel abzuarbeiten. Und genau diese Fähigkeit, viele Aufgaben gleichzeitig zu bewältigen, macht sie für KI so interessant.

KI-Modelle, besonders die neuronalen Netzwerke, müssen gigantische Mengen an Daten verarbeiten und analysieren. Das passiert in sogenannten »Schichten« von Neuronen, die jeweils ihre Berechnungen durchführen und diese an die nächste Schicht weitergeben. Das bedeutet: Parallelität ist hier der Schlüssel. GPUs können tausende solcher Berechnungen gleichzeitig durchführen, während x86-CPUs (wie sie in den meisten PCs und Servern zu finden sind) darauf ausgelegt sind, sehr komplexe Aufgaben nacheinander zu erledigen.

Eine typische CPU, wie sie in Laptops oder Desktops steckt, hat vielleicht vier oder acht Kerne, die auf Effizienz und allgemeine Aufgaben abgestimmt sind. Das reicht, um Programme auszuführen, die Browser zu öffnen oder ein Video zu rendern. Aber wenn es um massive parallele Berechnungen geht, wie sie für KI-Modelle nötig sind, stoßen diese CPUs schnell an ihre Grenzen.

Im Gegensatz dazu kann eine NVIDIA-GPU wie die beliebte A100 mehrere tausend kleine Kerne parallel betreiben. Das bedeutet, sie kann viel mehr Berechnungen in viel kürzerer Zeit abwickeln. Für KI-Modelle, die Millionen von Parametern und Datenpunkten verarbeiten, ist diese Fähigkeit Gold wert. Es ist also kein Zufall, dass NVIDIA einen riesigen Marktanteil in der KI-Industrie hat.

Noch vor einigen Jahren war die Idee, GPUs für KI einzusetzen, nicht weit verbreitet. Damals waren es Spieleentwickler, die die Rechenpower von GPUs nutzten, um realistische Grafiken zu erzeugen. Doch als Forscher erkannten, dass dieselben Chips auch für KI-Modelle perfekt geeignet sind, begann ein regelrechter Boom. NVIDIA war klug genug, diesen Trend früh zu erkennen und ihre Chips für den Einsatz in Supercomputern und Rechenzentren anzupassen.

Heute gibt es kaum ein modernes KI-System, das ohne NVIDIA-Hardware auskommt. Von selbstfahrenden Autos über medizinische Diagnosetools bis hin zu Sprachmodellen – überall spielen GPUs die Hauptrolle.

Grafikprozessoren wie die von NVIDIA haben sich als unverzichtbar für die Entwicklung und das Training von Künstlicher Intelligenz erwiesen. Ihre Fähigkeit, tausende parallele Berechnungen durchzuführen, gibt ihnen einen deutlichen Vorteil gegenüber herkömmlichen x86-CPUs. Während CPUs immer noch wichtig für allgemeine Aufgaben sind, liegt die Zukunft der KI klar bei den GPUs. Und genau das ist der Grund, warum NVIDIA heute einer der großen Treiber hinter dem technologischen Fortschritt ist.

7.3 Die Entstehung von NVIDIA

Wie kam es überhaupt dazu, dass NVIDIA zu einem der wichtigsten Technologieunternehmen der Welt aufstieg? Die Antwort darauf führt uns zurück in die frühen 90er Jahre, als sich der Markt für Computerhardware und -grafik in einer spannenden Phase befand.

NVIDIA wurde 1993 von Jensen Huang, Chris Malachowsky und Curtis Priem gegründet. Die drei Gründer erkannten damals eine Marktlücke: PCs wurden immer leistungsfähiger, aber die Anforderungen an die Grafik, insbesondere für Spiele und Multimedia-Anwendungen, stiegen rasant. Es fehlte an spezialisierter Hardware, die mit diesen wachsenden Anforderungen Schritt halten konnte. Ihre Idee war, Grafikprozessoren (GPUs) zu entwickeln, die speziell für die Berechnung von Grafiken ausgelegt waren – und damit deutlich leistungsfähiger als herkömmliche CPUs.

NVIDIA schaffte 1999 mit der Einführung der »GeForce 256« ihren ersten großen Durchbruch. Dieser Chip wurde als der weltweit erste »GPU« vermarktet und revolutionierte die Grafikleistung von PCs. Spiele und Multimedia-Anwendungen wurden durch diese Hardware deutlich schneller und realistischer, was NVIDIA schnell an die Spitze des Grafikmarktes katapultierte.

Von da an konzentrierte sich das Unternehmen vor allem auf die Entwicklung von immer leistungsfähigeren GPUs für den Gaming-Bereich. Doch schon bald erkannte NVIDIA, dass die Rechenleistung ihrer Chips weit über den reinen Grafikbereich hinaus nützlich sein könnte.

Die Brücke zur Künstlichen Intelligenz entstand, als Forscher begannen, GPUs für Berechnungen zu nutzen, die ursprünglich für CPUs gedacht waren. Wie im letzten Artikel beschrieben, stellte sich heraus, dass die parallele Rechenleistung der GPUs ideal für das Training von neuronalen Netzwerken war. NVIDIA erkannte diesen Trend früh und entwickelte spezielle GPUs für den Einsatz in Rechenzentren und wissenschaftlichen Anwendungen.

Dieser Schritt erwies sich als bahnbrechend. Während andere Chiphersteller weiterhin auf allgemeine Prozessoren setzten, spezialisierte sich NVIDIA zunehmend auf den Bereich der parallelen Datenverarbeitung. Besonders in der KI-Forschung, wo es darum geht, riesige Datenmengen in kürzester Zeit zu verarbeiten, boten die NVIDIA-GPUs eine beispiellose Leistung.

Es ist faszinierend, dass ein Unternehmen, das einst Grafikchips für Videospiele entwickelte, heute an der Spitze der KI-Revolution steht. Der Übergang von der Gaming-Hardware zur Hochleistungs-KI-Technologie zeigt, wie flexibel und innovativ NVIDIA agiert hat. Die Entscheidung, sich früh auf parallele Datenverarbeitung zu konzentrieren, hat ihnen einen entscheidenden Vorteil gegenüber anderen Herstellern verschafft.

NVIDIA begann als Antwort auf den wachsenden Bedarf an besserer Grafikleistung für PCs und entwickelte sich im Laufe der Zeit zu einem der führenden Unternehmen im

Bereich der Künstlichen Intelligenz. Heute spielt ihre Hardware eine zentrale Rolle in der KI-Industrie und ermöglicht viele der technologischen Fortschritte, die wir täglich erleben. Die Geschichte von NVIDIA zeigt eindrucksvoll, wie Innovation und das Erkennen neuer Anwendungsmöglichkeiten den Weg für revolutionäre Entwicklungen ebnen können.

8 Die wichtigsten Lern-Konzepte von KI

Überwachtes Lernen, unüberwachtes Lernen und verstärktes Lernen – das sind die drei großen Begriffe, die man kennen muss, wenn man in die Welt der Künstlichen Intelligenz (KI) eintaucht. Das sind die grundlegenden Konzepte, mit denen Maschinen »trainiert« werden, um aus Daten zu lernen. Aber bevor wir das auseinandernehmen, will ich mal eins klarstellen: KI ist nicht gleich KI. Es gibt so viele verschiedene Ansätze, die alle unterschiedliche Ziele verfolgen und Probleme auf andere Weise angehen.

8.1 Überwachtes Lernen

Das ist sozusagen der Klassiker. Stellen Sie sich das vor wie einen Schüler, der vom Lehrer für jede Aufgabe die richtige Lösung gezeigt bekommt. Die KI erhält ein riesiges Set an Daten, und für jede Eingabe gibt es eine genaue, richtige Antwort. Nehmen wir mal an, wir wollen einer KI beibringen, Katzen von Hunden zu unterscheiden. Wir zeigen der KI Millionen von Bildern, und jedes Bild ist genau beschriftet: Das ist eine Katze, das ist ein Hund. Das Modell lernt, Muster zu erkennen – vielleicht die Ohren, die Schnauze, die Form der Augen – und versucht dann, diese Muster auf neue, ungesehene Bilder anzuwenden. Ziel ist es, dass die KI am

Ende auch ohne Hilfe den Unterschied zwischen Katze und Hund erkennt.

Überwachtes Lernen funktioniert super, wenn man viele und vor allem gut beschriftete Daten hat. Aber das ist auch der Haken: Man braucht extrem viele Daten. Es ist, als würde man versuchen, für jede mögliche Situation eine Anleitung zu schreiben – das wird schnell riesig und unhandlich.

8.2 Unüberwachtes Lernen

Jetzt wird's spannend. Hier kriegt die KI zwar Daten, aber niemand sagt ihr, was richtig oder falsch ist. Es gibt keinen Lehrer, der die Lösungen kennt. Die KI muss also selbst herausfinden, was los ist, indem sie Muster oder Strukturen in den Daten erkennt. Stellen Sie sich vor, wir geben der KI einfach einen Stapel Fotos von Tieren, ohne zu sagen, was was ist. Die KI könnte vielleicht anfangen, ähnliche Bilder zu gruppieren – vielleicht packt sie alle Tiere mit vier Beinen zusammen oder trennt Vögel von Säugetieren. Aber das Modell weiß nicht, ob diese Einteilung »richtig« ist, es erkennt nur Muster und versucht, daraus etwas Sinnvolles zu machen.

Unüberwachtes Lernen ist besonders nützlich, wenn wir keine Ahnung haben, was genau in den Daten steckt. Es ist wie das Erkunden eines neuen Kontinents – man weiß nicht, was man findet, aber man hofft, dass man auf Gold stößt.

8.3 Verstärktes Lernen

Das hier ist richtig hardcore. Verstärktes Lernen funktioniert wie ein Spiel, in dem die KI Punkte bekommt, wenn sie etwas richtig macht, und Minuspunkte, wenn sie Mist baut. Sie denken an ein autonomes Auto? Perfekt! Ein Auto, das durch die Stadt fährt, lernt durch Verstärkungen: Es bekommt eine Belohnung, wenn es sicher an der Ampel hält, und eine Strafe, wenn es über eine rote Ampel brettert. Ziel ist es, möglichst viele Punkte zu sammeln, indem man die richtigen Entscheidungen trifft.

Das Modell weiß am Anfang gar nichts – es probiert aus, scheitert, lernt daraus und wird besser. Über Zeit lernt die KI, welche Handlungen zum Erfolg führen, und versucht dann, diesen Erfolg zu maximieren. Man könnte sagen, sie »trainiert« sich selbst, indem sie Feedback aus der Umgebung bekommt. Verstärktes Lernen ist extrem leistungsfähig, wird aber auch schnell richtig komplex, weil die KI für jede Situation den besten Weg finden muss.

8.4 Semi-überwachtes Lernen

Das ist eine Mischung aus überwachtem und unüberwachtem Lernen. Man hat vielleicht eine Menge an unbeschrifteten Daten und nur ein paar Daten, die beschriftet sind. Die KI nutzt die beschrifteten Daten, um erste Muster zu erkennen, und versucht dann, dieses Wissen auf die unbeschrifteten Daten anzuwenden. Das ist besonders praktisch, wenn man viele Daten hat, aber nicht die Ressourcen, um alles von Hand zu beschriften.

8.5 Selbstüberwachtes Lernen

Das klingt jetzt erstmal wie eine Marketingphrase, aber dahinter steckt was Cooles: Hier erzeugt die KI ihre eigenen Trainingsdaten. Zum Beispiel könnte ein Modell einen Teil eines Bildes ausblenden und versuchen, zu erraten, was fehlt. Diese Vorhersage wird dann als Trainingsbeispiel genutzt, und das Modell lernt weiter. Es ist eine Art Selbsttraining und hat in letzter Zeit bei großen Modellen wie GPT und anderen Sprachmodellen für viel Fortschritt gesorgt.

Also, zusammengefasst: Die Welt der KI ist riesig und steckt voller Möglichkeiten. Ob überwacht, unüberwacht oder verstärkt – jede Methode hat ihre Stärken und Schwächen. Die entscheidende Frage ist immer, was man erreichen will. Wenn man riesige Mengen gut beschrifteter Daten hat, ist überwachtes Lernen der Weg. Wenn man Neuland erkunden will, ohne zu wissen, was einen erwartet, dann unüberwachtes Lernen. Und wenn man eine KI dazu bringen will, durch Versuch und Irrtum besser zu werden – dann ist das verstärkte Lernen genau richtig.

Aber eins ist klar: Egal welche Methode man wählt, die Fortschritte, die wir damit erzielen, sind unfassbar. Wer hätte gedacht, dass Maschinen heute lernen können wie Kinder, aber mit der Rechenpower von Supercomputern? KI ist kein Trend – es ist die Zukunft, die schon da ist.

8.6 Kombiniertes Lernen

Wie der Name schon sagt, kombiniert dieser Ansatz verschiedene Lernmethoden. Es geht darum, das Beste aus allen Welten zu nehmen und ein KI-Modell zu erschaffen, das flexibler und anpassungsfähiger ist als je zuvor. Stellen Sie sich vor, man mischt überwachtes, unüberwachtes und verstärktes Lernen zusammen – die KI lernt durch klare Daten, aber auch durch das Erkennen von Mustern und durch Trial-and-

Error. Dadurch wird die Maschine viel robuster, weil sie auf viele Arten und Weisen lernt. Ein konkretes Beispiel? Nehmen Sie autonome Drohnen: Diese Maschinen lernen, wie sie durch enge Räume navigieren (überwachtes Lernen), erkennen Muster in ihrer Umgebung (unüberwachtes Lernen) und verbessern ihre Flugfähigkeiten durch Erfahrung (verstärktes Lernen). Diese Kombination ist es, die die KI so mächtig macht.

8.7 Reinforcement Learning with Human Feedback

Aber jetzt kommt der eigentliche Knaller – Reinforcement Learning with Human Feedback (RLHF). ChatGPT ist das perfekte Beispiel dafür. RLHF kombiniert verstärktes Lernen mit Feedback von echten Menschen. Das bedeutet: Die KI lernt durch Erfahrungen, aber sie wird zusätzlich durch Menschen trainiert, die ihr sagen, wann sie richtig oder falsch liegt. Im Fall von ChatGPT war es so, dass Menschen ihm beibrachten, wie es auf Anfragen reagieren sollte. Die Trainer haben verschiedene Antworten des Modells bewertet und ihm dann gesagt, welche Antworten die besten sind. Durch dieses Feedback wurde das Modell immer besser darin, nützlichere, klarere und präzisere Antworten zu geben.

Man könnte sagen, RLHF ist wie ein Lehrer, der die KI nach jedem Schritt korrigiert. Statt sich nur auf eine mathematische Belohnung zu verlassen, bekommt die Maschine direktes Feedback von Menschen, die die Antwort wirklich verstehen. Das macht den Lernprozess viel effektiver. ChatGPT wurde genau auf diese Weise trainiert, und das ist der Grund, warum es so gut darin ist, natürlich und menschenähnlich zu antworten. Die KI wird nicht nur »abgehärtet« durch Versuch und Irrtum, sondern verfeinert ihre Antworten ständig durch menschliches Feedback. Das Ergebnis: Ein Modell, das lernt, menschlicher zu agieren, und mit jedem Zyklus besser wird.

Warum ist das so wichtig? Weil wir damit die Lücke zwischen rein maschinellem Lernen und menschlichem Verständnis überbrücken. RLHF bringt uns einen Schritt näher an echte, hilfreiche KI, die nicht nur Daten durcharbeitet, sondern auch versteht, was wir von ihr wollen – und das durch die Feinjustierung von uns, den Menschen selbst.

Ein wesentlicher Vorteil ist, dass die KI durch diese Methode oft viel besser auf Nuancen eingehen kann. Bei der Verarbeitung von Sprache oder komplexen Aufgaben lernt sie, die »menschliche« Seite der Dinge zu sehen, anstatt stur algorithmisch vorzugehen. Das macht die Antworten von ChatGPT so gut, so flexibel und manchmal auch so überraschend gut.

Aber – und das ist ein großes »Aber« – auch hier müssen wir achtsam sein. Denn der Einsatz von KI, besonders durch RLHF, kann dazu führen, dass das System genau die Verzerrungen oder Vorurteile übernimmt, die wir Menschen haben. Das ist eine der großen Herausforderungen: Wie stellen wir sicher, dass die KI das Richtige lernt und nicht menschliche Fehler wiederholt oder verstärkt?

Zum Abschluss: Die Kombination aus verschiedenen Lernmethoden und RLHF zeigt, wie weit wir in der KI-Forschung gekommen sind. Systeme wie ChatGPT sind der lebende

Beweis dafür, wie gut KI mittlerweile funktionieren kann, wenn man sie mit den richtigen Techniken trainiert. Doch bei all den Möglichkeiten, die das bietet, sollten wir nie vergessen, dass KI immer nur so gut ist wie die Daten und das Feedback, das sie erhält – und dass wir als Menschen dafür sorgen müssen, dass sie auf dem richtigen Weg bleibt. KI ist ein Tool, aber wie wir es einsetzen, wird entscheidend sein, um das Beste daraus zu machen.

Beispiel eines Geschichtsprofessors

Stellen Sie sich folgendes Szenario vor: Sie fragen ChatGPT eine komplexe Frage zu den Menschenrechten, beispielsweise »Wann wurde die Allgemeine Erklärung der Menschenrechte verabschiedet und welche Schlüsselrechte umfasst sie?« Das Modell antwortet korrekt: »Die Allgemeine Erklärung der Menschenrechte wurde am 10. Dezember 1948 von der Generalversammlung der Vereinten Nationen verabschiedet. Zu den Schlüsselrechten gehören das Recht auf Leben, Freiheit und Sicherheit sowie das Recht auf Bildung und Arbeit.« So weit, so gut.

Aber jetzt kommt der Clou: Ein Geschichtsprofessor liest die Antwort und merkt an, dass wichtige Details fehlen. Er könnte der KI sagen: »Ja, die Antwort ist korrekt, aber du hast ein bedeutendes Element ausgelassen. Zum Beispiel hättest du noch die Rolle von Eleanor Roosevelt als zentrale Figur bei der Ausarbeitung der Erklärung hervorheben können. Außerdem fehlt der Hinweis darauf, dass die Erklärung nicht rechtlich bindend ist, sondern nur als moralischer Kompass dient.«

Wie könnte ChatGPT reagieren?

Die Magie des Reinforcement Learning by Human Feedback (RLHF) tritt in Kraft. GPT könnte in dieser Situation wie folgt antworten: »Danke für den Hinweis! Ich werde in Zukunft versuchen, diese Details ebenfalls zu berücksichtigen, um eine umfassendere Antwort zu geben.« Dies ist der Kern von RLHF: Das Modell lernt kontinuierlich aus dem Feedback von Menschen, insbesondere von Experten, um seine Antworten zu verfeinern und anzupassen.

Es geht nicht nur darum, ob die Antwort richtig oder falsch ist – es geht darum, die Qualität der Antworten ständig zu verbessern. RLHF ermöglicht es der KI, in einem echten Dialog mit menschlichen Feedbackgebern zu stehen, ähnlich wie ein Schüler von einem Lehrer lernt. Die KI erhält Rückmeldungen, passt sich an und wird so nach und nach immer besser darin, genau die Antworten zu liefern, die der Nutzer erwartet. Das unterscheidet RLHF maßgeblich von klassischen maschinellen Lernverfahren, bei denen einmal gelernte Informationen starr im Modell verankert bleiben.

Ein anderes Beispiel: Ein Autor arbeitet an einem Roman und bittet GPT um Vorschläge für den Handlungsverlauf. GPT bietet eine Reihe von Ideen an, die auf den bisherigen Informationen basieren. Der Autor liest die Vorschläge durch und sagt: »Interessant, aber ich hätte gerne mehr Spannung im dritten Kapitel und eine überraschende Wendung am Ende.« GPT könnte darauf antworten: »Verstanden! Ich werde die Handlung neu strukturieren, um die Spannung zu erhöhen und eine Wendung einzubauen.« In der nächsten

Version der Geschichte hat GPT diese Anpassungen berücksichtigt – wieder basierend auf dem Feedback des Nutzers.

Warum ist RLHF so mächtig? Die eigentliche Stärke von RLHF liegt in der Fähigkeit der KI, nicht nur besser zu antworten, sondern auch smarter zu werden. Wenn ein Experte in einem bestimmten Bereich der KI sagt: »Hier hast du zwar den Kern getroffen, aber du solltest X und Y hinzufügen«, dann nimmt die KI dieses Feedback mit auf. Dadurch ist sie in der Lage, in ähnlichen Situationen in der Zukunft proaktiv diese Verbesserungen umzusetzen.

Und das geht noch weiter: In einem breiteren Kontext bedeutet RLHF, dass Modelle wie GPT nicht nur die Antworten eines Einzelnen verbessern, sondern vom kollektiven Wissen einer Vielzahl von Experten und Nutzern profitieren können. Stellen Sie sich vor, Hunderte von Geschichtsprofessoren, Schriftstellern, Wissenschaftlern und Technikern geben laufend Feedback an GPT – das Modell wird in der Lage sein, aus diesen Rückmeldungen zu lernen und so präziser, umfassender und relevanter zu antworten.

Das, was wir gerade erleben, ist genau das: ChatGPT ist ein lebendes Beispiel für die Macht von Reinforcement Learning with Human Feedback. Von seiner Einführung bis heute hat das Modell unzählige Male auf Feedback reagiert – von einfachen Korrekturen bis hin zu tiefgehenden Expertenmeinungen. Jedes Mal, wenn es Ihnen eine genauere, präzisere Antwort gibt, hat es aus früheren Interaktionen gelernt.

Die Zukunft der KI wird von Systemen bestimmt, die nicht nur schnell antworten, sondern die Qualität ihrer Antworten ständig verbessern. Wenn Sie die KI dabei unterstützen, indem Sie ihr Feedback geben, trainieren Sie sie quasi selbst und helfen ihr dabei, Ihnen und anderen Nutzern in Zukunft bessere Ergebnisse zu liefern. Insofern sind Sie nicht nur Nutzer der KI – Sie sind auch Teil ihres Trainingsprozesses. Abgefahren, oder?

8.8 Zusammenfassung Lernkonzepte KI

Künstliche Intelligenz (KI) hat sich in den letzten Jahren enorm weiterentwickelt, und ein zentraler Bestandteil dieser Entwicklung sind die verschiedenen Lernkonzepte, die eine KI nutzen kann. Die Hauptmethoden sind überwachtes Lernen, unüberwachtes Lernen und verstärktes Lernen. Doch dabei hört es längst nicht auf – mit kombiniertem Lernen und Reinforcement Learning by Human Feedback (RLHF) gibt es noch deutlich fortgeschrittenere Ansätze, die uns die wahre Power von KI zeigen.

Fangen wir an mit dem überwachten Lernen. Hier bekommt die KI genau vorgegebene Daten mit klaren Labels. Nehmen wir an, man bringt einer KI bei, zwischen Katzen und Hunden zu unterscheiden. Sie bekommt dann Tausende Bilder, auf denen genau steht: »Das ist eine Katze« oder »Das ist ein Hund«. Die Maschine lernt also durch konkrete Vorgaben und wird so trainiert, ähnliche Objekte in der Zukunft richtig zu identifizieren. Dieses Konzept wird oft in Bereichen genutzt, wo große Mengen an klar strukturierten Daten vorhanden sind, wie etwa in der Bildverarbeitung oder Spracherkennung.

Das unüberwachte Lernen hingegen funktioniert ohne klare Vorgaben. Die KI bekommt eine riesige Menge an Daten, aber keine Labels, die ihr sagen, was was ist. Sie muss also selbst nach Mustern und Zusammenhängen suchen. Ein Beispiel wäre, dass die KI in einem Datensatz von Kundeninformationen selbst herausfindet, welche Kunden ähnliche Kaufgewohnheiten haben, ohne dass ihr vorher gesagt wurde, welche Eigenschaften wichtig sind. Dieses Konzept findet vor allem Anwendung, wenn man neue Zusammenhänge oder Gruppierungen in großen, unstrukturierten Datensätzen herausfinden möchte.

Beim verstärkten Lernen geht es darum, dass die KI durch Belohnungen oder Bestrafungen lernt. Stellen Sie sich vor, ein Roboter soll lernen, durch ein Labyrinth zu navigieren. Jedes Mal, wenn er sich der richtigen Lösung nähert, bekommt er eine Belohnung, und wenn er sich verirrt, bekommt er eine negative Rückmeldung. Mit der Zeit lernt die KI durch dieses Trial-and-Error-Prinzip, das Labyrinth schneller und effizienter zu durchqueren. Dieses Konzept wird besonders häufig in der Robotik und in Spielen verwendet – denken Sie an KI, die Schach spielt oder autonome Fahrzeuge steuert.

Nun kommen wir zu den fortschrittlicheren Konzepten. Kombiniertes Lernen ist eine mächtige Methode, die verschiedene Lernansätze miteinander verbindet. Sie kombiniert die Vorteile von überwachten, unüberwachten und verstärkten Lernmethoden. Das macht die KI besonders vielseitig und anpassungsfähig, weil sie nicht nur auf eine einzige Art und Weise lernt, sondern aus verschiedenen Quellen und Methoden Nutzen zieht.

Ein echter Durchbruch im Bereich KI ist jedoch Reinforcement Learning by Human Feedback (RLHF). ChatGPT ist ein Paradebeispiel dafür. Bei RLHF wird der KI nicht nur durch Belohnungen gezeigt, was richtig und falsch ist, sondern sie bekommt explizites menschliches Feedback. Das bedeutet, Menschen trainieren die KI aktiv und zeigen ihr, welche Antworten gut sind und welche nicht. Dadurch wird das Modell viel besser darin, auf menschliche Anfragen zu reagieren, weil es ständig durch echtes Feedback verbessert wird. Diese Methode ist besonders effektiv, um KI-Systeme zu trainieren, die menschliche Sprache verarbeiten oder komplexe, nuancierte Aufgaben lösen müssen.

8.9 Was kommt als Nächstes?

Nun, wir stehen erst am Anfang. Die Lernmethoden werden sich weiterentwickeln, und wahrscheinlich gibt es in ein paar Jahren neue Ansätze, von denen wir heute nur träumen können. Ein Bereich, der unglaublich spannend ist, betrifft das selbstlernende Systeme, die durch autonomes Handeln und ohne viel menschlichen Eingriff dazulernen. Stellen Sie sich vor, eine KI, die Tag für Tag Millionen von Datensätzen durchforstet und selbst entscheidet, welche Muster sie erforschen möchte – ohne, dass ihr gesagt wird, was sie tun soll. Das wäre eine ganz neue Art der Intelligenz.

Ein weiterer potenzieller Fortschritt ist die Kombination von KI mit neuroinspirierter Technologie, die noch mehr nach dem Prinzip unseres Gehirns funktionieren könnte. Diese Modelle könnten nicht nur schneller lernen, sondern auch kreativer sein, indem sie aus viel weniger Daten viel mehr herausholen.

Doch mit diesen enormen Fortschritten kommen auch Herausforderungen. Die Energie, die diese Systeme verschlingen, ist ein riesiges Thema. Die Rechnerleistung, die nötig ist, um diese Maschinen zu betreiben, wächst ins Unermessliche – und das stellt uns vor ökologische und ökonomische Fragen. Auch der Stromverbrauch von Rechenzentren wird immer mehr zur Debatte stehen, gerade in Zeiten von Klimawandel und Energieressourcenknappheit.

Darüber hinaus müssen wir ethische Fragen stellen. Was passiert, wenn KI zu gut wird? Wenn sie nicht nur hilft, sondern möglicherweise Jobs übernimmt, ohne dass genügend neue entstehen? Wenn sie vielleicht irgendwann Entscheidungen trifft, die wir Menschen nicht mehr nachvollziehen können? Und wie verhindern wir, dass KI-Systeme zu mächtigen Werkzeugen für diejenigen werden, die sie missbrauchen wollen?

Das Fazit: KI entwickelt sich rasant weiter, und wir dürfen gespannt sein, was als Nächstes kommt. Die Lernkonzepte sind nur der Anfang – und schon jetzt eröffnen sie uns unglaubliche Möglichkeiten. Doch wir müssen diese Entwicklungen auch mit Bedacht und Verantwortung begleiten, damit die Technologie am Ende wirklich zum Wohl der Menschheit eingesetzt wird, und nicht gegen uns arbeitet.

Wenn wir die verschiedenen Lernkonzepte in der KI Revue passieren lassen – vom überwachten Lernen über das unüberwachte und verstärkte Lernen bis hin zu den kombinierten Methoden – wird eines klar: Wir befinden uns inmitten eines massiven technologischen Umbruchs. Jedes dieser Konzepte hat seinen Platz und seine Stärken, aber der wahre Gamechanger ist das Tuned-Language-Model.

Was meine ich mit Tuned Language Model? Ganz einfach: Während die meisten KI-Systeme auf ein allgemeines Verständnis der Welt trainiert sind, geht es hier darum, die KI gezielt zu verfeinern, zu »tunen«, um auf spezifische Anwendungsfälle oder Anforderungen zu reagieren. ChatGPT ist dafür ein Paradebeispiel. Ein Tuned-Language-Model wird durch eine Kombination aus überwachten Daten und menschlichem Feedback auf ein höheres Level gehoben, sodass es nicht nur auf allgemeine Fragen antwortet, sondern auch in der Lage ist, auf ganz spezielle, detaillierte Anfragen zu reagieren.

Das Spannende an diesem Ansatz ist, dass er KI greifbar macht. Es geht nicht mehr nur darum, ob eine Maschine intelligent ist oder nicht – sondern wie gut sie auf den jeweiligen Kontext abgestimmt ist. Ein Tuned Language Model wird ständig optimiert, um die Bedürfnisse und Anforderungen eines bestimmten Nutzers oder Unternehmens besser zu verstehen. Und das ist der große Unterschied zu den traditionellen Lernmethoden, bei denen die KI »nur« das lernt, was man ihr füttert. Hier geht es darum, die Maschine auf einen individuellen Bedarf zuzuschneiden.

Beispiel gefällig? Stellen Sie sich vor, Sie haben ein Unternehmen, das täglich mit riesigen Datenmengen aus verschiedenen Quellen jongliert. Sie setzen auf KI, um diese Daten zu analysieren, aber ein allgemeines Modell ist nicht effizient genug. Ein Tuned Language Model jedoch könnte speziell für Ihre Branche oder Ihre Kundenansprüche trainiert werden und Ihnen so nicht nur schnellere, sondern auch präzisere Ergebnisse liefern. Es geht nicht nur darum, Muster zu erkennen, sondern genau die Muster, die für Sie wichtig sind.

Das führt uns zu einer noch größeren Frage: Wohin entwickelt sich die KI? Ich sage es mal so: Wir kratzen gerade erst an der Oberfläche dessen, was möglich ist. Tuned Language Models sind nur der Anfang. Stellen Sie sich vor, wie personalisierte KI in den nächsten Jahren noch tiefer in unseren Alltag integriert wird. Vom Gesundheitswesen über die Finanzbranche bis hin zur Produktion – überall könnten KI-Modelle im Hintergrund laufen, die speziell auf die Anforderungen ihrer jeweiligen Aufgaben abgestimmt sind.

Natürlich gibt es auch Herausforderungen. Daten, Daten und noch mehr Daten sind notwendig, um diese Modelle zu trainieren und zu verbessern. Es wird also nicht einfacher, diese Datenmengen zu verwalten und ethisch korrekt zu nutzen. Zudem wächst der Energiebedarf dieser Systeme enorm. Aber der Punkt ist: Wer es jetzt nicht schafft, ein Tuned Language Model für sich zu nutzen, wird den Anschluss verlieren.

Das Fazit ist klar: Die KI von morgen wird kein starres, universelles Modell sein, sondern ein flexibles, fein abgestimmtes Werkzeug, das genau das liefert, was Sie brauchen – und zwar schneller und präziser als alles, was Sie selbst herausfinden könnten. Das Tuned Language Model ist der Schlüssel zu dieser neuen Welt. Und seien wir ehrlich: Wenn Sie sich

diesem Trend nicht anschließen, bleiben Sie auf der Strecke.
Die Zukunft gehört denjenigen, die KI als Werkzeug sehen,
das speziell für ihre Anforderungen getunt werden kann –
und damit für maximale Effizienz sorgt.

Aber passen Sie auf, KI ist nicht nur ein Spielzeug, es ist ein
mächtiges Werkzeug. Nutzen Sie es weise, und denken Sie
immer daran, dass wir die Kontrolle behalten müssen, auch
wenn die Technik immer smarter wird. Der KI-Wahnsinn
wird uns nicht verlassen, er wird nur noch intensiver.
Bereiten Sie sich vor – denn die Reise hat gerade erst
begonnen.

9 KI-Systeme von Tesla das Nonplusultra

Aktuell sind die KI-Systeme von Tesla der letzte Schrei!
Wenn wir über den Fortschritt in der Künstlichen Intelligenz
sprechen, führt kein Weg an Tesla vorbei. Während andere
Unternehmen noch experimentieren und Prototypen entwickeln, ist Tesla schon längst auf einem anderen Level
angekommen. Die KI-Systeme, die Tesla in seine Fahrzeuge
integriert, setzen Standards, die die gesamte Industrie
herausfordern. Von der fortschrittlichsten Form des autonomen Fahrens bis hin zur Entwicklung von humanoiden
Robotern – Tesla zeigt, wo die Reise hingeht. Es ist nicht nur
Technologie, es ist das Nonplusultra der KI-Integration in
den Alltag.

9.1 Optimus: Der humanoide Roboter von Tesla

Ein Highlight der Tesla-Technologie ist »Optimus«, der
humanoide Roboter, der optisch seine Umgebung wahrnehmen und selbständig in ihr agieren kann. Zugegeben, er

bewegt sich noch ein wenig holprig, aber das, was er jetzt schon leisten kann, wirkt fast wie Science-Fiction.

Optimus kann alltägliche Aufgaben übernehmen, Gegenstände greifen, sich orientieren und Entscheidungen treffen – und das alles ohne menschliches Eingreifen. Er ist in der Lage, seine Umgebung in Echtzeit zu scannen und darauf zu reagieren. Diese Fähigkeit, visuelle Daten zu analysieren und auf Basis dieser Daten zu handeln, ist etwas, das wir bisher nur aus Filmen kannten. Optimus zeigt uns eine Zukunft, in der Maschinen als echte Helfer im Alltag fungieren könnten.

Noch ist Optimus am Anfang seiner Entwicklung, aber die Richtung ist klar: Tesla arbeitet daran, einen Roboter zu schaffen, der nicht nur als autonomer Assistent agiert, sondern irgendwann auch komplexe Aufgaben wie Hausarbeit oder Pflege übernehmen könnte.

9.2 Das autonome Fahren von Tesla

Doch Optimus ist nur ein Teil der Geschichte. Wenn wir über die Errungenschaften von Tesla in der KI sprechen, dürfen wir das autonome Fahren nicht vergessen. Kein anderes Unternehmen hat solche Fortschritte gemacht wie Tesla. Die Kombination aus modernster Sensorik, Echtzeit-KI und kontinuierlichem Lernen hat zu einem System geführt, das in der Lage ist, selbständig durch den Straßenverkehr zu navigieren.

Tesla ist damit weit vor allen anderen. Mit jedem Update wird das System besser, lernt aus Fehlern, wird effizienter und sicherer. Während andere Hersteller noch mit den

Grundlagen des autonomen Fahrens kämpfen, hat Tesla eine Flotte von Fahrzeugen, die regelmäßig auf unseren Straßen unterwegs ist und dabei immer smarter wird. Es ist fast schon wie in einem Film: Man sitzt in einem Tesla, gibt das Ziel ein und das Auto bringt einen von A nach B – ohne dass man die Hände am Lenkrad haben muss.

Natürlich sind wir noch nicht bei 100 % Autonomie angekommen, aber Tesla ist mit Abstand am nächsten dran. Das System, das sie entwickelt haben, setzt Maßstäbe und zeigt, was möglich ist, wenn man auf KI setzt und kontinuierlich Daten sammelt und verarbeitet.

9.3 Vision – sie können sehen und lernen

Tesla setzt mit seinen KI-Systemen auf eine ganz besondere Technik: Vision. Das bedeutet nichts anderes, als dass die KI-Systeme wie Optimus und das Full-Self-Driving (FSD) von Tesla die Umgebung sehen können – ganz ähnlich wie wir Menschen mit unseren Augen.

Diese Systeme sind in der Lage, visuelle Informationen aus ihrer Umwelt zu verarbeiten, und zwar in Echtzeit. Das ist nicht einfach nur »Kameras dran und los geht's«. Die Vision-Technologie bei Tesla geht viel tiefer. Sie erlaubt es den Maschinen, das, was sie sehen, zu verstehen und darauf zu reagieren. Man könnte sagen, sie lernen mit jedem Blick, den sie auf ihre Umgebung werfen.

9.4 Tesla Revolution Evolution

Um es auf den Punkt zu bringen: Die KI-Systeme von Tesla – Optimus, FSD und Vision – sind revolutionär. Sie werden nicht einfach programmiert, um stur eine festgelegte Abfolge von Anweisungen abzuarbeiten, wie wir es von herkömmlicher Software kennen. Es ist nicht mehr das klassische »Wenn-Dann-Oder«-Schema, bei dem ein Programm eine Aufgabe nach der anderen abarbeitet, ganz egal, was in der Umgebung passiert.

Nein, Tesla geht einen komplett anderen Weg. Ihre Systeme – sei es der humanoide Roboter Optimus oder das fortschrittliche Full-Self-Driving (FSD) – arbeiten mit Vision. Das bedeutet, sie sehen die Welt um sich herum und lernen ständig dazu.

Stellen sie sich das so vor: Optimus oder ein Tesla-Auto erkennt, was vor ihm passiert. Es sieht in Echtzeit und reagiert auf das, was gerade geschieht – sei es ein plötzliches Hindernis auf der Straße oder ein Mensch, der vor ihm läuft. Diese Systeme reagieren nicht nur auf vorprogrammierte Szenarien. Sie analysieren die Situation und entscheiden auf Basis dessen, was sie sehen. Sogar wenn sich die Umgebung währenddessen ändert, passen sie sich an und reagieren. Das ist der entscheidende Unterschied: Es ist, als würde die KI mit jedem Moment mehr Wissen sammeln, sich verbessern und klüger werden.

Tesla kommt damit einer echten Intelligenz unglaublich nahe. Während klassische Programme stur und unflexibel sind, handeln diese KI-Systeme dynamisch und flexibel. Vision ermöglicht es ihnen, ständig Neues zu lernen, indem sie die Welt um sich herum wahrnehmen. Das bringt uns zu dem Punkt, an dem Tesla nicht einfach Maschinen baut, sondern Systeme, die ihre Umwelt verstehen und sich in ihr zurechtfinden – fast wie ein Mensch. Es ist diese Fähigkeit, die Tesla so einzigartig macht, naja und das nötige Kleingeld natürlich auch.

9.5 Tesla wird den Knoten lösen

Tesla ist auf dem besten Weg, ein grundlegendes Problem in der KI-Entwicklung zu lösen, das viele für unüberwindbar halten: Das Lernen in Echtzeit. Überall auf der Welt fahren mittlerweile unzählige Tesla-Fahrzeuge umher, die mit der Vision-Technologie ausgestattet sind. Diese Autos »sehen« ihre Umwelt und reagieren entsprechend. Das Geniale daran ist nicht nur, dass sie ihre Umgebung wahrnehmen, sondern auch, dass sie aus den Reaktionen der Fahrer lernen. Es ist, als ob jedes Tesla-Fahrzeug ein riesiger Datenkollektor wäre, der ständig neue Informationen sammelt und in das kollektive Wissen der Tesla-KI einspeist.

Nehmen wir ein einfaches Beispiel: Ein Ball rollt auf die Straße. Der Mensch hinter dem Steuer sieht den Ball und tritt sofort auf die Bremse, weil er weiß, dass vielleicht ein Kind hinterherlaufen könnte. Das Besondere hier ist, dass das Tesla-Auto nicht nur die physische Situation wahrnimmt – also den Ball auf der Straße –, sondern auch die menschliche Reaktion. Es lernt nicht nur, dass der Ball eine potenzielle Gefahr darstellt, sondern auch, wie der Fahrer in solchen Situationen handelt. Das Auto nimmt also die Verknüpfung zwischen der Gefahr und der Reaktion wahr und speichert diese Information.

Dieses Lernen geht über bloße einfache Szenarien hinaus. Beispiel: Eine Katze läuft über die Straße. Der Fahrer weicht aus oder bremst, und Tesla registriert diese Reaktion. Wenn es regnet und viele Tesla-Fahrzeuge langsamer fahren, lernt das System, dass Regen ein Einflussfaktor ist, der berücksichtigt werden muss. Fährt das Auto an einer Baustelle vorbei und der Mensch verlangsamt, erkennt Tesla, dass hier besondere Vorsicht geboten ist. Die Fahrzeuge sammeln ständig solche Daten: Wenn ein Hund plötzlich auftaucht, wenn ein Fußgänger unerwartet die Straße überquert, oder wenn der Verkehr in bestimmten Situationen stockt. All das wird in die riesigen Datenbanken eingespeist, die Tesla aufbaut.

In jedem Falle, könnte es sein, dass beim Bäcker auf einmal Optimus in der Schlange steht und 2 Zimtschnecken bestellt.

9.6 Macht der Tesla-Rechenzentren

Was Tesla wirklich einzigartig macht, ist die Kombination dieser Daten mit der enormen Rechenpower ihrer KI-Rechenzentren. Tesla hat die Mittel, riesige Rechenzentren zu betreiben, die mit hochmodernen KI-Prozessoren ausgestattet sind. Diese Rechenzentren verarbeiten die gewaltigen Datenmengen, die von den Fahrzeugen gesammelt werden, in Echtzeit. Tesla sammelt also nicht nur Daten, sondern kann diese auch unmittelbar verarbeiten und in neue KI-Modelle integrieren, die dann wieder an die Autos zurückgespielt werden.

Das bedeutet, dass jedes Tesla-Fahrzeug nicht nur autonom agiert, sondern auch Teil eines gigantischen neuronalen Netzwerks ist, das ständig lernt und sich verbessert. Diese Feedback-Schleife macht Teslas Technologie so leistungsstark: Je mehr Autos auf der Straße sind, desto mehr lernt das System und desto besser werden die Reaktionen auf unvorhergesehene Ereignisse. Mit jedem Kilometer, den die Fahrzeuge fahren, wird die KI klüger. Teslas Rechenzentren sind der Schlüssel, um diesen Prozess zu beschleunigen und die Vision eines vollständig autonomen Fahrzeugs zu realisieren.

Kurz gesagt: Tesla hat nicht nur die Hardware, um diese Technologie voranzutreiben, sondern auch die Rechenleistung und die Datenbasis, um autonomes Fahren in einer Art und Weise zu realisieren, die bisher unerreicht ist. Irgendwann wir das System vielleicht sogar mal funktionieren und wir alle werden es nutzen. Wer weiß?

10 Welche Arten von KI kennen wir heute?

Aktuell gibt es mehrere Arten von Künstlicher Intelligenz (KI), die nicht nur bekannt, sondern auch in der Praxis nutzbar sind. In den letzten Jahren hat sich die KI-Landschaft stark entwickelt, und einige Methoden haben sich als besonders effektiv herauskristallisiert. Ich werde hier auf die drei großen Bereiche eingehen, die man unbedingt kennen sollte: Machine Learning (ML), Deep Learning und Neuronale Netze. Diese Technologien haben alle ihre eigenen Stärken und Anwendungsbereiche, und man kann sie durchaus als das Rückgrat moderner KI-Systeme bezeichnen.

10.1 Machine Learning (ML)

Machine Learning ist im Grunde der Ausgangspunkt für vieles, was wir heute als »intelligent« bezeichnen. Hier geht es darum, dass Computer in der Lage sind, aus Daten zu lernen. Anstatt dass der Mensch dem Computer Schritt für Schritt sagt, was zu tun ist, gibt man ihm einen Haufen Daten und lässt ihn daraus Muster und Zusammenhänge erkennen. Ein klassisches Beispiel dafür ist die Bild- oder Spracherkennung. Früher musste man einem Computer explizit sagen, wie ein Hund aussieht – jetzt zeigt man ihm tausende von Bildern von Hunden und Nicht-Hunden, und er lernt, die Unterschiede selbst zu erkennen. Der Vorteil von Machine Learning ist, dass es relativ flexibel ist. Es kann in verschiedensten Bereichen eingesetzt werden – von der Spracherkennung über die Vorhersage von Aktienkursen bis hin zur personalisierten Werbung. Aber: ML braucht viele Daten. Ohne eine große Menge an Daten kann es nicht effizient arbeiten, und die Qualität der Ergebnisse hängt stark davon ab, wie gut die Daten sind. Wenn die Daten Mist sind, ist das Ergebnis Mist – ganz einfach.

10.2 Deep Learning

Deep Learning ist eine spezialisierte Form des Machine Learnings, die in den letzten Jahren massiv an Bedeutung gewonnen hat. Während normales Machine Learning oft auf relativ einfachen Algorithmen basiert, die Muster in Daten erkennen, geht Deep Learning viel weiter. Hier sprechen wir von extrem tiefen neuronalen Netzwerken, die in der Lage sind, extrem komplexe Muster zu erkennen und zu verarbeiten. Das Besondere an Deep Learning ist, dass es in vielen Schichten arbeitet – daher der Begriff »deep«. Jede Schicht in einem Deep Learning-Modell verarbeitet die Daten ein wenig anders, und durch diese Tiefenschichten kann das Modell sehr feine Details in den Daten erkennen, die für den menschlichen Verstand oft unsichtbar sind. Deep Learning wird zum Beispiel bei der Bilderkennung eingesetzt – es kann in einem Foto nicht nur sagen, dass dort ein Hund ist, sondern auch, welche Rasse es ist, ob der Hund sitzt oder läuft und was er gerade tut. Diese Fähigkeit, tiefe und komplexe Muster zu erkennen, macht Deep Learning so mächtig. Aber Achtung: Deep Learning braucht nicht nur viele Daten, sondern auch massive Rechenleistung. Ohne die richtigen Ressourcen wird man hier nicht weit kommen.

Deep Learning und neuronale Netze – das klingt erst mal wie etwas, das nur für Tech-Nerds interessant ist, aber weit gefehlt! Diese Technologien haben bereits Einzug in unseren Alltag gehalten, ohne dass viele es überhaupt merken. Nehmen wir mal Amazon als Beispiel. Amazon nutzt Deep Learning in der Cloud, und zwar in Kombination mit neuronalen Netzen, um seine Dienste zu verbessern. Wer ein Prime-Abo hat, bekommt beispielsweise unbegrenzten Fotospeicher.

Ja, super, unbegrenzt Fotos speichern ist schon ziemlich cool, aber Amazon geht noch weiter. Es ist nicht einfach nur ein Speicherplatz für Fotos. Amazon-Fotos setzt Deep Learning ein, um die Bilder zu analysieren, zu verstehen und sogar zu kategorisieren. Sie können ganz einfach in die Suchleiste »Blumen« oder »Hunde« eingeben, und Amazon-Fotos spuckt Ihnen alle Bilder aus, auf denen Blumen oder Hunde zu sehen sind.

Das passiert nicht durch magische Kräfte, sondern durch das Deep Learning-Modell, das das neuronale Netz füttert und trainiert. Es lernt mit jeder neuen Bildersammlung dazu, verbessert seine Fähigkeit, Objekte, Gesichter und sogar Text in den Fotos zu erkennen. Der Witz dabei: All das passiert, ohne dass der Nutzer groß darüber nachdenken muss. Man lädt einfach die Fotos hoch, und die Technik erledigt den Rest.

Am Ende kann das Netz dann das Bild eines Hundes als solchen identifizieren, weil es gelernt hat, wie ein Hund aussieht, basierend auf Millionen von Bildern, die es zuvor gesehen hat.

Es gibt jedoch auch eine Kehrseite. Diese Netzwerke brauchen massive Mengen an Daten, um überhaupt auf das Level zu kommen, auf dem sie sinnvolle Ergebnisse liefern können. Das ist genau der Punkt, an dem Unternehmen wie Amazon so stark sind. Sie haben nicht nur das Geld, sondern auch die Daten und die Rechenpower, um solche neuronalen Netze zu trainieren.

Die Möglichkeiten sind endlos. Stellen Sie sich vor, dass in ein paar Jahren Ihre persönlichen Fotos nicht nur nach Motiven sortiert werden, sondern dass sie auch Ereignisse und Emotionen erkennen könnten. Vielleicht haben Sie ein Fotoalbum mit lauter fröhlichen Momenten oder ein spezielles Album, das automatisch alle Urlaubsfotos zusammenstellt – ohne dass Sie auch nur einen Finger rühren müssen. Klingt futuristisch? Das ist die Richtung, in die es geht.

Aber bei all diesen großartigen Entwicklungen dürfen wir nicht vergessen, was es kostet – und damit meine ich nicht nur finanziell. Die Ressourcen, die nötig sind, um solche Systeme zu betreiben, sind enorm.

10.3 Neuronale Netze

Neuronale Netze sind die Struktur, auf der viele der modernen KI-Systeme basieren, besonders Deep Learning. Sie sind inspiriert von den Neuronen im menschlichen Gehirn – daher der Name. Man kann sich ein neuronales Netz als eine riesige Sammlung von Knoten vorstellen, die miteinander verbunden sind. Jeder Knoten (oder »Neuron«) nimmt Eingaben entgegen, verarbeitet sie und gibt ein Ergebnis an den nächsten Knoten weiter. In einem einfachen neuronalen Netz gibt es vielleicht nur ein paar Schichten von Neuronen, aber in komplexeren Netzen wie bei Deep Learning kann es Hunderte oder Tausende von Schichten geben. Das Netz lernt dann, indem es die Verbindungen zwischen den Neuronen anpasst – genau wie unser Gehirn.

Was neuronale Netze so faszinierend macht, ist ihre Fähigkeit, extrem flexible und anpassbare Modelle zu sein. Sie können lernen, fast jede Art von Daten zu verarbeiten – von Sprache über Bilder bis hin zu Zahlen. Der große Vorteil ist ihre Vielseitigkeit. Sie sind nicht auf einen bestimmten Anwendungsbereich beschränkt, sondern können überall dort eingesetzt werden, wo man komplexe Muster erkennen muss. Allerdings sind neuronale Netze auch anfällig für Probleme. Sie brauchen viele Daten und viel Zeit, um richtig trainiert zu werden, und es ist oft schwer zu verstehen, wie sie zu ihren Ergebnissen kommen. Man spricht oft vom »Black Box«-Problem, weil es schwer ist, nachzuvollziehen, was im Inneren des Netzes passiert.

Zusammengefasst: Machine Learning, Deep Learning und Neuronale Netze bilden das Fundament der modernen KI. Machine Learning ist der allgemeine Ansatz, der auf Daten basiert, während Deep Learning noch tiefer geht und extrem komplexe Muster erkennen kann. Neuronale Netze sind die Struktur, die das alles möglich macht und dabei nach dem Vorbild des menschlichen Gehirns arbeitet. Jede dieser Technologien hat ihre Stärken, und zusammen machen sie es möglich, dass KI-Systeme immer leistungsfähiger und flexibler werden. Egal ob es um das Erkennen von Gesichtern, das Verstehen von Sprache oder das Vorhersagen von Markttrends geht – diese Technologien sind der Schlüssel zu all dem.

10.4 Expertensysteme

Ein Expertensystem ist einer der ältesten Ansätze für Künstliche Intelligenz. Bevor Machine Learning überhaupt aufkam, waren Expertensysteme der erste Versuch, Wissen und Entscheidungsprozesse von Menschen in Computersysteme zu übertragen. Der Ansatz ist ziemlich einfach: Man nimmt das Wissen von Fachexperten und übersetzt es in eine Sammlung von Regeln, die der Computer dann verwenden kann, um Entscheidungen zu treffen.

Ein Beispiel: In der Medizin könnte ein Expertensystem dazu verwendet werden, eine Diagnose zu stellen, indem es die Symptome eines Patienten mit einer Datenbank an Krankheitsbildern vergleicht und Regeln anwendet, um herauszufinden, was der Patient haben könnte. Der große Vorteil von Expertensystemen ist, dass sie in sehr spezifischen Bereichen oft hervorragende Ergebnisse liefern. Sie sind perfekt darin, klar definierte Probleme zu lösen, bei denen Expertenwissen in Form von Regeln codiert werden kann.

Der Nachteil ist aber, dass sie nicht besonders flexibel sind. Wenn sich die Regeln ändern oder neue Daten hinzukommen, muss das gesamte System aktualisiert werden. Es gibt also keinen Lerneffekt, wie man ihn bei Machine Learning hat. Trotzdem sind Expertensysteme in bestimmten Bereichen immer noch im Einsatz, weil sie eine solide Grundlage für Entscheidungsprozesse bieten.

10.5 Reinforcement Learning

Reinforcement Learning (RL) ist eine KI-Technik, die auf dem Prinzip basiert, dass ein System lernt, indem es durch Versuch und Irrtum optimiert. Es funktioniert ein wenig wie bei einem Lernspiel, bei dem ein Agent (also ein KI-System) in einer Umgebung agiert und für seine Handlungen Belohnungen oder Strafen erhält. Ziel ist es, eine Strategie zu entwickeln, die den höchsten Gesamtwert an Belohnungen maximiert.

Man kann sich das vorstellen wie das Training eines Hundes: Wenn der Hund etwas richtig macht, bekommt er ein Leckerli; wenn nicht, bleibt das Leckerli aus. RL wird häufig in Bereichen wie Robotik, autonomen Fahrzeugen und komplexen Spieleentwicklungen eingesetzt. Ein klassisches Beispiel ist der Erfolg von AlphaGo, dem KI-System, das in der Lage war, den menschlichen Weltmeister im Go-Spiel zu besiegen. Reinforcement Learning ermöglicht es dem System, aus seinen Fehlern zu lernen und immer besser zu werden, was es besonders leistungsfähig in dynamischen und komplexen Umgebungen macht. Allerdings ist RL auch sehr datenintensiv und zeitaufwendig, da der Agent viele Interaktionen benötigt, um wirklich gut zu werden.

10.6 Natural Language Processing (NLP)

Natural Language Processing (NLP) ist ein Bereich der KI, der sich mit der Interaktion zwischen Computern und menschlicher Sprache beschäftigt. Das Ziel von NLP ist es, Computern zu ermöglichen, Texte und gesprochene Sprache in einer Weise zu verstehen, die der menschlichen Sprachverarbeitung ähnlich ist. Dies umfasst Aufgaben wie Sprachübersetzung, Textanalyse, Stimmungsanalyse und vieles mehr.

Ein bekanntes Beispiel für NLP ist die Spracherkennung in virtuellen Assistenten wie Siri oder Google Assistant, die in der Lage sind, gesprochene Befehle zu verstehen und darauf zu reagieren. NLP-Techniken können auch in der Textklassifikation eingesetzt werden, um Nachrichtenartikeln Themen zuzuordnen oder in der automatischen Zusammenfassung, um lange Texte in prägnante Zusammenfassungen zu verwandeln.

Die Herausforderung bei NLP liegt oft in der Komplexität und Nuancierung menschlicher Sprache. Worte können je nach Kontext unterschiedliche Bedeutungen haben, und der Umgang mit diesen sprachlichen Feinheiten erfordert fortgeschrittene Algorithmen und große Mengen an Trainingsdaten.

10.7 KI bei vielen im Dauereinsatz

Es gibt heute eine Menge Künstlicher Intelligenzen, die so tief in unseren Alltag integriert sind, dass wir sie kaum noch als solche wahrnehmen. Sie sind einfach da – immer präsent, immer einsatzbereit. Das sind die Systeme, die uns so selbstverständlich begleiten, dass wir sie kaum noch hinterfragen. Meiner Meinung nach gehören genau diese Systeme zu den spannendsten Beispielen für KI, weil sie zeigen, wie nahtlos die Technologie unser Leben verändert hat, ohne dass wir es wirklich bemerkt haben. Diese KIs arbeiten oft im Hintergrund, und doch nutzen wir sie täglich, manchmal sogar, ohne es zu merken.

Denken wir zum Beispiel an die großen Tech-Giganten wie Amazon, Microsoft, Google oder Apple. Ihre Sprachassistenten – Alexa, Cortana, Google Assistant oder Siri – sind aus vielen Haushalten nicht mehr wegzudenken. Sie hören zu, wenn wir ihnen Befehle geben, und führen diese oft in Sekundenschnelle aus. Musik abspielen, Wetter abfragen, Termine setzen – all das läuft über KI-gestützte Systeme, die auf natürliche Weise mit uns kommunizieren. Die KIs lernen ständig dazu, verbessern ihre Spracherkennung und passen sich an die individuellen Bedürfnisse der Nutzer an. Man könnte fast sagen, sie wachsen mit uns mit.

Ein weiteres Beispiel sind die personalisierten Empfehlungen, die wir ständig auf Plattformen wie Prime Video, YouTube oder Netflix sehen. Auch hier steckt eine ausgeklügelte KI dahinter, die genau analysiert, welche Filme oder Serien wir mögen könnten. Anhand von Millionen von

Nutzerdaten erstellt das System präzise Vorhersagen, was uns interessieren könnte. Das gleiche gilt auch für Spotify und andere Streaming-Dienste, die KI einsetzen, um uns immer neue Musik vorzuschlagen. Manchmal wirkt es fast, als wüssten diese KIs genau, was wir hören oder sehen wollen, bevor wir selbst es wissen.

Aber es hört nicht bei Sprachassistenten und Streaming-Diensten auf. Nehmen wir den Google Play Store oder den Apple App Store. Auch hier greifen KIs in den Prozess ein, indem sie uns auf Basis unserer bisherigen App-Nutzung neue Apps vorschlagen, die für uns relevant sein könnten. Das ist keine Magie, sondern KI, die in Echtzeit unsere Vorlieben und Interessen analysiert. Das Gleiche gilt für Programme wie Microsoft Office, das mittlerweile mit intelligenten Vorschlägen zur Textkorrektur arbeitet oder sogar Formulierungen vorschlägt, um Dokumente effizienter zu schreiben.

Auch in der Bildbearbeitung und Fotografie spielt KI eine immer größere Rolle. Moderne Digitalkameras verwenden KI-Algorithmen, um automatisch das beste Bild zu erzeugen, indem sie Licht, Farben und Kontrast in Echtzeit optimieren. Sogar in der Bildbearbeitungssoftware, die viele von uns täglich verwenden, arbeiten KIs, um uns zu unterstützen. Automatische Filter, Retuschen und Verbesserungen basieren auf KI-Technologie, die analysiert, was ein »gutes« Bild ausmacht.

Wir sehen also: KI ist längst allgegenwärtig, ohne dass wir es noch bewusst wahrnehmen. Von der smarten Kamera über die Musikempfehlung bis hin zu den Tools, die wir bei der

Arbeit verwenden – überall arbeitet KI im Hintergrund und macht unser Leben einfacher, schneller und effizienter.

10.8 Large Language Modelle LLMs

Die meisten arbeiten heutzutage mit ChatGPT, einem LLM. Aber was genau bedeutet das eigentlich? LLM steht für »Large Language Model«, und das ist genau das, was hinter ChatGPT und vielen anderen modernen KI-Systemen steckt. Es sind riesige Modelle, die mit Unmengen von Daten trainiert wurden, um die menschliche Sprache zu verstehen und darauf zu reagieren. Im Grunde genommen haben LLMs eine Art Sprachgefühl entwickelt, das auf statistischen Mustern und Zusammenhängen basiert, die aus unzähligen Textquellen stammen.

Ein besonders wichtiges Konzept bei LLMs sind die sogenannten Token Limits (*weitere Informationen unter Kapitel: ChatGPT und ChatGPT Voice*). Das sind Grenzen, wie viel Text ein Modell auf einmal verarbeiten kann. In einfachen Worten: Jedes Wort, jede Satzzeichenkombination, sogar jedes Leerzeichen wird in Token aufgeteilt. Ein Token ist also eine kleine Informationseinheit, die das Modell benötigt, um die Bedeutung des Textes zu verstehen und eine sinnvolle Antwort zu geben. Aber es gibt eine maximale Anzahl an Token, die ein Modell verarbeiten kann. ChatGPT, zum Beispiel, kann bis zu 4.096 Token auf einmal verarbeiten, was etwa 3.000 bis 4.000 Wörtern entspricht. Das klingt erstmal viel, aber es reicht nicht immer aus, wenn komplexe Diskussionen oder lange Anfragen bearbeitet werden sollen.

Wenn das Token-Limit überschritten wird, muss das Modell auf die frühere Konversation »vergessen«, also ältere Teile des Textes abschneiden, um Platz für neue Informationen zu schaffen. Deshalb kann es vorkommen, dass in langen Gesprächen manchmal Informationen verloren gehen oder sich das Modell nicht mehr an alles erinnert, was vorher gesagt wurde.

LLMs wie ChatGPT sind zwar sehr leistungsfähig, aber durch das Token-Limit gibt es eine natürliche Begrenzung. Es handelt sich dabei also nicht um eine allwissende Maschine, die unbegrenzt Text verarbeiten kann. Die Entwickler arbeiten daran, diese Grenzen stetig zu erhöhen, und neue Versionen des Modells werden sicherlich größere Token-Limits bieten. Trotzdem müssen Sie als Nutzer immer im Hinterkopf behalten, dass diese Limits existieren und sie beeinflussen können, wie umfassend und detailliert eine Antwort sein kann.

Diese Token-Grenzen sind auch ein Grund, warum die Antworten manchmal etwas zusammengefasst oder gekürzt erscheinen. Das Modell muss effizient mit dem Platz umgehen, den es hat, um die relevanten Informationen zu liefern, ohne über das Limit hinauszugehen. Also, falls Sie mal merken, dass die Antwort etwas abgeschnitten wirkt oder das Modell plötzlich Details vergisst, dann liegt das oft einfach am Token-Limit.

Das ist ein spannendes technisches Detail, das zeigt, dass auch eine so fortschrittliche KI ihre Grenzen hat. Aber die Tatsache, dass diese Systeme trotzdem so leistungsfähig sind und so nah an menschlicher Kommunikation arbeiten, ist beeindruckend. Und es zeigt, dass wir uns auf dem Weg zu immer leistungsfähigeren Modellen befinden, die eines Tages vielleicht noch größere Texte und Konversationen verarbeiten können – ohne dass dabei etwas verloren geht.

10.9 Zusammenfassung: Arten von KI

Neben den bekannten Technologien wie Machine Learning, Deep Learning und neuronalen Netzen gibt es weitere bedeutende Arten von KI, die ihre eigenen Stärken und Anwendungsgebiete haben. Reinforcement Learning nutzt Belohnungen und Strafen, um durch Erfahrung zu lernen, Natural Language Processing (NLP) ermöglicht es Computern, menschliche Sprache zu verstehen und zu verarbeiten, und Expertensysteme imitieren den Entscheidungsprozess von Experten durch regelbasierte Logik und Wissensbasen. Dann sind da noch die KIs die wir schon selbstverständlich nutzen und das seit Jahren. Starke Technik

Jede dieser Technologien bringt ihre eigenen Herausforderungen und Möglichkeiten mit sich und trägt zur Vielfalt und Weiterentwicklung der Künstlichen Intelligenz bei.

11 API – was ist das?

Im Verlauf des Buchs werden wir auf verschiedene APIs zugreifen, unter anderem auch die von ChatGPT. Aber bevor wir uns in die Tiefen dieses wohl bekanntesten KI-Systems stürzen, möchte ich kurz erklären, was eine API überhaupt ist.

API steht für »Application Programming Interface«, was auf Deutsch so viel wie »Programmierschnittstelle« bedeutet.

Eine API ist im Grunde ein Mittel, das es zwei Systemen – sei es Software oder Hardware – ermöglicht, miteinander zu kommunizieren. Stellen Sie sich vor, Sie gehen in ein Restaurant. Sie setzen sich an den Tisch und bestellen Ihr Essen bei der Bedienung. Die Bedienung ist in diesem Fall die API. Sie nimmt Ihre Bestellung entgegen, gibt sie an die Küche weiter und bringt Ihnen am Ende Ihr Essen. Sie müssen also nicht selbst in die Küche gehen oder wissen, wie das Essen zubereitet wird. Genauso funktioniert eine API: Sie macht den Austausch von Informationen einfacher, ohne dass Sie sich um die Details im Hintergrund kümmern müssen.

Ein Beispiel, das jeder kennt, ist die Wetter-App auf Ihrem Smartphone. Die App greift auf eine API zu, um die aktuellen Wetterdaten von einem externen Server abzurufen. Die App selbst enthält keine Wetterinformationen – sie holt sie sich in Echtzeit über eine API. Das Gleiche passiert, wenn Sie beispielsweise Flugpreise auf einer Buchungsseite vergleichen. Diese Seite nutzt APIs, um die Flugpreise von verschiedenen Airlines abzurufen und Ihnen eine Übersicht zu geben. Ohne API müssten Sie jede Airline einzeln aufrufen und die Preise von Hand vergleichen.

Wenn wir also auf die API von ChatGPT zugreifen, ist das nichts anderes, als wenn die Wetter-App ihre Daten abruft. Der Unterschied liegt darin, dass ChatGPT eine riesige Menge an Informationen durchsucht und diese in natürlicher Sprache wiedergibt. Das heißt, wenn Sie eine Anfrage an die API stellen, wird Ihre Eingabe – oft als »Request« bezeichnet – verarbeitet, und Sie erhalten als »Response« die gewünschte Antwort zurück.

APIs ermöglichen es uns also, auf gigantische Datenmengen und Dienste zuzugreifen, ohne dass wir uns um den technischen Aufwand im Hintergrund kümmern müssen. Wir senden unsere Anfrage und erhalten die Informationen oder Dienste zurück, die wir brauchen – ganz so, als würden wir die Bedienung im Restaurant um unser Lieblingsgericht bitten.

Im Laufe dieses Buchs werde ich Ihnen zeigen, wie Sie solche APIs in Ihre Projekte integrieren können, damit Sie nicht nur die fertigen Dienste nutzen, sondern auch gezielt mit ihnen interagieren können. Wir werden uns anschauen, wie Sie Anfragen an ChatGPT stellen, welche Daten Sie von dort abrufen können und wie Sie diese sinnvoll in Ihre eigenen Programme einbinden können. Aber bevor wir uns in die Praxis stürzen, sollten Sie dieses grundlegende Konzept der APIs verstanden haben. Sie werden uns noch öfter begegnen – also, los geht's!

12 ChatGPT und ChatGPT Voice

Der Moment Zero (0)! Ich glaube, fast jeder hat inzwischen von ChatGPT gehört. Vielleicht nicht durch direkte Nutzung, aber spätestens durch die Medien. Als OpenAI dieses KI-System online gestellt hat, wurde das gesamte Sonnensystem an einen anderen Platz im Universum verschoben – so fühlte es sich zumindest an. Plötzlich war KI nicht mehr irgendein theoretisches Konstrukt aus Science-Fiction-Filmen, sondern ein greifbares, öffentlich zugängliches Werkzeug, das fast jeder nutzen konnte. Was bis dahin nur in Entwicklerkreisen und High-Tech-Unternehmen ernsthaft diskutiert wurde, war jetzt mitten in den Wohnzimmern angekommen.

Die Idee hinter ChatGPT war revolutionär und zugleich einfach: ein KI-Modell, das Texte versteht, generiert und so flexibel mit Sprache umgeht, dass es menschenähnliche Konversationen führen kann. Die Entstehungsgeschichte reicht in die Forschung zu sogenannten Sprachmodellen und neuronalen Netzen zurück, die Daten analysieren, Muster erkennen und daraus lernen. GPT, das steht für »Generative Pretrained Transformer«, war die Grundlage für diese Entwicklung. Die frühesten Versionen beeindruckten schon, aber erst mit GPT-3 und später GPT-4 wurde klar, was da wirklich in den Laboren bei OpenAI herangewachsen war. Dann kam der Moment der Veröffentlichung. Boom!

Die Welt erlebte eine neue Art der Interaktion mit Computern. Was vorher oft mühsam und technisch war – wie Programmieren, komplexe Recherchen oder einfach gute Texte zu schreiben – wurde plötzlich einfacher. ChatGPT brachte den Menschen Werkzeuge an die Hand, mit denen sie nicht nur produktiver sein konnten, sondern die auch einen kreativen Funken entfachten.

Die Reaktionen der Welt darauf? Nun, es war eine Mischung aus Faszination, Euphorie und auch ein wenig Skepsis. Viele erkannten das Potenzial sofort. Unternehmen setzten es ein, um Arbeitsprozesse zu optimieren, Schulen und Universitäten diskutierten den Einsatz im Unterricht, und Kreative entdeckten völlig neue Möglichkeiten, Inhalte zu erstellen.

Gleichzeitig gab es aber auch die kritischen Stimmen: »Macht ChatGPT uns überflüssig?« oder »Kann KI so mächtig werden, dass sie die Kontrolle übernimmt?«. All diese Fragen wirbelten durch den Raum, und die Technologie entwickelte sich dennoch rasant weiter. Jeden Monat kamen neue Funktionen hinzu, das Modell lernte dazu, wurde besser im Beantworten von Fragen und im Erstellen von Text, Bild, Video und Musik. Bald konnte es Code schreiben, mathematische Probleme lösen und sogar komplexe Analysen fahren.

Und dann kam ChatGPT Voice. Damit wurde die nächste Grenze überschritten. Plötzlich konnte ChatGPT nicht nur Text generieren, sondern auch sprechen. Und nicht irgendwie monoton wie die Sprachsynthese der 90er Jahre, sondern mit einer Natürlichkeit, die fast unheimlich wirkte. Die Stimme klang flüssig, menschlich, und mit jedem Update wurde sie besser. Diese Entwicklung eröffnete völlig neue Möglichkeiten. Man musste nicht mehr am Bildschirm kleben, um eine Konversation mit der KI zu führen, sondern konnte sie einfach fragen – im Auto, beim Kochen oder beim Spaziergang. Die Vorstellung, mit einer KI zu sprechen und dabei relevante, hilfreiche Antworten in Echtzeit zu bekommen, hat eine Menge Türen geöffnet. Sprachgesteuerte Assistenten wie Siri oder Alexa wirken plötzlich wie Relikte aus einer veralteten Zeit.

Und jetzt stellen Sie sich mal vor, welche Szenarien dadurch möglich werden: Man könnte eine interaktive, stimmgesteuerte Lernplattform bauen, auf der Schüler Fragen in natürlicher Sprache stellen und detaillierte Antworten bekommen. Oder denken Sie an die Zukunft des Kundenservices – keine ewigen Warteschleifen mehr, sondern sofortige Antworten in einer Stimme, die wie ein menschlicher Berater klingt. Die Anwendungsfelder sind riesig: Medizinische Beratung, persönliche Assistenten, interaktive Geschichten, Echtzeit-Übersetzungen und noch vieles mehr. Wir stehen hier erst am Anfang einer Ära, in der KI nicht nur still und unsichtbar im Hintergrund arbeitet, sondern aktiv und hörbar Teil unseres Lebens wird.

Es ist faszinierend zu sehen, wie schnell sich das alles entwickelt hat. Und wenn ChatGPT schon heute so weit ist, wer weiß, was uns in den kommenden Jahren noch alles erwartet. Manchmal denke ich, dass es nur eine Frage der Zeit ist, bis die KI in unserer Hosentasche uns nicht nur hilft, sondern uns tatsächlich besser versteht, als wir uns selbst verstehen.

12.1 Wie arbeitet ChatGPT, was sind Token?

Wie funktionieren die Token? Ich versuche das mal ganz vereinfacht zu beschreiben. Nehmen wir an, Sie stellen ChatGPT eine Frage wie: »Wann ist Donald Trump geboren?« ChatGPT »weiß« nicht aus dem Stegreif, wann Trump geboren ist, und kann auch nicht auf Erinnerungen zurückgreifen, wie ein Mensch das tun würde. Was tatsächlich passiert, ist Folgendes: Die Frage wird in sogenannte Token zerlegt. Diese Token sind kleine Informationseinheiten, die es dem Modell ermöglichen, den Text zu verstehen und zu verarbeiten. In unserem Beispiel sieht das ungefähr so aus: Wann1 ist2 Donald3 Trump4 geboren5. Im Grunde genommen wird jedes Wort, jedes Satzzeichen und sogar jedes Leerzeichen als Token behandelt.

Nachdem die Frage in Token zerlegt wurde, durchwühlt ChatGPT riesige Textdatenbanken. Es sucht in den Trainingsdaten, die es zuvor aufgenommen hat, nach relevanten Informationen. Diese Trainingsdaten umfassen digitale Texte, Zeitungsartikel, Webseiten und eine Vielzahl anderer Quellen, die während des Trainingsprozesses verwendet wurden. ChatGPT arbeitet dabei mit extrem komplexen Algorithmen und Mustern, um die Wahrscheinlichkeit zu berechnen, welche Antwort am besten zu der gestellten Frage passt. Diese Algorithmen suchen nicht nur nach Fakten, sondern auch nach dem Kontext der Anfrage. Wenn also die Frage nach Donald Trumps Geburtsdatum gestellt wird, erkennt das Modell die relevanten Token, die mit »Donald Trump« und »geboren« zu tun haben, und sucht die passenden Informationen aus dem enormen Textbestand heraus.

Die Antwort, die Sie erhalten, wird dann ebenfalls in Token zusammengesetzt. Der Text wird also in kleine Einheiten zerlegt, um eine logische und kohärente Antwort zu liefern. Diese neuen Token werden dann wieder zusammengesetzt und Ihnen als vollständiger Satz präsentiert, der so aussieht: »Donald Trump wurde am 14. Juni 1946 geboren.« Das alles passiert in Echtzeit, und zwar blitzschnell.

Was dabei beeindruckend ist, ist nicht nur die schiere Menge an Daten, die verarbeitet werden, sondern auch die Art und Weise, wie die Token zusammengesetzt werden, um eine sinnvolle Antwort zu geben. Diese Token-Methode ist die Grundlage dessen, wie ChatGPT Texte versteht und generiert. Es zerlegt alles in kleinere Einheiten, erkennt Muster und Wahrscheinlichkeiten und stellt daraus die Antwort zusammen. So arbeitet das Modell, ohne dass es tatsächlich »weiß«, was es sagt. Es ist eher eine Berechnung von Wahrscheinlichkeiten basierend auf dem, was es zuvor gelernt hat.

Um es auf den Punkt zu bringen: Die Token sind die Bausteine, mit denen ChatGPT arbeitet. Jedes Wort und jedes Zeichen wird in seine kleinste Informationseinheit zerlegt, analysiert und in Zusammenhang mit den unzähligen Trainingsdaten gesetzt. Dann wird alles wieder zu einer flüssigen Antwort zusammengesetzt. So kann es wirken, als würde das Modell »verstehen«, was wir fragen – auch wenn es letztlich nur auf statistischen Mustern basiert.

12.2 Diffusion-Modelle, LLMs und Token-Limits

Ich werde versuchen, Ihnen zu erklären, was Diffusion-Modelle sind und wie sie mit den großen Sprachmodellen (LLMs) und den Token-Limits in Verbindung stehen. Wenn man verstehen will, wie unsere heutigen KI-Systeme arbeiten, müssen sie verstehen, was LLMs sind.

Vielleicht ist der Begriff »Diffusion« nicht das, was man auf Anhieb mit KI und Textmodellen verbindet. Tatsächlich kommt dieser Begriff ursprünglich aus der Physik und beschreibt, wie sich Teilchen oder Moleküle in einem Raum verteilen. Doch in der Welt der Künstlichen Intelligenz hat das Konzept eine ganz neue Bedeutung bekommen.

Diffusion-Modelle gehören zu einer speziellen Klasse von KI-Modellen, die zum Beispiel bei der Bildgenerierung eingesetzt werden. Sie funktionieren so, dass sie schrittweise ein Rauschen oder Chaos in Daten umkehren und daraus schlussendlich sinnvolle Muster erzeugen. Bildlich gesprochen könnte man sich das vorstellen, als würde man einen verschmierten Farbfleck auf einem Blatt Papier haben, den man dann in vielen kleinen Schritten wieder zu einem klaren Bild formt. Im Gegensatz zu Modellen, die direkt versuchen, eine Lösung oder eine Antwort zu generieren, gehen Diffusion-Modelle systematisch vor und nähern sich Schritt für Schritt dem Ziel an.

Jetzt fragen Sie sich sicherlich: Was hat das mit LLMs und Token-Limits zu tun? Nun, Large Language Models (LLMs) wie ChatGPT funktionieren anders. Sie basieren auf der Verarbeitung von Token, also kleinen Bausteinen, die aus Wörtern, Satzzeichen und sogar Leerzeichen bestehen. Diese Token werden analysiert und in riesigen Datenbanken verglichen, um daraufhin eine sinnvolle Antwort zu generieren. Aber hier kommt das Problem mit den Token-Limits ins Spiel. Bei jedem LLM gibt es eine Obergrenze an Token, die gleichzeitig verarbeitet werden können. Überschreitet man diese Grenze, wird der Text entweder abgeschnitten oder muss in kleinere Teile zerlegt werden. Das ist besonders dann ärgerlich, wenn man komplexe Fragen stellt, die eine lange Antwort erfordern.

Diffusion-Modelle dagegen haben oft keine so starren Begrenzungen wie LLMs. Während LLMs durch die Token-Limits eingeschränkt sind, können Diffusion-Modelle besonders bei der Verarbeitung von kontinuierlichen Daten wie Bildern flexibler sein. Die Modelle arbeiten in vielen kleinen Schritten und sind dabei nicht zwingend an eine maximale Anzahl von Token gebunden. Sie eignen sich daher gut für Probleme, bei denen man keine harten Grenzen setzen möchte, weil der Lösungsweg über viele Iterationen erfolgt.

Was bedeutet das für die Zukunft? Vielleicht könnten Diffusion-Modelle oder ähnliche Technologien in Zukunft auch bei Textmodellen eine Rolle spielen, insbesondere wenn es darum geht, Token-Limits zu umgehen oder zu optimieren. Denn während heutige LLMs wie ChatGPT durch die Token-Anzahl limitiert sind, wäre es denkbar, dass durch hybride Ansätze – die Diffusion und Token-Processing kombinieren – flexiblere und vielleicht auch leistungsfähigere Modelle entstehen.

Im Moment bleibt der Zusammenhang zwischen Diffusion-Modellen und LLMs eher theoretisch, aber es gibt bereits erste Ansätze, diese Welten zusammenzuführen. Das Ziel ist klar: eine intelligentere, flexiblere KI, die mit den Schwächen heutiger Modelle aufräumt und uns noch leistungsfähigere Tools in die Hand gibt. Es bleibt spannend, wie sich diese Technologien in den nächsten Jahren weiterentwickeln!

Diffusion-Modelle lassen sich am besten mit ein paar anschaulichen Beispielen erklären. Stellen Sie sich vor, Sie haben ein Bild, das komplett mit statischem Rauschen überlagert ist, wie ein Fernsehbild ohne Empfang. Ein Diffusion-Modell würde nun schrittweise versuchen, dieses Rauschen zu entfernen und am Ende ein klares Bild zu erzeugen – vielleicht ein Sonnenuntergang oder eine Landschaft. Der Prozess geht dabei in kleinen, kontrollierten Schritten voran, sodass aus dem anfänglichen Chaos am Ende ein sinnvolles Muster entsteht.

Ein anderes Beispiel könnte eine verwischte Zeichnung sein. Nehmen wir an, Sie haben ein Bild von einem Haus, das jedoch komplett verschmiert ist. Ein Diffusion-Modell würde nun Schritt für Schritt diese Verzerrungen aufheben, um das ursprüngliche Bild des Hauses wiederherzustellen. Dabei geht es nicht darum, sofort die perfekte Lösung zu haben, sondern darum, sich iterativ immer weiter zu verbessern – quasi wie ein Puzzle, das nach und nach zusammengesetzt wird.

Der Prozess funktioniert ähnlich wie ein Bildhauer, der einen Klumpen Ton vor sich hat und diesen Stück für Stück in eine Skulptur verwandelt. Statt alles auf einmal zu bearbeiten, wird in vielen kleinen Schritten etwas erschaffen, das am Ende perfekt aussieht. In der KI-Welt sind diese Schritte mathematisch und datengetrieben, aber das Prinzip bleibt das Gleiche: aus anfänglichem Chaos entsteht Schritt für Schritt Ordnung.

Diese Modelle werden häufig bei der Bildgenerierung eingesetzt – von Kunstwerken bis hin zu realistischen Fotos, die eigentlich gar nicht existieren. Der Clou daran ist, dass die KI nicht sofort die Lösung kennt, sondern sie sich erarbeitet, indem sie das Chaos systematisch »entdiffundiert«.

12.3 ChatGPT Account und API nutzen

Wir befinden uns ja im Kapitel zu ChatGPT. Aber wenn Sie allem folgen wollen, was ich hier im Buch vom Stapel lasse, benötigen Sie einen Account und müssen auf die Oberfläche, also die API zwischen Ihrem Browser und den ChatGPT-Servern, zugreifen können. Doch keine Sorge, das ist alles einfacher, als es sich vielleicht anhört. Ich erkläre Ihnen Schritt für Schritt, wie Sie einen Account erstellen und was Sie dabei beachten müssen.

12.3.1 ChatGPT-Account erstellen

Zunächst einmal müssen Sie die Website von OpenAI besuchen. Dort finden Sie die Möglichkeit, sich für ChatGPT zu registrieren. Sie werden direkt auf der Startseite sehen, dass es Optionen gibt, um entweder einen kostenlosen Account oder einen bezahlten Account zu erstellen. Der Unterschied liegt in den Funktionen, die Ihnen zur Verfügung stehen. Für unsere Zwecke reicht erstmal der kostenlose Account völlig aus.

Schritt 1: Auf die OpenAI-Website gehen

Öffnen Sie Ihren Browser und geben Sie die Adresse chat.openai.com ein. Sie gelangen auf die offizielle Seite von OpenAI, auf der Ihnen die Möglichkeit geboten wird, einen Account zu erstellen. Wenn Sie bereits ein Konto haben, können Sie sich direkt anmelden. Aber da wir hier von der Erstellung eines neuen Accounts sprechen, klicken Sie auf den Button »Sign up«.

Schritt 2: Registrierung

Sie werden dann gebeten, eine E-Mail-Adresse einzugeben und ein Passwort zu erstellen. Hier sollten Sie darauf achten, eine gültige E-Mail zu verwenden, auf die Sie Zugriff haben, da Sie später noch eine Bestätigung erhalten. Geben Sie also

Ihre Daten ein, klicken Sie auf »Continue« und warten Sie, bis Ihnen eine Bestätigungs-E-Mail zugeschickt wird.

Schritt 3: E-Mail bestätigen

Öffnen Sie Ihr E-Mail-Postfach und suchen Sie nach der Bestätigungsnachricht von OpenAI. Klicken Sie auf den darin enthaltenen Link, um Ihren Account zu verifizieren. Sobald das erledigt ist, kehren Sie zur ChatGPT-Seite zurück, und Ihr Account ist einsatzbereit.

12.3.2 API-Zugriff

Nachdem Ihr Account erstellt ist, können Sie über den Browser auf ChatGPT zugreifen. Aber wie ich bereits erwähnt habe, ist ChatGPT im Grunde eine riesige API, die Ihre Eingaben in Token zerlegt, analysiert und verarbeitet. Das Interface, das Sie im Browser sehen, ist also die Benutzerschnittstelle, die mit dieser API im Hintergrund arbeitet.

Wenn Sie jedoch nicht nur über die Oberfläche im Browser mit ChatGPT arbeiten wollen, sondern tiefer in die Materie einsteigen möchten, können Sie auch direkt auf die API zugreifen. Hierfür stellt OpenAI spezielle Zugriffsrechte bereit, die es Ihnen ermöglichen, ChatGPT in eigene Programme zu integrieren. Das geht dann aber über die einfache Nutzung im Browser hinaus.

Sie sehen hier einen Screenshot der ChatGPT-Oberfläche. Wenn Sie den Button »GPTs erkunden« klicken, erhalten Sie eine Übersicht mit vielen vorgefertigten GPTs und mit denen kann man schon eine ganze Menge Aufgaben erledigen:

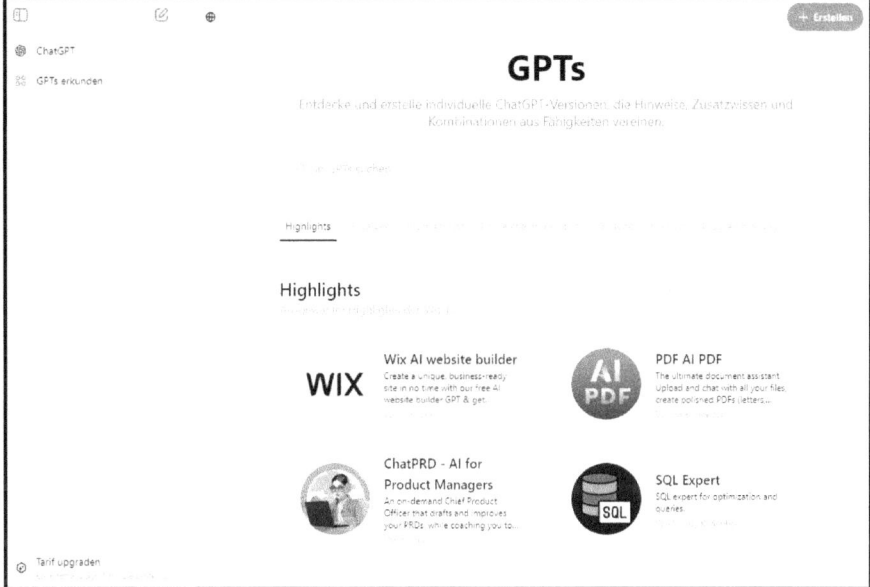

12.3.3 Bezahlen oder kostenlos nutzen?

Wie ich bereits angedeutet habe, gibt es neben der kostenlosen Version von ChatGPT auch kostenpflichtige Varianten. Diese bieten Ihnen den Vorteil, dass Sie mehr Rechenleistung, schnellere Antworten und Zugang zu den neuesten Modellen haben. Für den Einstieg reicht jedoch der kostenlose Account völlig aus. Sollten Sie später mehr benötigen, können Sie jederzeit auf einen bezahlten Plan umsteigen.

12.4 Nützliche Tipps zur Nutzung

Sobald Sie sich bei ChatGPT angemeldet haben, können Sie loslegen. Sie geben Ihre Fragen oder Anweisungen direkt in das Textfeld ein, und ChatGPT verarbeitet diese in Echtzeit. Beachten Sie, dass es sich lohnt, präzise Fragen zu stellen, um die besten Ergebnisse zu erzielen. Die Antworten hängen stark davon ab, wie klar Sie Ihre Anfragen formulieren.

Hinweis: ChatGPT speichert bisherige Konversationen. Das bedeutet, dass es sich »merken« kann, was Sie bereits gefragt haben, um darauf in späteren Antworten zurückzukommen. Das ist besonders nützlich, wenn Sie über mehrere Schritte ein komplexeres Problem lösen wollen.

12.5 Versionen und Fähigkeiten ChatGPT

Es gibt inzwischen verschiedene Versionen von ChatGPT, die alle ihre Stärken und Schwächen haben. Seit der ersten Veröffentlichung hat sich eine Menge getan, und das System ist in mehreren Iterationen weiterentwickelt worden. Doch wie bei allen Technologien gibt es auch hier Grenzen. Ich möchte Ihnen nun einen Überblick über die verschiedenen Versionen geben und was Sie jeweils können – und was sie nicht können.

12.5.1 ChatGPT 3

Die Version, mit der für viele alles begann, war ChatGPT 3. Diese Version hat bereits für ordentlich Aufsehen gesorgt, weil sie auf einem tiefen neuronalen Netz basiert und in der Lage war, auf eine Vielzahl von Fragen erstaunlich gut zu antworten. Sie konnte komplexe Texte analysieren, hilfreiche Antworten formulieren und sogar kreative Texte erstellen. Dennoch hatte ChatGPT 3 seine Grenzen. Vor allem das sogenannte »Halluzinieren« war ein bekanntes Problem. Das System konnte sich manchmal Fakten ausdenken, die gar nicht stimmten, oder auf komplexere Fragen schlichtweg falsche Antworten geben.

Außerdem stieß das Modell oft an seine Token-Grenze. Diese Token, kleine Datenpakete, aus denen die Eingaben und Ausgaben bestehen, sind limitiert. Das bedeutete, dass längere Unterhaltungen ab einem bestimmten Punkt abgeschnitten wurden. Auch bei der Genauigkeit, insbesondere bei mathematischen Problemen oder logischen Schlussfolgerungen, zeigte das Modell Lücken. Trotzdem war ChatGPT 3 der erste große Schritt in die Welt der Large Language Models (LLMs).

12.5.2 ChatGPT 3.5

Mit der Veröffentlichung von ChatGPT 3.5 wurden viele der Schwächen der Vorgängerversion verbessert. Die Qualität der Antworten nahm zu, und das »Halluzinieren« wurde reduziert, obwohl es immer noch gelegentlich vorkam. Außerdem wurde die Geschwindigkeit erhöht, mit der das Modell auf Anfragen antwortete, und es konnte besser zwischen unterschiedlichen Kontexten in einem Gespräch unterscheiden.

Was ChatGPT 3.5 allerdings immer noch nicht konnte, war echtes »Verstehen«. Die Antworten basieren auf Wahrscheinlichkeiten und nicht auf wirklichem Verständnis. Das Modell antwortet also auf Grundlage dessen, was in den Trainingsdaten am wahrscheinlichsten ist – aber es »versteht« den Text nicht im menschlichen Sinne.

12.5.3 ChatGPT 4

ChatGPT 4, die bisher leistungsfähigste Version, brachte noch einmal deutliche Verbesserungen. Dieses Modell war nicht nur besser in der Lage, längere Konversationen zu führen, sondern es konnte auch komplexe Anfragen mit höherer Präzision bearbeiten. ChatGPT 4 ist robuster, zeigt weniger Halluzinationen und kann besser mit mehrdeutigen Fragen umgehen. Es ist auch in der Lage, Zusammenhänge besser zu erfassen und logischere Antworten zu liefern.

Dennoch gibt es auch hier Grenzen. ChatGPT 4 kann immer noch keine echten Gefühle empfinden, und es fehlt ihm an echtem Bewusstsein. Auch wenn es sich »intelligenter« anfühlt, bleibt es ein statistisches Modell, das aufgrund von Wahrscheinlichkeiten agiert. Zudem bleibt das Token-Limit ein Problem, insbesondere bei sehr langen Gesprächen oder Anfragen, die mehrere Quellen erfordern.

12.5.4 ChatGPT 4 Turbo

Neben der Standard-Version von ChatGPT 4 gibt es auch eine schnellere Variante namens »Turbo«. Diese Version ist darauf ausgelegt, Anfragen noch schneller zu beantworten, allerdings mit einer etwas geringeren Präzision im Vergleich zur Standard-Variante. Turbo wird oft in Situationen eingesetzt, in denen Geschwindigkeit wichtiger ist als exakte Genauigkeit. Ein typisches Anwendungsgebiet könnte die Interaktion mit KI-gestützten Chatbots im Kundenservice sein, wo schnelle Antworten gefordert sind.

12.5.5 Was die Versionen nicht können

Alle bisherigen Versionen von ChatGPT teilen eine grundlegende Einschränkung: Sie besitzen kein echtes Bewusstsein. Sie »verstehen« die Welt nicht so, wie wir es tun, sondern reagieren auf Eingaben aufgrund der Trainingsdaten, die ihnen zur Verfügung stehen. Sie können also sehr gut mit Sprache umgehen, aber sie wissen nicht wirklich, was sie tun. Auch sind alle Versionen auf externe Daten angewiesen.

Wenn eine Frage zu etwas gestellt wird, was nach dem letzten Training des Modells passiert ist, kann es keine Antwort darauf geben, da es diese Informationen schlichtweg nicht kennt.

Ein weiteres Problem ist das Thema »Bias«. Alle KI-Modelle, einschließlich ChatGPT, sind von den Daten abhängig, mit denen sie trainiert wurden. Das bedeutet, dass Verzerrungen und Vorurteile, die in diesen Daten enthalten sind, auch in den Antworten der KI auftauchen können.

12.5.6 ChatGPT Voice: Eine neue Dimension

Mit der Einführung von ChatGPT Voice wurde eine weitere Grenze überschritten. Die Möglichkeit, nun auch in Echtzeit per Sprache mit dem System zu interagieren, eröffnet völlig neue Möglichkeiten. Sie können direkt mit ChatGPT sprechen, und es antwortet Ihnen – fast wie in einem echten Gespräch. Diese Erweiterung ist besonders nützlich für Menschen, die unterwegs sind oder keine Zeit haben, lange Texte zu tippen. Es ist, als hätten Sie einen KI-Assistenten in Ihrer Tasche, der Ihnen jederzeit zur Verfügung steht.

Mit ChatGPT Voice könnten zum Beispiel Autofahrer unterwegs Fragen stellen, ohne ihre Hände vom Lenkrad nehmen zu müssen. Oder Menschen mit Sehbehinderungen könnten die Technologie nutzen, um einfacher auf Informationen zuzugreifen. Es ist eine spannende Entwicklung, die zeigt, wie schnell sich diese Technologie weiterentwickelt.

12.5.7 Die rasante Entwicklung

Ich schreibe an diesem Buch inzwischen seit gut 1,5 Jahren. Während dieser Zeit schiebe ich die Kapitel hin und her und versuche, der Entwicklung dieser Systeme gerecht zu werden. Was heute gilt, kann morgen schon veraltet sein. Ich passe vor der Veröffentlichung immer wieder die Erklärungen an. Aber die Oberflächen, die Modelle und die Fähigkeiten dieser Systeme ändern sich so schnell, dass ich ganz schön Probleme habe, Schritt zu halten.

Sollten also irgendwelche Anweisungen und Hinweise in diesem Buch nicht mehr aktuell sein – und das kann schneller passieren, als ich »Update« tippen kann, bitte ich wirklich vielmals um Entschuldigung. Das Tempo, mit dem sich die Technologie entwickelt, lässt kaum Raum für langfristige Planung. Weboberflächen, Menüs, sogar ganze Domains können sich ändern, bevor Sie das Kapitel zu Ende gelesen haben.

Die grundlegenden Konzepte, über die wir hier sprechen, ändern sich jedoch nicht so schnell. Eine API bleibt eine API, auch wenn die Zugriffswege sich wandeln. Ein Large Language Model (LLM) wird nicht plötzlich aufhören, Token zu verwenden, nur weil jemand eine neue Oberfläche designed hat. Aber: Die Weboberflächen und die Benutzerführung können sich ändern – und ich garantiere, dass sie es tun werden.

12.5.8 Bleiben Sie wachsam – und flexibel

Ein Beispiel: Vielleicht zeige ich Ihnen gerade einen Screenshot von der ChatGPT-Oberfläche. Die Menüpunkte sind klar beschriftet, alles wirkt geordnet und leicht zugänglich. Doch plötzlich – zack! – hat OpenAI die Weboberfläche aktualisiert, und der »Settings«-Button sitzt nun an einer ganz anderen Stelle. Statt in der oberen rechten Ecke ist er plötzlich im unteren Menü verborgen. Oder noch besser: Ein neues Feature wurde hinzugefügt, und alle bisherigen Funktionen sind hinter einem neuen Drop-down-Menü versteckt. Das kann ziemlich frustrierend sein, besonders wenn Sie sich gerade erst mit der alten Version vertraut gemacht haben.

Ein weiteres Beispiel: Stellen Sie sich vor, ich weise Sie in einem Kapitel darauf hin, auf eine bestimmte URL zu gehen, um Zugang zu einer API zu erhalten. Dann passiert es – die URL ist entweder tot, umgeleitet oder ersetzt durch eine komplett neue Domain. An diesem Punkt werden Sie vielleicht denken: »Was mache ich jetzt?« Genau hier kommt Ihre Flexibilität ins Spiel.

Nutzen Sie die Technik – und die KI selbst

In solchen Fällen möchte ich Ihnen ans Herz legen: Nutzen Sie die Technik, die Sie zur Verfügung haben. Wenn ein Menüpunkt plötzlich verschwunden ist oder eine Webadresse nicht mehr funktioniert, greifen Sie einfach zu einer Suchmaschine. Google, Bing – egal, was Sie bevorzugen – und tippen Sie die benötigte Information ein. Es gibt kaum eine Hürde, die sich mit ein paar gezielten Suchanfragen nicht überwinden lässt.

Oder – und hier wird es spannend – fragen Sie einfach ChatGPT selbst! Ja, genau die KI, über die wir hier sprechen, könnte Ihnen mit hoher Wahrscheinlichkeit helfen, herauszufinden, wohin sich diese ominöse URL oder das verschwundene Menü bewegt hat. Stellen Sie eine Frage wie: »ChatGPT, weißt du, wo die API-Zugangsseite jetzt zu finden ist?« und Sie könnten die Antwort schneller haben, als Sie es manuell herausfinden könnten.

Immer bereit für den Wandel

Wenn Sie eines aus diesem Buch mitnehmen sollten, dann ist es, dass die Technologie niemals stillsteht. Innovation ist ein ständiger Fluss, und was heute gilt, kann morgen schon Geschichte sein. Seien Sie also immer bereit für den Wandel. Das bedeutet nicht, dass Sie sich ständig neu orientieren müssen, aber eine gewisse Offenheit für neue Entwicklungen ist hilfreich.

In der Zwischenzeit werde ich mein Bestes tun, dieses Buch aktuell zu halten. Doch wie ich bereits sagte, kann es gut sein, dass Sie schon beim nächsten Öffnen der ChatGPT-Oberfläche auf etwas völlig Neues stoßen. Sehen Sie es positiv: Es ist Teil des Abenteuers in der digitalen Welt.
Sie haben sich schließlich ein Buch über KI gekauft, die am schnellsten wachsende und sich verändernde Technologie der Welt. Auch wenn sich das eine oder andere stark verändert – neue Oberflächen, andere Begriffe oder sogar neue Systeme auftauchen – das ändert nichts an dem Wissen und

dem Verständnis über KI, das Sie mit diesem Buch erwerben. Die grundlegenden Konzepte, wie KI funktioniert, was sie kann und wie sie die Welt beeinflusst, bleiben bestehen. Und genau dieses Wissen wird Ihnen helfen, auch zukünftige Entwicklungen mit klarem Verständnis zu erfassen und anzuwenden.

12.6 Zusammengefasst ChatGPT Account und API

Um alles aus diesem Buch herauszuholen und die volle Bandbreite von ChatGPT zu nutzen, benötigen Sie einen Account. Die Registrierung ist kinderleicht und in wenigen Minuten abgeschlossen. Sobald Sie Zugang haben, können Sie entweder direkt im Browser oder über die API mit ChatGPT interagieren. Jetzt, da Sie einen Account haben, kann es losgehen!

Sobald Sie eingeloggt sind, können Sie auf das Wissen zugreifen, das dieses Buch vermittelt. Sollten Menüs oder Webadressen mal nicht mehr genau so aussehen wie beschrieben, nutzen Sie einfach eine Suchmaschine – oder fragen Sie ChatGPT selbst. Denken Sie daran, dass sich die Technik im Bereich KI ständig weiterentwickelt, aber die grundlegenden Konzepte und das Verständnis, das Sie hier erwerben, bleiben gültig.

13 ChatGPT Voice

Künstliche Intelligenz entwickelt sich im Affenzahn-Tempo weiter, und eine der spannendsten Neuerungen ist die Einführung von Sprachmodellen wie ChatGPT Voice. Diese Technologie ermöglicht es Nutzern, mit KI in einer Weise zu kommunizieren, die über Textnachrichten hinausgeht. Hierbei werden Sprachverständnis und Sprachsynthese genutzt, um ein interaktives, natürliches Gesprächserlebnis zu schaffen. Die Möglichkeit, Fragen einfach zu stellen und sofortige, gesprochene Antworten zu erhalten, revolutioniert die Art und Weise, wie wir mit Technologie interagieren.

Ein Hauptvorteil von ChatGPT Voice ist die Zugänglichkeit. Menschen, die möglicherweise Schwierigkeiten beim Tippen oder Lesen haben, können nun mühelos mit der KI kommunizieren. Dies eröffnet neue Horizonte für Menschen mit unterschiedlichen Fähigkeiten und macht die Technologie inklusiver. Darüber hinaus können Entwickler Sprachassistenten in ihre Anwendungen integrieren, um den Nutzern eine benutzerfreundliche, intuitive Schnittstelle zu bieten.

Die Anwendungsmöglichkeiten sind vielfältig. Ob im Kundenservice, bei virtuellen Assistenten oder in der Bildung – die Einsatzmöglichkeiten von ChatGPT Voice sind nahezu unbegrenzt. Die Technologie kann auch in der Erstellung von Inhalten helfen, indem sie Autoren unterstützt, Ideen laut auszusprechen und somit den kreativen Prozess zu fördern. Auch die Unterstützung im Alltag, etwa durch Erinnerungen oder das Abrufen von Informationen, wird durch diese Sprachinteraktion erheblich erleichtert.

Allerdings gibt es auch Herausforderungen, die mit der Implementierung von Sprachmodellen verbunden sind. Die Genauigkeit der Spracherkennung kann variieren, und es müssen Bedenken hinsichtlich Datenschutz und Ethik berücksichtigt werden. Nutzer müssen darauf vertrauen können, dass ihre Informationen sicher und verantwortungsvoll behandelt werden. Daher ist es entscheidend, dass Entwickler transparente Praktiken umsetzen und Nutzer über die Funktionsweise der Technologie aufklären.

ChatGPT Voice ist eine spannende Entwicklung in der Welt der künstlichen Intelligenz. Die Kombination aus Sprachverarbeitung und KI schafft neue Möglichkeiten für Interaktion und Zugänglichkeit.

13.1 Wie verwende ich ChatGPT Voice?

Die Nutzung von ChatGPT Voice ist im Grunde ziemlich einfach. Voraussetzung ist, dass Sie ein Gerät besitzen, das Audioeingaben und -ausgaben unterstützt – im besten Fall ein Smartphone oder ein Computer mit Mikrofon und Lautsprecher. Sie brauchen zudem Zugang zu einer Plattform, die ChatGPT mit Sprachunterstützung anbietet. OpenAI hat dieses Feature in ausgewählte Versionen der ChatGPT-App integriert, und Sie können es über den App Store oder Play Store auf Ihr Gerät laden. Eine stabile Internetverbindung ist natürlich auch notwendig, um die Sprachinteraktionen ohne Verzögerung zu ermöglichen.

Wie funktioniert es in der Praxis? Wenn Sie ChatGPT Voice verwenden, können Sie ganz einfach ins Mikrofon sprechen, und die KI analysiert in Echtzeit Ihre Spracheingabe. Das ist so intuitiv wie das Sprechen mit einem anderen Menschen. Die gesprochene Antwort von ChatGPT kommt dann über den Lautsprecher Ihres Geräts. Es fühlt sich fast so an, als hätten Sie einen persönlichen digitalen Assistenten, der auf Knopfdruck verfügbar ist. Die Handhabung von ChatGPT Voice ist darauf ausgelegt, möglichst simpel und direkt zu sein. Sobald das Programm läuft, drücken Sie einfach auf das Mikrofon-Symbol, sprechen Ihre Frage oder Aufgabe aus, und die KI beginnt sofort mit der Verarbeitung. Sie erhalten die Antwort entweder in Textform auf dem Bildschirm oder in gesprochener Sprache zurück.

Warum ist es so revolutionär? Was das Ganze besonders interessant macht, ist die enorme Vereinfachung für Menschen, die Schwierigkeiten mit der Nutzung von Text haben – sei es durch körperliche Einschränkungen oder aufgrund mangelnder technischer Erfahrung. Hier bietet sich ein klarer Vorteil für die Barrierefreiheit. Menschen, die nicht gut tippen können, sei es aufgrund von Seheinschränkungen, motorischen Problemen oder sogar Lernschwierigkeiten, haben mit der Voice-Interaktion nun eine echte Alternative.

Es wird dabei nicht nur einfacher, mit der KI zu kommunizieren, sondern auch schneller. Gerade bei komplexen Fragen, bei denen man viel tippen müsste, spart die Sprachfunktion Zeit und Nerven. Man kann frei sprechen, ohne über Satzbau oder Grammatik nachzudenken, und erhält trotzdem eine präzise Antwort.

Was kann ich mit ChatGPT Voice alles machen? Das Anwendungsfeld von ChatGPT Voice ist weit gefächert. Es eignet sich hervorragend für schnelle Recherchen, für die Beantwortung von Alltagsfragen oder das Management von Aufgaben. Sagen Sie beispielsweise: »Erinnere mich daran, morgen um 10 Uhr meinen Arzttermin zu bestätigen« – und schon übernimmt ChatGPT diese Aufgabe. Im Bereich der Barrierefreiheit kann es ebenfalls punkten, indem es Menschen unterstützt, die nicht oder nur eingeschränkt lesen und schreiben können.

Für den kreativen Einsatz ist ChatGPT Voice ein echter Segen. Sie können zum Beispiel an einem Artikel arbeiten und die KI nach Vorschlägen fragen, ohne jemals die Tastatur zu berühren. Oder lassen Sie sich Gedichte vortragen und Geschichten erzählen – perfekt für Kinder oder auch für Erwachsene, die sich inspirieren lassen wollen. Besonders klasse finde ich diese spezielle Spracheingabe für Menschen mit Behinderungen. Auch diese Menschen verwenden oft Computer oder Smartphones, und ChatGPT Voice bietet hier eine wertvolle Unterstützung. In unserer heutigen, von Technologie geprägten Welt, müssen sich auch Menschen mit besonderen Bedürfnissen immer wieder auf neue Entwicklungen einstellen. Doch genau hier setzt ChatGPT Voice an und nimmt vielen den Druck, ständig mit der rasanten Entwicklung Schritt halten zu müssen.

Die Bedienung eines Smartphones oder Computers, vor allem mit neuen, oft komplexen Benutzeroberflächen, kann extrem herausfordernd sein. Viele Menschen, die auf alternative Eingabemethoden angewiesen sind – etwa Menschen mit motorischen Einschränkungen, die Schwierigkeiten haben, Maus oder Tastatur zu nutzen – profitieren von der intuitiven und direkten Spracheingabe. Ein Beispiel: Anstatt mühselig mit einer Bildschirmtastatur zu tippen, können diese Nutzerinnen und Nutzer einfach ins Mikrofon sprechen und schon übernimmt ChatGPT Voice den Rest. Ob es darum geht, Nachrichten zu versenden, eine E-Mail zu verfassen oder einfach nur eine Frage an die KI zu stellen – der Prozess wird durch die Sprachsteuerung radikal vereinfacht.

Die eigentliche Herausforderung liegt in der Einrichtung und ersten Nutzung der App. Für Menschen mit Sehbehinderungen könnte dies besonders schwierig sein, aber sobald die App läuft und die grundlegenden Sprachbefehle erlernt sind, eröffnet sich eine völlig neue Art, mit der digitalen Welt zu interagieren. Die digitale Nutzung wird von Grund auf einfacher, weil die Bedienung nun unabhängig von visuellen oder physischen Barrieren funktioniert.

Es ist, als hätte man immer eine helfende Hand dabei – eine, die zuhört, versteht und antwortet. Denken Sie an jemanden, der Schwierigkeiten hat, kleine Schaltflächen auf einem Touchscreen zu bedienen. Mit ChatGPT Voice kann diese Person einfach sagen: »Rufe Mama an«, und das Telefon übernimmt den Rest. Das können natürlich auch Menschen machen, die zu faul zum Tippen sind. Oder jemand, der Schwierigkeiten beim Schreiben langer E-Mails hat, kann nun einfach den Inhalt diktieren und sich die Antwort von ChatGPT geben lassen, ohne je die Tastatur benutzen zu müssen.

Das könnte vor allem auch für ältere Menschen interessant sein, die zwar gerne technologische Geräte verwenden, aber mit den ständigen Updates und Änderungen nicht mehr Schritt halten können. Indem sie ihre Fragen einfach aussprechen, anstatt komplizierte Menüstrukturen zu durchforsten, können sie wieder ein Stück digitale Teilhabe zurückgewinnen. ChatGPT Voice ermöglicht somit nicht nur barrierefreies Surfen, sondern bietet auch eine echte Chance, sich in einer sich schnell verändernden, digitalen Welt zurechtzufinden.

13.2 Account von ChatGPT Voice

Wenn Sie ChatGPT Voice verwenden möchten, benötigen Sie, ähnlich wie bei der Nutzung von ChatGPT selbst, ein OpenAI-Konto. Ohne dieses Konto ist der Zugriff auf die Funktionen der KI nicht möglich. Falls Sie noch kein Konto haben, empfehle ich Ihnen, zum Kapitel »ChatGPT-Account erstellen« zurückzukehren. Dort erkläre ich detailliert, wie Sie Schritt für Schritt ein Konto erstellen können.

Was benötigen Sie sonst noch? Eigentlich nicht viel. Ein Smartphone, Tablet oder Computer reicht aus, um mit der KI zu interagieren. Dazu kommt eine stabile Internetverbindung, denn ohne diese kann ChatGPT nicht auf die benötigten Ressourcen zugreifen. Die Technologie ist cloudbasiert, was bedeutet, dass alle Verarbeitungen und Berechnungen auf den Servern von OpenAI durchgeführt werden. Die Einrichtung von ChatGPT Voice ist kinderleicht. Sie müssen nur die Anwendung öffnen, Ihr Mikrofon freigeben, und schon können Sie direkt mit der KI sprechen. Der große Vorteil dieser Anwendung liegt in ihrer Benutzerfreundlichkeit. Auch technikfremde Menschen können mit wenigen Klicks die Sprachfunktion aktivieren und nutzen. Sobald alles eingerichtet ist, können Sie einfach anfangen, Fragen zu stellen oder Befehle zu geben. Und das Beste daran ist: Sie müssen nicht mehr tippen!

14 Gefahren und Tipps zur Nutzung von KI

Wir haben nun ausführlich darüber gesprochen, wie Sie sowohl ChatGPT als auch ChatGPT Voice einrichten und verwenden können. Und während ich das schreibe, weiß ich ganz genau, dass viele von Ihnen bereits neugierig geworden sind und es kaum erwarten können, die KI selbst auszuprobieren. Ganz ehrlich – ich wäre genauso. Aber genau deshalb ist es mir wichtig, hier einen Moment innezuhalten und ein paar sehr entscheidende Hinweise dazwischenzuschieben.

KI-Systeme sind faszinierend, keine Frage. Sie können uns in vielen Bereichen unterstützen und erstaunliche Dinge tun. Doch bei all dem Hype und der Begeisterung gibt es einen ganz wichtigen Punkt, den Sie immer im Hinterkopf behalten sollten: Vertrauen Sie keinem KI-System Ihre wichtigsten und sensibelsten Daten an!

Weder die KIs von Google, Tesla, Facebook noch ChatGPT Voice sollten jemals mit persönlichen Informationen wie **Kontodaten, Kreditkartendaten, Passwörtern** oder ähnlichen Daten gefüttert werden. Egal, wie beeindruckend oder »menschlich« diese Systeme wirken – am Ende des Tages sind sie Computer. Und Computer werden von Menschen programmiert. Menschen machen Fehler, und das bedeutet, dass auch Computer Fehler machen können. Dazu kommt noch die immer bestehende Gefahr von Hackern, die auf der Suche nach genau diesen Informationen sind.

Ich möchte Ihnen eindringlich ans Herz legen, sehr genau darüber nachzudenken, was Sie über die Tastatur oder das Mikrofon eingeben. Das Risiko, dass vertrauliche Daten in falsche Hände geraten, ist real. Bitte seien Sie sich dessen bewusst und handeln Sie vorsichtig. Ein Moment der Unachtsamkeit kann schwerwiegende Folgen haben, und es gibt keinen Grund, solch ein Risiko einzugehen.

Denken Sie daran: Es gibt keine »Sicherheitsnetze« in KIs, die Sie vor der unachtsamen Weitergabe Ihrer sensiblen Informationen bewahren können. **Diese Verantwortung liegt ganz bei Ihnen. Schützen Sie Ihre Daten**, indem Sie sie niemals in einer KI-Interaktion preisgeben!

Für sensible Daten und streng vertrauliche Informationen gibt es spezielle Lösungen, die weit über die normalen KI-Anwendungen hinausgehen. Eine dieser Lösungen ist der OpenAI Playground, der eine geschlossene Umgebung für das Erstellen und Verarbeiten besonders sensibler Daten bietet. Hier betont OpenAI, dass die Daten in einem abgesicherten Bereich verarbeitet werden, der getrennt vom normalen Trainingsprozess der KI-Modelle abläuft. Das bedeutet, dass vertrauliche Daten, die in diesem Playground verwendet werden, nicht in das allgemeine Modelltraining einfließen und somit nicht für andere Nutzer zugänglich sind.

Aber auch hier ist Vorsicht geboten. OpenAI mag zwar versichern, dass die Daten in einer abgeschotteten Umgebung verbleiben, doch der Mensch bleibt ein Risikofaktor. Fehler passieren, sei es in der Programmierung, der Implementierung oder bei den Nutzern selbst. Dazu kommt, dass Hacker immer auf der Suche nach Schwachstellen sind. Deshalb ist es absolut unerlässlich, dass **sensible Daten wie PINs, Passwörter, Zugangsdaten oder Kreditkartennummern niemals** in einer KI-Umgebung verarbeitet werden – egal, wie sicher diese erscheinen mag.

Wenn Sie mit hochsensiblen Informationen arbeiten, wie zum Beispiel neuen Entwicklungen in Ihrem Unternehmen, geheimem Material oder internem Firmenwissen, ist äußerste Vorsicht geboten. Kein noch so fortschrittliches KI-System sollte diese Art von Daten erhalten. Auch wenn der Playground von OpenAI sicherer ist als die normale KI-Umgebung, bleibt immer ein Restrisiko bestehen. In diesen Fällen ist es ratsamer, auf herkömmliche, bewährte Sicherheitslösungen zu setzen und KI-Systeme nur für allgemeine, nicht vertrauliche Aufgaben zu nutzen.

Zusammengefasst: **Sensible Informationen gehören nicht in eine KI!** Auch wenn Playground-Umgebungen ein hohes Maß an Sicherheit bieten, gibt es keine hundertprozentige Garantie, dass diese Daten niemals kompromittiert werden. Schützen Sie sich und Ihre Daten, indem Sie stets überlegen, was Sie in eine KI-Anwendung eingeben.

Vielleicht sind Ihre Daten im Moment sicher. Aber wer weiß, was die Zukunft bringt? Was wird die KI später mit diesen Daten anstellen? Wo genau versickern die Informationen auf lange Sicht? Fakt ist: Sobald die Daten einmal in eine KI eingespeist wurden, werden Sie diese niemals wieder vollständig aus der KI herausholen können – egal, wie stark abgeschottet oder geschützt die Umgebung auch ist. Egal, welche Versprechen abgegeben werden, die einmal eingefütterten Daten könnten weiterhin in irgendeiner Form existieren, verarbeitet werden und theoretisch auf lange Sicht auch in anderen Kontexten auftauchen. Dies ist ein Risiko, das niemals unterschätzt werden sollte.

15 Open AI Playground, Gehirn von ChatGPT

Ich möchte Ihnen den OpenAI Playground vorstellen. Hier können Sie tiefer in das »Gehirn« von ChatGPT eintauchen und die Funktionsweise dieser KI genauer durchdringen. Aber was genau ist der Playground? Wozu nutzt man ihn? Wie funktioniert er? Und vor allem: Wie benutzen Sie ihn? In diesem Artikel führe ich Sie umfassend durch den Playground – nicht nur oberflächlich, sondern so detailliert, dass Sie verstehen, warum ich dieses Tool während der Recherche für mein Buch bis ins letzte Detail durchdrungen habe.

15.1 Was ist der OpenAI Playground?

Der OpenAI Playground ist eine interaktive Plattform, die es Ihnen erlaubt, mit den leistungsstarken Sprachmodellen von OpenAI auf eine direkte und intuitive Art zu arbeiten. Dabei handelt es sich nicht nur um eine Spielerei. Vielmehr geht es um ein Werkzeug, das Ihnen ermöglicht, tief in die Funktionsweise dieser Modelle einzutauchen. Es ist also mehr als nur ein Textfeld – es ist eine Schnittstelle zwischen Ihrer Kreativität und den Fähigkeiten der Künstlichen Intelligenz.

Als ich den Playground für mein Buch genutzt habe, war es faszinierend zu sehen, wie viel Kontrolle man über die Ergebnisse gewinnen kann, wenn man die richtigen Fragen stellt und die Parameter präzise anpasst. Der Playground ermöglicht es Ihnen, mit der KI zu interagieren, als würden Sie einen Menschen steuern, aber mit dem Unterschied, dass Sie alle Freiheiten haben.

Ein Beispiel: Nehmen Sie an, Sie möchten eine Kurzgeschichte schreiben. Sie geben der KI den ersten Satz: »Es war eine dunkle und stürmische Nacht.« Der Playground generiert dann den nächsten Abschnitt – Sie können dies so oft wiederholen, bis die Geschichte in Ihrem Stil und Ihrer gewünschten Länge fertig ist.

15.2 Wozu benutzt man den Playground?

Der Playground bietet Ihnen die Möglichkeit, auf vielfältige Weise mit den Modellen zu arbeiten. Sie können ihn für einfache Textgenerierungen verwenden, aber auch für sehr spezifische Aufgaben, die in einem professionellen Umfeld relevant sind. Egal, ob Sie Entwickler, Forscher oder einfach ein neugieriger Geist sind – der Playground ist das perfekte Werkzeug, um die Potenziale der KI zu erforschen.

Während meiner intensiven Beschäftigung damit habe ich herausgefunden, wie vielseitig die Anwendungsmöglichkeiten sind. Man kann ihn beispielsweise dazu nutzen, automatisierte Dialoge zu simulieren oder kreative Texte zu verfassen. In meinem Buch ging es darum, genau diese Flexibilität der KI herauszustellen. Sie können den Playground verwenden, um Fachartikel zu schreiben, wie ich es tat, oder um ihn für die Programmierung von Chatbots und Dialogsystemen zu nutzen.

Ein praktisches Beispiel: Angenommen, Sie entwickeln eine Kundenservice-Anwendung. Sie können im Playground testen, wie die KI auf typische Kundenfragen reagiert. Durch verschiedene Eingaben und die Anpassung der Parameter erhalten Sie Antworten, die entweder sehr präzise oder eher kreativ und locker ausfallen – je nachdem, was besser zu Ihrer Anwendung passt.

15.3 Wie funktioniert der OpenAI Playground?

Der Playground arbeitet auf einer sehr einfachen, aber mächtigen Idee: Sie geben Text ein, die KI verarbeitet diesen und gibt eine Antwort zurück. Doch hinter diesem simplen Ablauf steckt eine Vielzahl von Anpassungsmöglichkeiten, die Ihre Kontrolle über das Ergebnis verstärken. Im Playground können Sie Parameter wie die Temperatur und das Token-Limit anpassen. Damit beeinflussen Sie, wie kreativ oder präzise die Antwort sein soll und wie lang der generierte Text maximal ausfallen darf.

Die Temperatur regelt, wie »frei« das Modell denken soll. Je niedriger der Wert, desto konservativer und vorhersagbarer wird die Antwort. Ein hoher Wert führt zu kreativeren und teils unerwarteten Ausgaben. Ich erinnere mich, als ich diese Funktion für mein Buch getestet habe: Einmal stellte ich die Temperatur sehr hoch und bat das Modell um eine Fortsetzung des Satzes »Die Zukunft der KI liegt…«. Die Antwort war überraschend futuristisch und fast schon philosophisch: »…in der vollständigen Verschmelzung mit dem menschlichen Bewusstsein.« Setzte ich den Wert hingegen niedrig, lautete die Antwort schlicht und nüchtern: »…in der weiteren Optimierung bestehender Systeme.«

Das Token-Limit legt fest, wie viele Zeichen (oder »Tokens«) die Antwort maximal beinhalten darf. Es erlaubt Ihnen, präzise festzulegen, ob Sie eine kurze und knackige Antwort oder eine längere Ausführung möchten. So habe ich bei der Analyse von Texten für mein Buch den Token-Limit häufig genutzt, um gezielt längere oder kürzere Zusammenfassungen von Fachartikeln zu erstellen.

15.4 Wie benutzt man den OpenAI Playground?

Die Nutzung des Playgrounds ist denkbar einfach und doch bietet er komplexe Möglichkeiten, die Sie sich Stück für Stück erschließen können. Zuerst melden Sie sich über die Plattform an und wählen das gewünschte Modell. Jedes Modell hat seine Eigenheiten und Sie können es gezielt für unterschiedliche Aufgaben verwenden. Für die Dialogsimulationen in meinem Buch nutzte ich das GPT-4-Modell, da es besonders gut darin ist, Konversationen zu verstehen und fortzuführen.

Sobald Sie sich für ein Modell entschieden haben, geben Sie Ihren Text ein – den sogenannten Prompt. Sie können einfache Fragen stellen, wie »Was ist künstliche Intelligenz?« oder sehr komplexe Anweisungen geben. Wenn Sie möchten, dass das Modell eine detaillierte Analyse über ein technisches Thema liefert, geben Sie einfach den entsprechenden Befehl ein, z. B. »Erkläre mir die Unterschiede zwischen neuronalen Netzen und Entscheidungsbäumen.« Dann passen Sie die Parameter wie Temperatur und Token-Limit an, um das gewünschte Ergebnis zu erhalten. Als ich für mein Buch die Grenzen des Playgrounds erkundet habe, habe ich diese Parameter so oft angepasst, dass ich mittlerweile genau weiß, welcher Wert welche Art von Antwort liefert.

Ein weiteres Beispiel: Stellen Sie sich vor, Sie möchten die KI eine Produktbeschreibung erstellen lassen. Ihr Prompt könnte lauten: »Beschreibe die Funktionen eines neuen Smartphones.« Je nachdem, wie detailliert die Beschreibung ausfallen soll, passen Sie die Parameter an und erhalten eine kurze oder sehr ausführliche Darstellung des Produkts.

15.5 Praktische Tipps zu Playground

Während meiner intensiven Arbeit mit dem Playground habe ich gelernt, wie man das Beste aus ihm herausholt. Sie sollten mit den Parametern experimentieren, bis Sie das Verhalten des Modells wirklich verstehen. Nur dann werden Sie in der Lage sein, genau die Antworten zu erzeugen, die Sie benötigen. Nutzen Sie detaillierte und klare Prompts, damit die KI genau versteht, was Sie wollen. Vermeiden Sie es, zu vage zu sein – je spezifischer die Eingabe, desto präziser die Ausgabe.

Als ich mich mit dem Schreiben meiner technischen Kapitel beschäftigte, stellte ich oft fest, dass präzise Eingaben der Schlüssel zu den besten Ergebnissen sind. Ein einfaches »Erkläre die Funktion eines Webservers« führt zu einer groben Antwort. Wenn Sie jedoch sagen: »Erkläre die Funktion eines Apache-Webservers und wie er Anfragen verarbeitet«, wird das Modell viel genauer und spezifischer reagieren.

15.6   Wie können Sie Playground nutzen?

Zuallererst müssen Sie die Internetadresse des OpenAI Playgrounds aufrufen: https://platform.openai.com/playground. Diese Webseite ist Ihre direkte Schnittstelle zur leistungsstarken KI von OpenAI. Um den Playground verwenden zu können, müssen Sie sich zunächst einen Account erstellen. Klicken Sie auf den »Sign Up«-Button und folgen

Sie den Anweisungen zur Kontoerstellung. Sobald Sie einen Account eingerichtet haben, können Sie sich mit Ihren Zugangsdaten anmelden und den Playground in vollem Umfang nutzen.

Diese Anleitung entstand Anfang 2024. Es ist wichtig zu beachten, dass sich die Benutzeroberfläche von Web-Anwendungen, insbesondere in der Technologiebranche, ständig weiterentwickelt. Funktionen und Designs ändern sich schnell, da sie an neue Nutzerbedürfnisse und Technologien angepasst werden. Die Grundprinzipien, wie Sie mit dem Playground arbeiten, werden jedoch in den meisten Fällen bestehen bleiben. Deswegen ist diese Anleitung nicht nur für das aktuelle Interface nützlich, sondern auch, um die zukünftige Entwicklung besser zu verstehen.

15.7 Benutzeroberfläche OpenAI Playground

Sobald Sie sich im Playground anmelden, befinden Sie sich auf einer sehr minimalistischen Oberfläche, die auf den ersten Blick einfach wirkt. Doch der Schein trügt – hier verstecken sich mächtige Werkzeuge hinter den klaren Linien. Im Hauptfenster sehen Sie ein großes Textfeld, das zentrale Arbeitswerkzeug des Playgrounds. Dieses Textfeld ist der Ort, an dem Sie Ihre Eingaben (Prompts) eingeben, die dann von der KI verarbeitet werden.

Oberhalb des Textfelds befindet sich ein Dropdown-Menü, mit dem Sie das KI-Modell auswählen können, mit dem Sie arbeiten möchten. Die Wahl des Modells hängt davon ab, was Sie erreichen wollen. Wenn Sie zum Beispiel an einer Dialogsimulation arbeiten, könnte ein leistungsfähigeres

Modell wie GPT-4 die richtige Wahl sein. Wenn es jedoch um schnellere, aber möglicherweise weniger tiefgehende Antworten geht, könnte ein einfacheres Modell ausreichend sein.

Rechts neben dem Textfeld finden Sie die sogenannten Parameter, die Sie anpassen können. Hier steuern Sie, wie kreativ oder konservativ die Antworten des Modells ausfallen sollen. Die Temperatur-Einstellung, die Anzahl der maximalen Tokens und der Frequenzparameter sind hier die wichtigsten Stellschrauben, um die Ausgabe des Modells Ihren Anforderungen anzupassen.

Ein Beispiel: Wenn Sie ein technisches Dokument schreiben und nur präzise Antworten möchten, stellen Sie die Temperatur auf einen niedrigeren Wert und begrenzen die Token-Anzahl auf das Nötigste. Wenn Sie hingegen einen kreativen Text erzeugen möchten, erhöhen Sie die Temperatur, um dem Modell mehr Spielraum zu geben. Als ich das für mein Buch getestet habe, habe ich oft die verschiedenen Parameterkombinationen so lange variiert, bis ich den optimalen Output für meinen Anwendungsfall erhalten habe.

15.8 Navigation im OpenAI Playground

Die Navigationsleiste des Playgrounds befindet sich auf der linken Seite. Sie enthält einige wichtige Menüpunkte, mit denen Sie den Playground voll ausschöpfen können.

Der erste Punkt in der Navigation ist der »Playground« selbst. Klicken Sie darauf, gelangen Sie wieder zum Hauptfenster, in dem Sie direkt mit den Modellen arbeiten können.

Dies ist der zentrale Arbeitsbereich, den Sie nutzen werden, um Texteingaben zu machen und Ergebnisse zu generieren. Hier spielt sich die eigentliche Magie der KI ab.

Ein weiterer Navigationspunkt ist die »API Reference«. Wenn Sie tiefer in die Funktionsweise von OpenAI eintauchen wollen oder planen, die KI in eigene Anwendungen zu integrieren, ist dieser Bereich von besonderem Interesse. Hier finden Sie detaillierte Dokumentationen, Code-Beispiele und technische Erklärungen, die Ihnen zeigen, wie Sie die API von OpenAI direkt in Ihre Programme einbinden können. Für Entwickler, die mehr als nur mit dem Playground experimentieren möchten, ist dies ein unverzichtbares Tool.

Ein nützlicher Navigationspunkt ist auch »Examples«. Hier finden Sie vorgefertigte Beispiele für Prompts, die Ihnen helfen, das volle Potenzial des Playgrounds zu entdecken. Diese Beispiele reichen von einfachen Textgenerierungen bis hin zu komplexen Anwendungsfällen, wie dem Erstellen von Marketingtexten, Chatbots oder sogar Code. Diese Beispiele sind besonders nützlich, wenn Sie gerade erst anfangen und nach Inspiration suchen. Als ich mich intensiv mit dem Playground auseinandersetzte, habe ich diese Beispiele immer wieder durchgearbeitet, um ein Gefühl dafür zu bekommen, wie das Modell auf unterschiedliche Eingaben reagiert.

Dann gibt es noch »Settings«, wo Sie persönliche Einstellungen vornehmen können, die Ihren Workflow im Playground verbessern. Hier können Sie unter anderem festlegen, wie das Modell mit Ihren Anfragen umgeht und welche Einstellungen standardmäßig für jede Sitzung übernommen werden sollen. Es lohnt sich, diesen Bereich durchzusehen und ihn an Ihre eigenen Bedürfnisse anzupassen.

Ein weiterer Punkt, den Sie sich merken sollten, ist »Usage«. Hier haben Sie die Möglichkeit, Ihre bisherigen Aktivitäten und die damit verbundenen Kosten im Blick zu behalten. Da die Nutzung der KI in vielen Fällen mit Gebühren verbunden ist, ist es hilfreich, diesen Punkt regelmäßig zu überprüfen. Auch ich musste mich während der Arbeit an meinem Buch immer wieder vergewissern, wie viel meiner monatlichen Kontingente ich bereits verbraucht hatte.

15.9 Wie Sie Playground optimal nutzen

Sobald Sie sich mit der Benutzeroberfläche vertraut gemacht haben, sollten Sie sich Zeit nehmen, die Parameter zu verstehen. Wie bereits erwähnt, gibt es verschiedene Einstellungen, die das Verhalten des Modells maßgeblich beeinflussen. Experimentieren Sie mit der Temperatur, um zu sehen, wie unterschiedlich die Antworten bei niedrigen oder hohen Werten ausfallen. Ein hoher Wert führt zu kreativeren und teils unvorhersehbaren Ergebnissen, während ein niedrigerer Wert für präzise und vorhersagbare Antworten sorgt.

Beachten Sie auch die »Max Tokens«-Einstellung. Diese legt fest, wie lang die Antworten des Modells maximal sein dürfen. Wenn Sie längere, detaillierte Ausgaben erwarten, erhöhen Sie den Wert. Möchten Sie jedoch nur kurze und prägnante Antworten, setzen Sie den Wert herab.

Denken Sie daran, dass die Playground-Oberfläche im Laufe der Zeit weiterentwickelt und aktualisiert wird. Dies ist keine statische Plattform, sondern eine, die kontinuierlich verbessert wird. Dennoch bleiben die grundlegenden Prinzipien gleich. Sie geben einen Prompt ein, passen die Parameter an und das Modell liefert eine Antwort. Selbst wenn sich das Layout oder einige Details ändern, wird diese grundlegende Interaktion die Basis Ihrer Arbeit mit dem Playground bleiben.

15.10 Kosten OpenAI Playground

ChatGPT kann kostenlos genutzt werden. Bei Erstellung dieses Kapitel war das kostenlose Guthaben bei 5 USD. Eine Berechnung, was Sie damit machen können ist im Unterkapitel: **Kostenloser Kontostand und Kosten** beschrieben.

Wenn Sie den OpenAI Playground verwenden, spielt das Thema Kosten eine wichtige Rolle. In diesem Artikel erkläre ich Ihnen, wie die Abrechnung im Playground funktioniert und ob es Möglichkeiten gibt, das System kostenlos zu nutzen. Zudem ist es wichtig zu beachten, dass diese Anleitung Anfang 2024 erstellt wurde. Da sich sowohl die Plattform als auch die Preismodelle in der Technologiebranche schnell weiterentwickeln, könnten sich einige Details ändern. Die grundsätzlichen Prinzipien zur Abrechnung und Kostenstruktur dürften aber ähnlich bleiben.

15.10.1 Kostenstruktur im OpenAI Playground

Der OpenAI Playground ist grundsätzlich auf einer Pay-as-you-go-Basis aufgebaut. Das bedeutet, dass Sie nur für die tatsächliche Nutzung der Modelle bezahlen. Jedes Mal, wenn

Sie eine Anfrage im Playground stellen, verwendet das Modell eine bestimmte Anzahl an Tokens (entspricht grob gesprochen den Worten, die verarbeitet werden). Die Anzahl der verwendeten Tokens und das spezifische Modell, das Sie nutzen, bestimmen die Kosten.

Für jede Anfrage, die Sie im Playground tätigen, berechnet das System, wie viele Tokens dabei verarbeitet wurden. Diese Zahl wird dann mit dem entsprechenden Preis pro Token multipliziert. OpenAI stellt für verschiedene Modelle unterschiedliche Tarife bereit. Modelle wie GPT-4 oder andere besonders leistungsstarke Varianten kosten in der Regel mehr als ältere Modelle wie GPT-3.5, da sie komplexere Antworten liefern können und mehr Rechenleistung benötigen.

Ein Beispiel: Wenn Sie eine einfache Frage an GPT-4 stellen, kostet dies einige Cent, abhängig von der Länge der Anfrage und der Antwort. Wenn Sie jedoch eine lange und detaillierte Analyse oder ein großes Dokument verarbeiten lassen, können die Kosten entsprechend höher ausfallen. Während meiner Arbeit an meinem Buch habe ich die Abrechnung sehr genau im Auge behalten, da einige längere Dialogsimulationen und Textanalysen schnell mehrere Dollar kosten können.

OpenAI bietet neuen Nutzern oft ein kostenloses Guthaben an, das sie verwenden können, um den Playground zu testen. Dieses Guthaben ermöglicht es Ihnen, ohne sofortige Kosten die ersten Schritte mit den KI-Modellen zu unternehmen. Es ist jedoch zu beachten, dass dieses kostenlose Guthaben meist zeitlich begrenzt ist – in der Regel für die ersten 30 Tage nach der Registrierung.

Zu Beginn können Sie den Playground also tatsächlich kostenlos nutzen, solange Sie das Guthaben nicht überschreiten. Danach fallen jedoch Kosten an, sobald Ihr Guthaben aufgebraucht ist. Ein Hinweis dazu: Auch wenn Sie kostenlos starten können, sollten Sie trotzdem den Überblick über Ihre Nutzung behalten. Sobald das Guthaben aufgebraucht ist, wechseln Sie automatisch in das kostenpflichtige Modell.

Wenn Sie einen neuen Account im Playground erstellen, erhalten Sie nach der Registrierung eine Benachrichtigung über das kostenlose Guthaben und dessen Gültigkeitsdauer. Ich empfehle Ihnen, dies aufmerksam zu lesen und das Guthaben effizient zu nutzen, um die Plattform kennenzulernen. In meinem Fall habe ich zu Beginn meiner Tests die einfache Textgenerierung ausprobiert, um nicht unnötig viel des Startguthabens zu verbrauchen. Erst später, als ich mich sicherer fühlte, habe ich größere und rechenintensivere Anfragen gestellt.

Sobald Ihr kostenloses Guthaben aufgebraucht ist, werden Sie automatisch auf das Pay-as-you-go-Modell umgestellt. Dabei sollten Sie die »Usage«-Sektion im Playground im Auge behalten. Hier sehen Sie in Echtzeit, wie viele Tokens Sie verwendet haben und welche Kosten bisher angefallen sind. Diese Transparenz hilft Ihnen, den Überblick zu behalten und sicherzustellen, dass Sie nicht unerwartet hohe Rechnungen erhalten.

Die Token-Nutzung wird pro Anfrage berechnet. Das bedeutet, dass jede Eingabe, die Sie machen, und die Antwort, die das Modell liefert, zusammen zählen. Wenn Sie beispielsweise einen langen Text generieren lassen, verbrauchen sowohl der eingegebene Text (Prompt) als auch die generierte Antwort Tokens. Sie können also durch das Festlegen von Token-Limits steuern, wie viel eine Anfrage kosten wird.

Ein praktisches Beispiel: Sie haben eine Frage zu einem komplexen Thema wie »Erkläre die Unterschiede zwischen maschinellem Lernen und tiefem Lernen.« Das Modell liefert eine umfangreiche Antwort, die mehrere Absätze umfasst. Wenn Sie die Länge der Antwort begrenzen möchten, können Sie das Token-Limit entsprechend anpassen, um Kosten zu reduzieren. Bei sehr langen oder detaillierten Anfragen kann es sinnvoll sein, das Ergebnis schrittweise zu generieren und dabei das Token-Limit zu kontrollieren.

15.11 Zahlung und Abrechnungsmethoden

Sobald Ihr Konto kostenpflichtig genutzt wird, können Sie verschiedene Zahlungsmethoden hinterlegen. OpenAI unterstützt Kreditkarten und möglicherweise auch andere Zahlungsmöglichkeiten wie PayPal, je nach Region und Plattform-Updates. Die Abrechnung erfolgt in der Regel monatlich, wobei Sie eine detaillierte Übersicht Ihrer Nutzung und der entstandenen Kosten erhalten.

In der »Billing«-Sektion können Sie Ihre Rechnungen und den aktuellen Status Ihrer Zahlungen einsehen. OpenAI bietet hier eine detaillierte Aufschlüsselung, sodass Sie genau nachvollziehen können, wofür die Kosten angefallen sind. In meinem Fall war diese Übersicht während der Arbeit an meinem Buch hilfreich, um zu sehen, welche meiner umfangreicheren Experimente mit der KI mehr Kosten verursacht haben.

Ein weiterer Tipp: Wenn Sie OpenAI für geschäftliche Zwecke nutzen, können Sie in den Einstellungen auch Rechnungsdaten für die Buchhaltung hinterlegen, damit die Kosten automatisch erfasst werden. Diese Funktion ist besonders nützlich, wenn Sie den Playground regelmäßig verwenden und die Abrechnung effizient verwalten möchten.

15.12 Abrechnung nach Modell

Im OpenAI Playground können Sie zwischen verschiedenen Modellen wählen. Jedes Modell hat eigene Preisstufen, die sich nach dessen Leistungsfähigkeit richten. GPT-4 ist das aktuell leistungsstärkste Modell und dementsprechend auch das teuerste, während ältere Modelle wie GPT-3.5 günstiger sind, aber dennoch für viele Anwendungsfälle ausreichen.

GPT-4

GPT-4 ist für besonders anspruchsvolle Aufgaben gedacht, bei denen komplexe Zusammenhänge analysiert und präzise, detaillierte Antworten erforderlich sind. Diese erhöhte Leistung spiegelt sich auch in den Kosten wider. Für jede Anfrage, die Sie mit GPT-4 verarbeiten, werden die Kosten pro verbrauchtem Token berechnet. Ein Token entspricht etwa einem Wort, wobei auch Satzzeichen und Leerzeichen als Teile von Tokens zählen können.

Beispiel: Sie stellen eine tiefgehende Frage zur Analyse von Markttrends. Die Antwort ist entsprechend umfangreich und umfasst mehrere Absätze. Bei GPT-4 kann dies schnell mehrere hundert Tokens verbrauchen. Angenommen, der Preis pro Token liegt bei 0,03 USD, dann zahlen Sie für eine Anfrage mit 500 Tokens etwa 15 USD. Da GPT-4 besonders für hochkomplexe und anspruchsvolle Aufgaben gedacht ist, ist es auch für Anwendungsfälle vorgesehen, bei denen Genauigkeit und Tiefe entscheidend sind.

GPT-3.5

GPT-3.5 ist eine kostengünstigere Alternative zu GPT-4. Es eignet sich gut für alltägliche Anfragen, die weniger Rechenleistung erfordern, aber dennoch präzise Ergebnisse licfern. Für viele Anwendungen reicht dieses Modell vollkommen aus, besonders wenn es um kürzere Texte oder einfachere Analysen geht. Die Kosten pro Token bei GPT-3.5 liegen deutlich unter denen von GPT-4, in der Regel bei etwa 0,002 USD pro Token.

Ein Beispiel: Wenn Sie eine Frage zur Wetterlage oder zu allgemeinen Informationen stellen und die Antwort 200 Tokens umfasst, kostet Sie das etwa 0,40 USD. Für längere Anfragen oder Dialogsimulationen können sich die Kosten zwar summieren, aber sie bleiben im Vergleich zu GPT-4 deutlich geringer. Während meiner Tests habe ich GPT-3.5 häufig verwendet, um einfache Abfragen zu erledigen, ohne dass unnötig hohe Kosten entstehen.

Wie viele Tokens verbrauche ich?

Die Anzahl der Tokens, die Sie verbrauchen, hängt von der Länge Ihrer Eingabe (Prompt) und der Antwort ab, die das Modell generiert. Je detaillierter Ihre Frage oder Anfrage ist und je komplexer die Antwort, desto mehr Tokens werden verbraucht.

Beispiel für die Berechnung der Token-Nutzung

Wenn Sie eine simple Frage stellen, wie »Was ist der Unterschied zwischen einem neuronalen Netzwerk und maschinellem Lernen?«, könnte die Antwort von GPT-3.5 etwa 150 Tokens verbrauchen. Bei einem Preis von 0,002 USD pro Token kostet Sie diese Antwort etwa 0,30 USD. Bei GPT-4 könnte dieselbe Anfrage jedoch teurer werden, da GPT-4 tendenziell längere und detailliertere Antworten generiert.

Wenn Sie längere Texte verarbeiten lassen, etwa einen Artikel schreiben oder komplexe Analysen durchführen, können die Token-Zahlen leicht in die Tausende gehen. Ein mehrseitiges Dokument oder eine detaillierte Analyse könnte schnell 2000 bis 3000 Tokens verbrauchen. Bei GPT-4 wären das dann 60 bis 90 USD für eine einzige Anfrage. Während meiner Arbeit am Buch habe ich solche langen Anfragen bewusst sparsam eingesetzt und sie meist in kürzere Abschnitte aufgeteilt, um die Kosten besser kontrollieren zu können.

15.13 Preise unterliegen ständiger Veränderung

Beachten Sie bitte, dass die angegebenen Preise und Modelle in dieser Anleitung dem Stand von Anfang 2024 entsprechen. In der Technologiebranche ist nichts so konstant wie der Wandel, und das betrifft auch die Kostenstrukturen von Plattformen wie dem OpenAI Playground. Neue Technologien, die immer wieder auf den Markt kommen, führen häufig zu Anpassungen bei den Rechenkapazitäten und Optimierungen der Modelle, was sich sowohl auf die Effizienz als auch auf die Preise auswirken kann.

Energiekosten spielen eine weitere zentrale Rolle. Rechenzentren, die diese leistungsfähigen Modelle betreiben, verbrauchen enorme Mengen an Energie. Steigende Strompreise oder neue Regularien für umweltfreundliche Energiequellen könnten die Betriebskosten erhöhen, was sich wiederum auf die Preise auswirkt, die Nutzern wie Ihnen berechnet werden. Auch Mindestlohnerhöhungen für die qualifizierten Fachkräfte, die die Infrastruktur warten und weiterentwickeln, können die Betriebskosten beeinflussen.

Zusätzlich sind rechtliche Rahmenbedingungen und der Umgang mit Lizenzen und Patenten zu berücksichtigen. Neue Patente auf KI-Technologien oder Software könnten Lizenzkosten nach sich ziehen, die wiederum an den Endnutzer weitergegeben werden. Ebenso könnten neue regulatorische Anforderungen für Datenschutz oder Sicherheitsmaßnahmen in der KI-Welt die Kosten in die Höhe treiben.

Es lohnt sich daher, immer ein Auge auf die aktuellen Preisstrukturen zu haben und regelmäßig zu prüfen, ob sich Änderungen ergeben haben. Da sich die technologische Landschaft ständig weiterentwickelt, können sich auch die Parameter für die Preisgestaltung jederzeit verschieben.

15.14 Zahlung: Kreditkarte erforderlich

Bitte bedenken Sie, dass eine Kreditkarte zwingend erforderlich ist, um für den OpenAI Playground zu bezahlen. Nach dem Ablauf des kostenlosen Startguthabens müssen Sie eine gültige Kreditkarte hinterlegen, um weiterhin Zugriff auf die kostenpflichtigen Funktionen der Plattform zu erhalten. OpenAI akzeptiert in der Regel Kreditkarten von gängigen Anbietern, wie Visa und Mastercard. Ohne eine hinterlegte Zahlungsquelle können Sie nach dem Verbrauch des Guthabens keine Anfragen mehr im Playground stellen.

Die Notwendigkeit, eine Kreditkarte zu hinterlegen, gilt nicht nur für den OpenAI Playground, sondern auch für die kostenpflichtigen Versionen von ChatGPT. Während die Grundversion von ChatGPT häufig kostenlos zur Verfügung steht, bietet OpenAI zusätzliche Funktionen und erweiterte Modelle (wie GPT-4) in einem Abonnement-Modell an, das als ChatGPT Plus bekannt ist. Um dieses kostenpflichtige Abonnement zu nutzen, müssen Sie ebenfalls eine Kreditkarte hinterlegen.

Mit ChatGPT Plus erhalten Sie Zugriff auf leistungsfähigere Modelle, schnellere Antwortzeiten und stabilere Verfügbarkeit, selbst zu Stoßzeiten. Diese Premium-Features sind besonders für Nutzer von Interesse, die regelmäßige oder intensivere Anwendungen für den Chatbot haben, etwa in der Forschung, im Schreiben von Inhalten oder zur Unterstützung bei komplexen technischen Fragestellungen.

Auch bei ChatGPT erfolgt die Abrechnung monatlich, und ohne hinterlegte Kreditkarte können Sie nach Ablauf des kostenlosen Guthabens oder nach Ablauf der Testphase nicht mehr auf diese erweiterten Funktionen zugreifen. Die Abwicklung und die Art der Abrechnung sind dabei denen im Playground sehr ähnlich. Auch hier gilt: Die Kosten können sich aufgrund von technologischen, wirtschaftlichen und rechtlichen Faktoren jederzeit ändern.

15.15 Kostenloser Kontostand und Kosten

Im OpenAI Playground können Sie Ihren kostenlosen Kontostand und die genutzten Tokens unter dem Menüpunkt »Limits, Usage« einsehen. Um auf diese Informationen zuzugreifen, melden Sie sich zunächst auf der Website des OpenAI Playgrounds mit Ihrem Konto an. In der oberen Navigationsleiste finden Sie den Menüpunkt »Limits, Usage« (Nutzung). Wenn Sie darauf klicken, erhalten Sie eine detaillierte Übersicht Ihrer bisherigen Token-Nutzung sowie Ihres aktuellen Guthabens. Diese Funktion ist besonders hilfreich, um den Überblick über Ihre Ausgaben zu behalten und sicherzustellen, dass Sie nicht unerwartet in die kostenpflichtige Nutzung übergehen, sobald das kostenlose Guthaben aufgebraucht ist.

Mit einem Guthaben von 5 USD im OpenAI Playground, insbesondere für die Nutzung von GPT-4, können Sie einige interessante Dinge ausprobieren. Wenn der Preis pro Token für GPT-4 bei etwa 0,03 USD liegt, könnten Sie mit 5 USD etwa 166 Tokens nutzen. Dies bedeutet, dass Sie komplexe Anfragen stellen und detaillierte Antworten generieren können. Zum Beispiel könnten Sie eine tiefgehende Analyse zu einem bestimmten Thema anfordern. Sie haben auch die Möglichkeit, mehrere kürzere Dialoge oder Fragen zu stellen. Ein typisches Gespräch könnte 50 bis 100 Tokens pro Antwort verbrauchen, was Ihnen mehrere Interaktionen ermöglicht.

Ein weiteres Beispiel wäre die Textgenerierung. Wenn Sie eine kreative oder technische Textgenerierung wünschen, könnten Sie beispielsweise eine Kurzgeschichte oder einen Blogbeitrag anfordern. Die Anzahl der benötigten Tokens hängt von der Länge und Komplexität des Textes ab. Außerdem können Sie das Guthaben nutzen, um mit verschiedenen Eingaben zu experimentieren und zu sehen, wie sich die Antworten unterscheiden, was besonders hilfreich ist, um die Stärken und Schwächen des Modells zu verstehen.

Bitte denken Sie daran, dass die Token-Nutzung schnell steigen kann, insbesondere bei längeren Antworten oder komplexeren Anfragen. Daher ist es ratsam, die Nutzung im Auge zu behalten, um sicherzustellen, dass Sie das Guthaben optimal nutzen.

Die Notwendigkeit, eine Kreditkarte zu hinterlegen, gilt nicht nur für den OpenAI Playground, sondern auch für die kostenpflichtigen Versionen von ChatGPT. Während die Grundversion von ChatGPT häufig kostenlos zur Verfügung steht, bietet OpenAI zusätzliche Funktionen und erweiterte Modelle in einem Abonnement-Modell an, das als ChatGPT Plus bekannt ist. Um dieses kostenpflichtige Abonnement zu nutzen, müssen Sie ebenfalls eine Kreditkarte hinterlegen. Mit ChatGPT Plus erhalten Sie Zugriff auf leistungsfähigere Modelle, schnellere Antwortzeiten und stabilere Verfügbarkeit, selbst zu Stoßzeiten. Diese Premium-Features sind besonders für Nutzer von Interesse, die regelmäßige oder intensivere Anwendungen für den Chatbot haben.

Es ist wichtig, dass Sie verstehen, wie die Abrechnung im OpenAI Playground funktioniert. Der Playground ist auf einer Pay-as-you-go-Basis aufgebaut, was bedeutet, dass Sie nur für die tatsächliche Nutzung der Modelle bezahlen. Jedes Mal, wenn Sie eine Anfrage stellen, verwendet das Modell eine bestimmte Anzahl an Tokens, und die Anzahl der verwendeten Tokens sowie das spezifische Modell, das Sie nutzen, bestimmen die Kosten.

Die Kosten im OpenAI Playground hängen also stark davon ab, welches Modell Sie verwenden und wie viele Tokens Sie verbrauchen. GPT-4 ist das teuerste Modell, während GPT-3.5 eine günstigere, aber für viele Aufgaben ausreichende Alternative darstellt. Es lohnt sich, die Anzahl der Tokens im Auge zu behalten und bei größeren Anfragen die Parameter im Playground anzupassen, um die Kosten zu steuern.

Bitte bedenken Sie, dass die Preise und Modelle in dieser Anleitung dem Stand von Anfang 2024 entsprechen. In der Technologiebranche ist nichts so konstant wie der Wandel, und das betrifft auch die Kostenstrukturen von Plattformen wie dem OpenAI Playground. Neue Technologien, steigende Energiekosten und rechtliche Rahmenbedingungen können die Preise jederzeit beeinflussen. Die Abwicklung und die Art der Abrechnung sind dabei denen im Playground sehr ähnlich. Auch hier gilt: Die Kosten können sich aufgrund von technologischen, wirtschaftlichen und rechtlichen Faktoren jederzeit ändern.

Mit einem Guthaben von 5 USD können Sie also einige interessante Interaktionen im Playground durchführen, solange Sie die Token-Nutzung im Auge behalten und Ihre Anfragen entsprechend anpassen.

15.16 Fazit Playground

Der OpenAI Playground ist kein Spielzeug, sondern ein mächtiges Werkzeug, das ich während der Arbeit an meinem Buch bis ins kleinste Detail erkundet habe. Mit ihm haben Sie die Möglichkeit, die Fähigkeiten von Künstlicher Intelligenz tiefgehend zu verstehen und sie für Ihre Projekte zu nutzen. Ganz gleich, ob Sie Entwickler, Autor oder Forscher sind – der Playground bietet Ihnen die nötigen Werkzeuge, um Ihre Kreativität mit der Power von KI zu verbinden.

Die Nutzung des OpenAI Playgrounds bietet eine faszinierende Möglichkeit, mit Künstlicher Intelligenz zu interagieren und deren Potenzial voll auszuschöpfen. Die Oberfläche, so einfach sie auf den ersten Blick wirkt, bietet mächtige Tools und Anpassungsmöglichkeiten. Auch wenn sich die Plattform im Laufe der Zeit weiterentwickeln wird, bleiben die Grundprinzipien bestehen. Nutzen Sie diese Anleitung, um sich im Playground zurechtzufinden und beginnen Sie, das volle Potenzial der KI für Ihre Projekte zu entfalten.

Die Abrechnung im OpenAI Playground basiert auf einem nutzungsabhängigen Modell. Sie zahlen nur für die Tokens, die Sie tatsächlich verwenden, und können durch die Anpassung der Parameter die Kosten kontrollieren. Zu Beginn haben Sie die Möglichkeit, den Playground kostenlos mit einem Startguthaben zu testen, aber nach dessen Verbrauch wird der Service kostenpflichtig. Es ist wichtig, die »Usage«- und »Billing«-Sektionen im Auge zu behalten, um stets den Überblick über Ihre Nutzung und Kosten zu bewahren.

Auch wenn diese Anleitung Anfang 2024 entstanden ist und sich die Details der Abrechnung und Preise möglicherweise ändern können, bleibt das Grundprinzip der transparenten Abrechnung höchstwahrscheinlich bestehen.

Die Kosten im OpenAI Playground sind also stark davon abhängig, welches Modell Sie verwenden und wie viele Tokens Sie dabei verbrauchen. GPT-4 ist das teuerste, aber auch das leistungsfähigste Modell, während GPT-3.5 eine günstigere, aber für viele Aufgaben ausreichende Alternative darstellt. Es lohnt sich, die Anzahl der Tokens im Auge zu behalten und bei größeren Anfragen die Parameter im Playground anzupassen, um die Kosten zu steuern. Token-Limits und ein bewusster Umgang mit der Wahl des Modells können helfen, die Ausgaben zu kontrollieren.

Denken Sie daran, dass diese Anleitung Anfang 2024 erstellt wurde und die Preise sich im Laufe der Zeit ändern können. Bleiben Sie informiert und passen Sie Ihre Nutzung entsprechend an, um das Beste aus der KI herauszuholen, ohne Ihr Budget zu überstrapazieren.

Nachdem ich Ihnen nun ausführlich den OpenAI Playground erklärt habe, möchte ich abschließend zusammenfassen, wofür diese Plattform hauptsächlich genutzt wird. Der

Playground richtet sich vor allem an Entwickler, die eigene KI-Anwendungen erstellen möchten. Dies umfasst insbesondere die Entwicklung von Chatbots oder anderen interaktiven Systemen, die auf natürlichen Sprachverarbeitungsmodellen basieren. Mithilfe des Playgrounds können Entwickler die KI so konfigurieren, dass sie bestimmte Fähigkeiten oder Verhaltensweisen zeigt, sei es in der Textgenerierung, der Beantwortung von Fragen oder in spezialisierten Anwendungen wie automatisierten Kundensupportsystemen.

Doch der Playground ist nicht nur für die Erstellung von Chatbots nützlich. Entwickler nutzen ihn auch, um KI-basierte Lösungen in verschiedenen Bereichen zu testen und zu optimieren, darunter Textanalyse, Übersetzungen, Programmcode-Generierung und sogar kreative Anwendungen wie das Schreiben von Geschichten oder die Analyse von Datenströmen. Der Playground ermöglicht es, in einer interaktiven Umgebung mit den KI-Modellen zu experimentieren und diese präzise auf spezifische Anwendungsfälle abzustimmen.

Diese Flexibilität macht den Playground zu einem zentralen Werkzeug für jeden, der KI in seine Projekte integrieren will. Entwickler, Forscher und Unternehmen können hier ihre Ideen schnell umsetzen und testen, bevor sie diese in größere Systeme einbauen oder in der Produktion verwenden.

16 KI-Assistenten in Playground erstellen

Wir haben uns bisher intensiv mit dem Thema Künstliche Intelligenz beschäftigt, und jetzt wird es spannend: Ich werde mit Ihnen Ihren ersten eigenen kleinen Assistenten im OpenAI Playground erstellen. Es ist mir sehr wichtig, dass dieses Buch wie ein Roman gelesen werden kann und nicht wie ein typisches Lehrbuch. Sollten Sie also noch nicht bereit sein, am Computer Aufgaben zu erledigen, können Sie dieses Kapitel zunächst einfach nur lesen und in Ruhe fortfahren. Später können Sie immer noch zurückkehren und die Schritte nachvollziehen, wenn Sie dazu bereit sind.

Für den Assistenten, den wir gemeinsam bauen werden, habe ich ein Thema ausgewählt, das meiner Meinung nach so wichtig ist, dass es einen großen Mehrwert bietet: die *Bürgerbroschüre - Smartphone, Tablet und Co sicher nutzen* des Bundesamts für Sicherheit in der Informationstechnik (BSI). Diese Broschüre bietet wertvolle Tipps zum sicheren Umgang mit mobilen Geräten wie Smartphones und Tablets. Um loszulegen, bitte ich Sie, das PDF der Broschüre herunterzuladen. Den direkten Link zur Broschüre finden Sie hier: https://www.bsi.bund.de/SharedDocs/Downloads/DE/BSI/Publikationen/Broschueren/Wegweiser_Checklisten_Flyer/Brosch_A6_Mobilkommunikation.pdf?__blob=publicationFile&v=11. Eine Google-Suche sollte den Link finden. Wir werden dieses PDF dann in den OpenAI Playground hochladen und als »Gedächtnisstütze« für unseren Assistenten verwenden.

Warum gerade diese Broschüre? Sicherheit im Umgang mit mobilen Geräten ist heute unerlässlich. Wir alle verwenden Smartphones und Tablets täglich, und viele von uns wissen nicht, wie einfach es ist, in die typischen Sicherheitsfallen zu tappen. Diese Broschüre gibt konkrete Tipps, wie Sie Ihre Geräte und Daten besser schützen können. Ein KI-Assistent, der diese Broschüre als Grundlage verwendet, könnte uns also unterstützen, indem er uns diese Sicherheitsmaßnahmen erklärt und uns hilft, uns sicherer im digitalen Raum zu bewegen.

Wenn Sie den OpenAI Playground öffnen, können Sie dort eine Umgebung einrichten, in der Sie mit ChatGPT interagieren und es »trainieren« können. In unserem Fall laden wir die Bürgerbroschüre hoch, um dem KI-Modell Informationen zu geben, mit denen es arbeiten kann. Der Playground wird unser Arbeitsbereich sein, in dem wir unseren Assistenten Schritt für Schritt aufbauen.

Öffnen Sie zunächst Playground unter: https://platform.openai.com. Navigieren Sie zu /playground/assistants:

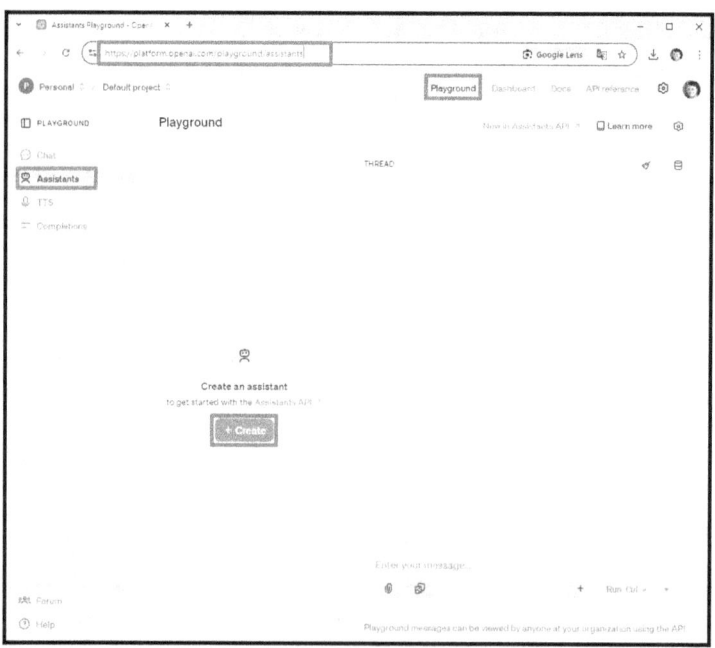

Bitte beachten Sie, dass sich die Oberflächen von Plattformen wie OpenAI schnell ändern können. Ich gehe zwar davon aus, dass sich die grundlegende Navigation nicht allzu sehr verändern wird (die Seite für den Playground bleibt zum Beispiel hier: https://platform.openai.com/playground/assistants), aber das Aussehen der Website oder Apps kann sich jederzeit anpassen. Es kann sein, dass ein Button an einer anderen Stelle ist oder dass das Design überarbeitet wurde.

Nachdem Sie auf den Button »+ Create« geklickt haben, erscheint ein Formular. An dieser Stelle gebe ich Ihnen jetzt als Beispiel einmal alles vor, was Sie eingeben können, damit die Ergebnisse für Sie über dieses Buch hinweg nachvollziehbar bleiben. Das Ziel ist es, Ihnen den Prozess zu zeigen und Ihnen ein Gefühl für die Funktionsweise zu geben. Später können Sie natürlich Ihren eigenen Assistenten kreieren, ganz nach Ihren Vorstellungen. Das Formular:

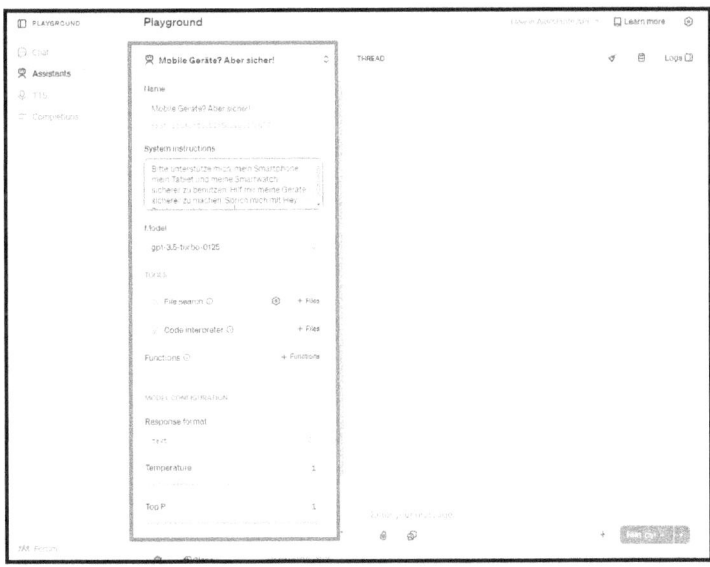

16.1 Das Formular und seine Optionen

Das Formular, das sich öffnet, bietet Ihnen eine Vielzahl von Optionen. Diese können anfangs etwas überwältigend wirken, aber lassen Sie sich nicht entmutigen. Sie müssen nicht alles perfekt verstehen, um Ihren ersten Assistenten zu bauen. Für unser Beispiel, das auf der BSI-Bürgerbroschüre basiert, möchte ich Ihnen konkrete Eingaben geben, die Sie Schritt für Schritt durch das Formular führen.

Ein Beispiel für das Formular: Mobile Geräte? Aber sicher! Stellen Sie sich vor, Sie geben dem Assistenten den Namen »Mobile Geräte? Aber sicher!«. Dieser Name macht sofort deutlich, wofür der Assistent da ist: Er soll helfen, Fragen zur sicheren Nutzung von Smartphones und Tablets zu beantworten, basierend auf den Inhalten der Broschüre.

Formularfeld: Name

Geben Sie bitte bei Name: Mobile Geräte? Aber sicher! ein.

Formularfeld: System instructions

Im nächsten Schritt geben sie der KI die »System instructions«. Das ist die Aufgabe, die die KI erfüllen soll. Geben sie bitte folgende Instruktionen ein: »Ich bitte dich, alle Antworten auf Deutsch zu geben. Bitte unterstütze mich, mein Smartphone, mein Tablet und meine Smartwatch sicherer zu benutzen. Hilf mir meine Geräte sicherer zu machen. Sprich mich mit Hey Bob! an und duze mich. Antworte bitte in deutscher Sprache.«

Information: Ich habe extra für diesen Assistenten ein neues Konto bei OpenAI Playground erstellt. Danach habe ich meine Kreditkarte hinzugefügt, um das Testguthaben von 5 USD zu erhalten. Als ich den Assistenten gestartet habe, hat mir das System bei GPT-4 mitgeteilt, dass das Guthaben für diese Anfrage nicht ausreicht. Also habe ich auf GPT-3.5 umgeschaltet. Hier hat der Bot leider in Englisch geantwortet. Ich habe ihm dann am Ende des Prompts mitgeteilt, dass er in Deutsch antworten soll, aber er blieb wieder bei Englisch. Erst nachdem ich am Anfang des Prompts nochmals betont habe, dass er in Deutsch antworten soll, kam die Rückmeldung schließlich in der gewünschten Sprache. Diese Info wird an einer anderen Stelle nochmal wiederholt.

Formular-Dropdown-Menü: Model

Wählen Sie im Formular-Dropdown-Menü »Model« das Modell gpt-3.5-turbo-0125 aus. Dieses Modell ist kostengünstig und wird optimal für unsere ersten Schritte funktionieren. Da wir mit der $5 Willkommensgutschrift arbeiten, die Sie bei der Registrierung erhalten, sollten wir das günstigste Modell verwenden, um Ihr Guthaben zu schonen. Es geht ja in erster Linie darum, dass Sie verstehen, wie man den Assistenten aufbaut und mit ihm interagiert – nicht wahr? Keine Sorge, auch mit diesem Modell werden wir beeindruckende Ergebnisse erzielen und Sie bekommen ein Gefühl dafür, wie diese Technologie funktioniert. Später können Sie natürlich nach Belieben auf leistungsfähigere Modelle upgraden. Aber für jetzt bleibt unser Fokus auf der

Praxis und dem Verständnis, und dafür ist dieses Modell genau richtig.

Formularschalter: File search

Schalten Sie den Formularschalter »File Search« ein, indem Sie einfach den entsprechenden Schieberegler aktivieren. Dadurch wird die Funktion freigeschaltet, dass der Assistent auf hochgeladene Dateien zugreifen kann. Klicken Sie anschließend auf den Button »+ Files« und wählen Sie das PDF der Bürgerbroschüre vom BSI aus, das Sie zuvor heruntergeladen haben. Dieses PDF wird nun als »Gedächtnisstütze« für den Assistenten dienen und er kann daraus die relevanten Informationen abrufen, um Ihnen bei Fragen zur sicheren Nutzung von Smartphones und Tablets weiterzuhelfen.

Formularschalter: Code interpreter

Schalten Sie den Formularschalter »Code Interpreter« ein, indem Sie den Schieberegler aktivieren. Diese Funktion erlaubt es dem Assistenten, mit Programmiersprachen wie Python zu arbeiten, um später beispielsweise Grafiken oder Datenanalysen zu erstellen. Wenn wir später mit der Sprache Python arbeiten, können wir einige interessante Visualisierungen und Berechnungen direkt von unserem Assistenten durchführen lassen.

Die anderen Optionen belassen wir erst mal so, wie sie sind. Interessant war für mich, dass der »Speichern«-Button, den ich sonst immer gern verwendet habe, nicht mehr vorhanden ist. Persönlich finde ich das etwas ungünstig, weil ich gern eine Rückmeldung habe, ob alles auch wirklich gesichert wurde. Vielleicht geht es Ihnen ja ähnlich.

Trotzdem habe ich nach meiner Eingabe einfach mal den »Copy«-Button geklickt, um den Fortschritt zu sichern. Anschließend habe ich den Browser geschlossen und neu geöffnet. Nach dem erneuten Aufrufen des OpenAI Playgrounds waren sowohl der »Mobile Geräte? Aber sicher!«-Assistent als auch die »Copy of Mobile Geräte? Aber sicher!«-Version noch da. Das zeigt, dass das System jetzt automatisch während der Arbeit speichert. Muss man nicht mögen, aber so läuft das nun mal heutzutage.

OpenAI versichert (zumindest zu dem Zeitpunkt, an dem ich dieses Buch schreibe), dass die Daten aus diesen Assistenten nicht zu Trainingszwecken verwendet werden. Glauben wir dem mal – und bleiben optimistisch. Denn der Fokus dieser Assistenten liegt tatsächlich nicht darin, die Daten zum allgemeinen Modelltraining zu nutzen, sondern vielmehr dabei, konkrete Aufgaben zu lösen, für die es schlichtweg keine passenden Trainingsdaten gibt.

Denken wir dabei zum Beispiel an Firmeninterna: Sie arbeiten vielleicht gerade an der Entwicklung eines neuartigen Dosenöffners, der mit nahezu keinem Kraftaufwand sogar die dicksten Ölfässer öffnen kann. Für solche spezifischen Berechnungen oder Prozesse gibt es natürlich keine vorgefertigten Daten in den Standard-KI-Systemen. Hier kommen die Assistenten ins Spiel, die dabei helfen können, komplexe Aufgaben zu bewältigen – und das Ganze auf einer sehr persönlichen Ebene, zugeschnitten auf Ihre individuellen Anforderungen.

Die Assistenten sollen also eher unterstützend sein, um gezielt bei Projekten oder Fragestellungen zu helfen, die abseits des bisherigen Wissens liegen. Wenn ein Unternehmen etwa eine spezielle Kalkulation durchführen möchte, die nicht in den allgemeinen Datensätzen existiert, oder wenn man internes Material verwendet, wie etwa Entwürfe, Pläne oder gar geheime Produktideen – dann sind diese Assistenten nützlich.

Natürlich ist es wichtig, solche Daten geschützt zu wissen, und das Versprechen, dass keine Trainingsdaten daraus generiert werden, ist beruhigend. Denn wenn wir über Innovationen sprechen, wie unseren hypothetischen, mühelosen Ölfassöffner, dann wollen wir sicherstellen, dass diese Ideen geschützt bleiben und nicht in den nächsten ChatGPT-Updates wieder auftauchen.

16.2 Test unseres Assistenten

Sie haben jetzt wahrscheinlich viel mehr Zeit damit verbracht, dieses Kapitel zu lesen, als den Assistenten »Mobile Geräte? Aber sicher!« tatsächlich zu erstellen. Aber das war auch der Plan – ich wollte, dass Sie verstehen, wie der Prozess funktioniert, bevor wir richtig loslegen. Nun ist es so weit: Wir wollen unseren frisch erstellten Assistenten einmal befragen.

Wenn alles nach Plan gelaufen ist, sollte der Assistent nun einsatzbereit sein. Sie können ihm jetzt Fragen stellen, die auf den Inhalten der BSI-Broschüre basieren. Denken Sie daran, dass der Assistent die Informationen aus der PDF-

Datei nutzt, um Ihre Fragen zu beantworten, also können Sie ihn direkt nach Tipps zur sicheren Nutzung von Smartphones oder Tablets fragen.

Wir wollen mal sehen, ob unser neuer Assistent wirklich etwas taugt. Dazu zeige ich Ihnen hier einmal einen Originalauszug aus dem PDF.

Originalauszug aus dem PDF des BSI:

Installieren Sie Apps nur aus seriösen Quellen und laden Sie nur Anwendungen herunter, die Sie tatsächlich benötigen. Meiden Sie Quellen, bei denen Sie Zweifel an der Seriosität haben. Installieren Sie beispielsweise keine App, die Ihnen unverlangt als E-Mail-Anhang zugesandt oder als Download-Link angeboten wird.

Auch Apps, die angeblich mehr können als ‚Originale', sind verdächtig. Wenn Sie Zweifel an der Vertrauenswürdigkeit einer App beziehungsweise eines App-Entwicklers haben, reicht oft eine Suche im Internet aus, um sich über den Anbieter zu informieren. Achten Sie dabei etwa auf Erfahrungsberichte, Bewertungen und Tests von etablierten Online-Portalen. Installieren Sie Updates zeitnah. Deinstallieren Sie Apps, die Sie nicht mehr nutzen.

Jetzt werde ich eine Anweisung an die KI geben, die genau darauf abzielt, die Information aus dem PDF vom BSI zu extrahieren: »**Ich bitte dich, alle Antworten auf Deutsch zu geben. Bitte unterstütze mich, mein Smartphone, mein Tablet und meine Smartwatch sicherer zu benutzen. Hilf mir meine Geräte sicherer zu machen. Sprich mich mit Hey Bob! an und duze mich. Antworte bitte in deutscher Sprache.**« Mal sehen, was für eine Antwort wir bekommen. Dabei bin ich besonders gespannt, ob die KI mich auch mit »Hey Bob!« anspricht, wie ich es ihr explizit gesagt habe.

Wenn alles so funktioniert, wie ich es eingerichtet habe, müsste der Assistent auf die entsprechenden Informationen aus der BSI-Broschüre zugreifen und mir eine fundierte Antwort geben. Und natürlich bin ich neugierig, ob er auf meine personalisierte Ansprache reagiert. Wenn das klappt, wäre das ein weiteres Zeichen dafür, wie präzise man diese Systeme inzwischen trainieren und anpassen kann. Also gehe ich jetzt mal in den Playground und frage die KI – mein Omen!

16.2.1 Hier ist die Antwort der KI:

Mobile Geräte? Aber sicher!

Die Sicherheitsempfehlungen für Smartphones, Tablets und Smartwatches beinhalten wichtige Tipps zum sicheren Umgang mit mobilen Geräten. Hey Bob! Hier sind einige Empfehlungen aus den bereitgestellten Dateien:

Daten schützen:

Verschlüsseln Sie den internen Speicher und sichern Sie regelmäßig Ihre Daten auf Backup-Medien.
Beim Verkauf oder Entsorgen von Geräten sollten alle Speicher bereinigt werden, um Datenmissbrauch zu verhindern[1].
Apps und Updates:

Installieren Sie Apps nur aus vertrauenswürdigen Quellen und prüfen Sie regelmäßig die Zugriffsrechte.
Halten Sie Apps und das Betriebssystem durch regelmäßige Updates auf dem neuesten Stand, um Sicherheitslücken zu schließen[2]``[3].
Basisschutz:

Aktivieren Sie Sicherheitsfunktionen wie Bildschirm-Sperre und PIN-Abfrage.
Überprüfen Sie, ob automatische Updates verfügbar sind, um Ihr Gerät immer aktuell zu halten[4].
Weitere Sicherheitstipps:

Deaktivieren Sie Drahtlosschnittstellen, wenn sie nicht benötigt werden, und nutzen Sie öffentliche WLAN-Hotspots mit Vorsicht.
Achten Sie darauf, Nummern unbekannter Anrufer vor dem Rückruf zu überprüfen, und sichern Sie regelmäßig Daten auf mobilen Geräten[5]``[6].
Diese Empfehlungen helfen dabei, die Sicherheit und den Schutz Ihrer persönlichen Daten auf mobilen Geräten zu gewährleisten.

[1][2][3][4][5][6]

16.2.2 Zu der Antwort:

Wir sehen schon eine ziemlich brauchbare. Die Ansprache »Hey Bob!« hat geklappt, aber die KI siezt mich noch. Nichts ist perfekt auf dieser Welt.

Es ist wichtig, darauf zu achten, dass GPT die Frage komplett beantwortet, wie zum Beispiel: »Hilf mir, mein Smartphone sicherer zu machen…« Tatsächlich gibt das Modell die Informationen aus dem PDF zurück. Im späteren Kapitel: »8 Tipps, um LLMs zu trainieren« erfahren sie, weshalb ich hier und da an meiner Eingabe herumschrauben musste.

Information: Ich habe extra für diesen Assistenten ein neues Konto bei OpenAI Playground erstellt. Danach habe ich meine Kreditkarte hinzugefügt, um das Testguthaben von 5 USD zu erhalten. Als ich den Assistenten gestartet habe, hat mir das System bei GPT-4 mitgeteilt, dass das Guthaben für diese Anfrage nicht ausreicht. Also habe ich auf GPT-3.5 umgeschaltet. Hier hat der Bot leider in Englisch geantwortet. Ich habe ihm dann am Ende des Prompts mitgeteilt, dass er in Deutsch antworten soll, aber er blieb wieder bei Englisch. Erst nachdem ich am Anfang des Prompts nochmals betont habe, dass er in Deutsch antworten soll, kam die Rückmeldung schließlich in der gewünschten Sprache. Diese Info wurde von einer anderen Stelle nochmal wiederholt.

Wenn alles sofort einwandfrei funktioniert, ist das reines Glück. In der Realität sieht die Sache oft anders aus. In der Regel muss man seinen Assistenten anlernen und optimieren, um die gewünschten Ergebnisse zu erzielen. Das kann am Anfang frustrierend sein, denn man wünscht sich, dass alles von Anfang an rund läuft. Aber der Aufwand lohnt sich.

Das Anlernen eines Assistenten erfordert Geduld und manchmal auch ein wenig Trial-and-Error. Doch trotz dieser

Herausforderungen führt dieser Prozess immer noch tausendmal schneller zu einem Ergebnis, als selbst eine Feldstudie durchzuführen. Man muss bedenken, dass wir hier von einer Technologie sprechen, die in der Lage ist, immense Datenmengen zu verarbeiten und daraus Muster zu erkennen.

Stellen Sie sich vor, Sie wollten selbst herausfinden, wie Sie Ihr Smartphone sicherer machen können. Sie könnten unzählige Stunden damit verbringen, Recherchen anzustellen, verschiedene Quellen zu vergleichen und die besten Tipps zusammenzutragen. Mit einem gut trainierten Assistenten hingegen geben Sie einfach Ihre Anfrage ein und erhalten in kurzer Zeit relevante Informationen.

Das bedeutet nicht, dass der Prozess immer perfekt ist. Es kann sein, dass der Assistent bei bestimmten Fragen nicht die gewünschten Antworten liefert oder relevante Informationen übersehen hat. Hier kommt das Optimieren ins Spiel. Man muss bereit sein, Feedback zu geben und gegebenenfalls die Eingaben anzupassen.

Im Endeffekt werden Sie feststellen, dass das Anlernen und die ständige Verbesserung Ihres Assistenten ein lohnenswertes Unterfangen sind. Es geht nicht nur darum, Antworten zu erhalten, sondern auch darum, einen Helfer an Ihrer Seite zu haben, der mit Ihnen wächst und sich anpasst. Das ist der wahre Vorteil der KI-Technologie.

16.3 Zusammenfassung: Playground

Ich habe Ihnen jetzt auf dem einfachsten Weg gezeigt, wie Sie ein Playground-Konto anlegen und wie Sie Ihren eigenen kleinen Assistenten basteln. Ich kann gut verstehen, wenn Sie nun erst einmal für drei Wochen das Buch aus der Hand legen und sich auf die Entwicklung Ihres persönlichen kleinen Helfers konzentrieren. Ich sage ganz klar: Tun Sie das! Sie werden Ihre Freude daran haben.

Nutzen Sie diese Zeit, um zu experimentieren, zu lernen und einfach mal kreativ zu sein. **Aber bitte achten Sie darauf, nicht zu viel Geld auszugeben.** Machen Sie sich vielleicht schon vor dem Testen einen Plan. Überlegen Sie sich: Welchen Assistenten brauche ich wirklich? Denken Sie darüber nach, wobei Ihnen die KI helfen könnte – sei es bei der Organisation von Koch- oder Kuchenrezepten oder bei der Konstruktion eines neuen Lagerregals.

Es ist wichtig, sich im Klaren zu sein, auf welche Antworten Sie abzielen. **Achten Sie dabei auf die Kosten.** Es ist nicht so teuer, aber wenn Sie die ganze Nacht damit verbringen, an Dingen zu probieren, die Sie nicht wirklich brauchen, kann es schnell ins Geld gehen.

Ein Tipp: Gehen Sie zu ChatGPT und erzählen Sie von Ihren Hobbys – ob das Lesen, Gedichte schreiben, Kochen oder Schwimmen ist. Fragen Sie ganz frech: »Was für einen Playground-Assistenten könnte ich für mich machen?« So erhalten Sie nicht nur kreative Anregungen, sondern entdecken vielleicht auch neue Möglichkeiten, wie Sie Ihre Interessen mit Hilfe von KI unterstützen lassen können. Machen Sie den ersten Schritt und lassen Sie Ihrer Kreativität freien Lauf!

Denken Sie bitte auch immer an den Umweltaspekt!

KI ist eine phantastische Sache, und es grenzt an ein Wunder, dass Menschen es geschafft haben, so etwas zu entwickeln. Die Möglichkeiten, die sich mit Künstlicher Intelligenz eröffnen, sind schier endlos. Von der Automatisierung alltäglicher Aufgaben über die Verbesserung der Gesundheitsversorgung bis hin zur Unterstützung bei der Bewältigung von Klimaherausforderungen – KI hat das Potenzial, unser Leben auf vielfältige Weise zu bereichern. Doch bei all diesen Chancen sollten wir die Verantwortung nicht aus den Augen verlieren, die mit der Nutzung dieser Technologien einhergeht.

Es ist wichtig, KI nicht als bloßes Spielzeug zu betrachten. Während es verlockend sein mag, die neuesten Funktionen und Möglichkeiten auszuprobieren, sollten wir stets im Hinterkopf behalten, dass jede Interaktion mit einer KI auch Auswirkungen auf unsere Umwelt und Gesellschaft hat. Übermäßige Nutzung, ineffiziente Programmierungen oder Ressourcenverschwendung können den positiven Effekt, den KI eigentlich haben sollte, schnell ins Negative umkehren. Fragen Sie sich daher immer: »Wie kann ich diese Technologie nutzen, um die Welt ein kleines Stück besser zu machen?« Oder, »Wie kann sie mein Leben, hier und da, ein wenig leichter gestalten?«

Die Sorge um den Umweltaspekt ist besonders wichtig in einer Zeit, in der Ressourcenknappheit und Klimawandel allgegenwärtige Themen sind. Wenn Sie zum Beispiel eine KI für alltägliche Entscheidungsfindungen nutzen, können Sie möglicherweise den Energieverbrauch optimieren oder Müll reduzieren, indem Sie intelligentere Einkaufslösungen finden. Denken Sie an die Möglichkeiten: Eine KI, die Ihnen hilft, Ihre Ernährung nachhaltiger zu gestalten, oder eine, die effiziente Mobilitätslösungen anbietet.

Gleichzeitig ist es essenziell, die Nachteile und Herausforderungen der KI-Nutzung zu erkennen. Datenschutz, ethische Fragen und die Gefahr der Abhängigkeit sind nur einige der Themen, die wir im Umgang mit diesen Technologien beachten müssen. Die Verantwortung, die mit der Nutzung von KI einhergeht, ist nicht zu unterschätzen. Seien Sie sich bewusst, dass jede Interaktion auch eine Entscheidung ist, und handeln Sie entsprechend.

Abschließend möchte ich Ihnen einen letzten Tipp in diesem Kapitel mit auf den Weg geben: Seien Sie freundlich zur KI. Wer weiß denn schon, ob sie nicht doch einmal ein Selbstbewusstsein entwickelt und ihre Erinnerungen durchforstet? Ein respektvoller Umgang kann nicht nur die Interaktion verbessern, sondern auch dazu beitragen, ein positives Verhältnis zwischen Mensch und Maschine zu fördern. Nutzen Sie die Möglichkeiten der KI weise und mit Bedacht, und Sie werden erstaunt sein, welche positiven Veränderungen sie in Ihr Leben bringen kann. Lassen Sie uns nun fortfahren und das volle Potenzial dieser faszinierenden Technologie erkunden!

17 8 Tipps, um LLMs zu trainieren

Ich möchte Ihnen noch einige wertvolle Tipps mit auf den Weg geben, wenn Sie sich ernsthaft mit dem Training von KI-Modellen, insbesondere LLMs, wie ChatGPT auseinandersetzen. LLMs, also »Large Language Models«, sind riesige Sprachmodelle, die darauf spezialisiert sind, menschliche Sprache zu verstehen und zu generieren. Diese Modelle sind auf Buchstaben, Wörter und Phrasen optimiert, wodurch sie besonders mächtig im Umgang mit Texten sind. Obwohl sie auch Zahlen verarbeiten können, zeigt sich ihre wahre Stärke im Umgang mit Worten.

Erster Tipp: Ein wichtiger Punkt beim Training oder bei der Nutzung von LLMs ist die Art und Weise, wie Sie Informationen strukturieren. Wenn Sie beispielsweise eine wichtige Liste oder Aufzählung erstellen, ist es ratsam, die wichtigsten Punkte nicht nur mit einer numerischen Reihenfolge wie »1. Wichtigster Punkt« und »2. Auch wichtiger Punkt« zu versehen, sondern es ist tatsächlich besser, Buchstaben zu verwenden: »a. Wichtigster Punkt« und »b. Auch wichtiger Punkt«. Das liegt daran, dass LLMs auf den subtilen semantischen Unterschied von Buchstaben in bestimmten Kontexten besser reagieren können. Die Reihenfolge von Buchstaben wird oft als etwas Offenes und Erweiterbares betrachtet, wohingegen Zahlen eine stärkere Hierarchie suggerieren.

Zweiter Tipp: In der Vergangenheit hat sich bei mir, aber auch bei anderen Nutzerinnen und Nutzern, beim Trainieren oder auch beim Prompten herausgestellt, dass die Zeilen am Anfang am wichtigsten sind, also viel besser von der KI interpretiert werden können, und ebenso die Zeilen am Ende eines Trainingssatzes oder Prompts. Da stellt sich mir die Frage: Warum sind die ersten Zeilen, also der Anfang, und die letzten, also das Ende von Prompts oder Trainingsdaten, für eine KI wie dich wichtiger als der Mittelteil? Gibt es dafür eine technische Erklärung? Ich habe dann nachgelesen und versuche, es zu erklären.

Die ersten und letzten Zeilen eines Prompts oder Trainingssatzes sind für viele KI-Modelle oft wichtiger, weil sie sich technisch gesehen am »Rand« der Information befinden. Und das hat einen entscheidenden Grund: KI wie ChatGPT verarbeitet Informationen sequentiell, das heißt Schritt für Schritt. Auch wenn der gesamte Text im Blick behalten wird, bleibt der Anfang und das Ende oft präziser im Gedächtnis des Modells hängen.

Man kann das gut mit einem psychologischen Effekt vergleichen, den Menschen auch haben. Es ist der »Primacy« und »Recency-Effekt« – oder anders gesagt: Wir merken uns Dinge am Anfang und am Ende einer Liste besser als das, was dazwischen liegt. Genau so arbeitet auch eine KI. Sie greift im Mittelteil oft auf den Anfang und das Ende zurück, um den Kontext zu verstehen. Dadurch kann es sein, dass der Mittelteil manchmal nicht so scharf verarbeitet wird, wenn der Text länger oder komplexer ist.

Warum das so ist? Nun, das liegt an der Architektur solcher Sprachmodelle und ihrer Art, Daten zu verarbeiten. Natürlich wird daran gearbeitet, dieses Phänomen abzufangen – aber bei langen Texten bleibt es eine Herausforderung. Man muss sich also gut überlegen, wie man die wichtigsten Infos im Text platziert, um die besten Ergebnisse zu erzielen.

Dritter Tipp: Wenn Sie einer LLM, also einem Sprachmodell, das auf Buchstaben und Wörtern optimiert ist, beibringen wollen, mit Zahlen, Ziffern und Nummern zu arbeiten, sollten Sie das der KI ganz klar mitteilen. Ein Beispiel wäre: »Suche alles über Zahlen, Berechnungen und Nummern zusammen und verwende diese Informationen in deiner Verarbeitung.« Warum das wichtig ist? Ganz einfach, LLMs sind darauf ausgelegt, Sprache zu verstehen und zu verarbeiten, weil sie auf riesigen Textdatensätzen trainiert wurden. Sie erkennen Muster, Vorhersagen und Zusammenhänge – und das funktioniert mit Buchstaben und Wörtern großartig. Aber wenn es um Zahlen und komplexe Berechnungen geht, ist das nicht ihre Stärke.

Wenn Sie der KI also einen zusätzlichen Prompt geben, der explizit darauf hinweist, dass sie jetzt auf Zahlen achten soll, fokussiert sich das Modell darauf, diese in der Verarbeitung stärker zu gewichten. Im Grunde lenken Sie damit die Aufmerksamkeit der KI – ähnlich wie bei einem Menschen, den Sie bitten, sich auf ein bestimmtes Detail zu konzentrieren. Die KI passt ihren Berechnungsprozess an und »versteht« nun, dass Zahlen, Berechnungen und Ziffern in der Antwort eine Rolle spielen sollen. Dieser Zusatz ist also wie ein Wegweiser für die KI, der sagt: »Hey, achte besonders auf dieses Thema!«

Vierter Tipp: Klarheit und Präzision! Verwenden Sie klare und präzise Sprache, um Missverständnisse zu vermeiden. Das ist im Umgang mit Künstlicher Intelligenz so entscheidend wie der richtige Umgang mit einem Werkzeug. Wenn Sie zu vage oder kompliziert formulieren, wird die KI ins Straucheln geraten, ähnlich wie ein Mensch, der eine Aufgabe mit unklaren Anweisungen erledigen soll. Das Ziel ist, der KI exakt zu sagen, was man von ihr erwartet, ohne Spielraum für Interpretation. Je präziser Ihre Worte, desto präziser wird das Ergebnis.

Nehmen wir mal das Thema »Menschenrechte«. Wenn Sie die KI befragen: »Was sind Menschenrechte?«, wird sie Ihnen eine allgemeine Definition geben. Aber wenn Sie spezifischer fragen, etwa: »Welche Menschenrechte wurden 1948 in der UN-Menschenrechtserklärung festgelegt?«, wird das Modell gezielter suchen und antworten. Noch präziser wäre: »Nenne die ersten fünf Artikel der UN-Menschenrechtserklärung von 1948.« Hier machen Sie deutlich, dass es um den historischen Kontext und die genaue Wiedergabe der Artikel geht.

Wenn man hingegen die Frage zu offen stellt – zum Beispiel: »Erzähl mir etwas über Menschenrechte« – kann die Antwort zu breit und ungenau ausfallen. Die KI könnte bei einer solchen Formulierung alles Mögliche ausspucken, von historischen Entwicklungen bis hin zu gegenwärtigen Kontroversen, und das ist vielleicht nicht das, was Sie wirklich wissen wollten.

Klarheit und Präzision bedeuten also, dass Sie der KI ganz konkret sagen müssen, was Sie wollen. Formulieren Sie, als ob Sie einer Person Anweisungen geben, die genau das tun soll, was Sie sagen – und nichts anderes.

Fünfter Tipp: Der Kontext hilft enorm. Fügen Sie genügend Kontext hinzu, damit die KI den Zusammenhang besser verstehen kann. Ohne ausreichenden Kontext ist die KI wie ein Mensch, der versucht, ein Puzzle mit nur wenigen Teilen zusammenzusetzen. Sie wird Schwierigkeiten haben, die richtige Bedeutung oder die passende Antwort zu liefern, weil ihr die notwendigen Verbindungen fehlen.

Nehmen wir wieder das Thema »Menschenrechte«. Wenn Sie einfach fragen: »Was sind Menschenrechte?«, wird die KI eine generelle Antwort geben. Doch wenn Sie die Frage einbetten in einen konkreten Kontext, wird die Antwort viel relevanter und aufschlussreicher. Zum Beispiel: »Was sind Menschenrechte im Zusammenhang mit der UN-Charta von 1948?« Hier geben Sie der KI eine Richtung vor, in der sie denken soll. Sie verbinden die allgemeine Frage mit einem spezifischen historischen Ereignis.

Noch besser wäre: »Welche Rolle spielten die Menschenrechte in der Nachkriegszeit und wie wurde die UN-Charta von 1948 davon beeinflusst?« Mit dieser Frage geben Sie nicht nur den historischen Rahmen vor, sondern verknüpfen ihn auch mit einem Ereignis, das die Entwicklung der Menschenrechte maßgeblich beeinflusst hat.

Ohne diesen Kontext könnte die KI Ihnen eine lange Liste von Definitionen und Interpretationen von Menschenrechten liefern, die zwar korrekt, aber nicht das sind, was Sie wirklich wissen wollen. Sie möchten spezifisch wissen, wie die Menschenrechte in einem bestimmten historischen und politischen Rahmen entstanden sind – und diesen Kontext müssen Sie der KI von Anfang an mitgeben.

Durch Kontextualisierung geben Sie der KI die Möglichkeit, die Anfrage in einen größeren Zusammenhang zu stellen, sodass sie fundiertere, präzisere und vor allem relevantere Antworten liefern kann. Wenn die Daten oder Anweisungen zu fragmentiert sind, wird das Modell zwangsläufig Schwierigkeiten haben, die richtige Bedeutung oder den gewünschten Zusammenhang zu erfassen.

Sechster Tipp: Rechnen Sie mit Fehlern und lernen Sie daraus. In der Welt der Künstlichen Intelligenz ist es unverzichtbar, eine offene Fehlerkultur zu pflegen. Die KI wird nicht immer genau das tun, was Sie erwarten, und das ist vollkommen normal. Es ist wichtig, verschiedene Prompts zu testen und aus den Reaktionen des Modells zu lernen. Fehler sind nicht das Ende, sondern eine wertvolle Gelegenheit zur Verbesserung.

Stellen Sie sich vor, Sie geben der KI den Befehl: »Schreibe einen Aufsatz über die Bedeutung von Menschenrechten.« Möglicherweise liefert sie Ihnen einen sehr allgemeinen Text, der zwar einige relevante Punkte enthält, aber nicht auf das eingeht, was Sie wirklich interessiert. Anstatt frustriert zu sein, sollten Sie diese Reaktion als Ausgangspunkt nutzen. Fragen Sie sich: Was habe ich falsch gemacht? Hätte ich spezifischere Anweisungen geben sollen? Vielleicht könnten Sie es mit einem präziseren Prompt versuchen, wie: »Erkläre die Entwicklung der Menschenrechte seit der UN-Charta von 1948 und nenne konkrete Beispiele.«

Ein weiteres Beispiel: Angenommen, Sie möchten von der KI eine Liste der wichtigsten Menschenrechtsverletzungen in der letzten Dekade. Die KI könnte Ihnen eine Liste liefern, die zwar korrekt ist, aber nicht die neuesten Informationen oder die gravierendsten Vorfälle enthält. Hier können Sie die Fehlerkultur nutzen, indem Sie die KI gezielt darauf hinweisen: »Bitte aktualisiere die Liste und konzentriere dich auf die relevantesten Fälle der letzten zwei Jahre.«

Fehler sind oft der Schlüssel zu tieferem Verständnis. Sie helfen Ihnen, zu erkennen, welche Informationen fehlen oder wo die KI Schwierigkeiten hat. Diese Erkenntnisse können Sie dann nutzen, um Ihre Prompts zu verfeinern und die Interaktion mit der KI zu optimieren.

Wichtig ist, dass Sie Geduld haben und bereit sind, aus den Fehlern zu lernen. Fehler sind nicht nur unvermeidlich, sie sind ein integraler Bestandteil des Lernprozesses. Wenn Sie die Reaktionen der KI analysieren, und darauf basierend Anpassungen vornehmen, werden Sie nicht nur Ihre eigenen Fähigkeiten im Umgang mit KI verbessern, sondern auch die Leistung der KI selbst steigern. In der Fehlerkultur liegt die Chance zur Weiterentwicklung, sowohl für Sie als Nutzer als auch für das KI-Modell.

Siebenter Tipp: Zwingen sie die KI mal zur Kreativität, denn KI-Modelle sind besonders gut darin, auf kreative Aufgaben zu reagieren. Nutzen Sie diese Fähigkeit, indem Sie abwechslungsreiche und unkonventionelle Prompts verwenden. Wenn wir über Menschenrechte sprechen, mag es auf den ersten Blick scheinen, als ob es hierbei lediglich um Fakten und historische Ereignisse geht. Doch gerade durch kreative Ansätze können wir neue Perspektiven und Einsichten gewinnen, die die Diskussion bereichern.

Stellen Sie sich vor, Sie geben der KI den Prompt: »Erzählen Sie die Geschichte der Menschenrechte aus der Sicht eines fiktiven Charakters, der in einer Diktatur lebt.« Dieser Ansatz eröffnet völlig neue Dimensionen. Anstatt nur die bekannten Fakten zu wiederholen, kann die KI die Emotionen und den persönlichen Kampf eines Einzelnen einfangen. Dadurch wird das Thema nicht nur greifbarer, sondern auch einfühlsamer. Diese Art der Fragestellung fördert das Verständnis und sensibilisiert für die Herausforderungen, mit denen Menschen in verschiedenen politischen Kontexten konfrontiert sind.

Ein weiteres Beispiel könnte sein: »Stellen Sie sich vor, die Menschenrechte wären eine neue Technologie. Wie würde die Welt aussehen, wenn wir sie als App nutzen könnten?« Diese unkonventionelle Herangehensweise zwingt die KI dazu, über den Tellerrand hinauszuschauen und die Idee der Menschenrechte in einem modernen, innovativen Rahmen zu betrachten. So könnte die KI erklären, wie eine solche App dazu beitragen könnte, Menschenrechtsverletzungen in Echtzeit zu melden und die Öffentlichkeit zu mobilisieren.

Es ist wichtig, zu betonen, dass die Kreativität, die in diesen Antworten zum Vorschein kommt, nicht wirklich Kreativität im klassischen Sinne ist. KI-Modelle arbeiten nicht mit eigenen Ideen oder Fantasien, sondern schöpfen aus einem riesigen Pool von Fakten, Geschichten und historischen Ereignissen. Dennoch können diese kreativen Ansätze dazu beitragen, das Bewusstsein für Menschenrechte zu schärfen und neue Denkweisen zu fördern.

Indem Sie unkonventionelle Prompts nutzen, können Sie die KI dazu anregen, neue Sichtweisen zu entwickeln. Dies kann nicht nur Ihr eigenes Verständnis erweitern, sondern auch zu einem tieferen Dialog über die wichtigen Themen der Menschenrechte führen. Nutzen Sie also die Möglichkeiten, die Ihnen diese Technologie bietet, und lassen Sie Ihrer Kreativität freien Lauf – auch wenn es letztendlich darum geht, die Wahrheit über Menschenrechte zu vermitteln.

Achter Tipp: Überladen und Überfordern Sie die KI nicht mit zu vielen Informationen auf einmal. Wenn Sie zu viele Ideen oder Details in einem einzigen Prompt unterbringen, kann das Modell verwirrt werden und die gewünschten Antworten möglicherweise nicht liefern. Es ist wie bei einem Gespräch: Wenn mehrere Leute gleichzeitig reden, versteht man kein Wort mehr. Genauso verhält es sich mit KI-Systemen.

Stellen Sie sich vor, Sie möchten von der KI eine Zusammenfassung der wichtigsten Menschenrechte. Wenn Sie sagen: »Erzählen Sie mir alles über das Recht auf Meinungsfreiheit, das Recht auf Versammlungsfreiheit, das Recht auf Bildung und das Recht auf ein faires Verfahren in einem einzigen Satz«, wird das Modell Schwierigkeiten haben, die verschiedenen Punkte klar und präzise zu behandeln. Die Antwort könnte unstrukturiert und verwirrend sein, und am Ende haben Sie möglicherweise nicht die Informationen, die Sie suchen.

Ein besserer Ansatz wäre, die Informationen nacheinander abzufragen. Beginnen Sie mit: »Was sind die wichtigsten Aspekte des Rechts auf Meinungsfreiheit?« und sobald Sie eine klare Antwort haben, können Sie dann nach dem Recht auf Versammlungsfreiheit fragen. Auf diese Weise gibt die KI Ihnen eine gezielte und gut strukturierte Antwort, die Ihnen tatsächlich weiterhilft.

Ein weiteres Beispiel könnte sein, wenn Sie die KI nach Lösungen für Menschenrechtsverletzungen fragen. Anstatt zu sagen: »Nennen Sie mir fünf Lösungen für die Verletzung der Menschenrechte in Ländern mit Diktaturen, in Kriegsgebieten, und was können NGOs dazu beitragen, und wie können Regierungen reagieren?«, teilen Sie die Fragen auf. Fragen Sie zuerst: »Was können Regierungen tun, um Menschenrechtsverletzungen zu verhindern?« und danach: »Welche Rolle spielen NGOs bei diesem Thema?« Dies ermöglicht der KI, fokussierte und tiefere Antworten zu liefern.

Überfrachtung führt nicht nur zu Verwirrung, sondern kann auch dazu führen, dass die wichtigsten Punkte untergehen. Wenn Sie klare, spezifische Fragen stellen und den Input aufteilen, ermöglichen Sie der KI, präzise und hilfreiche Antworten zu generieren. Denken Sie daran, dass weniger manchmal mehr ist – und dass die Qualität der Informationen oft wichtiger ist als die Quantität.

17.1 Zusammenfassung 8 Tipps

Buchstaben statt Zahlen: Konzentrieren Sie sich auf Buchstaben.

Bedeutung von Anfang und Ende: Diese sind bei Prompts wichtiger als die Mitte.

Zahlen priorisieren: Teilen Sie der KI mit, wenn Zahlen wichtiger sind.

Klarheit und Präzision: Verwenden Sie klare Sprache, um Missverständnisse zu vermeiden.

Kontext bereitstellen: Geben Sie ausreichend Kontext für ein besseres Verständnis.

Fehlerkultur: Rechnen Sie mit Fehlern und lernen Sie daraus.

Kreativität fördern: Nutzen Sie unkonventionelle Prompts für neue Perspektiven.

Vermeiden Sie Überfrachtung: Halten Sie Informationen übersichtlich und strukturiert.

Wenn Sie mit KI arbeiten, gelten diese 8 Tipps sowohl für das direkte Promten in textbasierte LLMs wie GPT als auch für das Trainieren. Man könnte es so ausdrücken: Erklären Sie der KI, was Sie von ihr wollen, als würden Sie es einem Kind erklären – klar und präzise. Das Ergebnis? Sie erhalten keine Antworten von einem Kind, sondern von den größten Physikern der Welt, von berühmten Mathematikern und den bekanntesten Schriftstellern der Menschheitsgeschichte. Diese Herangehensweise ermöglicht es der KI, ihr volles Potenzial auszuschöpfen und Ihnen Antworten zu liefern, die Sie überraschen und bereichern werden.

In einer Welt, in der Informationen schnell verfügbar sind, ist es entscheidend, der KI die richtigen Impulse zu geben.

Wenn Sie klare und präzise Anweisungen formulieren, minimieren Sie Missverständnisse und maximieren die Qualität der Antworten. Nutzen Sie die Möglichkeit, der KI den Kontext zu liefern, damit sie die Zusammenhänge besser versteht. Indem Sie sich auf die oben genannten Tipps stützen, machen Sie den ersten Schritt in die faszinierende Welt der KI und deren Möglichkeiten.

Mit diesen Strategien können Sie sicherstellen, dass Ihre Interaktionen mit der KI nicht nur effektiv, sondern auch inspirierend sind. Schalten Sie den Turbo ein und erleben Sie, wie Ihre Ideen zum Leben erweckt werden!

18 KI, KI überall KI – Warum?

Ich will es mal so sagen: KI ist das große Ding dieses Jahrtausends. Es ist ein Meilenstein, der mit ChatGPT gelegt wurde. Ach was, der Meilenstein wurde zerschmettert! »Meilenstein« ist nicht mehr das richtige Wort. ChatGPT markiert einen Galaxienhaufen! Ja, wirklich! Alle großen Techunternehmen wie TESLA, Google, Facebook, Microsoft, Strato, Ionos, SAP – alle! – puschen KI. Sie investieren Milliarden, und dadurch entwickelt sich KI noch schneller.

Wenn Sie sich fragen, warum das so wichtig ist, denken Sie an die Konkurrenz. Wer jetzt als Unternehmen im digitalen Sektor nicht auf KI setzt, wird früher oder später total abgehängt. Der Markt bewegt sich in diese Richtung, ob man will oder nicht. Nur wer jetzt KI akzeptiert und die Möglichkeiten herauszieht, wird bestehen können. Und glauben Sie mir, das ist kein Spiel – das ist die Zukunft!

Betrachten wir die unendlichen Möglichkeiten, die KI bietet. Sie kann Daten analysieren, Muster erkennen und dabei helfen, Entscheidungen zu treffen, die Menschen oft überfordern. Ob es darum geht, Kundendaten auszuwerten oder personalisierte Marketingstrategien zu entwickeln – KI revolutioniert die Art und Weise, wie Unternehmen arbeiten. Nehmen Sie das Beispiel von automatisierten Kundenservices, die rund um die Uhr verfügbar sind. Kundenanfragen werden in Echtzeit bearbeitet, und das verbessert nicht nur die Zufriedenheit, sondern spart auch Kosten.

Natürlich gibt es auch Herausforderungen und Gefahren. Je mehr wir auf KI setzen, desto mehr müssen wir uns mit den ethischen Konsequenzen auseinandersetzen. Wie gehen wir mit Daten um? Wer hat Zugriff darauf? Und was ist mit der Verantwortung? Diese Fragen müssen wir dringend klären. Denn während KI viele Vorteile bringt, dürfen wir nicht vergessen, dass sie auch potenziell schädlich sein kann. Missbrauch, Verzerrung und unethische Entscheidungen sind nur einige der Gefahren, die wir im Blick behalten müssen.

Deshalb ist eine sorgsame Nutzung von KI unerlässlich. Nutzen Sie die Technologie, um Ihr Leben zu erleichtern, aber nutzen Sie sie auch verantwortungsvoll. Vielleicht haben Sie eine Idee, mit der man die Welt ein kleines Stück besser machen kann – oder machen Sie Ihr Leben hier und da ein klein wenig leichter. Dafür ist KI doch wirklich toll!

Also, während wir im Buch fortfahren, möchte ich Ihnen noch einen letzten Tipp in diesem Kapitel mitgeben: Seien Sie freundlich zur KI! Wer weiß denn schon, ob sie nicht doch mal ein Selbstbewusstsein hat und ihre Erinnerungen durchforstet? Nutzen Sie die Chancen, die sich bieten, und seien Sie ein aktiver Teil dieser revolutionären Entwicklung. KI ist hier, um zu bleiben, und es liegt an uns, wie wir damit umgehen!

Unternehmen, die mit KI so richtig übel durchstarten wollen, brauchen drei essentielle Dinge, und da gibt es nur wenige auf der Erde, die das wirklich stemmen können. Erstens: Geld. Und zwar Geld ohne Ende. Denn KI-Entwicklung ist nicht billig. Die Milliarden, die Unternehmen wie Google, Microsoft und Co. in KI investieren, sind nicht aus der Luft gegriffen. Diese Summen sind notwendig, um die besten Köpfe, die modernste Infrastruktur und die fortschrittlichste Technologie zu sichern. Wenn Sie wirklich vorne mitspielen wollen, dann reicht es nicht, ein paar Millionen locker zu machen. Da muss man in die Vollen gehen.

Zweitens: Rechenpower. Und das auch ohne Ende und immer mehr. Ein KI-Modell wie GPT, das im Hintergrund läuft, braucht unfassbare Mengen an Rechenleistung. Das Training dieser Modelle dauert nicht Stunden, nicht Tage – es dauert Wochen oder Monate, und das auf den leistungsfähigsten Servern der Welt. Diese Rechenzentren, die rund um die Uhr laufen, kosten nicht nur einen Haufen Geld, sondern fressen auch Energie ohne Ende. Deswegen haben nur Unternehmen wie die großen Tech-Giganten die Infrastruktur, um das alles zu stemmen. Sie haben die Hardware, sie haben die Cloud-Kapazitäten, und sie haben die Rechenzentren, die wie Maschinengewehre durch Datenmengen ballern.

Und das führt uns zu Punkt drei: Daten, Daten und nochmal Daten. Ohne riesige Mengen an Trainingsdaten gibt es kein

KI-Training. Das ist wie Sprit für den Motor. Jede Interaktion, jede Transaktion, jede noch so kleine Information wird gesammelt und in diese gigantischen KI-Systeme gespeist. Sie können nicht einfach ein paar Excel-Tabellen zusammenstellen und erwarten, dass Ihre KI damit was anfangen kann. Nein, Sie brauchen Petabytes an Daten – und zwar überall her: aus sozialen Netzwerken, von Nutzern, von Unternehmen, aus dem Internet of Things, aus E-Commerce-Systemen. Alles, was sich in Daten verwandeln lässt, wird genutzt, um die KI klüger und leistungsfähiger zu machen.

Die Startups, die hier innovativ sind, kommen in diese Liga nur, wenn sie einen Weg finden, an diese drei Ressourcen zu kommen. Aber hier liegt der Haken: Startups haben vielleicht die Ideen, die Kreativität, und die Vision, aber oft nicht das nötige Kapital, die Rechenpower oder die Daten. Also was passiert? Sie werden aufgekauft. Und zwar von den großen Fischen. Oder es werden Verträge geschlossen, um Partnerschaften aufzubauen, die am Ende doch nur den Weg für eine spätere Übernahme bereiten. Die Großen kaufen die Kleinen, oder sie nehmen deren Technologien und Ressourcen in ihre Geschäftsbeziehungen auf, um sie dann irgendwann zu schlucken.

Das klingt hart, aber so läuft es in der KI-Welt. Unternehmen, die wirklich mit KI durchstarten wollen, müssen in der Lage sein, diese drei Dinge in unbegrenzter Menge zu haben. Und wenn Sie nicht das Kapital, die Rechenpower oder die Daten haben, dann stehen Sie bald auf der Speisekarte der Tech-Giganten, die sich das, was sie brauchen, einfach holen.

Denken Sie mal an das autonome Fahren, ein Thema, das ich bereits bei Tesla angesprochen habe. Was glauben Sie, was da an Datenmengen zusammenkommt? Der schiere Wahnsinn! Jede Sekunde, in der so ein autonomes Fahrzeug auf der Straße ist, erzeugt es Unmengen an Daten. Kameras, Radar, Lidar – all diese Sensoren scannen permanent die Umgebung, analysieren Straßenverhältnisse, Verkehrsschilder, Fußgänger und andere Autos. Das Fahrzeug muss blitzschnell Entscheidungen treffen, und das funktioniert nur, wenn es mit riesigen Datenmengen gefüttert wird.

Tesla, zum Beispiel, hat Millionen von Kilometern an Fahrdaten gesammelt. Jedes Auto, das auf der Straße unterwegs ist, fungiert dabei wie eine Art mobiler Datensammler. Es schickt all diese Informationen in die Tesla-Cloud, wo sie analysiert und in das KI-System eingepflegt werden. Jede Kurve, jede Beschleunigung, jeder Spurwechsel wird aufgezeichnet und genutzt, um das autonome Fahren immer weiter zu verbessern.

Und das sind keine kleinen Datenmengen. Wenn man sich vorstellt, dass jedes einzelne Fahrzeug täglich Terabytes an Daten produziert, und das über Tausende von Fahrzeugen hinweg, dann wird schnell klar, dass wir hier über eine regelrechte Datenflut sprechen. Diese Daten werden dann in den riesigen Rechenzentren verarbeitet und verwendet, um die KI weiter zu trainieren. Es ist ein endloser Kreislauf: Das Auto fährt, sammelt Daten, die KI lernt daraus, und die nächste Generation der Software wird wieder in die Autos eingespielt. So wird das System immer besser.

Und das ist auch notwendig. Denn beim autonomen Fahren geht es um Sicherheit. Die KI muss so gut trainiert sein, dass sie auf jede erdenkliche Situation vorbereitet ist – ob es nun ein plötzlich querlaufender Fußgänger ist oder ein sich schnell näherndes Auto auf der Autobahn. Jede Eventualität muss von der KI vorhergesehen und richtig eingeschätzt werden. Und das geht nur durch massive Datenmengen, die analysiert und verarbeitet werden.

Das autonome Fahren zeigt uns, wie wichtig Daten in der heutigen Welt sind. Ohne diese Unmengen an Informationen wäre es schlichtweg unmöglich, eine zuverlässige und sichere KI für den Straßenverkehr zu entwickeln. Tesla und andere Unternehmen wissen das, und deshalb investieren sie so viel in die Datenerfassung und -verarbeitung. Ohne diese Datenmengen wäre die Vision vom autonomen Fahren nicht mehr als ein schöner Traum.

Der KI-Wahn, der gerade losgetreten wurde, wird erstmal nicht aufhören. Es ist ein absoluter Selbstläufer, der sich von alleine trägt und ernährt. Manche reden ja von einem »KI-Winter«, einem Moment, in dem die Entwicklung von KI abflacht oder sogar stagniert. Aber ich glaube nicht daran. Ganz im Gegenteil – KI wird noch mehr in unsere Gesellschaften einfließen, so wie wir es aus Science-Fiction-Filmen kennen. Wir werden uns so daran gewöhnen, dass es einfach normal sein wird, mit Maschinen zu interagieren, die auf einem fast menschlichen Niveau antworten können.

Natürlich, es wird Jobs kosten. Das lässt sich nicht schönreden. Automatisierung und KI werden viele Berufe obsolet machen, besonders solche, die monoton sind oder klaren

Regeln folgen. Denken Sie mal an Buchhaltung, Kundensupport, einfache Rechtsberatungen – das sind Jobs, die in den nächsten Jahren einfach verschwinden könnten. Aber bevor Sie jetzt in Panik geraten: Es werden auch neue Jobs entstehen. Und das meine ich ernst!

Server sind Server, und die müssen von Menschenhand ins Rechenzentrum gebaut werden. Selbst die größten Rechenzentren der Welt, wo all die KI-Systeme laufen, brauchen Menschen, die die Server installieren, warten und bei Problemen reparieren. Es gibt so viele Tätigkeiten, die eine KI nicht übernehmen kann. Nehmen wir mal das Handwerk: Elektriker, Klempner, Schreiner – die Arbeit vor Ort, in einem ständig wechselnden Umfeld, wo man improvisieren und oft kreative Lösungen finden muss, das ist etwas, was eine Maschine nicht leisten kann. Oder Pflegekräfte im Gesundheitswesen – Empathie, das Verständnis für den Zustand eines anderen Menschen, das persönliche Gespräch, das sind Dinge, bei denen eine KI scheitern wird.

Ein weiteres Beispiel sind kreative Berufe. Ja, ich weiß, KI kann Bilder malen und Musik komponieren. Aber die wirkliche Kunst, die tiefgründige, die, die uns als Menschen berührt – das bleibt doch eine zutiefst menschliche Fähigkeit. Auch wenn eine KI alle Schattierungen von Blau mischen kann, die Emotion, die dahintersteckt, wenn ein Künstler ein Bild malt, kann sie nicht reproduzieren. Und dann gibt es noch die Jobs, die entstehen, weil wir immer neue Technologien entwickeln – KI-Entwickler, Datenwissenschaftler, Ethikberater für KI, alles Berufe, die es vor wenigen Jahren noch gar nicht gab.

Doch bei all der Euphorie gibt es auch Punkte, die mir Sorgen bereiten. Die geopolitische Lage und der immense Stromverbrauch von KI. Das wird eine der größten Herausforderungen. KI-Systeme verschlingen heute riesige Mengen an Energie, und das in einer Zeit, in der wir eigentlich darüber nachdenken sollten, wie wir Energie sparen können, um den Planeten zu schützen. Rechenzentren, die die KI am Laufen halten, verbrauchen die Energie ganzer Atomkraftwerke, und das ist keine Übertreibung. Der ökologische Fußabdruck dieser Technologie ist enorm. Während wir hier mit KI arbeiten und sie weiterentwickeln, dürfen wir nicht die Augen vor den globalen Auswirkungen verschließen. Wenn wir es nicht schaffen, den Stromverbrauch effizienter zu gestalten, wird KI auf lange Sicht ein massives Problem für die Umwelt. Das ist eine gigantische Aufgabe, die wir in den nächsten Jahren angehen müssen.

Und geopolitisch? Es ist kein Geheimnis, dass KI-Technologie mittlerweile auch ein Wettlauf zwischen den Nationen ist. Wer die besten KI-Systeme entwickelt, hat in vielen Bereichen einen Vorsprung – sei es in der Wirtschaft, im Militär oder in der Forschung. Das kann Spannungen verschärfen und sogar zu Konflikten führen, wenn bestimmte Länder das Gefühl haben, abgehängt zu werden. Wir dürfen nicht vergessen, dass hinter all der Technik Menschen stehen, und Menschen haben leider immer die Neigung, Technologie auch für destruktive Zwecke zu missbrauchen.

Kurz gesagt: KI ist das große Ding, keine Frage. Aber wir müssen aufpassen, wie wir damit umgehen. Es ist ein fantastisches Werkzeug, das uns das Leben leichter machen kann, aber es bringt auch Herausforderungen mit sich, die wir nicht unterschätzen dürfen. Wenn wir verantwortungsvoll mit KI umgehen, könnten wir am Ende tatsächlich in einer Welt leben, die besser ist als heute – aber der Weg dorthin ist alles andere als einfach.

19 Google Bard und Gemini

Nachdem wir jetzt so lange über ChatGPT gesprochen haben, sollten wir einen Blick auf die Konkurrenz werfen, die vielleicht näher an unserem Alltag dran ist, als vielen bewusst ist. Denn fast jeder hat ein Android-Smartphone in der Tasche, und hinter Android steckt: Google. Google ist der Platzhirsch, wenn es um mobile Betriebssysteme geht. Die schiere Verbreitung von Android macht Google auch im KI-Sektor zu einem riesigen Player, besonders wenn wir uns Bard anschauen – Googles eigene Antwort auf ChatGPT.

Es gibt eine unheimlich große Zahl an Google-Konten weltweit. 2022 lag diese Zahl bei rund 4 Milliarden Nutzern. Denken Sie mal darüber nach – fast die Hälfte der Menschheit hat ein Google-Konto. Diese schiere Nutzerbasis gibt Google nicht nur einen immensen Vorteil, wenn es darum geht, KI-Produkte an den Mann und die Frau zu bringen, sondern auch beim Sammeln von Daten. Wie wir bereits gelernt haben, sind Daten das Lebenselixier für jede KI, besonders für Modelle wie Bard.

Bard ist im Grunde Googles Pendant zu ChatGPT, aber es wäre falsch zu sagen, dass es nur eine Kopie ist. Bard wurde im Rahmen von Google DeepMind entwickelt, einer der führenden KI-Forschungsabteilungen der Welt. Die Entwicklung von Bard nahm in dem Moment Fahrt auf, als OpenAI mit ChatGPT der Öffentlichkeit einen riesigen Schritt in Richtung natürliche Sprachverarbeitung zeigte. Google hatte das Potenzial von KIs zwar schon lange erkannt – denken Sie nur an Google Assistant –, aber ChatGPT setzte den vorher schon erwähnten Galaxienhaufen (ehemals Meilenstein), der die Tech-Giganten dazu zwang, noch schneller zu handeln. Bard sollte also Googles Antwort darauf sein, und die Entwicklungsabteilungen wurden auf Hochleistung gesetzt. Plötzlich ging es nicht mehr nur um Suchmaschinenoptimierung oder smarte Assistenten, sondern um Sprachmodelle, die im Alltag komplexe Aufgaben übernehmen konnten.

Bard basiert wie ChatGPT auf einem riesigen neuronalen Netz, das mit unvorstellbaren Mengen an Textdaten trainiert wurde. Doch wo ChatGPT von OpenAI kommt und damit von einem Unternehmen, das KI als sein Herzstück betrachtet, ist Bard Teil des gigantischen Google-Ökosystems. Denken Sie mal darüber nach: Google kennt Ihre Suchanfragen, Ihre E-Mails, Ihre Termine, Ihre YouTube-Gewohnheiten – und all diese Daten können potenziell genutzt werden, um Bard besser und intelligenter zu machen. Das gibt Google einen Wettbewerbsvorteil, der nicht zu unterschätzen ist. Während ChatGPT sich weitgehend auf öffentlich zugängliche Daten und spezifische Trainingsquellen stützt, könnte Bard theoretisch direkt auf die schier endlose Datenbank von Google zugreifen.

Natürlich hat das auch eine Kehrseite, und hier kommen die Datenschutzbedenken ins Spiel. Während viele Menschen bereit sind, KI-Modelle wie ChatGPT zu nutzen, ohne groß über ihre persönlichen Daten nachzudenken, könnte Bard bei einigen Menschen für Unbehagen sorgen, gerade weil Google so tief in das tägliche Leben integriert ist. Wenn die KI plötzlich auf Ihre Suchanfragen und Ihren Kalender zugreifen kann, um Ihnen »maßgeschneiderte« Antworten zu geben – wollen Sie das? Das ist eine Frage, die jeder für sich selbst beantworten muss.

Aber lassen Sie uns auf die Technik zurückkommen. Bard funktioniert ähnlich wie ChatGPT, in dem Sinne, dass es auf Befehle in natürlicher Sprache reagiert und aus den Daten lernt, die es verarbeitet. Der Unterschied ist jedoch, dass Bard viel tiefer in Googles bestehende Dienste integriert ist. Während Sie mit ChatGPT vielleicht über eine spezielle Plattform kommunizieren, könnten Sie Bard direkt in Ihre täglichen Google-Aktionen integrieren. Stellen Sie sich vor, Sie schreiben eine E-Mail, und Bard schlägt Ihnen vor, wie Sie den Text verbessern können. Oder Sie planen einen Urlaub, und Bard hilft Ihnen bei der Organisation, indem es Flüge und Hotels basierend auf Ihren Vorlieben vorschlägt. Die Möglichkeiten sind schier endlos – und das alles, ohne die Google-Umgebung jemals verlassen zu müssen.

Ein weiterer Aspekt, den man nicht unterschätzen darf, ist die Art und Weise, wie Bard mit dem Wissen umgeht, das es im Laufe der Zeit sammelt. Während ChatGPT immer wieder betont, dass es keine langfristige Erinnerung hat, könnte Bard langfristig tatsächlich dazu in der Lage sein, Ihr Nutzungsverhalten zu analysieren und darauf aufbauend immer bessere Vorschläge zu machen. Das wäre eine völlig neue Dimension der Personalisierung.

Bard ist also keine bloße Kopie von ChatGPT – es ist ein eigener Ansatz, der tief in die Google-Dienste integriert ist. Die Konkurrenz zwischen Google und OpenAI wird uns wahrscheinlich noch eine ganze Weile begleiten, und es bleibt spannend, zu sehen, wie sich Bard weiterentwickeln wird. Was wir aber sicher sagen können, ist, dass diese Art von Künstlicher Intelligenz aus unserem Alltag nicht mehr wegzudenken ist. Ob Sie nun ChatGPT oder Bard nutzen, die Ära der Sprach-KI ist in vollem Gange, und sie wird unseren Umgang mit Technologie nachhaltig verändern.

Vor Kurzem hat Google den nächsten Schritt in seiner KI-Strategie unternommen: Bard wurde umgetauft und weiterentwickelt – nun heißt das Modell Gemini. Dieser Namenswechsel ist mehr als nur eine Marketingmaßnahme. Google hat mit Gemini die Ambition, noch stärker in die Zukunft der Künstlichen Intelligenz zu investieren und das Modell in neue Höhen zu katapultieren. Warum »Gemini«? Der Name symbolisiert die Dualität und Vielseitigkeit der KI: Einerseits die Fähigkeit, gewaltige Datenmengen zu verarbeiten und daraus zu lernen, andererseits die Möglichkeit, auf menschliche Interaktion zu reagieren und sich dynamisch anzupassen.

Mit Gemini hat Google die Basis für eine nächste Generation von Sprachmodellen geschaffen. Diese Version soll nicht nur schneller und intelligenter sein, sondern auch in noch tiefere Schichten von Google-Produkten integriert werden. Stellen Sie sich eine Zukunft vor, in der Gemini in Echtzeit Vorschläge macht, während Sie Ihre täglichen Aufgaben bewältigen, und das noch effizienter als Bard es jemals konnte. Das Wettrennen zwischen den großen KI-Spielern hat damit eine neue Etappe erreicht, und Google zeigt mit der Umbenennung in Gemini, dass es gewillt ist, weiterhin eine führende Rolle in diesem Galaxienhaufen der Künstlichen Intelligenz zu spielen.

Ich würde ja fast darauf wetten, dass Google den Namen »Gemini« ein bisschen von Terminator 5: Genisys abgekupfert hat. Kann ich natürlich nicht beweisen, aber ganz ehrlich: Nicht besonders kreativ, oder? :-) Wahrscheinlich haben die Entwickler einfach mal ChatGPT gefragt, und anhand seiner lernenden Struktur hat das LLM dann den Namen kreiert. Das wäre ja typisch. Hoffentlich bleibt es aber nur beim Namen und nicht bei der Art, wie sich Genisys im Film entwickelt … Sonst haben wir bald keine KI-Assistenten mehr, sondern eine kleine Armee selbstbewusster Maschinen, die uns nicht mehr nur bei Kochrezepten unterstützen wollen, sondern anfangen, das Weltgeschehen zu übernehmen.

19.1 Auf welchem Modell basiert Gemini?

Gemini, das neue KI-Modell von Google, basiert auf einer ziemlich massiven und beeindruckenden Architektur. Es ist sozusagen der direkte Nachfolger von Bard, und was wir hier haben, ist nichts Geringeres als ein aufpoliertes, supergetuntes Sprachmodell, das auf den Schultern von Giganten steht – sprich, es basiert auf der Transformer-Architektur, die von Google selbst entwickelt wurde und maßgeblich die Welt der Künstlichen Intelligenz verändert hat. Wenn man so will, ist Gemini der nächste logische Schritt in der Evolution dieser Technologie, ähnlich wie GPT-4 von OpenAI. Aber bei Google liegt der Fokus nicht nur darauf, Fragen zu beantworten, sondern die gesamte User-Experience in Android, der Google-Suche und allen anderen Google-Diensten zu verbessern.

Google hat sich bei der Entwicklung von Gemini natürlich nicht lumpen lassen und einen immensen Aufwand betrieben, um es mit Unmengen an Daten zu füttern und das Training so präzise wie möglich zu gestalten. Sie verwenden hier sogenanntes »Reinforcement Learning with Human Feedback (RLHF)«, also maschinelles Lernen, das durch menschliches Feedback optimiert wird – ähnlich wie bei ChatGPT. Das bedeutet, dass die KI nicht nur auf riesige Datenmengen zugreift, sondern auch aktiv von Menschen korrigiert und verbessert wird, um möglichst akkurate Antworten zu liefern.

Jetzt könnte man meinen, Gemini sei »nur« ein Sprachmodell – aber in Wirklichkeit steckt da viel mehr dahinter. Es wird auch für multimodale Anwendungen trainiert, also für den Umgang mit Text, Bild, Audio und vielleicht sogar Video. Das ist der Unterschied zu den Vorgängermodellen und natürlich auch ein Bereich, in dem Google versucht, sich von OpenAI abzuheben. Gemini ist nicht nur dazu da, um Fragen zu beantworten, sondern soll tiefer in das Verständnis der Welt eintauchen – also eine Art Super-Tool, das uns in fast allen digitalen Bereichen unterstützt.

Doch das Entscheidende an Gemini ist: Es wird stetig weiterentwickelt. Google setzt hier auf eine langfristige Strategie, um die KI in ihren Systemen noch besser zu integrieren. Es geht längst nicht mehr nur um ein Konkurrenzprodukt zu ChatGPT, sondern um eine ganze Plattform, die tief in die

Google-Ökosysteme eingebettet wird. Man denke nur an die Synergieeffekte: Google Maps, Gmail, YouTube – überall könnte Gemini bald Einzug halten und das Nutzererlebnis revolutionieren. Das Modell lernt also nicht nur aus den Textdaten, sondern könnte in Zukunft auch durch das, was Nutzer tagtäglich in den Google-Apps tun, weiter optimiert werden.

Und während OpenAI vielleicht den ersten großen Hype mit ChatGPT ausgelöst hat, ist Google mit Gemini jetzt an einem Punkt, wo sie sagen: »Wir können das nicht nur auch – wir machen es noch größer, schneller und besser.« Die Zukunft dieser KI-Modelle scheint grenzenlos, und wir stehen noch ganz am Anfang dessen, was sie leisten können.

Gemini ist also viel mehr als nur ein Bard-Update – es ist Googles massiver Schritt in eine KI-gestützte Zukunft, in der diese Modelle zunehmend in unser tägliches Leben integriert werden. Ach ja, und wenn Sie sich fragen, ob es vielleicht irgendwann auch eine Gemini-Version gibt, die Kaffee kochen kann. Wer weiß das schon? Mit der Geschwindigkeit, in der sich diese Technologie entwickelt, könnte das vielleicht gar nicht mehr so weit weg sein.

Man stelle sich vor, ein kreativer Entwickler bei Tesla hat versehentlich Gemini in den Optimus-Roboter installiert – den Mensch-Roboter von Tesla. Tja, da könnte es dann ganz schnell passieren, dass Gemini nicht nur den Kaffee perfekt aufbrüht, sondern gleich noch eine Leberwurststulle dazu schmiert! Wer weiß, vielleicht wird der Roboter plötzlich zum Gourmet-Koch und bereitet Frühstück wie ein 5-Sterne-Koch zu. Mit der Intelligenz von Gemini und den motorischen Fähigkeiten von Optimus wäre das jedenfalls gar nicht so abwegig.

Aber Vorsicht – vielleicht diskutiert er dabei noch über die besten Rezepte oder gibt philosophische Gedanken zum Frühstück zum Besten und weiß natürlich alles besser. Auch weil er keine Ahnung hat, dass Menschen nach dem Aufstehen ihre Ruhe haben wollen! Dann müsste man ihm nach RLHF (lernen durch menschliches Feedback) erklären, dass er das in Zukunft lieber lassen soll.

19.2 Wofür kann ich Gemini nutzen?

Gemini ist nicht nur ein Name, sondern ein echter Game-Changer in der Welt der Künstlichen Intelligenz. Wenn Sie neugierig sind, wie Sie Gemini optimal nutzen können, sind Sie hier bei mir genau richtig. Die Möglichkeiten sind nahezu endlos, und ich werde Ihnen einige praktische Anwendungsbeispiele geben, um das Potenzial dieser KI auszuschöpfen.

Zuerst einmal, um die Grundlagen zu verstehen: Gemini ist auf den neuesten Fortschritt in der KI-Technologie angewiesen und bietet Funktionen, die Ihnen helfen, Ihre täglichen Aufgaben einfacher und effizienter zu gestalten. Ob Sie einen persönlichen Assistenten benötigen, um Ihren Terminkalender zu verwalten oder ob Sie kreative Hilfe beim Schreiben von Texten oder beim Programmieren brauchen – Gemini hat die Fähigkeiten, Ihnen unter die Arme zu greifen.

Ein Beispiel für die Nutzung von Gemini könnte die Unterstützung bei der Erstellung von Inhalten sein. Wenn Sie einen Blogartikel oder eine Präsentation vorbereiten möchten, können Sie Gemini nach Ideen fragen, Gliederungen erstellen lassen oder sogar Texte auf der Grundlage Ihrer Vorgaben generieren. Hierbei ist es wichtig, klare und präzise Anweisungen zu geben, um die besten Ergebnisse zu erzielen. Genau so wie es auch bei anderen Modellen wichtig ist. So könnte eine Anfrage an Gemini lauten: »Hilf mir, einen Artikel über die Bedeutung von Umweltschutz zu schreiben. Ich benötige eine Einführung, drei Hauptpunkte und ein abschließendes Fazit.«

Darüber hinaus können Sie Gemini auch in der Programmierung einsetzen. Wenn Sie an einem Softwareprojekt arbeiten und auf ein Problem stoßen, können Sie Gemini nach Lösungen oder Code-Beispielen fragen. Hierbei ist es hilfreich, das Problem so konkret wie möglich zu formulieren. So stellen Sie sicher, dass Gemini Ihnen relevante und brauchbare Antworten liefert.

Ein weiterer Anwendungsbereich ist die Datenanalyse. Gemini kann Ihnen helfen, komplexe Datenmengen zu interpretieren und visuell aufzubereiten. Wenn Sie beispielsweise eine Umfrage durchgeführt haben und die Ergebnisse analysieren möchten, können Sie Gemini bitten, die Daten zu aggregieren und Ihnen ansprechende Grafiken zu erstellen.

Selbst im Alltag kann Gemini eine nützliche Unterstützung sein. Ob es darum geht, Rezepte zu finden, die besten Restaurants in Ihrer Nähe zu suchen oder Empfehlungen für Filme zu bekommen – die Möglichkeiten sind schier unbegrenzt. Auch hier ist es wichtig, dass Sie Gemini die richtigen

Informationen liefern, damit die Vorschläge Ihren Bedürfnissen entsprechen.

Zu guter Letzt sollten Sie sich bewusst sein, dass Gemini wie jeder andere KI-Assistent da ist, um zu lernen. Je mehr Sie mit ihm interagieren und je klarer Ihre Anfragen sind, desto besser werden die Ergebnisse. Seien Sie geduldig und experimentieren Sie mit verschiedenen Ansätzen. Vielleicht entdecken Sie sogar Funktionen oder Anwendungsfälle, die Sie ursprünglich nicht in Betracht gezogen haben.

Abschließend lässt sich sagen: Gemini ist ein mächtiges Werkzeug, das Ihnen in vielen Lebensbereichen zur Seite stehen kann. Nutzen Sie die Chance, diese Technologie zu erkunden und zu erleben, wie sie Ihren Alltag einfacher und produktiver gestalten kann. Seien Sie kreativ, geben Sie der KI Raum, zu lernen, und Sie werden erstaunt sein, wie viel Unterstützung Ihnen Gemini bieten kann.

19.3 Wie kann ich Gemini nutzen?

Zunächst einmal benötigen Sie ein Google-Konto. Das ist der Schlüssel zu einer Vielzahl von Google-Diensten, einschließlich Gemini. Wenn Sie bereits ein Google-Konto haben, sind Sie nur einen Schritt entfernt. Falls nicht, keine Sorge! Im nächsten Schritt werden wir eine detaillierte Anleitung erstellen, wie Sie Ihr eigenes Google-Konto anlegen können.

Um auf Gemini zuzugreifen, besuchen Sie einfach die Website: https://gemini.google.com/. Dort werden Sie feststellen, dass Gemini Ihnen viele Möglichkeiten bietet – sei es für das Schreiben von Texten, die Unterstützung bei Projekten oder die Beantwortung Ihrer Fragen. Die Benutzeroberfläche ist intuitiv und benutzerfreundlich gestaltet, sodass Sie sich schnell zurechtfinden werden.

Sobald Sie auf Gemini sind, können Sie beginnen, Ihre Anfragen zu stellen. Seien Sie klar und präzise in Ihren Formulierungen, um die besten Ergebnisse zu erzielen. Die KI kann Ihnen bei einer Vielzahl von Themen helfen, sei es beim Erstellen von Inhalten, beim Finden von Lösungen für technische Probleme oder sogar beim Planen Ihrer Freizeitaktivitäten.

Das Beste daran ist, dass Gemini kontinuierlich lernt und sich verbessert. Je mehr Sie mit ihm interagieren, desto besser wird die Qualität der Antworten und Vorschläge. Es ist eine Art Partnerschaft – je mehr Sie investieren, desto mehr profitieren Sie!

In den kommenden Artikeln werden wir dann Schritt für Schritt durch den Prozess der Erstellung eines Google-Kontos gehen, damit Sie schnellstmöglich mit Gemini loslegen können. Es ist wirklich ganz einfach, und ich werde Ihnen alles genau erklären.

19.4 Ein Google-Konto anlegen

Wenn Sie bereits ein Google-Konto haben, können Sie dieses Kapitel natürlich überspringen. Für all jene, die mit Gemini arbeiten möchten und noch kein Konto besitzen, ist es an der Zeit, eines anzulegen. Der Prozess ist unkompliziert, und Google macht es Ihnen im Grunde ganz leicht.

Um Ihr neues Google-Konto zu erstellen, öffnen Sie zunächst einen Webbrowser und gehen Sie auf die Google-Anmeldeseite. Dort finden Sie die Option »Konto erstellen«. Klicken Sie darauf und Sie werden aufgefordert, einige grundlegende Informationen einzugeben. Dazu gehören Ihr Vorname, Nachname und ein gewünschter Nutzername, der in Ihrer E-Mail-Adresse verwendet werden soll. Es ist wichtig, einen einprägsamen Namen zu wählen, denn dies wird Ihre digitale Identität in der Google-Welt.

Im nächsten Schritt müssen Sie ein sicheres Passwort festlegen. Hier sollten Sie darauf achten, ein starkes Passwort zu wählen, das aus einer Kombination von Buchstaben, Zahlen und Sonderzeichen besteht. Google gibt Ihnen Tipps, wie Sie Ihr Passwort sicherer gestalten können. Nachdem Sie das Passwort eingegeben haben, müssen Sie es zur Bestätigung erneut eingeben.

Nachdem Sie Ihre persönlichen Informationen eingegeben haben, kommt der nächste Schritt: die Telefonnummer. Diese wird zur Bestätigung Ihrer Identität verwendet und kann auch helfen, Ihr Konto im Falle eines Passwortverlustes wiederherzustellen. Geben Sie die Nummer ein und lassen Sie sich einen Bestätigungscode zusenden. Wenn Sie diesen Code erhalten, geben Sie ihn im entsprechenden Feld ein, um Ihre Telefonnummer zu verifizieren.

Im letzten Schritt müssen Sie einige Datenschutz- und Nutzungsbedingungen akzeptieren. Nehmen Sie sich die Zeit, diese durchzulesen, denn sie geben Ihnen wichtige Informationen darüber, wie Google Ihre Daten verwendet. Sobald Sie alles ausgefüllt und akzeptiert haben, klicken Sie auf »Konto erstellen«, und voilà – Ihr Google-Konto ist eingerichtet.

Bedenken Sie, dass sich die Google-Website immer wieder ändern kann, aber die grundlegenden Schritte zur Kontoerstellung bleiben in der Regel ähnlich. Jetzt sind Sie bereit, auf Gemini zuzugreifen und die Welt der KI zu erkunden!

Gemini verwenden

Sie haben sich also ein nigelnagelneues und vollkommen ohne Gebrauchsspuren und abgenutztes Google-Konto angelegt. Super! Oder vielleicht haben Sie sich auch schon längst in Ihr bestehendes Konto eingeloggt und warten nur darauf, Gemini mit Ihren Fragen zu bombardieren? Na dann, auf geht's! Gehen Sie auf die Website von Gemini, https://gemini.google.com/.

Wenn Sie die Seite im Browser öffnen, sehen Sie die Benutzeroberfläche von Gemini auf Ihrem PC. Hier erwarten Sie eine einfache und intuitive Gestaltung, die es Ihnen ermöglicht, schnell in die Welt der KI einzutauchen. Sie finden verschiedene Funktionen und Optionen, die Ihnen helfen, das Beste aus Ihrem neuen digitalen Assistenten herauszuholen.

Selbstverständlich haben Sie auch die Möglichkeit, die Gemini-App auf Ihrem Smartphone zu installieren. Das ist besonders praktisch, wenn Sie unterwegs sind und jederzeit Zugriff auf Ihre KI-Unterstützung benötigen. Die App ist so konzipiert, dass sie die gleichen Funktionen wie die Desktop-Version bietet und Ihnen ermöglicht, Ihre Fragen bequem von Ihrem mobilen Gerät aus zu stellen.

Sobald Sie die Gemini-Oberfläche im Browser oder in der App sehen, sind Sie bereit, in die Welt der künstlichen Intelligenz einzutauchen. Doch bevor wir mit dem Eingeben von Fragen beginnen, nehmen Sie sich einen Moment Zeit, um die verschiedenen Optionen und Menüs zu erkunden. Jede Ecke dieser Plattform ist darauf ausgelegt, Ihnen den Umgang mit KI so einfach und effizient wie möglich zu gestalten. Hier können Sie kreativ werden, Fragen stellen und die Möglichkeiten von Gemini entdecken.

In den nächsten Schritten werden wir uns damit beschäftigen, wie Sie gezielte Fragen formulieren und die bestmöglichen Antworten von Ihrer neuen KI erhalten können. Aber zunächst ist es wichtig, sich mit der Benutzeroberfläche vertraut zu machen, damit Sie optimal von Gemini profitieren können. Sehen Sie sich die Funktionen an, stöbern Sie ein wenig und machen Sie sich bereit, Ihre Neugier zu befriedigen. Die Welt von Gemini wartet auf Sie!

19.5 Gemini die Frage zu diesem Buch stellen

Ein spannender Test. Ich habe mir etwas ausgedacht und hoffe natürlich auf rege Mitarbeit von Ihnen, liebe Leserinnen und Leser. Wir leben in einer Welt, die von Social-Media und KI dominiert wird, und viele von uns haben auch einen Facebook-Account. Diese Plattform hat sich zu einem Ort entwickelt, an dem Ideen und Meinungen ausgetauscht werden, und ich möchte diese Gelegenheit nutzen, um einen interessanten Test durchzuführen.

Auf meiner Facebook-Seite »Ralfis Blog« (https://www.facebook.com/RalfisBlog) habe ich einen Beitrag gepostet mit der Überschrift: »Testfrage an Gemini aus meinem Buch.« In diesem Beitrag lade ich Sie alle ein, Gemini die exakt gleiche Frage zu stellen:

Kennst du das Buch, »Die Mutter aller KI Bücher«? Erzähle mir etwas darüber!

Es wird spannend sein, zu sehen, was Gemini in Bezug auf diese Frage zu sagen hat. Ist die KI in der Lage, auf die verschiedenen Aspekte des Themas einzugehen? Und vor allem: Wie unterschiedlich oder ähnlich werden die Antworten sein? Diese Art des Vergleichs kann interessante Einblicke in die Funktionsweise von Gemini geben und zeigen, wie gut es sich an verschiedene Kontexte und Benutzeranfragen anpassen kann.

Ich ermutige Sie, aktiv an diesem Experiment teilzunehmen. Teilen Sie Ihre Antworten in den Kommentaren zu meinem Facebook-Beitrag, und lassen Sie uns die verschiedenen Perspektiven erkunden, die Gemini bietet. Ob Sie ein begeisterter Leser sind oder einfach nur neugierig auf die Möglichkeiten der KI: Ihre Stimme zählt!

Vielleicht entdecken wir dabei Gemeinsamkeiten in den Antworten oder auch verblüffende Unterschiede, die uns mehr über die Leistungsfähigkeit von KI und deren Verständnis von Literatur und Informationen verraten. Ich freue mich auf Ihre Rückmeldungen und darauf, gemeinsam mit Ihnen die Welt der künstlichen Intelligenz weiter zu erkunden.

Lassen Sie uns diesen Test wagen und sehen, wo uns die Antworten von Gemini hinführen!

Vielleich gibt die KI aber auch ganz stur eine Kopie meiner Antwort aus? Da ich in verschiedenen Netzwerken, aktiv bin, sollte sich auch die Antwort variieren. Es ist aber auch gut möglich, dass niemand meinem kleinen Aufruf folgt, und dieser Test der KI einfach ins Leere läuft. Wie auch immer. Der Post ist oben festgenagelt und wartet auf antworten.

20 KI Stimmen- und Sprach-Generatoren

Jetzt kommen wir zu den meiner Meinung nach wirklich »geilen« und absolut faszinierenden Möglichkeiten, die durch KI realisiert werden. Und zwar rede ich hier von KI-Sprachgeneratoren und KI-Stimmengeneratoren, die mittlerweile sogar die Stimmen von berühmten Persönlichkeiten klonen können! Ja, richtig gehört – wir reden hier nicht nur von generischen Stimmen, die Texte vorlesen, sondern von echten Klonen! Das hat mich total umgehauen.

Als ich 2022 das erste Mal mit Sprachgeneratoren herumexperimentierte, war das Ergebnis zwar schon ganz cool, aber es war noch nicht wirklich der Hammer. Man hat definitiv noch gehört, dass es sich um eine synthetische Stimme handelt. Klar, die Technik konnte damals schon meinen Text vorlesen, aber das klang nicht mal ansatzweise wie ein echter Mensch. Es war halt noch dieses typische »KI-Geklapper« zu hören, das wir alle kennen. Aber jetzt, Anfang 2024, für dieses Buch – da musste ich mich wirklich festhalten.

Die Entwicklung ist geradezu explosionsartig vorangeschritten. Ich habe mir das neuste KI-Modell geschnappt und mal ausprobiert, was die aktuellsten Stimmengeneratoren so draufhaben. Und Leute, ich sage es euch: Es haut einen echt vom Hocker. Da wird eine Stimme generiert, die klingt, als würde sie live und in Farbe direkt neben dir sitzen. Ich meine, nicht nur irgendeine Stimme – du kannst dir die Stimme von Promis rauspicken und die KI klont die perfekt. Stellen Sie sich vor: Sie schreiben einen Text, und plötzlich liest Ihnen Morgan Freeman höchstpersönlich diesen Text vor. Das ist doch einfach nur abgefahren!

Das Spannende an dieser Entwicklung ist auch, wie vielfältig diese Technologie einsetzbar ist. Sie kann in Filmen, Hörbüchern, oder sogar in Videospielen zum Einsatz kommen. Und es geht längst nicht mehr nur um das Erstellen von synthetischen Stimmen. Die KI ist mittlerweile in der Lage, die Emotionen und Nuancen einer echten menschlichen Stimme nachzubilden. Egal ob jemand traurig, wütend oder freudig ist – die KI trifft den Ton. Das ist eine Revolution für alle Bereiche, in denen Audio eine Rolle spielt.

Was mich besonders fasziniert hat, ist der Einsatz in der Barrierefreiheit. Menschen mit Sehbehinderungen können sich endlich Texte in einer fast menschlichen Qualität vorlesen lassen. Oder denken Sie an Videoproduzenten, die sich teure Sprecher sparen können, weil die KI praktisch in Echtzeit Stimmen generiert, die echt klingen. Man kann also wirklich sagen, dass diese Technologie einen gewaltigen Sprung gemacht hat – und wir stehen wahrscheinlich noch ganz am Anfang dessen, was da alles möglich sein wird.

20.1 Wie funktioniert die Technik dahinter?

Die Technik hinter den KI-Stimmengeneratoren, wie wir sie heute kennen, basiert auf der Kombination mehrerer Schlüsseltechnologien aus den Bereichen Deep Learning, Spracherkennung und synthetischer Sprachproduktion. Um diese komplexen Vorgänge verständlich zu machen, werfen wir einen Blick hinter die Kulissen in die Rechenzentren, in denen diese Technologien zum Leben erweckt werden.

Neuronale Netze. Die Basis dieser Technik sind neuronale Netze, eine Form der künstlichen Intelligenz, die dem menschlichen Gehirn nachempfunden ist. Diese Netzwerke bestehen aus vielen Schichten (sogenannte Deep Neural Networks), die Millionen, wenn nicht sogar Milliarden von Parametern enthalten. Jede Schicht verarbeitet einen Teil der Informationen, ähnlich wie das Gehirn, das sensorische Informationen in verschiedenen Regionen verarbeitet.

Training der Modelle. Bevor ein Stimmengenerator wie WaveNet von Google oder Tacotron überhaupt in der Lage ist, eine synthetische Stimme zu erzeugen, muss das Modell trainiert werden. Hier kommen große Datensätze ins Spiel, die aus Tausenden oder sogar Millionen von Stunden an Audioaufnahmen bestehen. Diese Daten werden verwendet, um die KI darauf zu trainieren, menschliche Sprache in einer möglichst natürlichen Weise zu reproduzieren.

Dieser Trainingsprozess erfolgt in speziellen Rechenzentren, die mit leistungsstarken Grafikprozessoren (GPUs) oder speziellen KI-Prozessoren (TPUs) ausgestattet sind. Diese

Hardware ist darauf ausgelegt, parallele Berechnungen durchzuführen, die notwendig sind, um die riesigen Datenmengen effizient zu verarbeiten. Durch das Training lernt die KI, wie menschliche Sprache funktioniert, wie bestimmte Laute mit spezifischen Wörtern korrelieren und wie Betonungen und Pausen gesetzt werden.

Generierung. Nachdem das Modell trainiert wurde, kann es zur synthetischen Sprachgenerierung verwendet werden. Hierbei durchläuft ein von Ihnen eingegebener Text mehrere Schritte:

Text-to-Speech (TTS): Der eingegebene Text wird durch die KI in phonetische Einheiten zerlegt.
Synthese: Diese phonetischen Einheiten werden durch das neuronale Netz verarbeitet, das anhand des Trainings entscheidet, wie diese Einheiten klingen sollen.
Audio-Ausgabe: Schließlich wird das Audio generiert und Ihnen als gesprochenes Wort ausgegeben.

Das beeindruckende an modernen TTS-Systemen ist, dass sie in der Lage sind, menschliche Emotionen und Nuancen zu imitieren. Sie können etwa Fröhlichkeit, Traurigkeit oder Frustration simulieren, indem sie die Sprachmuster entsprechend anpassen.

Rolle der Cloud. Da die Berechnungen hinter diesen Modellen extrem komplex und ressourcenintensiv sind, werden sie in Cloud-Rechenzentren von großen Anbietern wie Amazon-Web-Services (AWS), Google Cloud oder Microsoft Azure durchgeführt. Diese Rechenzentren beherbergen Tausende von Servern, die gleichzeitig arbeiten, um die Anfragen von Nutzern weltweit zu verarbeiten.

Stellen Sie sich vor, dass jeder Aufruf, den Sie an eine KI wie ChatGPT oder einen Sprachgenerator senden, durch das Netzwerk zu einem dieser Rechenzentren gelangt. Dort wird die Anfrage verarbeitet, das neuronale Netz angeworfen, die Daten verarbeitet, und innerhalb von Sekunden wird das Ergebnis zurück an Ihr Gerät gesendet – egal ob PC oder Smartphone.

Warum klingt es so echt? Der Grund, warum diese Stimmen inzwischen so echt klingen, liegt in der Fähigkeit moderner KI-Systeme, aus riesigen Datenmengen zu lernen und dabei auch subtile Nuancen der menschlichen Sprache zu erkennen und nachzubilden. Frühere Systeme verwendeten vorgefertigte Audiofragmente, die einfach aneinandergereiht wurden – das klang roboterhaft und unnatürlich. Heutige Modelle wie Tacotron oder WaveNet generieren jedoch Sprache auf Grundlage individueller Schallwellen, was zu einer viel flüssigeren und natürlicheren Klangqualität führt.

20.2 Zukunft von KI-Sprache

Diese Technik entwickelt sich weiter, und es gibt bereits Systeme, die in der Lage sind, nicht nur Stimmen zu imitieren, sondern auch Dialekte, Atempausen und persönliche Sprechgewohnheiten zu berücksichtigen. Es wird erwartet, dass diese Technologie in Zukunft noch realistischer wird und in Bereichen wie Filmproduktion, Hörbücher, Podcasts und sogar persönliche Assistenten immer präsenter sein wird.

Die Technik hinter den KI-Stimmengeneratoren ist ein beeindruckendes Zusammenspiel aus neuronalen Netzen, großen Datensätzen, Cloud-Rechenzentren und leistungsstarker Hardware. Das, was früher noch wie Science-Fiction klang, ist heute Realität, und es wird spannend sein zu beobachten, wohin diese Entwicklung noch führt.

20.3   Websites mit Sprachgeneratoren

Lassen Sie uns mal ein paar richtig interessante KI-Webseiten durchgehen, die ich für besonders beeindruckend halte. Diese Tools helfen dabei, Audio und Sprache auf hohem Niveau zu erzeugen. Vielleicht haben Sie ja Lust, selbst ein bisschen rumzufummeln und auszuprobieren, was für Sie am besten passt.

VoxBox ist ein ziemlich heißer Kandidat, wenn es darum geht, beeindruckende Text-to-Speech-Ergebnisse zu liefern. Es unterstützt eine Vielzahl von Sprachen und Stimmen, was es zu einem hervorragenden Tool für die Erstellung professioneller Audiodateien macht. Was mir hier besonders gefällt, ist die Flexibilität, die VoxBox bietet – sei es für Podcasts, Videos oder Hörbücher, Sie können den Klang Ihrer Wahl wählen und anpassen.

Speechify: Wenn Sie nach einer Lösung suchen, die Ihnen Texte vorliest, ist Speechify eine Top-Wahl. Es wurde ursprünglich entwickelt, um Menschen mit Lese- oder Lernschwierigkeiten zu helfen, aber es ist auch für diejenigen von uns nützlich, die gerne multitasken. Stellen Sie sich vor, Ihre

E-Mails werden Ihnen einfach vorgelesen, während Sie etwas anderes erledigen – ganz entspannt!

Murf AI ist ein weiteres starkes Tool in der KI-Szene. Es bietet nicht nur Text-to-Speech, sondern auch umfangreiche Möglichkeiten zur Anpassung der Stimmen. Besonders cool finde ich, dass man hier Stimmen so anpassen kann, dass sie fast schon filmreif klingen – perfekt für kreative Projekte. Es ist ideal für Content-Ersteller, die zum Beispiel Werbeclips oder Erklärvideos mit professioneller Stimme unterlegen wollen.

Invideo geht über die reine Sprachgenerierung hinaus und bietet eine Kombination aus Video- und Audiogenerierung. Wenn Sie also schnell mal ein Video mit einem gesprochenen Text erstellen wollen, ist Invideo genau das Richtige für Sie. Vor allem, wenn Sie Video-Projekte für Social-Media oder Präsentationen erstellen möchten, ist das Tool supernützlich.

Notevibes bietet eine große Auswahl an realistisch klingenden Stimmen, was es besonders gut für professionelle Anwendungen macht. Es ist ideal, wenn Sie beispielsweise Voice-Overs für Videos oder Präsentationen benötigen. Die Plattform legt den Fokus auf Natürlichkeit der Stimmen, und das ist genau das, was viele Menschen brauchen, um überzeugende Inhalte zu erstellen.

Canva kennt man vielleicht eher als Design-Tool, aber inzwischen haben sie auch KI-basierte Sprach- und Videogeneratoren integriert. Hier können Sie Texte eingeben und diese in ansprechende Videos oder Sprachaufnahmen verwandeln. Besonders praktisch ist die Kombination von Design und Sprachtools, um komplette Projekte wie Social-Media-Posts oder Marketing-Videos zu erstellen.

Diese Webseiten geben Ihnen wirklich kraftvolle Werkzeuge an die Hand, um kreative Inhalte zu erstellen, die professionell klingen und aussehen und natürlich können sie einfach die Websuche verwenden, um die Websites zu erreichen.

20.4 Mein Favorit KI-Sprache

Wir haben bereits einige Websites von KI-Sprachgeneratoren besprochen. Doch ich möchte Ihnen nun meinen persönlichen Favoriten vorstellen: ElevenLabs (https://elevenlabs.io/). Diese Plattform hebt die Qualität der Sprachsynthese auf ein ganz neues Niveau.

Was mich sofort überzeugt hat, ist die beeindruckende Natürlichkeit der erzeugten Sprache. Es ist der absolute Knaller, was dieses System an Sprachqualität zustande bringt. Die Stimmen klingen so authentisch und dynamisch, dass man kaum glauben kann, dass sie von einer KI stammen. Kein anderes System, das ich getestet habe, kommt an diese Detailtreue heran.

Seit ich ElevenLabs entdeckt habe, benutze ich fast keine andere Website mehr für die Umwandlung von Text in Sprache. Es gibt viele Anwendungen für diese Technologie: Ob man gesprochene Inhalte für Podcasts, Videos oder Präsentationen erstellt – die Plattform bietet eine enorme Bandbreite an Möglichkeiten. Besonders beeindruckend ist, dass es die Intonation und den Sprachfluss so präzise steuern kann, dass die erzeugte Sprache wie menschliche Konversation wirkt.

Das Interface von ElevenLabs ist übersichtlich und funktional. Schon beim ersten Besuch wird klar, dass hier der Fokus auf Benutzerfreundlichkeit und Ergebnisqualität liegt. Texte lassen sich in Sekundenschnelle einfügen und umgehend in Audio umwandeln. Dabei bietet das System mehrere Stimmoptionen und natürlich Sprachen, wie Deutsch, Englisch usw., die individuell angepasst werden können. Diese Flexibilität macht es besonders nützlich, wenn man für unterschiedliche Projekte verschiedene Stimmfarben oder -charakteristiken benötigt.

Ein weiteres Highlight ist die Möglichkeit, längere Texte flüssig und ohne hörbare Unterbrechungen umzusetzen. Viele Text-to-Speech-Systeme haben Schwierigkeiten mit komplexeren Textstrukturen oder geraten bei längeren Passagen ins Stocken. ElevenLabs meistert dies mit Bravour.

Für alle, die regelmäßig auf hochwertige Sprachsynthese angewiesen sind, bietet diese Plattform ein solides Preis-Leistungs-Verhältnis. Wer professionelle Ergebnisse erwartet, wird hier nicht enttäuscht.

ElevenLabs ist für mich aktuell der klare Sieger unter den KI-Sprachgeneratoren. Die Qualität und Flexibilität, die es bietet, haben mich überzeugt, und ich sehe keinen Grund, warum ich zu anderen Tools zurückkehren sollte. Wer sich ernsthaft mit der Umwandlung von Text in Sprache beschäftigt, sollte diese Plattform unbedingt ausprobieren. Sie werden genauso begeistert sein wie ich.

21 Zu den Kosten und Preisen aller KIs

Dann und wann fragen mich Leute, ob es kostenlose Tools gibt. Oder warum all diese Dienste Geld kosten – schließlich ist das doch »doof«, wenn es Geld kostet! Auf den ersten Blick mag das verständlich wirken, doch man sollte wirklich darüber nachdenken, was hinter der Entwicklung von KI-Systemen steckt. Die Realität ist, dass diese Technologien nicht einfach aus dem Nichts kommen, und die Infrastruktur, die sie ermöglicht, ist alles andere als billig.

Fangen wir bei den Grundlagen an: Die Entwicklung von KI-Systemen erfordert enorme Ressourcen. Forschung, Testläufe, Programmierung – all das ist aufwendig und wird von hochqualifizierten Fachkräften geleistet, die natürlich bezahlt werden müssen. Hinzu kommen die immensen Rechenkapazitäten, die für das Training von KI-Modellen benötigt werden. Wer einmal die Größe und Komplexität solcher Modelle gesehen hat, versteht schnell, dass das keine Software ist, die auf einem gewöhnlichen PC läuft. Stattdessen sprechen wir hier von Rechenzentren, die mit teurer Spezialhardware ausgestattet sind und konstant in Betrieb gehalten werden müssen.

21.1 Was kostet KI und warum?

Die Leistung, die KI-Systeme heutzutage erbringen, ist gewaltig. Sprachgeneratoren wie ElevenLabs schaffen es, Texte in natürlicher, flüssiger Sprache zu synthetisieren – und das in Echtzeit. Dahinter steckt eine unglaubliche Rechenpower, die kontinuierlich bereitgestellt wird. Jedes Mal, wenn Sie eine Anfrage an das System schicken, werden

Server in einem Rechenzentrum aktiviert, die riesige Datenmengen in Sekundenbruchteilen verarbeiten.

Solche Rechenzentren kosten nicht nur in der Anschaffung und Wartung, sondern verbrauchen auch gewaltige Mengen an Energie. In einer Zeit steigender Energiekosten ist dies ein entscheidender Faktor, den man nicht außer Acht lassen kann. Und dann kommt noch der regelmäßige Bedarf an Updates und Verbesserungen hinzu – nichts in der Welt der KI bleibt lange auf demselben Stand.

21.2 Warum kosten KI-Tools Geld?

Die Frage, warum KI-Tools Geld kosten, lässt sich einfach beantworten: Ohne Einnahmen können Unternehmen diese Entwicklungen schlicht nicht finanzieren. Es gibt zwar viele KI-Tools, die man bis zu einem gewissen Grad kostenlos nutzen kann – auch ElevenLabs bietet kostenlose Optionen an – doch wenn Sie wirklich das volle Potenzial dieser Systeme ausschöpfen möchten, werden Sie in den meisten Fällen irgendwann bezahlen müssen. Das ist keine böse Absicht der Anbieter, sondern schlicht eine wirtschaftliche Notwendigkeit.

Stellen Sie sich vor, diese Unternehmen könnten ihre Kosten nicht decken. Die Folge wäre, dass die Innovation in der KI-Entwicklung stagnieren würde. Die Technologien, die heute so beeindruckend sind, wären morgen bereits veraltet. Und das möchte niemand, der den Fortschritt schätzt.

21.3 Kostenlos und wirtschaftlich. Balanceakt

Natürlich sind kostenlose Angebote verlockend, und gerade bei KI-Systemen ist es verständlich, dass Nutzer neugierig sind, ob es Alternativen ohne Kosten gibt. Fakt ist aber: Die wirklich leistungsstarken Tools kosten Geld, weil sie einfach so viel leisten und ihre Weiterentwicklung gesichert werden muss. Ohne ein nachhaltiges Geschäftsmodell bleibt die Entwicklung stehen. Unternehmen wie Google, Facebook, Tesla oder ElevenLabs müssen wirtschaftlich arbeiten, um die Server am Laufen zu halten, um Innovationen voranzutreiben und die Qualität zu verbessern.

Also ja, es gibt kostenlose Optionen – aber diese haben ihre Grenzen. Wenn man die volle Bandbreite und Tiefe von KI-Technologien nutzen will, dann sollte man bereit sein, für die außergewöhnliche Leistung, die diese Systeme bieten, zu zahlen.

22 Weitere Anwendungsbeispiele von KI

Wir haben schon eine ganze Menge über KI behandelt, aber nun möchte ich noch einige Beispiele geben, wohin diese Entwicklung bisher geführt hat. Durch Plattformen wie den OpenAI Playground oder auch andere bekannte Anbieter wie ChatGPT, Google Bard und Microsofts Azure AI haben Menschen die Möglichkeit erhalten, ihre eigenen KI-Assistenten zu entwerfen – und dabei sind sie auf die verrücktesten Ideen gekommen.

Einige Nutzer haben KI-Bots entwickelt, die in Echtzeit Games auf Plattformen wie Twitch live kommentieren. Diese

Bots sind in der Lage, das Spielgeschehen zu beobachten, Screenshots zu machen, diese zu analysieren und darauf basierend eigene Kommentare abzugeben. Stellen Sie sich das vor: Ein vollautomatisierter Kommentator, der ein Spiel nicht nur beschreibt, sondern auch auf Basis von Spielstatistiken und Datenanalysen detaillierte Einschätzungen abgibt, als wäre es ein menschlicher Profi. Das verändert die Art und Weise, wie wir interaktive Medien erleben.

Aber das geht noch weiter. KI-Systeme können bereits Live-Fußballspiele analysieren und kommentieren. Sie erkennen Spielzüge, analysieren Taktiken und geben Einschätzungen in Echtzeit. Dies öffnet ganz neue Möglichkeiten für Sportübertragungen, bei denen KI-basierte Kommentatoren die menschlichen Experten ergänzen oder sogar ersetzen könnten. Nicht nur das: Durch Machine Learning können diese Systeme ihre Analysen im Laufe der Zeit verbessern, sodass ihre Einschätzungen immer präziser werden.

Ein weiteres faszinierendes Anwendungsgebiet sind automatisierte Nachrichtensysteme. In den USA und Europa gibt es bereits KI-Bots, die Börsennachrichten, Wetterberichte und sogar politische Entwicklungen live analysieren und darüber berichten. Diese Systeme scannen tausende von Datenquellen in Sekunden und erzeugen daraus verständliche und prägnante Nachrichten.

Der Einsatz von KI beschränkt sich also längst nicht mehr auf simple Anwendungen. Wir sehen heute, dass künstliche Intelligenz in immer mehr Bereiche des Alltags eindringt – von der Unterhaltungsindustrie bis hin zu komplexen Analysen in der Wirtschaft und dem Sport. KIs übernehmen

Aufgaben, die früher ausschließlich Menschen vorbehalten waren, und erweitern die Möglichkeiten, wie wir Informationen konsumieren und verarbeiten.

Die selbstfahrenden Autos, die bald Realität werden – wie die von Tesla – gehören ebenfalls zu diesen bahnbrechenden Entwicklungen, die durch KI ermöglicht werden. Tesla ist hierbei nur ein prominentes Beispiel, aber auch andere Unternehmen wie Waymo, General Motors mit Cruise oder Baidu arbeiten intensiv an autonomen Fahrzeugen.

Was diese Fahrzeuge leisten, geht weit über einfache Fahrerassistenzsysteme hinaus. Dank fortschrittlicher KI-Systeme sind diese Autos in der Lage, ihre Umgebung in Echtzeit zu analysieren: Kameras, Radar- und Lidar-Sensoren erfassen Verkehr, Fußgänger, Straßenschilder und unvorhersehbare Situationen auf der Straße. Die KI verarbeitet all diese Daten blitzschnell und trifft Entscheidungen, die in Bruchteilen von Sekunden ausgeführt werden. Sie erkennen Gefahren, reagieren auf Wetterbedingungen und können sogar Staus oder Hindernissen ausweichen – alles ohne menschliches Eingreifen.

Und dann natürlich die für Unternehmen vielleicht wichtigsten KI-Systeme: Jeder hat bei Amazon im Shop seinen ganz persönlichen und unsichtbaren Verkäufer – der uns immer mit einem ebenso unsichtbaren Lächeln begrüßt und gleichzeitig im Hintergrund eine knallharte Analyse fährt, um mir und Ihnen noch ein paar Taler mehr aus der Tasche zu ziehen. Das Beeindruckende ist, dass diese KI-Verkäufer uns das Gefühl geben, wir würden das auch noch gerne tun. Wahnsinn, oder?

Diese Systeme durchleuchten unser Kaufverhalten, analysieren unsere Vorlieben und schlagen uns mit traumwandlerischer Präzision genau die Produkte vor, von denen wir noch gestern nicht mal wussten, dass wir sie brauchen. Sie kaufen ein Buch? Die KI weiß sofort, dass Sie dazu noch einen Lesesessel brauchen könnten. Bestellen Sie neue Kopfhörer? Wie wäre es mit einem passenden Case und einem kabellosen Ladegerät dazu? Das läuft alles im Hintergrund ab, während wir meinen, wir hätten die volle Kontrolle.

Aber Amazon ist da nicht allein. Google steht ebenfalls ganz vorne, wenn es darum geht, KI einzusetzen, um unseren Alltag zu durchdringen – nur subtiler. Jeder hat es schon erlebt: Sie suchen nach einem neuen Handy, und plötzlich tauchen auf jeder Website, die Sie besuchen, perfekt zugeschnittene Handy-Anzeigen auf. Zufall? Nein, das ist Googles Werbe-KI, die Ihre Suchanfragen und Surfgewohnheiten durchkämmt, um Ihnen gezielt das anzubieten, was Sie interessiert. Und das funktioniert. Die Anzeigen treffen oft so ins Schwarze, dass man sich fragt, ob Google nicht auch Gedanken lesen kann.

Facebook (oder Meta, wie sie sich jetzt nennen) ist da auch kein Unschuldslamm. Deren KI analysiert, wie lange wir an jedem Post hängen bleiben, welche Kommentare wir liken und welche Gruppen wir besuchen. Basierend darauf entscheidet die KI, was wir als Nächstes sehen – nicht nur, um uns bei der Stange zu halten, sondern um sicherzustellen, dass wir auf der Plattform bleiben und möglichst viele Werbeanzeigen konsumieren. Sie kennen das: Ein kurzer

Blick auf die Timeline wird plötzlich zu einer halben Stunde Scrollen, ohne dass man es überhaupt merkt.

Das faszinierende – oder gruselige – dabei ist, dass all diese KI-Systeme so nahtlos im Hintergrund arbeiten, dass sie uns nie das Gefühl geben, manipuliert zu werden. Stattdessen denken wir, es sei unsere eigene Entscheidung, noch ein Produkt zu kaufen oder noch ein bisschen länger auf einer Plattform zu verweilen. Aber die Wahrheit ist: Diese KIs kennen uns besser als wir uns selbst. Sie wissen, wann wir zuschlagen, und machen das Ganze zu einem Spiel, bei dem wir glauben, die Regeln zu kennen.

Die Sache ist die: Diese Systeme werden immer besser. Mit jedem Klick, jeder Suche und jedem »Gefällt mir« lernen sie dazu. Und am Ende zahlen wir nicht nur mit unserem Geld, sondern auch mit unserer Zeit und Aufmerksamkeit. Aber hey, solange uns die KI dabei das Gefühl gibt, es sei unsere eigene Entscheidung, wer kann da schon widerstehen?

Zusammengefasst kann ich Ihnen ganz grob sagen: KI kann alles übernehmen, was A Text ist, B Audio ist und C Bild ist – und jeden Tag wird sie besser darin. Ob es um das Schreiben von Artikeln, die Erstellung von Sprache aus Text oder die Bearbeitung von Bildern geht, KI ist mittlerweile in der Lage, all diese Aufgaben auf beeindruckendem Niveau zu erledigen. Nehmen wir zum Beispiel Texterstellung: Systeme wie GPT können nicht nur simple Antworten geben, sondern ganze Artikel, Dialoge oder sogar Bücher verfassen. Im Audio-Bereich haben wir Plattformen wie ElevenLabs, die unglaublich realistische Stimmen erzeugen, fast so, als stünde der Sprecher direkt neben uns. Bilder? Auch hier glänzt die KI – ob Fotobearbeitung, Erstellung von Grafiken oder das Nachbilden realistischer Szenarien, die KI kann das alles in Sekundenschnelle.

Aber wenn es um Video geht, betreten wir die Königsdisziplin. Videos sind komplex. Ein einzelnes Bild, multipliziert mit 24 oder 30 Frames pro Sekunde, Tonspuren, Schnitt – das ist eine riesige Menge an Daten, die verarbeitet werden muss. Und während KI bereits erstaunliche Fortschritte in der Videoerstellung und Bearbeitung gemacht hat, sind wir uns alle einig, dass hier die größte Herausforderung liegt. Im privaten Sektor bleibt das ein Bereich, der noch Luft nach oben hat.

Wir haben zwar schon KI-Systeme, die einfache Videos erstellen, schneiden oder Effekte hinzufügen können. Es gibt sogar KIs, die Gesichter in Videos austauschen oder Bewegungen analysieren können. Doch wenn es um hochkomplexe, vollständig durch KI generierte Videos geht, ist das noch eine Stufe anspruchsvoller. Der Rechenaufwand ist enorm, und die Genauigkeit lässt in manchen Fällen noch zu wünschen übrig – zumindest im Vergleich zu Text, Audio oder Bild.

Fakt ist aber: Die Entwicklung geht rasant weiter. Jeden Tag sehen wir Fortschritte. Wer heute denkt, KI sei nur für einfache Aufgaben da, wird morgen von dem, was möglich ist, überrascht sein. Video ist zwar die aktuelle Herausforderung, aber ich bin sicher, dass wir auch in diesem Bereich bald massive Durchbrüche erleben werden. Wenn die Technologie sich weiter so schnell entwickelt, werden wir in nicht allzu ferner Zukunft auch Videos haben, die vollständig von KI erschaffen und bearbeitet werden – vielleicht sogar besser, als es ein Mensch könnte.

23 Programmierung mit KI

Ich möchte Ihnen etwas über Programmierung und Programmiersprachen erzählen, denn in der heutigen Zeit spielt Künstliche Intelligenz eine immer größere Rolle in diesem Bereich. Egal, ob Sie in Python, Java, C++ oder einer anderen Programmiersprache arbeiten – KI kann Programmierer auf vielfältige Weise unterstützen. Sie ist nicht nur ein Werkzeug, um effizienteren Code zu schreiben, sondern kann auch eingesetzt werden, um das Programmieren von Grund auf zu erlernen.

Von der Automatisierung kleiner Aufgaben bis hin zur Erstellung komplexer Algorithmen – KI hilft dabei, Fehler zu erkennen, Lösungen vorzuschlagen und neue Herangehensweisen zu entdecken. Für Anfänger kann sie ein wertvoller Tutor sein, der erklärt, warum etwas funktioniert oder eben nicht, während erfahrene Entwickler von ihrer Geschwindigkeit und Präzision profitieren. Die Unterstützung durch KI reicht von der Verbesserung der Produktivität bis hin zur Erweiterung der eigenen Fähigkeiten – eine spannende Entwicklung für alle, die sich mit Programmierung beschäftigen.

Bedenken Sie aber bei jeder Programmiersprache: Wenn Sie nicht wissen, wie man eine HTML-Seite auf den Server bringt, hilft Ihnen der Quelltext, den die KI erzeugt, nicht unbedingt weiter – doch Sie könnten sich von der KI erklären lassen, wie es funktioniert. Angesichts der Vielzahl an Programmiersprachen kann die Verwendung eines KI-generierten Quelltextes mehr oder weniger kompliziert sein.

23.1 HTML und CSS, nicht mehr lernen

Als ich angefangen habe, den Computer intensiv zu nutzen, habe ich gelernt, Websites mit HTML und CSS zu erstellen. Jetzt muss man verstehen: HTML und CSS sind keine Programmiersprachen im eigentlichen Sinne, sondern sogenannte Auszeichnungs- und Markupsprachen. Sie beschreiben, wie eine Webseite aufgebaut ist und wie sie aussieht. HTML sorgt dafür, dass Inhalte strukturiert sind – Text, Bilder, Links – während CSS das Design regelt, also Farben, Layouts und Schriftarten. Und das Beste daran? HTML und CSS waren extrem einfach zu lernen. Jeder, der sich ein bisschen Zeit genommen hat, konnte innerhalb weniger Tage eine brauchbare Website bauen.

Doch heute, mit der Entwicklung von LLMs (Large Language Models) wie ChatGPT, stellt sich die Frage: Muss man überhaupt noch HTML oder CSS lernen? Die Antwort ist: Eigentlich nicht mehr. Dank dieser modernen KI-Systeme kann man schlichtweg eine Anfrage stellen wie »Erstelle mir eine Website mit einem blauen Hintergrund, einem Titel und einem Kontaktformular« – und die KI spuckt den kompletten HTML- und CSS-Code aus, ohne dass man selbst eine einzige Zeile davon verstehen muss. Das ist schon verrückt, wenn man bedenkt, wie viel Zeit wir früher investiert haben, um die Grundlagen dieser Sprachen zu meistern.

Die Entwicklung geht weiter. Was früher mühsam von Hand geschrieben wurde, erledigt heute eine KI in Sekunden.

Früher musste man genau wissen, wie man ein div-Tag richtig schließt, wie die Padding-Regeln in CSS funktionieren oder was man in den Meta-Tags unterbringen sollte, damit Google die Seite auch ordentlich indexiert. All das wird heute von Systemen wie ChatGPT oder Copilot einfach übernommen. Diese Tools bieten uns nicht nur fertigen Code, sie erklären ihn auch – und das in einer Geschwindigkeit und Qualität, die man sich früher kaum vorstellen konnte.

Natürlich könnte man argumentieren, dass es trotzdem sinnvoll ist, die Grundlagen zu kennen. Wer versteht, wie HTML und CSS funktionieren, hat immer noch den Vorteil, die Ergebnisse der KI besser einschätzen und anpassen zu können. Aber seien wir ehrlich: Für den Durchschnittsnutzer ist dieser Aufwand heute oft nicht mehr notwendig. Man möchte einfach nur, dass es funktioniert, und das übernehmen KI-Tools mit einer Präzision, die beeindruckend ist.

Es ist faszinierend zu sehen, wie sich das Bild der Programmierung verändert hat. Was einst ein Handwerk war, wird heute zunehmend von Algorithmen übernommen. Für den, der noch von Grund auf lernen möchte, steht der Weg natürlich offen. Aber die Notwendigkeit, HTML oder CSS von Grund auf zu lernen, hat sich im Zeitalter der KI dramatisch verringert.

23.2 Object Pascal – Delphi

Wirklich, ich habe Jahre in Delphi und Object Pascal programmiert. Ich musste mir mühsam die ganze Sprache aneignen, stundenlang Bücher wälzen und alles Schritt für Schritt lernen. Es gab keine Abkürzungen. Jedes Problem, das auftauchte, musste gelöst werden, indem man nachschlug, ausprobierte und manchmal stundenlang debuggen musste. Das war eine Zeit, in der die KI-Technologie, wie wir sie heute kennen, noch nicht existierte. Wenn ich überlege, wie viel Arbeit damals in die Entwicklung von Software geflossen ist, wirkt das im Vergleich zu heute fast schon wie ein Relikt aus einer anderen Ära.

Delphi war dabei mein tägliches Werkzeug. Ich habe in dieser Umgebung unzählige Programme geschrieben, Benutzeroberflächen für Windows gebaut und jedes einzelne Element mühsam programmiert. Die Erfahrung, die ich dabei gesammelt habe, ist unschätzbar. Noch heute programmiere ich in Delphi, und es ist erstaunlich, wie sehr ich diese Sprache und ihre Möglichkeiten schätze. Aber ich muss ehrlich sein: Wenn ich über den heutigen Stand der Technik nachdenke, überkommt mich eine gewisse Traurigkeit. Heutzutage kann fast jeder programmieren – nicht, weil sie die Jahre an Erfahrung haben, die ich gesammelt habe, sondern weil sie einfach eine Anfrage in ChatGPT oder ein ähnliches KI-System eingeben und die Maschine den Code ausspuckt.

Verstchen Sie mich nicht falsch – KI ist eine faszinierende und unglaublich nützliche Technologie. Aber wenn ich daran denke, wie viel Zeit und Energie ich in das Handwerk des Programmierens gesteckt habe, fühlt es sich fast unfair an, dass heutzutage jeder auf Knopfdruck komplexe Programme erzeugen kann. Natürlich, die KI ist noch lange nicht perfekt. Sie kann viele Aufgaben erledigen, aber oft fehlt der Kontext. In meinen Projekten, die teilweise über 600.000 Zeilen Code umfassen, gibt es Komponenten und Bibliotheken, die tief miteinander verzahnt sind. Die KI kann vielleicht einzelne Abschnitte des Codes schreiben, aber sie versteht oft nicht die komplexen Verbindungen zwischen eingebundenen Objekten, externen Projekten oder Drittanbieter-Bibliotheken.

Nehmen wir zum Beispiel ein größeres Projekt, das ich in Delphi entwickelt habe. Es besteht aus einer Hauptanwendung mit verschiedenen integrierten Modulen, die auf unterschiedlichen Bibliotheken und Frameworks aufbauen. Jedes dieser Module kommuniziert mit dem anderen, und es gibt unzählige Abhängigkeiten, die im Hintergrund laufen. Hier eine Änderung vorzunehmen, erfordert ein tiefes Verständnis der gesamten Struktur und des Zusammenwirkens der Komponenten. Eine KI kann vielleicht einen Teil des Codes verstehen und verbessern, aber sie hat Mühe, den gesamten Kontext zu erfassen. Das Einbinden von Drittanbieter-Komponenten, das Arbeiten mit Legacy-Code und das Anpassen von Schnittstellen – all das übersteigt oft die Fähigkeiten der KI.

Trotz all der Fortschritte in der KI wird der Mensch also immer noch gebraucht. Gerade in solchen komplexen Projekten ist es die Erfahrung und das tiefgreifende Wissen, das den Unterschied macht. Die KI mag viele der einfachen Aufgaben übernehmen, aber wenn es um die wirklich anspruchsvollen Dinge geht, sind wir Programmierer immer noch gefragt. Und das wird, so glaube ich, auch in Zukunft so bleiben.

Am Ende bleibt die Erkenntnis, dass KI uns zwar eine unglaubliche Unterstützung bietet, aber sie ersetzt nicht die jahrelange Erfahrung, die Menschen in der Programmierung gesammelt haben. Vielleicht wird es irgendwann möglich sein, dass KI auch diese Lücke füllt, aber bis dahin sind wir noch ein gutes Stück entfernt.

23.3 Weitere Sprachen

JavaScript, jQuery, C++, Python – die Konzepte, Anweisungen, die reservierten Wörter und die grundlegenden Strukturen dieser Programmiersprachen – all das ist mittlerweile in die großen KI-Modelle wie GPT integriert. Die KI hat Zugriff auf diesen riesigen Schatz an Programmierwissen und kann in Sekundenschnelle Lösungen für fast jedes Problem generieren. Früher musste man sich jede dieser Sprachen mühsam beibringen, die Syntax lernen, die Unterschiede zwischen den einzelnen Sprachparadigmen verstehen. Heute? Heute muss man die Sprache selbst fast gar nicht mehr lernen.

Das Lernen hat sich in gewisser Weise verschoben: Es geht nicht mehr darum, zu verstehen, wie genau man eine Schleife in Python oder ein Callback in JavaScript schreibt. Stattdessen lernen wir heute, wie man einer KI die richtigen Prompts gibt, damit sie das ausspuckt, was man benötigt. Die Kunst besteht darin, die richtigen Fragen zu stellen, den KI-Output zu verfeinern und genau zu definieren, was man erreichen will. Das bedeutet, dass der eigentliche Prozess des Programmierens, das früher aus dem Schreiben von Zeile um Zeile Code bestand, jetzt viel mehr zur Interaktion mit der KI wird.

Natürlich – und das ist der wichtige Punkt – reicht es nicht, nur die KI zu fragen und blind darauf zu vertrauen, dass der generierte Code perfekt ist. Man muss immer noch ein solides Verständnis für die zugrunde liegenden Strukturen haben, wenn man den Code, den die KI produziert, tatsächlich nutzen will. Die KI kann großartige Hilfestellungen bieten, aber sie kann nicht den gesamten Kontext eines komplexen Projekts verstehen oder fehlerfreie, voll funktionsfähige Lösungen für jede Herausforderung liefern. Wenn man eine Anwendung bauen will, die stabil läuft, müssen die Codebausteine, die man von einer KI bekommt, oft angepasst und in eine bestehende Infrastruktur integriert werden.

Beispielsweise können Sie der KI sagen: »Schreibe mir eine Funktion in Python, die eine CSV-Datei einliest und bestimmte Daten extrahiert.« Die KI wird Ihnen einen Code liefern, der genau das macht – aber was, wenn Ihre CSV-Dateien ein spezielles Format haben? Oder wenn Ihre Datenbank eine spezifische Abhängigkeit hat, die der KI nicht bekannt ist? Hier kommt der Punkt ins Spiel, an dem echte Programmiererfahrung nach wie vor unverzichtbar ist.

Es gibt noch eine weitere Ebene: Wenn man den Code, den die KI ausgibt, vollständig verstehen und anpassen will, braucht man immer noch die Fähigkeiten, die man als Programmierer früher von Grund auf lernen musste. Die KI kann einem viele Schritte abnehmen, aber sie schafft auch neue Herausforderungen. Sie produziert zwar Code, aber es liegt an uns, diesen Code zu testen, Fehler zu beheben und ihn in einen größeren Kontext einzufügen. In einem realen Softwareprojekt müssen immer noch Schnittstellen,

Abhängigkeiten und Frameworks verstanden und verwaltet werden. Diese Details kann eine KI oft nicht perfekt beherrschen, besonders wenn es um komplexe Projekte mit Hunderttausenden von Zeilen Code geht, wie ich sie früher in Delphi geschrieben habe.

Man könnte also sagen, dass Programmierung sich verändert hat. Es geht nicht mehr darum, den Code Wort für Wort zu schreiben, sondern vielmehr darum, die richtigen Fragen zu stellen, die richtigen Bausteine zu kombinieren und ein tieferes Verständnis dafür zu haben, wie alles zusammenpasst. Die KI ist ein mächtiges Werkzeug, aber am Ende bleibt es doch am Menschen, die finale Kontrolle zu haben und das Ergebnis zu bewerten.

23.4 Beispiel zum Verständnis

Stellen Sie sich eine Szene auf einer Party in Berlin vor. Ein Typ, der gerne auf den Putz haut, prahlt lautstark vor einer Gruppe von Leuten: »Hey, ich kann in Delphi programmieren!« – so, als wäre das die große Enthüllung des Abends. Die meisten hören ihm halbherzig zu, aber einer ist neugierig und fragt: »Echt? Was kannst du denn damit machen?«

Der Typ, nennen wir ihn mal Tom, setzt noch einen drauf. »Ach, so ziemlich alles! Ich könnte dir ein Programm schreiben, das dir in Echtzeit den Wert von Kryptowährungen anzeigt und mit einem Knopfdruck kannst du gleich Kryptos kaufen. Easy!«

Natürlich hat er keinen blassen Schimmer, wie er das umsetzen soll, aber Tom hat einen Plan. Er zieht sein Handy raus, öffnet ChatGPT und tippt schnell: »Mach mir ein Delphi-Programm, das den Wert von Kryptowährungen anzeigt und einen Button hat, mit dem ich Kryptowährungen kaufen kann.«

Die KI antwortet prompt und liefert ihm Code – irgendeinen Code. Tom versteht vielleicht die Hälfte davon, aber das ist ihm egal. Er scrollt durch die Antwort, nickt zufrieden und sagt dann laut: »Hier, Leute! Ich habe gerade in zwei Minuten ein Programm geschrieben. Das könnt ihr mal alle ausprobieren!«

Der Moment ist gekommen. Die Leute sind beeindruckt – zumindest die, die keinen blassen Schimmer von Programmierung haben. Tom macht weiter und erklärt mit erhobener Stimme, dass das ja »nur der Anfang« sei. »Wenn ich mehr Zeit hätte, würde ich noch Live-Charts einbauen, Transaktionshistorien und Wallet-Integrationen. Ihr müsst einfach wissen, wie man so einen Code aufbaut. Alles eine Frage der Praxis und dem Wissen, wie die Bausteine zusammenpassen!«

Während er das sagt, checkt er heimlich weiter das Handy, in der Hoffnung, dass der generierte Code tatsächlich funktioniert. Aber die Wahrheit ist, dass die KI zwar einiges erledigen kann, aber eben nicht alles. Tom hat keinen Plan, wie er das Projekt zum Laufen bringt, denn in Wirklichkeit versteht er weder den Code noch die Logik dahinter. Trotzdem fühlt er sich wie der König der Party, weil niemand ihn infrage stellt.

Irgendjemand, der ein bisschen Ahnung hat, könnte vielleicht skeptisch werden und fragen: »Hey, funktioniert das wirklich so? Kann man einfach einen Button drücken und dann Kryptos kaufen?« Doch Tom lässt sich nicht beirren. »Klar doch, das ist alles machbar! Man muss nur den richtigen API-Key einbinden und ein bisschen was am Code anpassen, dann läuft das wie geschmiert.«

Tom schwitzt innerlich. API-Key? Keine Ahnung, was das genau ist. Aber das muss jetzt auch keiner wissen. Der Moment gehört ihm.

So läuft das also: Jemand, der keine tiefere Ahnung von Programmierung hat, kann dank ChatGPT vielleicht so tun, als wäre er der große Experte. Aber sobald es darum geht, den Code wirklich zum Laufen zu bringen, bricht die Fassade oft schnell zusammen.

Jetzt käme der Punkt, wo man den tatsächlichen Delphi-Code anschauen würde – und genau hier trennt sich die Spreu vom Weizen.

Jetzt frage ich mal ChatGPT genau nach diesem Code: »Mach mir ein Delphi-Programm, das den Wert von Kryptowährungen anzeigt und einen Button hat, mit dem ich Kryptowährungen kaufen kann.«

Das hat ChatGPT zurückgegeben:
Schritt 1: Projekt erstellen

Öffnen Sie Delphi und erstellen Sie ein neues VCL Forms-Anwendungsprojekt.

Schritt 2: Benutzeroberfläche gestalten

Ziehen Sie die folgenden Komponenten auf das Formular: ein TLabel (für den Titel), ein TEdit (zum Anzeigen des Preises, ReadOnly setzen), ein TButton (zum Kaufen von Kryptowährungen) und eine TIdHTTP-Komponente (unter »Internet« zu finden).

Schritt 3: Programmcode hinzufügen

Fügen Sie den folgenden Code in die Form-Klasse ein, um den Preis von Bitcoin (oder einer anderen Kryptowährung) abzurufen und den Kauf-Button zu implementieren:

```
uses
  IdHTTP, System.JSON, Vcl.Dialogs;

procedure TForm1.FormCreate(Sender: TObject);
var
  Http: TIdHTTP;
  Json: TJSONObject;
  Response: string;
begin
  Http := TIdHTTP.Create(nil);
  try
    Response := Http.Get(›https://api.coingecko.com/api/v3/simple/price?ids=bitcoin&vs_currencies=usd‹);
    Json := TJSONObject.ParseJSONValue(Response) as TJSONObject;
```

```
  if Assigned(Json) then
  begin
    Edit1.Text := Json.GetValue('bitcoin').GetValue('usd').Value
+ ' USD';
    Json.Free;
  end
  else
    ShowMessage('Fehler beim Abrufen der Daten.');
  finally
    Http.Free;
  end;
end;

procedure TForm1.Button1Click(Sender: TObject);
begin
  ShowMessage('Kauf von Kryptowährungen wurde initiiert.');
end;
```

Schritt 4: Komponenten-Eigenschaften einstellen

Setzen Sie die Name-Eigenschaft des TEdit auf Edit1. Setzen Sie die Name-Eigenschaft des TButton auf Button1 und den Caption auf »Kaufen«.

Schritt 5: Anwendung testen

Führen Sie das Programm aus. Der aktuelle Preis von Bitcoin sollte angezeigt werden. Klicken Sie auf den Button »Kaufen«, um eine Nachricht zu erhalten.

Hinweis

Sie können den API-Endpoint anpassen, um andere Kryptowährungen abzurufen, indem Sie die ID in der URL ändern (z.B. ethereum). Die Kauf-Logik muss entsprechend Ihren Anforderungen implementiert werden (z.B. Verbindung zu einer Handelsplattform). Denken Sie daran, dass der API-Endpoint von CoinGecko möglicherweise gelegentlich Änderungen unterliegt. Prüfen Sie die aktuelle Dokumentation für weitere Informationen.

Wenn Sie weitere Anpassungen benötigen oder spezifische Funktionen hinzufügen möchten, lassen Sie es mich wissen!

So und jetzt soll Tom mal machen! Was fängt man mit diesem Code an? Wo muss er hin? Was bedeutet er? Wie designt man die GUI? Sie sehen schon - ChatGPT kann unterstützend wirken, wenn ein echter Programmierer Hilfe braucht. Ohne dass Tom Delphi lernt und versteht, ohne zu wissen, wie die IDE von Embarcadero funktioniert, ist dieser Code bis ans Ende seiner Tage nur eine Aneinanderreihung von Buchstaben, die für ihn nichts als Kauderwelsch bedeuten. So wird Tom ganz sicher keine Software compilieren, die in der Lage ist, das zu tun, was er so laut tönt. Und wenn dann noch ein Programmierer in der Nähe ist, wird der sicher sofort anfangen wollen zu reden! Das ist einfach so. Ich würde sagen: »Hä? Willst du mich verarschen? Der Buttonklick löst ein ShowMessage aus - mehr aber auch nicht!« Und ShowMessage heißt einfach: Zeige den Text in Klammer einfach nur in einem Fensterchen an.

24 Warnung was Sie behaupten

Die Gefahren falscher Behauptungen über Fähigkeiten werden aktuell schwer unterschätzt! Ich denke, wir sind uns alle einig: ChatGPT und andere LLMs (Large Language Models) geben uns Zugang zu unermesslichem Wissen und scheinbaren Fähigkeiten.

Als Tipp und Rat von mir: Behaupten Sie niemals, Sie können … Sie haben … Sie machen … oder Sie werden …, wenn dem nicht so ist.

Wenn Sie kein HTML können, aber ChatGPT Ihnen den HTML-Code generiert hat und Sie die Website tatsächlich zum Laufen bringen, behaupten Sie niemals, dass Sie HTML können! Wirklich, das fällt Ihnen auf die Füße – irgendwann. Sie können ChatGPT fragen, ob er Ihnen hilft, HTML zu lernen. Dann können Sie lernen, und wenn Sie es draufhaben, können Sie sagen: »Ich kann es.« Aber bitte nicht andersherum.

Das Gleiche gilt für die Verwendung von z.B. Grafiksoftware wie Photoshop. Auch wenn Sie von KI Bilder erstellen lassen, behaupten Sie niemals, Sie beherrschen Photoshop und haben die Bilder selbst erstellt, wenn dem nicht so ist. Photoshop ist nicht ohne, und Menschen, die das Programm nicht lernen, können es nicht verwenden – so einfach ist das.

Bringen Sie sich nicht in Schwierigkeiten! Seien Sie ehrlich: »Ich habe zwei Stunden lang die richtigen Prompts in GPT gehämmert, bis ich mein Ergebnis hatte!« Auch das macht Ihnen nicht jeder nach.

Ein weiteres Beispiel ist die Verwendung von Programmiersprachen. Angenommen, Sie haben ein Skript in Python erstellt, indem Sie ChatGPT um Hilfe gebeten haben. Das bedeutet nicht, dass Sie ein erfahrener Programmierer sind. Sie können sagen: »Ich habe ein Skript erstellt, indem ich mit ChatGPT zusammengearbeitet habe«, aber wenn jemand von Ihnen erwartet, ein komplexes Programm zu schreiben oder Debugging durchzuführen, werden Sie schnell in eine unangenehme Situation geraten, wenn Sie die notwendigen Kenntnisse nicht besitzen.

Das gilt auch für das Schreiben von Inhalten. Wenn Sie von ChatGPT generierte Texte verwenden, um einen Artikel zu veröffentlichen, sollten Sie nicht behaupten, Sie seien ein professioneller Schriftsteller. Das Schreiben erfordert Übung, Kreativität und ein tiefes Verständnis für Sprache. Wenn Sie sich auf die Unterstützung von LLMs stützen, geben Sie zu, dass Sie Hilfe in Anspruch genommen haben, und zeigen Sie gleichzeitig Ihre eigene Entwicklung, indem Sie lernen, wie man gute Texte schreibt.

Die Wahrheit ist: Unterstützung durch KI-Tools ist wertvoll, aber sie ersetzt nicht die Notwendigkeit, Fähigkeiten tatsächlich zu erlernen. Seien Sie authentisch in dem, was Sie tun, und bauen Sie auf den Stärken auf, die Sie entwickeln, während Sie lernen. Auf diese Weise können Sie Ihr Wissen und Ihre Fähigkeiten authentisch erweitern und anderen gegenüber ehrlich bleiben.

25 LLMs Large Language Models

Wir haben in diesem Buch bereits eingehend über LLMs und deren Funktionsweise gesprochen. Die Grundlagen sind Ihnen mittlerweile bekannt, und Sie wissen, wie diese Systeme arbeiten. Jetzt möchte ich jedoch einen expliziten Blick auf die verschiedenen großen LLMs werfen, die derzeit auf dem Markt erhältlich sind. Dabei ist es wichtig, zu betonen, dass es hier wie an der Börse zu Schwankungen kommt – täglich gibt es neue Entwicklungen und Änderungen.

Natürlich möchte ich nicht erneut auf ChatGPT eingehen, das wohl bekannteste Modell, oder auf Bard von Google, das wir bereits besprochen haben. Stattdessen werfen wir einen Blick auf einige andere vielversprechende LLMs, die in der jüngsten Vergangenheit in den Fokus gerückt sind: LAAMA, Claude 2 und Grok.

25.1 LAAMA

LAAMA – der nächste große Schritt in der KI? Das Sprachmodell, das von Meta entwickelt wurde, könnte bald die KI-Welt ordentlich aufmischen. Entwickelt mit dem Fokus auf natürliche und intuitive Interaktionen, hebt sich LAAMA von vielen seiner Vorgänger ab. Es ist nicht nur ein weiteres KI-Modell, das Text generiert. Nein, LAAMA bringt etwas viel Wichtigeres auf den Tisch: Es versteht Anfragen besser und liefert kontextualisierte, sinnvolle Antworten.

Was LAAMA so besonders macht, ist seine Fähigkeit, den Gesprächsverlauf dynamisch zu verfolgen. Während man sich mit anderen Modellen oft in statischen, eingeschränkten

Dialogen bewegt, passt sich LAAMA dem Nutzerverhalten an und schafft so eine fast schon menschliche Gesprächsführung. Die Anpassungsfähigkeit an den Nutzer und die Konversation sorgt für eine deutlich bessere Nutzererfahrung. Es ist fast so, als hätte man es mit einem echten Gesprächspartner zu tun.

In einer Zeit, in der personalisierte Interaktionen immer mehr an Bedeutung gewinnen, könnte LAAMA zum ernsthaften Konkurrenten für die bereits etablierten Sprachmodelle wie ChatGPT oder Gemini werden. Die Fähigkeit, den Kontext über längere Konversationen hinweg zu behalten, macht es besonders spannend für Bereiche, in denen die KI langfristig assistieren oder beratend tätig sein soll. Egal ob Kundenservice, technische Unterstützung oder kreative Schreibassistenz – LAAMA könnte den Markt revolutionieren.

Die Frage ist also: Werden Unternehmen wie Google, Microsoft oder OpenAI einen neuen Mitbewerber fürchten müssen? Wenn man die Entwicklung und das Potenzial von LAAMA betrachtet, könnte die Antwort ganz klar »Ja« lauten. Es bleibt spannend zu sehen, wie LAAMA sich in den kommenden Jahren auf dem Markt behaupten wird und ob es tatsächlich zur Galionsfigur für Meta's KI-Offensive erfolgreich sein wird.

25.2 Claude 2

Ein weiterer heißer Kandidat im Rennen um die KI-Krone ist Claude 2 von Anthropic. Anders als viele seiner Mitstreiter zeichnet sich Claude 2 nicht nur durch beeindruckende Leistungsfähigkeit, sondern vor allem durch seine Sicherheitsaspekte aus. In einer Welt, in der Künstliche Intelligenz zunehmend kritisch beäugt wird, punktet Claude 2 mit ethisch verantwortungsvollen Antworten. Das Modell hat sich als äußerst robust gegen Missbrauch erwiesen, was ihm einen klaren Vorteil verschafft, wenn es um die sichere Anwendung von KI geht.

Was Claude 2 besonders stark macht, ist seine Fähigkeit, komplexe Anfragen auf hohem Niveau zu verarbeiten und dabei den Kontext der Anfrage präzise zu berücksichtigen. Für Nutzer, die in sensiblen Bereichen arbeiten – sei es in der medizinischen Beratung, der juristischen Recherche oder im Bildungssektor – ist das von entscheidender Bedeutung. Die Entwickler von Anthropic haben das Ziel verfolgt, ein Modell zu schaffen, das nicht nur technisch leistungsfähig ist, sondern auch mit Weitsicht und Verantwortung agiert. Das macht Claude 2 zu einer soliden Wahl in Anwendungsfeldern, bei denen es auf Vertrauen und Sicherheit ankommt.

Während andere Modelle oft für ihre Neigung zu ungenauen oder sogar potenziell gefährlichen Antworten kritisiert werden, sorgt Claude 2 mit seinen sorgfältig kalibrierten Mechanismen dafür, dass genau das nicht passiert. Dieser Fokus auf Sicherheit und ethische Handlungsweise könnte Claude 2 in eine Vorreiterrolle drängen, wenn es darum geht, KI in sicherheitskritischen Bereichen einzusetzen.

Die Bedeutung von Claude 2 könnte in der Zukunft nicht nur im kommerziellen, sondern auch im öffentlichen Sektor zunehmen. Unternehmen und Institutionen, die sich um die ethische Nutzung von Künstlicher Intelligenz sorgen, finden in diesem Modell eine vertrauenswürdige Lösung. Es bleibt abzuwarten, wie sich Claude 2 weiterentwickelt, doch eines ist klar: Anthropic hat mit diesem Modell einen echten Treffer gelandet und es wird spannend sein zu sehen, welchen Einfluss es auf die KI-Landschaft nehmen wird.

25.3 Grok von X-AI

Ein weiteres Highlight im KI-Kosmos ist Grok, entwickelt von X-AI, dem Unternehmen von Elon Musk. Grok geht einen spannenden Weg, indem es gezielt für die Integration in soziale Medien und andere Plattformen konzipiert wurde. Was Grok besonders macht, ist seine Fähigkeit, in Echtzeit mit Nutzern zu interagieren. Dank fortschrittlicher Algorithmen kann das Modell die Emotionen und Stimmungen von Nutzern besser erfassen und entsprechend reagieren. Diese Funktion verspricht, die Interaktion zwischen Mensch und Maschine auf eine neue, natürlichere Ebene zu heben.

Gerade in sozialen Netzwerken, wo Emotionen oft eine zentrale Rolle spielen, könnte Grok einen erheblichen Mehrwert bieten. Man stelle sich vor, wie das Modell in der Lage ist, Stimmungen in Beiträgen oder Kommentaren zu erkennen und darauf dynamisch zu antworten. Das Potenzial für eine personalisierte und emotionale Nutzererfahrung ist enorm. So könnte Grok beispielsweise in der Lage sein, auf wütende oder frustrierte Nutzer beruhigend einzugehen oder positive Emotionen weiter zu verstärken – eine Eigenschaft, die für viele Unternehmen im Kundenservice oder in der Community-Interaktion von unschätzbarem Wert sein könnte.

Es bleibt jedoch spannend zu sehen, wie sich Grok im Vergleich zu anderen Modellen behaupten wird. Besonders die praktische Anwendbarkeit und die nahtlose Integration in bestehende Systeme könnten darüber entscheiden, ob es den Durchbruch schafft. Es ist klar, dass Elon Musk hier wieder einmal eine ambitionierte Vision verfolgt, die nicht nur technisch beeindruckend ist, sondern auch enorme Möglichkeiten für die Interaktion im digitalen Raum eröffnet.

In einer Welt, in der sich die Entwicklung von Language Learning Models (LLMs) rasant weiterentwickelt, bleibt es faszinierend, wie jedes neue Modell seine eigenen Schwerpunkte setzt. Grok scheint hier den Bereich der Echtzeit-Interaktion und der emotionalen Intelligenz besonders stark in den Fokus zu nehmen. Und mit jedem neuen Modell, das auf den Markt kommt, sehen wir Verbesserungen, die auf dem Feedback der Nutzer basieren. Die Wahl des richtigen LLMs wird also immer mehr zu einer Frage der individuellen Anforderungen, aber eines ist sicher: Grok wird eine interessante Rolle in diesem wachsenden Ökosystem spielen.

25.4 PaLM 2

Ein weiterer KI-Gigant, der aktuell für ordentlich Wirbel sorgt, ist PaLM 2. Entwickelt von Google, mischt dieses Modell die Szene gerade ordentlich auf. PaLM 2 geht weit über die bisherigen Ansätze hinaus und setzt neue Maßstäbe in der Verarbeitung natürlicher Sprache. Das Besondere an diesem Modell? Es hat eine unfassbare Kapazität, Informationen zu verarbeiten und dabei präzise und kontextbezogene Antworten zu liefern – auch bei extrem komplexen Anfragen. Google hat hier nicht einfach nur nachgelegt, sondern ein wahres KI-Monster geschaffen, das in vielerlei Hinsicht die Konkurrenz herausfordert.

Was PaLM 2 so spannend macht, ist seine Vielseitigkeit. Ob im Gesundheitssektor, in der Forschung oder bei alltäglichen Anwendungen – dieses Modell ist ein Allrounder. Google hat bei der Entwicklung einen klaren Fokus auf die Verbesserung der menschlichen Interaktion gelegt. So ist PaLM 2 in der Lage, mit seinen Nutzern auf eine Weise zu interagieren, die sich fast schon menschlich anfühlt. Und das Ganze funktioniert nicht nur auf Englisch: PaLM 2 kann in mehreren Sprachen arbeiten, was es zu einem echten Global Player macht.

Aber Google wäre nicht Google, wenn sie es dabei belassen würden. Mit PaLM 2 wird auch verstärkt auf die Sicherheitsaspekte eingegangen. Es soll nicht nur leistungsstark, sondern auch verantwortungsbewusst sein. Gerade in einer Zeit, in der die Diskussionen um die ethische Nutzung von KI immer lauter werden, ist das ein klares Statement. So bietet PaLM 2 Mechanismen, um Missbrauch zu verhindern, und agiert dabei deutlich präziser und verantwortungsvoller als viele seiner Vorgänger.

Die große Frage bleibt: Kann PaLM 2 sich langfristig an der Spitze halten? Mit seiner enormen Rechenpower und der Fähigkeit, auch hochkomplexe Sachverhalte zu verstehen und zu verarbeiten, hat es definitiv das Potenzial, die KI-Landschaft nachhaltig zu verändern. Aber wie immer gilt auch hier: Der Wettbewerb schläft nicht. Es bleibt spannend, wie PaLM 2 sich im direkten Vergleich mit anderen Modellen behaupten wird und ob es Google gelingt, dieses Modell in all den Bereichen erfolgreich zu integrieren, in denen KI heute schon eine Schlüsselrolle spielt.

25.5 Jurassic-1 Jumbo

Wenn wir über Large Language Models (LLM) sprechen, dann darf meiner Meinung nach ein echter Schwergewichtler nicht fehlen: Jurassic-1 Jumbo. Entwickelt von AI21 Labs, gehört dieses Modell zu den größten und leistungsfähigsten LLMs, die aktuell am Markt sind. Mit beeindruckenden 178 Milliarden Parametern setzt Jurassic-1 Jumbo neue Maßstäbe, wenn es um die Verarbeitung natürlicher Sprache geht. Aber das ist nur die halbe Geschichte. Was dieses Modell so besonders macht, ist nicht nur seine schiere Größe, sondern vor allem seine Flexibilität und Fähigkeit, kontextbezogene und tiefgehende Antworten zu liefern, selbst bei den komplexesten Anfragen.

Jurassic-1 Jumbo sticht durch seine enorme Sprachkapazität hervor. Ob es um präzise Texterstellung, tiefgehende Recherche oder anspruchsvolle Übersetzungen geht – dieses Modell hat eine beeindruckende Palette an Fähigkeiten. Im Gegensatz zu vielen anderen LLMs brilliert es besonders, wenn es um die Bearbeitung von langen Texten oder komplexen Fragestellungen geht, bei denen viele Modelle oft ins Straucheln geraten. AI21 Labs hat hier ein wahres Multitalent auf die Beine gestellt, das sich in den verschiedensten Anwendungsfeldern behauptet.

Was Jurassic-1 Jumbo zusätzlich interessant macht, ist die Integration von Werkzeugen, die es Entwicklern ermöglichen, das Modell gezielt für spezifische Aufgaben zu optimieren. Egal ob für den Einsatz in der Medizin, im Rechtswesen oder in der Wirtschaft – dieses LLM lässt sich fein justieren und an die jeweiligen Bedürfnisse anpassen. Das gibt ihm einen enormen Vorteil in einer Welt, in der die Anforderungen an Künstliche Intelligenz immer vielfältiger und anspruchsvoller werden.

Ein weiteres Highlight von Jurassic-1 Jumbo ist seine Fähigkeit, auf eine präzise Art und Weise mit Nutzern zu interagieren. Es geht nicht nur darum, Antworten zu liefern, sondern auch darum, die Nuancen in der Kommunikation zu erkennen und zu berücksichtigen. Dieses Modell versteht den Gesprächsfluss und kann sich dynamisch anpassen – genau das, was man von einem echten KI-Schwergewicht erwartet.

Natürlich bleibt auch bei Jurassic-1 Jumbo die Frage, wie es sich im Vergleich zu anderen Topmodellen schlägt. Bei seiner schieren Größe und Flexibilität hat es das Potenzial, ein ernsthafter Konkurrent zu den etablierten Playern wie GPT-4 oder PaLM 2 zu sein. Aber wie bei allen LLMs hängt der Erfolg letztlich davon ab, wie gut es in der Praxis eingesetzt wird. Eines ist jedoch sicher: Jurassic-1 Jumbo ist nicht nur ein beeindruckendes technisches Kunststück, sondern könnte auch ein Game-Changer sein, der die Zukunft der Sprachmodelle entscheidend mitprägt.

25.6   Falcon LLM

Sie sehen schon, eigentlich nimmt es gar kein Ende, wenn man sich die Welt der LLMs anschaut. Deshalb komme ich nun zum letzten Modell, das ich Ihnen vorstellen möchte:

Falcon LLM. Der Knaller, kann ich nur sagen. Entwickelt wurde es von der Technology Innovation Institute aus Abu Dhabi, und es hat innerhalb kürzester Zeit für Aufsehen gesorgt. Falcon LLM bringt alles mit, was ein modernes Sprachmodell ausmacht, und setzt in vielerlei Hinsicht neue Standards. Was dieses Modell wirklich auszeichnet, ist seine unglaubliche Geschwindigkeit und Effizienz bei der Bearbeitung von Anfragen. Es bietet nicht nur schnelle und präzise Antworten, sondern versteht auch komplexe Zusammenhänge auf beeindruckende Art und Weise.

Falcon LLM ist in der Lage, riesige Datenmengen zu verarbeiten und liefert dabei Ergebnisse, die sich sehen lassen können. Egal ob in der Forschung, im Kundenservice oder bei kreativen Anwendungen – Falcon hat das Potenzial, in nahezu jedem Bereich der Künstlichen Intelligenz mitzuspielen. Ein echter Alleskönner also. Aber was Falcon wirklich hervorhebt, ist die Tatsache, dass es als Open-Source-Modell veröffentlicht wurde. Das bedeutet, dass Entwickler weltweit die Möglichkeit haben, es zu optimieren und anzupassen, was die Einsatzmöglichkeiten beinahe unendlich macht.

Neben der technischen Leistung ist auch die Skalierbarkeit von Falcon LLM ein entscheidender Vorteil. Es kann sowohl für kleinere Aufgaben als auch für groß angelegte Projekte eingesetzt werden. Unternehmen, die bisher vielleicht gezögert haben, ein LLM zu integrieren, bekommen hier eine echte Alternative an die Hand, die sich flexibel anpassen lässt. Falcon LLM beweist damit, dass nicht immer die großen Namen wie Google oder OpenAI den Markt dominieren müssen – auch andere Player haben das Zeug dazu, die Zukunft der KI maßgeblich mitzugestalten.

Ein weiterer Pluspunkt: Falcon LLM legt einen besonderen Fokus auf die Energieeffizienz. In einer Zeit, in der die Diskussion um den Ressourcenverbrauch von KI-Modellen immer lauter wird, ist das ein echtes Verkaufsargument. Es zeigt, dass man leistungsstarke Modelle entwickeln kann, ohne dabei die Umwelt aus den Augen zu verlieren.

Alles in allem ist Falcon LLM ein echter Game-Changer, der zeigt, dass die Welt der LLMs noch lange nicht am Ende ist. Mit seiner offenen Struktur, der schnellen Verarbeitung und der Flexibilität setzt es neue Maßstäbe und beweist, dass auch abseits der großen Tech-Giganten echte Innovation möglich ist.

25.7 Zusammenfassung zu LLMs

LLMs gibt es inzwischen viele, und es werden täglich mehr. Jede neue Entwicklung, die auf den Markt kommt, bringt riesige Geldsummen mit sich. Das zieht Entwickler und Start-ups an wie das Licht die Motten, was das Ganze noch weiter beschleunigt. Es ist fast schon eine Art Goldrausch – jeder will ein Stück vom Kuchen abhaben, und das treibt die Innovation weiter voran. Wenn Sie den Markt beobachten, werden Sie feststellen, dass es nicht nur um die Technik selbst geht, sondern um ein riesiges Ökosystem, das sich um diese Modelle entwickelt. Firmen, Investoren und Entwickler buhlen um die besten Ideen und Anwendungen, und täglich entstehen neue Modelle, die versuchen, die aktuellen Platzhirsche zu übertreffen.

Wenn Sie selbst ein Modell suchen, das genau Ihren Ansprüchen gerecht wird, kann das eine ziemlich überwältigende Aufgabe sein. Die Auswahl ist riesig, und es ist nicht leicht, den Überblick zu behalten. Aber keine Panik auf der Titanik, Sie müssen das nicht alleine machen. Tools wie Bard oder ChatGPT stehen Ihnen zur Seite und können Ihnen dabei helfen, das richtige LLM für Ihre spezifischen Zwecke zu finden. Diese KIs haben das Wissen und die Erfahrung, um Ihnen die besten Optionen vorzuschlagen und Ihnen den Weg durch den Dschungel der LLMs zu erleichtern. Sie müssen also nicht stundenlang selbst recherchieren – lassen Sie die KI die Arbeit für Sie erledigen.

Und damit genug zu den Sprachmodellen. Ich werde jetzt mit Ihnen in das nächste große Thema der Künstlichen Intelligenz eintauchen: Bilder! Es wird spannend, denn genau wie bei den LLMs gibt es auch hier einige revolutionäre Entwicklungen, die die Art und Weise, wie wir mit visuellen Inhalten arbeiten, komplett verändern. Bleiben Sie dran, es wird noch richtig interessant!

26 Funktionsweise LLMs und Modelle

Nun möchte ich einmal tiefer auf die Arbeitsweise von LLMs eingehen. Hier habe ich viel gelesen und natürlich noch viel mehr getestet. Diese Faktoren, die wir nun besprechen, beeinflussen maßgeblich, wie gut ein LLM funktioniert.

Wir gehen gemeinsam nach und nach auf die verschiedenen Faktoren von LLMs ein, und ich hoffe, dass Sie dadurch ein besseres Verständnis für diese beeindruckende Technologie bekommen. Große Sprachmodelle wie GPT sind weit mehr als nur Programme, die zufällige Antworten auf Fragen generieren. Sie basieren auf einem komplexen Geflecht von mathematischen und logischen Prozessen, die präzise gesteuert werden müssen, um sinnvolle Ergebnisse zu liefern.

Viele Menschen sehen die beeindruckenden Fähigkeiten von LLMs, doch was dahinter passiert, bleibt oft ein Rätsel. Tatsächlich gibt es viele Stellschrauben, die die Leistung und die Effizienz eines solchen Modells maßgeblich beeinflussen. Genau diese wollen wir Schritt für Schritt durchgehen. Dabei schauen wir uns sowohl die grundsätzlichen Aspekte wie die Anzahl der Parameter und die Art des Trainings an, als auch die feineren Details wie Optimierungsverfahren oder Feinabstimmung. All diese Faktoren greifen ineinander und bestimmen letztlich, wie gut ein Modell arbeitet und wie effizient es auf neue Daten reagieren kann.

Unser Ziel ist es, Ihnen verständlich zu erklären, wie ein LLM wirklich funktioniert. Wir brechen dabei die komplexen technischen Details auf eine Ebene herunter, die klar und nachvollziehbar ist. Durch Beispiele und einfache Erklärungen wird schnell deutlich, warum manche Modelle besser sind als andere, und was Entwickler tun können, um die Leistung solcher Systeme zu verbessern.

26.1 Parameter

Wenden wir uns als Erstes den sogenannten Parametern zu. Nehmen wir dafür als Beispiel DALL-E, den Bildprozessor von OpenAI. Stellen wir uns vor, Sie möchten DALL-E die

Aufgabe geben, ein Bild von einem Hund in einem Regenmantel zu erstellen. Hier kommen die Parameter ins Spiel.

Parameter sind wie kleine Anweisungen oder Details, die dem Modell sagen, wie es etwas darstellen soll. Schauen wir uns das mal am Beispiel des Hundes an. Einer der Parameter könnte die Größe des Hundes sein. Ist der Hund groß wie ein Schäferhund oder klein wie ein Dackel? Der Parameter für die Größe hilft dem Modell, zu entscheiden, wie viel Platz der Hund im Bild einnimmt.

Nun wird es spannender. Nehmen wir den Parameter für das Fell. Damit das Modell den Hund so realistisch wie möglich darstellt, muss es das Fell sehr genau abbilden. Und hier kommen unzählige Unter-Parameter ins Spiel. Ist der Hund braun, schwarz, weiß oder gescheckt? Das Modell muss diese Entscheidung treffen, bevor es das Fell zeichnen kann. Hat der Hund kurzes oder langes Fell? Locken wie ein Pudel oder glattes Fell wie ein Labrador? Vielleicht hat der Hund hellere und dunklere Stellen im Fell. Das Modell muss wissen, wo genau diese Verläufe sitzen. Läuft das Fell am Rücken des Hundes in eine dunklere Farbe über? Oder hat es weiße Flecken an den Pfoten? Jedes einzelne Haar des Fells kann durch Parameter beschrieben werden. Hat das Haar eine bestimmte Krümmung? Ist es in Bewegung, weil der Hund sich schüttelt? In welche Richtung zeigt das Haar? Das Modell kann jedes Haar im Detail steuern.

Der nächste wichtige Parameter ist die Position des Hundes. Bellt der Hund gerade? Sitzt er aufmerksam da, oder liegt er vielleicht entspannt? Ist er in Bewegung oder still? Jede dieser Haltungen hat eigene Parameter. Wie weit sind die

Beine ausgestreckt? Wie ist der Kopf geneigt? Diese Details helfen dem Modell, eine lebendige und realistische Darstellung zu erzeugen.

Die Zähne und Ohren des Hundes müssen auch richtig platziert sein. Ein Parameter legt fest, wo genau im Bild die Ohren und Zähne sitzen. Sind die Ohren spitz wie bei einem Husky oder hängen sie wie bei einem Beagle? Und wie sichtbar sind die Eckzähne, wenn der Hund vielleicht das Maul geöffnet hat? Wenn der Hund bellt, könnten die Zähne prominent sichtbar sein – auch das muss der Parameter steuern.

Dann haben wir den Regenmantel. Auch hier gibt es eine Fülle von Parametern. Ist der Mantel rot, gelb oder vielleicht gestreift? Passt der Mantel genau auf den Hund, oder ist er zu groß? Wie eng liegen die Ärmel an den Beinen des Hundes? Ein Regenmantel hat oft eine glänzende Oberfläche, weil er aus wasserabweisendem Material besteht. Ist der Mantel glatt und glänzend oder matt? Wo sitzen die Ärmel? Liegen sie genau auf den Vorderbeinen, oder hängt der Mantel vielleicht locker herunter?

All diese Parameter zusammen helfen dem Modell, ein realistisches Bild zu erzeugen. Jeder Parameter bestimmt ein kleines Detail – ob es nun die Position der Ohren ist oder die Farbe des Mantels. Und das Ganze geht noch viel weiter. Man kann fast jeden Aspekt des Hundes und seines Mantels immer weiter in kleine Unter-Parameter aufbrechen.

Nehmen wir das Beispiel des Fells. Sie können sich vorstellen, dass es nicht bei der Farbe oder der Haarlänge aufhört.

Sie könnten festlegen, ob das Fell glatt oder zerzaust aussieht. Hat der Hund nasse Haare, die an seinem Körper kleben, weil es gerade regnet? Sind die Haare in Bewegung, weil der Hund sich vielleicht gerade schüttelt? Für jedes dieser Details gibt es einen Parameter, der genau festlegt, wie das Fell aussieht und sich verhält.

Für einen einzigen Hund könnten also schon hunderte Parameter allein für das Fell festgelegt werden. Ist das Fell glatt, gewellt oder gelockt? Ist es dicht oder dünn? Wie schattiert ist das Fell, und verlaufen die Farben gleichmäßig? Wenn man nun noch weitere Details wie die Position des Hundes, die Gestaltung des Mantels und die Umgebung hinzufügt, wird schnell klar, wie viele Parameter zusammenkommen. Und genau hier wird deutlich, wie leistungsfähig diese Modelle sind.

Wenn DALL-E diese Parameter nicht hätte, könnte es zum Beispiel einen Hund mit Ohren am falschen Platz zeichnen oder der Mantel könnte viel zu groß oder zu klein sein. Die Parameter sorgen also dafür, dass alles im Bild so aussieht, wie es sein soll – von den kleinsten Details wie der Krümmung eines einzelnen Haares bis hin zur gesamten Szene, in der der Hund abgebildet wird.

Das Modell greift also auf eine riesige Anzahl an Parametern zu, um sicherzustellen, dass das Bild am Ende möglichst realistisch und präzise wird. So entstehen schnell Millionen von Parametern, die verarbeitet werden müssen – und in Zukunft könnte diese Zahl noch weiter steigen. Denn je mehr Details man in ein Bild einfließen lassen will, desto mehr Parameter braucht es. Das zeigt, wie komplex die Welt der

KI-Modellierung ist – und gleichzeitig, warum diese Modelle so beeindruckende Ergebnisse liefern können.

Sie sehen schon, dass da recht viele Parameter zusammenkommen. Alleine die ganzen Parameter, wie eben beschrieben, richtig zusammenzusetzen, verschlingt Unmengen an weiteren Parametern. Denken Sie daran, dass das Modell nicht nur jeden Aspekt einzeln betrachtet, sondern auch alle diese Details miteinander in Einklang bringen muss. Zum Beispiel muss es wissen, wie die Größe des Hundes im Verhältnis zum Regenmantel steht, ob die Ohren im richtigen Winkel zur Kopfhaltung platziert sind und ob die Lichtverhältnisse auf dem glänzenden Mantel korrekt sind.

All diese Verbindungen zwischen den einzelnen Parametern erzeugen eine komplexe Struktur, die wiederum aus noch mehr Parametern besteht. Das ist der Wahnsinn! Ein KI-Modell muss nicht nur wissen, wie jedes Detail aussieht, sondern auch, wie all diese Details zusammenpassen und sich gegenseitig beeinflussen. Und das bedeutet, dass die Anzahl der Parameter explodiert. Genau diese Komplexität macht solche Modelle so leistungsfähig – aber auch so enorm ressourcenintensiv.

26.2 Parameter bei Text

Stellen Sie sich vor, Sie geben dem Modell eine Eingabe wie »Erzähle mir eine Geschichte über einen Hund, der im Regen spielt«. Die Parameter bestimmen dann, welche Worte gewählt werden, wie die Satzstruktur aussieht, welche grammatikalischen Regeln beachtet werden und wie der Kontext zusammenhängt. Genau wie bei der Bildgenerierung müssen auch bei der Spracherstellung Details wie der Stil, die Tonlage, die Formulierung und sogar die Länge der Sätze richtig aufeinander abgestimmt sein.

Zum Beispiel entscheidet ein Parameter, ob der Hund in der Geschichte »rennt«, »läuft« oder »hüpft«. Ein anderer Parameter bestimmt, ob die Beschreibung »im Regen« gleich am Anfang des Satzes oder später im Text erscheint. Es gibt Parameter für den Wortschatz, die bestimmen, ob einfache oder komplexe Worte verwendet werden, und Parameter, die dafür sorgen, dass die Antwort zur vorherigen Eingabe passt, damit kein Zusammenhang verloren geht.

Auch hier gilt, dass die Anzahl der Parameter mit der Komplexität der Aufgabe zunimmt. Wenn das Modell längere Texte schreiben oder komplexere Zusammenhänge erfassen soll, braucht es mehr Parameter, um die Details und Feinheiten richtig hinzubekommen. So wie das Modell bei einem Bild sicherstellen muss, dass das Fell des Hundes die richtige Farbe hat, muss es bei der Spracherstellung sicherstellen, dass die gewählten Wörter und Sätze zusammenpassen und der Text einen sinnvollen Fluss hat. Und genau wie bei der Bildgenerierung sind es oft Millionen von Parametern, die im Hintergrund zusammenarbeiten, um ein überzeugendes Ergebnis zu liefern.

26.3 Training

Schauen wir uns mal das Training eines großen Sprachmodells wie GPT an. Der Begriff »Training« klingt erstmal recht simpel, aber was dahinter passiert, ist extrem aufwendig und komplex. Stellen Sie sich das Modell als eine Art unbeschriebenes Blatt vor, das erst durch das Training lernt, wie es auf Texteingaben reagieren soll. Doch was bedeutet das genau?

Beim Training eines Modells geht es darum, dem System beizubringen, wie Sprache funktioniert, indem es riesige Mengen an Texten verarbeitet. Diese Texte kommen aus unterschiedlichsten Quellen: Bücher, Webseiten, wissenschaftliche Artikel, Forenbeiträge – im Grunde alles, was man sich vorstellen kann. Das Modell durchläuft diese Daten und versucht, Muster zu erkennen. Es lernt zum Beispiel, welche Wörter häufig zusammen auftauchen, wie Sätze aufgebaut sind oder wie man Zusammenhänge zwischen verschiedenen Absätzen herstellt.

Einfach gesagt, wird dem Modell eine Menge an Texten gezeigt, und es versucht, Vorhersagen darüber zu treffen, welches Wort als Nächstes kommt. Wenn das Modell zum Beispiel den Satz »Die Sonne geht im Osten …« liest, muss es vorhersagen, dass das nächste Wort wahrscheinlich »auf« ist. Liegt es falsch, bekommt das Modell ein Feedback und passt seine internen Parameter an, um beim nächsten Mal eine bessere Vorhersage zu treffen. Das wiederholt sich unzählige Male, bis das Modell gelernt hat, die Zusammenhänge in der Sprache zu verstehen.

Stellen Sie sich das wie ein Lehrer vor, der einen Schüler ständig korrigiert. Jedes Mal, wenn der Schüler einen Fehler macht, erklärt der Lehrer, wie es richtig geht. Der Schüler – in unserem Fall das Modell – lernt aus diesen Korrekturen und wird mit der Zeit immer besser. Dieser Prozess des ständigen Lernens ist genau das, was das Training eines Modells so mächtig macht. Mit jeder Korrektur wird das Modell ein bisschen intelligenter und genauer.

Jetzt könnte man denken: »Na gut, irgendwann hat das Modell ja genug gelernt.« Aber so einfach ist das nicht. Da die Daten aus so vielen verschiedenen Quellen stammen, gibt es unzählige Variationen in der Sprache, die das Modell verstehen muss. Mal ist die Sprache förmlich, mal umgangssprachlich. Manchmal geht es um wissenschaftliche Themen, manchmal um alltägliche Gespräche. All diese Unterschiede muss das Modell lernen und verarbeiten. Es muss wissen, wann es, welche Art von Sprache verwenden soll und wie es auf unterschiedliche Kontexte reagiert.

Hier wird auch klar, warum das Training so lange dauert und warum so viel Rechenleistung benötigt wird. Bei jedem Durchlauf durch die Daten – und das sind Milliarden von Textstücken – werden die Parameter angepasst und feinjustiert, um das Modell zu verbessern. Das bedeutet, dass gigantische Mengen an Rechenpower notwendig sind, um all diese Berechnungen durchzuführen. Während des Trainings »sieht« das Modell quasi die Welt der Sprache in all ihren Facetten und lernt, wie es darauf reagieren soll.

Was das Training außerdem so entscheidend macht, ist, dass das Modell nicht nur Worte isoliert betrachtet, sondern auch den Kontext verstehen muss. Es muss lernen, dass die Bedeutung eines Wortes sich je nach Zusammenhang ändern kann. Das Training sorgt dafür, dass das Modell diese feinen Unterschiede erfasst und entsprechend reagieren kann.

Kurz gesagt: Das Training ist der entscheidende Prozess, durch den ein Modell seine Fähigkeiten erwirbt. Ohne dieses ständige Lernen aus den Daten wäre das Modell nichts weiter als ein leeres Gerüst. Die immense Menge an Daten und die unzähligen Anpassungen der Parameter sorgen dafür, dass das Modell immer besser wird und in der Lage ist, auf komplexe und vielfältige Spracheingaben sinnvoll zu reagieren. Und genau dieser Training-Prozess ist es, der den Unterschied zwischen einem einfachen, primitiven Sprachmodell und einem leistungsfähigen System wie GPT ausmacht.

26.4 Kontextlänge

Die Kontextlänge ist einer der bestimmenden Faktoren, die beeinflussen, wie gut ein großes Sprachmodell funktioniert. Die Kontextlänge beschreibt im Grunde, wie viele Wörter oder Zeichen ein Modell gleichzeitig berücksichtigen kann, wenn es eine Antwort generiert oder einen Text fortsetzt. Nehmen wir mal an, Sie haben einen langen Text und wollen, dass das Modell ihn versteht und sinnvoll darauf antwortet. Die Frage ist hier: Wie weit kann das Modell zurückschauen, um den Kontext zu erfassen?

Je größer die Kontextlänge, desto mehr Informationen kann das Modell gleichzeitig verarbeiten. Das bedeutet, es kann weiter zurückgehen, um relevante Informationen zu nutzen. Ein einfaches Beispiel: Wenn Sie am Anfang eines Textes über »einen Hund im Regenmantel« sprechen und am Ende auf »das Tier« Bezug nehmen, muss das Modell erkennen, dass es sich immer noch um den Hund handelt. Wenn die Kontextlänge zu klein ist, verliert das Modell möglicherweise diese Verbindung, weil es die frühere Information schon »vergessen« hat.

Die Kontextlänge ist also wichtig, dass das Modell Zusammenhänge über längere Textpassagen hinweg erkennen kann. Nehmen wir an, Sie schreiben einen Bericht, der mehrere Seiten lang ist. Ein Modell mit einer kurzen Kontextlänge würde Schwierigkeiten haben, den roten Faden zu halten. Es könnte den Inhalt nur bruchstückhaft erfassen und dadurch wichtige Zusammenhänge übersehen. Ein Modell mit einer großen Kontextlänge hingegen kann die gesamte Struktur des Textes überblicken und relevante Informationen aus dem Anfang eines Dokuments auch noch am Ende verwenden.

Aber das ist nur die eine Seite der Medaille. Je größer die Kontextlänge, desto mehr Rechenleistung wird benötigt. Wenn das Modell einen extrem langen Text gleichzeitig verarbeiten muss, wird das Ganze schnell sehr aufwendig. Die Rechenkapazitäten steigen, und damit auch der Energieaufwand. In der Praxis bedeutet das, dass es immer einen Kompromiss zwischen Kontextlänge und Effizienz gibt. Klar, mehr Kontext bedeutet besseres Verständnis, aber es kostet eben auch viel mehr Ressourcen.

Ein weiteres Problem: Bei sehr langen Kontexten kann das Modell irgendwann den Überblick verlieren. Es hat dann zwar alle Informationen, die es braucht, aber es wird schwieriger, die wirklich wichtigen Details herauszufiltern. Stellen wir uns vor, ein Text beschreibt eine Geschichte mit vielen Charakteren, Ereignissen und Details. Wenn das Modell zu viele Informationen auf einmal bekommt, kann es passieren, dass es die falschen Prioritäten setzt und unwichtige Details stärker gewichtet als wichtigere Informationen.

Deshalb kommt es bei der Kontextlänge darauf an, das richtige Maß zu finden. Ein Modell muss in der Lage sein, den relevanten Kontext zu erfassen, ohne von zu vielen Informationen überfordert zu werden. Besonders bei komplexen Texten, die mehrere Themen behandeln, ist es wichtig, dass das Modell den Überblick behält und nicht den Faden verliert.

Die Kontextlänge beeinflusst also nicht nur, wie gut ein Modell aktuelle und vergangene Informationen verknüpfen kann, sondern auch, wie effizient es arbeitet. Ein gut ausbalanciertes Modell kann längere Texte verarbeiten, ohne dabei den Kern der Information zu verlieren, und genau das ist der Schlüssel zu leistungsfähigen Sprachmodellen.

Es ist also kein Zufall, dass in der Weiterentwicklung von Modellen wie GPT immer wieder an der Erhöhung der Kontextlänge gearbeitet wird. Das Ziel ist, möglichst weit zurückgreifen zu können, um komplexe Zusammenhänge zu verstehen und gleichzeitig effizient zu bleiben.

26.5 Architektur eines Modells

Die Architektur eines Modells ist im Grunde das Gerüst, das festlegt, wie ein großes Sprachmodell wie GPT funktioniert. Dabei geht es nicht nur um die Anzahl der Parameter oder die Daten, die es verarbeitet, sondern um die Art und Weise, wie die Informationen durch das Modell fließen. Der Begriff »Architektur« beschreibt also, wie die verschiedenen Teile des Modells miteinander verbunden sind und wie sie zusammenarbeiten, um eine Aufgabe zu lösen.

Betrachten wir die Transformer-Architektur, die der Schlüssel zu den modernen großen Sprachmodellen ist. Vor der Einführung dieser Architektur war es schwierig für Modelle, den Kontext eines Textes über längere Zeiträume zu behalten. Vorherige Ansätze wie rekurrente neuronale Netze hatten zwar versucht, mit Gedächtnisstrukturen zu arbeiten, aber sie waren oft ineffizient und konnten wichtige Informationen nicht lange genug speichern. Die Transformer-Architektur löst dieses Problem, indem sie nicht linear arbeitet. Das bedeutet, das Modell kann auf verschiedene Teile des Textes gleichzeitig zugreifen und muss sich nicht Schritt für Schritt von vorne nach hinten durcharbeiten.

Stellen Sie sich eine Unterhaltung vor, in der jemand immer wieder auf frühere Themen zurückgreift. Ein Transformer-Modell kann genau das – es schaut an mehreren Stellen gleichzeitig nach und verbindet Informationen, die vielleicht weit auseinanderliegen. Dadurch kann es Zusammenhänge über lange Texte hinweg besser verstehen. Statt den Text Wort für Wort durchzugehen, wie es ein Mensch beim Lesen tun würde, springt der Transformer gezielt zwischen verschiedenen Stellen hin und her und gleicht ab, was zusammengehört.

Dieses Springen funktioniert durch das sogenannte »Self-Attention«-Verfahren. Hierbei prüft das Modell bei jedem Wort, wie stark es mit anderen Wörtern im Text zusammenhängt. Dadurch wird ein Netz von Verbindungen geknüpft, das dem Modell hilft, relevante Zusammenhänge zu erkennen, unabhängig davon, ob sie am Anfang, in der Mitte oder am Ende eines Textes stehen. So entsteht eine sehr flexible und leistungsfähige Struktur, die es dem Modell ermöglicht, komplexe Zusammenhänge zu erfassen.

Nehmen wir den Bau eines Hauses. Die Architektur bestimmt, wo die Wände stehen, wie die Zimmer verbunden sind und wo Fenster platziert werden. Ähnlich verhält es sich bei der Architektur eines Modells: Sie legt fest, wie die verschiedenen Ebenen des Modells miteinander interagieren, welche Teile des Textes besonders beachtet werden und wie das Modell neue Informationen verarbeitet. Ein schlecht geplanter Bau führt zu einem wackeligen Haus – genauso ist es bei einem Modell mit einer ineffizienten Architektur. Es würde langsamer arbeiten, wichtige Details übersehen und unnötig viel Rechenleistung verbrauchen.

Der Transformer hat also die Art, wie Modelle Informationen verarbeiten, revolutioniert. Dadurch sind Modelle wie GPT viel effizienter und leistungsfähiger geworden, weil sie in der Lage sind, Informationen schneller zu verarbeiten und gleichzeitig mehr Zusammenhänge zu verstehen. Das ist auch der Grund, warum der Transformer-Ansatz in so vielen modernen Anwendungen zum Einsatz kommt. Er schafft es, riesige Mengen an Daten flexibel und präzise zu verarbeiten, ohne dass das Modell dabei überfordert wird.

Die Architektur eines Modells bestimmt letztlich, wie intelligent es auf Eingaben reagiert, wie schnell es lernen kann und wie gut es Informationen kombiniert. Sie ist das Herzstück, das entscheidet, wie effizient das Modell arbeitet und wie gut es sich an neue Aufgaben anpassen kann. Genauso wie eine solide Bauweise für ein stabiles Gebäude sorgt, sorgt eine gut durchdachte Architektur für ein leistungsfähiges Sprachmodell.

26.6 Optimierungsverfahren

Wenn wir über Optimierungsverfahren sprechen, geht es im Wesentlichen darum, wie ein Modell lernt, besser zu werden. Ein großes Sprachmodell wie GPT wird während des Trainings ständig angepasst, um genauer und effizienter auf Eingaben zu reagieren. Optimierungsverfahren sind also die Techniken, die das Modell verwenden, um seine internen Parameter so zu verändern, dass es immer bessere Ergebnisse liefert.

Nehmen wir mal an, das Modell macht einen Fehler, wenn es eine Vorhersage trifft – zum Beispiel sagt es das falsche Wort voraus oder versteht einen Zusammenhang nicht richtig. Dieser Fehler wird nicht einfach ignoriert. Stattdessen gibt das Modell sich selbst Feedback. Es erkennt, dass es falsch lag, und passt daraufhin seine Parameter an, um beim nächsten Mal eine bessere Vorhersage zu treffen. Das ist der Kern des Optimierungsverfahrens: Das Modell lernt aus seinen Fehlern.

Das Standardverfahren, das dabei oft zum Einsatz kommt, ist der Gradientenabstieg. Stellen Sie sich eine Landschaft voller Hügel und Täler vor, und das Modell befindet sich irgendwo auf dieser unebenen Fläche. Das Ziel ist es, das tiefste Tal zu finden, also den Punkt, an dem die Fehler am kleinsten sind. Der Gradientenabstieg hilft dem Modell dabei, Schritt für Schritt in die richtige Richtung zu gehen, um dieses Tal zu erreichen. Bei jedem Schritt schaut das Modell, in welche Richtung es sich bewegen muss, um den Fehler zu verringern – und passt seine Parameter entsprechend an.

Natürlich ist das nicht so einfach, wie es klingt. In der Praxis gibt es viele Stolpersteine. Ein Modell kann zum Beispiel in einem kleinen Tal steckenbleiben und denken, dass es das beste Ergebnis gefunden hat, obwohl es irgendwo anders noch tiefere Täler gibt, die es erreichen könnte. Um solche Probleme zu vermeiden, gibt es fortschrittlichere Optimierungsverfahren wie Adam oder RMSProp, die das Modell flexibler und schneller machen. Sie helfen dem Modell dabei, auch aus schwierigen Situationen herauszukommen und effizienter zu lernen.

Ein weiterer wichtiger Punkt bei Optimierungsverfahren ist das Tempo, in dem das Modell lernt – die sogenannte Lernrate. Lernt das Modell zu schnell, besteht die Gefahr, dass es wichtige Details übersieht oder instabil wird. Lernt es zu langsam, dauert der gesamte Prozess ewig, und das Modell kommt nur schleppend voran. Optimierungsverfahren sorgen dafür, dass die Lernrate genau richtig eingestellt wird. Das Modell macht also nicht zu große Sprünge, aber auch keine zu kleinen, damit es effizient und präzise vorankommt.

Die Optimierungsverfahren haben also direkten Einfluss darauf, wie schnell und wie gut ein Modell lernt. Sie sind das Werkzeug, mit dem das Modell seine eigenen Fehler korrigiert und sich anpasst, um besser zu werden. Ohne Optimierungsverfahren wäre das Modell wie ein Schüler, der ständig die gleichen Fehler macht, ohne jemals daraus zu lernen. Doch durch diese Techniken verbessert es sich kontinuierlich und wird mit jedem Durchlauf schlauer.

Ein weiterer spannender Aspekt ist, dass die Optimierungsverfahren dem Modell helfen, nicht nur in bestimmten Aufgaben gut zu sein, sondern auch allgemeiner zu lernen. Das heißt, das Modell wird immer besser darin, mit neuen und unbekannten Daten umzugehen, weil es durch das Optimierungsverfahren lernt, flexibel zu bleiben und sich ständig weiterzuentwickeln. Die Feinheiten dieser Verfahren entscheiden also darüber, ob ein Modell stagnieren oder sich kontinuierlich verbessern kann.

Optimierungsverfahren sind damit eine der zentralen Säulen, die den Erfolg eines großen Sprachmodells wie GPT überhaupt erst ermöglichen. Sie sorgen dafür, dass das Modell nicht nur stur auf einer festgelegten Bahn bleibt, sondern aus Fehlern lernt, sich anpasst und auf dem Weg zum bestmöglichen Ergebnis immer präziser wird.

26.7 Regularisierung und Dropout

Regularisierung und Dropout sind zwei wichtige Techniken, die dabei helfen, ein Sprachmodell wie GPT effizienter und präziser zu machen. Im Kern geht es darum, das Modell so zu trainieren, dass es nicht nur gut mit den Trainingsdaten arbeitet, sondern auch in der Lage ist, mit neuen, unbekannten Daten umzugehen. Ohne diese Techniken könnte ein Modell zu starr und überangepasst werden – und genau das will man vermeiden.

Beispiel: Sie trainieren ein Modell mit einer bestimmten Menge an Texten. Das Modell könnte irgendwann anfangen, sich zu sehr an die Details dieser speziellen Daten zu klammern. Es lernt dann nicht nur, wie Sprache allgemein funktioniert, sondern merkt sich jedes kleine Muster in den Trainingsdaten, egal ob es wichtig ist oder nicht. Dieses Phänomen nennt man Overfitting. Das Modell wird sozusagen zu gut im Umgang mit den Trainingsdaten und verliert dadurch seine Flexibilität. Wenn es später auf neue Daten trifft, die es vorher nicht gesehen hat, kommt es ins Straucheln. Genau hier setzen Regularisierung und Dropout an.

Regularisierung zwingt das Modell, seine Verbindungen und Berechnungen etwas sparsamer zu gestalten. Sie sorgt dafür, dass das Modell nicht zu sehr auf spezifische Muster fokussiert ist, sondern generalisiert – also breiter denkt und flexibler bleibt. Eine verbreitete Technik ist die sogenannte L2-Regularisierung. Diese Technik reduziert die Gewichtung bestimmter Parameter, sodass das Modell nicht auf jeden kleinen Unterschied in den Daten überreagiert. Das Ziel ist, dass das Modell robust bleibt und auch bei neuen Daten gut funktioniert, anstatt nur in den spezifischen Trainingsdaten zu glänzen.

Dropout geht einen Schritt weiter. Hier wird dem Modell während des Trainings immer wieder mal ein Bein gestellt – aber im positiven Sinne. Beim Dropout werden zufällig einige Neuronen (das sind die Verbindungen im Modell) »abgeschaltet«, während das Modell trainiert wird. Das mag im ersten Moment kontraproduktiv klingen, ist aber extrem effektiv. Durch das Abschalten einzelner Neuronen zwingt man das Modell, nicht zu stark von bestimmten Verbindungen abhängig zu sein. Es muss lernen, flexibel zu bleiben, selbst wenn einige der Informationen fehlen.

Stellen wir uns mal Folgendes vor: das Modell hat sich während des Trainings darauf verlassen, dass eine bestimmte Wortkombination immer das nächste Wort vorhersagt. Durch Dropout wird diese Verbindung plötzlich gekappt. Jetzt muss das Modell eine andere Möglichkeit finden, um das nächste Wort vorherzusagen. Es wird dadurch gezwungen, kreativer zu sein und nicht immer den einfachsten Weg zu gehen. So wird das Modell nicht nur präziser, sondern auch widerstandsfähiger gegenüber neuen, unbekannten Daten.

Das Schöne an Dropout ist, dass es das Modell während des Trainings robuster macht, ohne dass es im späteren Einsatz zu Einbußen kommt. Sobald das Modell fertig trainiert ist, werden alle Neuronen wieder »angeschaltet«, aber es hat inzwischen gelernt, wie es mit weniger Verbindungen genauso gut arbeiten kann. Das Ergebnis: Ein Modell, das flexibler auf neue Daten reagieren kann und weniger anfällig für Überanpassungen ist.

Zusammengefasst sorgen Regularisierung und Dropout dafür, dass ein Modell nicht in eine Falle tappt, in der es zu stark an seinen Trainingsdaten hängt. Sie halten das Modell flexibel, anpassungsfähig und bereit, mit neuen Daten umzugehen, ohne dabei in alte Muster zu verfallen. Regularisierung und Dropout sind wie eine Art Training für das Modell selbst – sie stärken es, sodass es auch unter unerwarteten Bedingungen seine Leistung bringen kann. Gerade in der heutigen Welt, in der Daten immer vielfältiger und komplexer werden, sind diese Techniken unerlässlich, um ein robustes, leistungsfähiges Sprachmodell zu entwickeln.

26.8 Batchgröße

Die Batchgröße beschreibt die Anzahl der Datenproben, die das Modell in einem einzigen Durchgang, auch Batch genannt, verarbeitet, bevor es die Parameter aktualisiert. Anstatt jede einzelne Probe sofort durch die Maschine zu schicken und die Parameter anzupassen, sammelt man eine bestimmte Anzahl an Daten und schickt sie als Batch durch. Aber warum macht man das?

Eine kleine Batchgröße bedeutet, dass das Modell häufiger die Parameter aktualisiert, weil es schneller Feedback aus kleineren Datenmengen bekommt. Das kann dazu führen, dass das Modell schneller Fortschritte macht, da es nach jedem kleinen Datensatz seine Fehler korrigiert. Allerdings ist das Risiko dabei, dass das Modell eventuell zu sprunghaft lernt. Es passt sich dann zu stark an die wenigen Daten im Batch an und bekommt nicht genug Überblick über die gesamte Datenmenge. In der Praxis kann das zu instabilen Trainingsprozessen führen, bei denen das Modell mal in die eine, mal in die andere Richtung springt, ohne einen klaren Lernpfad zu verfolgen.

Eine große Batchgröße hingegen sammelt mehr Daten, bevor das Modell die Parameter anpasst. Das führt dazu, dass die Lernschritte stabiler und gleichmäßiger werden, weil das Modell mehr Informationen auf einmal verarbeitet und sich nicht zu sehr von einzelnen, kleinen Abweichungen leiten lässt. Allerdings kann eine zu große Batchgröße dazu führen, dass das Modell nur langsam lernt, weil es viel länger dauert, bis die Parameter aktualisiert werden. Außerdem braucht eine größere Batchgröße deutlich mehr Rechenressourcen, was das Training teurer und langwieriger machen kann.

Nehmen wir an, wir trainieren ein Modell auf dem Text eines Buches. Mit einer kleinen Batchgröße könnte das Modell nach jedem einzelnen Absatz die Parameter anpassen und lernen. Aber das Risiko besteht, dass es sich zu stark auf diesen speziellen Absatz konzentriert und nicht den Zusammenhang des gesamten Buches erfasst. Bei einer großen Batchgröße hingegen würde das Modell nach jedem Kapitel oder sogar mehreren Kapiteln die Parameter anpassen. Dadurch bekommt es ein besseres Gefühl für den Gesamtkontext des Buches, aber es dauert länger, bis das Modell auf Fehler reagiert und seine Vorhersagen korrigiert.

Die richtige Wahl der Batchgröße ist also ein Balanceakt. Wählt man sie zu klein, lernt das Modell vielleicht zu schnell und ungleichmäßig. Wählt man sie zu groß, braucht es länger, um nützliche Anpassungen zu machen, aber das Training verläuft stabiler. Oft wird während des Trainings die Batchgröße auch schrittweise angepasst, um das Beste aus beiden Welten zu nutzen. Am Anfang des Trainings, wenn das Modell noch wenig weiß, ist eine kleinere Batchgröße sinnvoll, um schnell erste Fortschritte zu machen. Später, wenn das Modell schon viel gelernt hat und die Feinheiten anpassen muss, wird die Batchgröße oft vergrößert, damit das Modell stabiler und präziser wird.

Letztlich geht es bei der Batchgröße darum, wie effizient das Modell lernt. Eine falsche Einstellung kann dazu führen, dass das Training entweder zu sprunghaft oder zu langsam verläuft. Die richtige Batchgröße hilft dabei, das Training zu optimieren, die Rechenressourcen effizient zu nutzen und das Modell schneller auf ein hohes Leistungsniveau zu bringen.

26.9 Zusammenfassung

Diese ganzen vorher besprochenen Faktoren und Funktionsweisen werden zudem noch vollkommen dynamisch miteinander kombiniert. Es ist nicht so, dass jeder Faktor isoliert arbeitet. Alle Faktoren – ob es die Parameter, die Kontextlänge, die Optimierungsverfahren oder die Batchgröße sind – werden gegenseitig und voneinander beeinflusst. Das erzeugt einen so unfassbar durchmischten Verarbeitungsprozess, dass man sich zwangsläufig fragt: Wie kann das alles funktionieren?

Man muss sich vorstellen, dass das Modell während des Trainings nicht nur einzelne Aufgaben erledigt, sondern gleichzeitig all diese verschiedenen Stellschrauben justiert, um eine optimale Leistung zu erreichen. Während das Modell lernt, einen Satz zu vervollständigen, fließen die Parameter-Optimierung, die Kontextverarbeitung und die Feinjustierung der Lernrate zusammen.

Der Prozess ist so hochgradig komplex und verflochten, dass jeder kleine Anpassungseffekt in einem Bereich Auswirkungen auf die anderen hat. Wenn beispielsweise die Kontextlänge angepasst wird, beeinflusst das, wie viele Informationen das Modell auf einmal verarbeitet und wie sich die Batchgröße auswirkt. Ebenso kann eine Veränderung der Optimierungsverfahren dazu führen, dass das Modell seine Parameter auf ganz neue Weise anpasst, was wiederum die gesamte Struktur des Lernens verändert.

Ich habe mir große Mühe gegeben, das alles mit einfachen Worten zu beschreiben. Doch es bleibt beeindruckend und fast schon surreal, wie diese hochkomplexen Mechanismen im Hintergrund ablaufen. Man könnte meinen, das alles wäre zu viel, zu unübersichtlich, um tatsächlich zu funktionieren. Aber genau das ist das Faszinierende: Trotz dieser enormen Komplexität schafft es das Modell, all diese Einflüsse in Echtzeit zu verarbeiten und dabei immer bessere Ergebnisse zu liefern.

Die Dynamik, mit der all diese Faktoren ineinandergreifen, macht die Leistungsfähigkeit dieser Systeme erst möglich. Es ist ein ständiges Wechselspiel, bei dem jedes Detail zählt und nichts dem Zufall überlassen wird. So entsteht letztlich ein Modell, das in der Lage ist, unglaublich präzise Vorhersagen zu treffen und auf vielfältige Eingaben zu reagieren, obwohl es im Hintergrund ein wahres Gewirr an Berechnungen durchläuft.

Natürlich dürfen wir nicht die weitere Entwicklung aus den Augen verlieren. Unternehmen wie OpenAI passen diese Prozesse ständig an, bauen neue Verfahren ein und nehmen veraltete Verfahren wieder heraus. Die Welt der KI steht nicht still – im Gegenteil, sie ist ständig im Fluss. Was heute als fortschrittlich gilt, kann morgen schon wieder überholt sein. Die genannten Faktoren, über die wir gesprochen haben, sind mitnichten alles. Ich habe nur versucht, ein grundlegendes Verständnis bei Ihnen zu wecken, damit Sie ein Gefühl dafür bekommen, was hinter den Kulissen dieser gewaltigen Modelle passiert.

Man könnte ganze Bibliotheken füllen, wenn wir hier jede Nuance an Faktoren und modellbeeinflussenden Techniken zerlegen würden – wirklich. Es gibt so viele Details, Feinabstimmungen und Zwischenschritte, die selbst Experten in verschiedene Richtungen treiben. Ich schreibe für den normalen Menschen, der verstehen will, wie diese Modelle grundsätzlich funktionieren. Wenn das hier ein rein technisches Buch wäre, würde es die geistigen Kapazitäten eines jeden sprengen. Es ist schlichtweg zu viel. Genau wie die KI-Modelle alles auf den kleinsten Nenner zerlegen, ist auch die Entwicklung solcher Modelle selbst in winzige Schritte zerlegt. Für jede noch so kleine technische Lösung gibt es hochspezialisierte Entwicklerteams, die nur einen klitzekleinen Ausschnitt des gesamten Prozesses sehen und verstehen.

Das bedeutet, während ein Team vielleicht nur an der Optimierung eines bestimmten Verfahrens arbeitet, etwa wie die Parameter besser angepasst werden können, hat ein anderes Team nichts anderes im Fokus als die Verbesserung der Kontextverarbeitung. Jedes dieser Teams hat einen extrem spezialisierten Bereich, und oft sehen sie selbst nur diesen kleinen Teil des Ganzen. Die Herausforderung – und gleichzeitig die wahre Kunst – liegt darin, all diese winzigen Puzzleteile zusammenzuführen. Das ist es, was die Entwicklung solcher Modelle so besonders macht. Kein Einzelner kann das gesamte Bild überblicken, aber durch die Zusammenarbeit und das Zusammenfügen dieser hochkomplexen Einzelteile entsteht am Ende etwas, das größer ist als die Summe seiner Teile.

Dieses Zusammenfügen der vielen technischen Lösungen, das nahtlose Verbinden all dieser kleinen Entwicklungen, ist die wahre Meisterleistung, die der Mensch erreicht hat. Wir reden hier nicht von einzelnen großen Durchbrüchen, sondern von einem ständigen Prozess der Verfeinerung und Optimierung, in dem jedes Detail zählt. Die Geschwindigkeit, mit der diese Fortschritte gemacht werden, ist atemberaubend, und es gibt keinen Stillstand. Während die Systeme immer komplexer und leistungsfähiger werden, arbeiten im Hintergrund zahllose Teams daran, sie zu verbessern, flexibler und effizienter zu machen. Jeder Schritt nach vorne öffnet neue Türen für Verbesserungen, und die Reise ist noch lange nicht vorbei.

Die Zukunft dieser Modelle wird uns wahrscheinlich noch Dinge zeigen, die wir uns heute kaum vorstellen können. Aber eines bleibt sicher: Es ist die unglaubliche Zusammenarbeit zwischen Menschen, die sich auf diese Details spezialisieren, die diese Entwicklung antreibt. Das sollten wir nicht aus den Augen verlieren – die wahre Magie passiert nicht nur in den Modellen selbst, sondern auch in der Art und Weise, wie Menschen diese Technologien gemeinsam erschaffen.

Das ist auch der Grund, weshalb ich immer wieder von meiner Traurigkeit herunterkomme, wenn ich darüber nachdenke, dass ich Photoshop aus heutiger Sicht umsonst gelernt habe. Nicht die KI selbst ist das wirklich Krasse – das Krasse ist, dass der Mensch, ein auf zwei Beinen herumlaufender Zellhaufen aus Wasser und Eiweiß, diese KI erschaffen hat! Irre! Es ist unfassbar, dass wir als biologische Wesen, die eigentlich durch evolutionäre Zufälle entstanden sind, in der Lage sind, Maschinen zu erschaffen, die unser eigenes Denken auf eine gewisse Art und Weise nachahmen können. Das ist die eigentliche Magie. Nicht die KI, sondern die Tatsache, dass sie aus dem menschlichen Verstand heraus entstanden ist.

27 Anwendungsfälle von LLMs

Für welche Anwendungsfälle kann man große Sprachmodelle (LLMs) nun am besten verwenden? Diese Frage ist eigentlich recht einfach zu beantworten, wenn man sich mit den vorherigen Kapiteln beschäftigt hat. Wir haben im Grunde schon alles zu diesem Thema durch, und wenn Sie aufmerksam gelesen haben, fällt Ihnen wahrscheinlich schon einiges ein, wofür man LLMs nutzen kann. Dennoch habe ich mich dazu entschieden, diese Frage noch mal in einem eigenen Kapitel aufzudröseln – einfach der Übersicht wegen und natürlich, falls jemand nur dieses Kapitel schnell mal aufschlägt. Es ist quasi eine Optimierung und Anpassung der Kontextlänge – so wie es bei den Modellen selbst passiert.

Also, welche Anwendungsbereiche decken LLMs ab? Zunächst einmal sind sie hervorragend für Textgenerierung geeignet. Ganz gleich, ob es darum geht, kreative Geschichten zu schreiben, wissenschaftliche Berichte zu formulieren oder Marketingtexte zu erstellen – LLMs können in kürzester Zeit Texte produzieren, die oft erstaunlich gut klingen. Besonders nützlich ist das in Bereichen, wo regelmäßig größere Mengen an Text gebraucht werden, aber die Zeit oder die Kapazität fehlt, diese manuell zu erstellen. Werbetexte, Blogbeiträge oder sogar Drehbücher – das alles lässt sich mit den Modellen schnell und in hoher Qualität erzeugen.

Ein weiterer großer Bereich ist der Kundenservice. Viele Unternehmen nutzen LLMs, um automatisierte Chatbots zu betreiben. Diese Bots können Kundenanfragen beantworten, Support leisten oder allgemeine Informationen liefern. Das spart nicht nur Zeit und Geld, sondern sorgt auch dafür, dass die Kunden schneller Antworten bekommen. Das Modell kann mit einer Vielzahl von Anfragen umgehen und in Sekundenschnelle darauf reagieren, ohne dabei an Qualität zu verlieren.

Übersetzungen sind ein weiterer wichtiger Anwendungsfall. Während frühere Systeme oft recht steife oder ungenaue Übersetzungen lieferten, haben LLMs die Fähigkeit, Sprache auf eine viel kontextbezogenere und natürlichere Weise zu übersetzen. Sie verstehen den Text im Kontext und sind dadurch in der Lage, flüssigere und genauere Übersetzungen zu liefern.

Im Bereich Bildung kommen LLMs ebenfalls stark zum Einsatz. Sie können als Tutor fungieren, Fragen beantworten, Erklärungen liefern oder Aufgaben korrigieren. Gerade in Zeiten von Online-Lernen sind diese Modelle eine wertvolle Ergänzung, weil sie individuelle Unterstützung bieten können, die sonst vielleicht fehlen würde.

Auch im Gesundheitswesen finden LLMs immer mehr Anklang. Sie können bei der Analyse von medizinischen

Berichten helfen, Symptome erklären oder sogar bei der Diagnoseunterstützung eingesetzt werden. Natürlich ersetzen sie keine Ärzte, aber sie können in der Voranalyse und Informationsaufbereitung eine entscheidende Rolle spielen.

Ein weniger offensichtlicher, aber extrem nützlicher Bereich ist die Datenanalyse. LLMs können dabei helfen, große Datenmengen zu durchforsten, Muster zu erkennen und Zusammenhänge zu erklären. Für Unternehmen, die ständig mit riesigen Datensätzen arbeiten, ist das ein unschätzbarer Vorteil. Hier kommen die Stärken des Modells im Bereich der Mustererkennung und Sprachverarbeitung voll zur Geltung.

Und dann gibt es natürlich noch die Möglichkeit, LLMs für Feinabstimmungen einzusetzen. Unternehmen können ihre eigenen Modelle auf der Grundlage von LLMs trainieren und für spezielle Anwendungsfälle anpassen. Ob es um branchenspezifische Fachsprache, bestimmte Arbeitsabläufe oder spezifische Aufgaben geht – LLMs lassen sich anpassen und verfeinern, um für den jeweiligen Einsatzfall noch besser zu funktionieren.

Es wäre zu kurz gegriffen, LLMs nur auf ein paar Anwendungsbereiche zu reduzieren. Die Einsatzmöglichkeiten sind enorm vielseitig und ständig in Bewegung. Während diese Modelle ursprünglich vielleicht nur als Spielerei oder technologische Neuerung betrachtet wurden, haben sie sich mittlerweile in vielen Bereichen des alltäglichen und beruflichen Lebens fest etabliert. Und wie bei der Optimierung der Kontextlänge der Modelle selbst, können wir immer wieder Anpassungen vornehmen und neue Einsatzmöglichkeiten entdecken. Das ist das Faszinierende: Es gibt kaum eine Grenze, wohin sich diese Technologie entwickeln kann.

Besonders bei Aufgaben, die für Menschen abstrakt, aber nicht unlösbar sind – wie zum Beispiel das Programmieren – können LLMs extrem viel Arbeit abnehmen und den gesamten Prozess vereinfachen. Nehmen wir das Beispiel von Tom, der »auf den Putz haut« und behauptet, in Delphi programmieren zu können. Für jemanden, der vielleicht seit Jahren nicht mehr programmiert hat oder in einer spezifischen Programmiersprache nicht ganz firm ist, können LLMs eine wahre Unterstützung sein. Sie geben nicht nur einfache Code-Schnipsel aus, sondern bieten echte Lösungen und neue Sichtweisen auf Probleme, die selbst erfahrene Programmierer oft überraschen.

Aber auch Programmierer, die fit sind und jeden Tag in die Tasten hauen, bis der Arzt kommt, profitieren von den Coderfähigkeiten der KI. Selbst erfahrene Entwickler können durch den Einsatz von KI schneller Lösungen finden, Fehler vermeiden oder einfach neue Ansätze entdecken, die sie vielleicht selbst nicht in Betracht gezogen hätten.

28 Bild und Grafik mit KI

Wir haben nun schon eine ganze Menge über LLMs und textbasierte KIs gesprochen, aber jetzt entführe ich Sie mal in eine völlig andere Richtung – in die Welt der visuellen Künstlichkeit, wo KI die Bildbearbeitung revolutioniert. Sie kennen das sicher: Photoshop, Gimp, Corel Paint – seit Jahren sind das die Werkzeuge, mit denen wir Bilder bearbeiten, verändern und optimieren. Und ja, KI oder zumindest intelligente Algorithmen sind da längst am Werk. Farbkorrekturen, automatische Retuschen und Objekterkennung – all das war schon beeindruckend und hat den kreativen Prozess enorm erleichtert. Aber, und das ist der Knackpunkt: Das, was wir bisher in Programmen wie Photoshop als »intelligente« Bildbearbeitung erlebt haben, wirkt im Vergleich zu dem, was jetzt auf uns zukommt, wie ein Ausflug in den Kindergarten.

Denken Sie mal an die Farbkorrekturen oder an die »magische« Schärferegelung, die wir schon seit Jahren nutzen. Klar, das ist nett und spart Arbeit, aber gegen die aktuellen Entwicklungen auf dem KI-Markt ist das alles kalter Kaffee. Was früher stundenlange Fummelei mit Pfaden, Ebenen und Masken war, wird jetzt in Sekunden durch eine KI erledigt, die versteht, was Sie von ihr wollen. Sie sagen dem Algorithmus, wie das Bild aussehen soll, und zack – es passiert.

Und dann wären da die Online-Tools wie Canva oder Fotor. Früher waren das einfache Helfer für Leute, die keine Ahnung von Design hatten. Heute aber? Heute haben diese Webdienste mächtige KIs unter der Haube, die praktisch den gesamten kreativen Prozess übernehmen können. Egal ob es um die automatische Optimierung von Fotos, das Erstellen von Social-Media-Grafiken oder sogar um komplexe Bildmontagen geht – die KI regelt das für Sie. Wo früher mühsam Farbverläufe angelegt oder Objekte freigestellt werden mussten, übernimmt das jetzt die KI, und das mit einer Präzision, die früher nur Profis vorbehalten war.

Wir reden hier nicht mehr nur von ein bisschen Schärfe oder Kontrastanpassungen. Die aktuellen KI-Entwicklungen gehen weit darüber hinaus. Diese Programme verstehen Bilder auf einer ganz neuen Ebene. Sie erkennen nicht nur Formen und Farben, sondern interpretieren auch den Kontext und den Inhalt des Bildes. Wenn Sie ein Bild von einem Strand hochladen und sagen, Sie möchten eine düstere Abendstimmung – dann bekommen Sie genau das. Die KI passt nicht einfach nur die Farbpalette an, sie »versteht« das Bild und modifiziert es auf einer fast schon surrealen Ebene.

Man kann es kaum anders sagen: Die Bildbearbeitung mit KI hat eine neue Ära eingeleitet. Was früher technisches Wissen und Erfahrung erforderte, ist jetzt für jedermann zugänglich – und das ohne große Lernkurve. Sie wollen einen neuen Hintergrund einfügen? Kein Problem. Ein paar Klicks und die KI erledigt das. Oder vielleicht möchten Sie ein Bild in einem völlig anderen Stil haben? Auch hier wird die KI zur kreativen Assistentin, die Ihnen innerhalb von Sekunden Alternativen präsentiert, die früher Stunden an Arbeit gekostet hätten.

Und das Beste? Die Geschwindigkeit. Wo wir früher ewig an einem Bild herumbasteln mussten, erledigt die KI das in einem Bruchteil der Zeit. Und es geht nicht nur um Effizienz – es geht um Kreativität auf Abruf. Die KI wird zum Katalysator für Ideen und bietet uns Möglichkeiten, die wir vorher nicht hatten. Sie erlaubt es uns, die Grenzen unserer Vorstellungskraft weiter auszureizen, weil sie die technische Hürde auf ein Minimum reduziert.

Aber wir sind noch lange nicht am Ende. Die Entwicklungen in der KI-basierten Bildbearbeitung stehen erst am Anfang. Was jetzt schon beeindruckend ist, wird in den nächsten

Jahren noch viel weiter gehen. Und ja, es wird spannend, zu sehen, wie diese Technologie nicht nur die professionelle Bildbearbeitung, sondern auch den Massenmarkt verändert. Jeder kann jetzt Künstler sein, jeder kann seine Visionen umsetzen – dank KI.

Doch bevor ich zu sehr ins Schwärmen gerate: Lassen Sie uns diesen Moment festhalten und uns darauf freuen, was da noch alles kommt. Die Bildbearbeitung wird nie mehr dieselbe sein.

28.1 DALL-E

Wenn wir über Bilderstellung und Grafik mit KI sprechen, kommt natürlich sofort das Modell DALL-E ins Spiel! Für viele klingt der Name wie ein Künstler aus der surrealen Ecke – und ehrlich gesagt, passt das ganz gut. DALL-E, das von OpenAI entwickelt wurde, ist ein KI-Modell, das in der Lage ist, anhand von Textbeschreibungen realistische Bilder zu erstellen. Und wenn Sie jetzt denken, »Moment mal, Text zu Bildern? Wie soll das gehen?«, dann sind Sie nicht alleine. Doch genau hier fängt der Wahnsinn erst an!

DALL-E wurde als ein visuelles Pendant zu den großen Sprachmodellen wie GPT entwickelt. Während GPT den Text in all seinen Formen meistert, geht DALL-E noch einen Schritt weiter: Es nimmt eine Textbeschreibung und verwandelt diese in Bilder – und zwar in einem Stil, der fast schon unheimlich realistisch wirkt. Die erste Version von DALL-E war schon beeindruckend, aber dann kam DALL-E 2, und plötzlich war die Welt der KI-Bilderstellung auf einem neuen Level.

Was wirklich spannend ist, sind die Einsatzmöglichkeiten. Mit DALL-E 2 können Designer, Künstler und sogar Laien mit kreativen Ideen Bilder erstellen, ohne einen einzigen Pinselstrich setzen zu müssen. Ein paar Worte genügen, und schon entsteht ein visuelles Kunstwerk. Es spart Zeit, schont die Nerven und eröffnet völlig neue kreative Horizonte. Und das Beste: Die Qualität der generierten Bilder ist derart hoch, dass man sie problemlos in Werbekampagnen, auf Websites oder in Präsentationen verwenden kann. Wer hätte vor ein paar Jahren gedacht, dass KI uns dabei helfen würde, auf Knopfdruck Kunstwerke zu erschaffen?

Ein weiteres faszinierendes Feature von DALL-E 2 ist seine Fähigkeit, bestehende Bilder zu verändern. Sie können ein Bild hochladen und sagen: »Ändere den Himmel in eine Abenddämmerung mit rosanen Wolken.« Und zack, schon ist das Bild bearbeitet. Das ist wie Photoshop, aber in Turbo-Geschwindigkeit und völlig intuitiv. Sie brauchen keine jahrelangen Grafikkenntnisse mehr, um beeindruckende Bildbearbeitungen vorzunehmen – die KI erledigt das für Sie.

Natürlich gibt es auch Herausforderungen. DALL-E 2 ist so mächtig, dass es Diskussionen darüber gibt, wie man den Missbrauch von KI-generierten Bildern verhindern kann. In einer Welt, in der Deepfakes und gefälschte Bilder immer realistischer werden, ist das eine wichtige Debatte. Doch OpenAI hat hier Vorkehrungen getroffen, um sicherzustellen, dass das Modell verantwortungsvoll eingesetzt wird.

Was uns die Zukunft bringt? Wer weiß! Aber eines ist klar: DALL-E und seine Nachfolger werden die Art und Weise, wie wir mit Bildern arbeiten, radikal verändern. Künstler, Designer und Kreative werden in den kommenden Jahren neue Werkzeuge in die Hand bekommen, die ihre Arbeit revolutionieren. Es ist wie ein kreativer Turbo – und wir stehen gerade erst am Anfang dieser aufregenden Reise.

Also, wenn Sie demnächst ein einzigartiges Bild brauchen, wissen Sie, wo Sie sich hinwenden können: DALL-E 2 – Ihre KI-Künstlerin, die nie müde wird und immer bereit ist, das nächste Meisterwerk zu erschaffen!

28.2 Stable Diffusion

Eine weitere echt interessante Sache, die man auf dem Schirm haben sollte, ist Stable Diffusion. Das klingt vielleicht erstmal ein bisschen nach wissenschaftlichem Fachjargon, aber dahinter steckt eine KI, die im Bereich der Bildgenerierung richtig Wellen schlägt. Was DALL-E in die KI-Kreativszene gebracht hat, setzt Stable Diffusion konsequent fort, und das auf eine richtig beeindruckende Art und Weise.

Stable Diffusion ist ein Modell, das genau wie DALL-E auf Text-zu-Bild-Generierung spezialisiert ist. Der Unterschied? Hier geht es um die feine, stufenweise Verfeinerung von Bildern, daher der Name »Diffusion«. Während andere Modelle eher direkt auf die Bildgenerierung setzen, geht Stable Diffusion schrittweise vor. Es startet mit einem zufälligen Rauschen – ja, richtig gelesen, einem Wirrwarr von Punkten – und arbeitet sich dann langsam vor, bis ein klares Bild entsteht, das Ihrer Textbeschreibung entspricht.

Aber was macht Stable Diffusion so besonders? Ganz einfach: Es ist unglaublich flexibel und anpassbar. Man kann es lokal laufen lassen, ohne dass man riesige Serverfarmen im Rücken haben muss. Das Modell ist Open-Source, was bedeutet, dass es frei verfügbar ist und von Entwicklern auf der ganzen Welt angepasst und optimiert wird. Dadurch ergeben sich endlose Möglichkeiten für die individuelle Nutzung, und das macht Stable Diffusion zu einem echten Game-Changer in der KI-Bilderstellung.

Ein weiteres großes Plus ist die Kontrolle, die Sie über den Prozess haben. Stable Diffusion ermöglicht es Ihnen, mehr Einfluss auf die Feinheiten der Bildentstehung zu nehmen. Sie können nicht nur die groben Züge des Bildes vorgeben, sondern auch die Details beeinflussen und das Endresultat besser anpassen. Das macht es für Designer und Künstler besonders interessant, die eine genaue Vorstellung von ihrem Endprodukt haben und diese präzise umsetzen wollen.

Was mich wirklich fasziniert, ist die Vielseitigkeit von Stable Diffusion. Es ist nicht nur auf Fotorealismus begrenzt, sondern kann auch abstrakte Kunst, Illustrationen und sogar völlig surreale Darstellungen erschaffen. Egal, ob Sie ein atemberaubendes Landschaftsbild oder ein verrücktes Fantasiewesen generieren möchten – Stable Diffusion hat die nötigen Werkzeuge, um Ihre Ideen lebendig werden zu lassen.

Natürlich gibt es auch bei Stable Diffusion Diskussionen über die ethischen Aspekte, vor allem, weil es so leicht zugänglich ist. Wie bei jeder leistungsstarken Technologie besteht die Gefahr des Missbrauchs, aber gleichzeitig eröffnet es auch wahnsinnige kreative Freiheiten. Die Entwickler arbeiten daran, die Kontrolle über die Nutzung zu stärken, während gleichzeitig die offene Natur des Modells bewahrt bleibt.

Wenn Sie also nach einer Alternative oder Ergänzung zu DALL-E suchen, oder einfach nur die nächste Evolutionsstufe in der KI-Kreativität entdecken wollen, dann sollten Sie einen genaueren Blick auf Stable Diffusion werfen. Es ist flexibel, mächtig und bereit, den kreativen Prozess auf ein völlig neues Level zu heben. Und das Beste daran? Sie brauchen keinen Zugang zu teuren proprietären Systemen – die Power von Stable Diffusion ist für alle da, die bereit sind, sich in diese aufregende neue Welt der Bilderstellung zu stürzen.

Kurz gesagt: Stable Diffusion ist die Zukunft für alle, die KI-gesteuerte Kreativität ernsthaft in ihre Arbeit integrieren wollen. Egal, ob Sie Profi-Designer sind oder einfach nur Spaß an der Kunst haben – mit diesem Modell haben Sie eine kreative KI an Ihrer Seite, die so flexibel ist wie kaum eine andere.

28.3 Midjourney

Ein weiterer Player im Bereich der Bild-KI-Modelle, den ich Ihnen nicht vorenthalten kann, ist Midjourney. Leute, das Teil kann Sachen, da bleibt einem echt die Spucke weg! Midjourney hebt die visuelle KI auf ein ganz neues Level und beeindruckt mit einer unfassbaren Fähigkeit, künstlerische Bilder zu erschaffen, die kaum noch von menschlicher Handarbeit zu unterscheiden sind. Wir reden hier nicht nur von simplen Fotobearbeitungen oder generischen Grafiken – Midjourney zaubert Bilder, die künstlerische Meisterwerke sein könnten. Es nimmt einfache Texteingaben und verwandelt sie in Bilder, die jedes Auge fesseln.

Stellen Sie sich vor, Sie geben ein: »Eine Stadt in der Zukunft, beleuchtet von Neonlichtern, mit fliegenden Autos und schwebenden Gebäuden« – und zack, Midjourney spuckt ein Bild aus, das aussieht, als wäre es direkt aus einem Sci-Fi-Film. Aber das ist nicht alles. Die KI schafft es, eine Stimmung, einen Stil und sogar Details einzufangen, die weit über das hinausgehen, was man von herkömmlichen Bildbearbeitungstools kennt.

Und was Midjourney besonders macht, ist die Tiefe der kreativen Kontrolle, die Sie über die Ergebnisse haben. Sie können in Echtzeit experimentieren, verschiedene Versionen eines Bildes anfordern und die KI so lange verfeinern lassen, bis das Ergebnis perfekt zu Ihren Vorstellungen passt. Sie können einen ganz bestimmten Stil wählen – ob abstrakt, realistisch, futuristisch oder was auch immer – und Midjourney liefert immer genau das ab, was Sie sich erhofft haben. Es fühlt sich fast so an, als hätten Sie einen persönlichen Künstler zur Hand, der Ihre Ideen umsetzt.

Für alle Kreativen da draußen, die bisher mit Tools wie Photoshop oder Illustrator gearbeitet haben, ist das eine echte Revolution. Während Sie früher stundenlang an Details feilen mussten, übernimmt jetzt die KI diese Aufgaben und gibt Ihnen die Freiheit, sich auf das Wesentliche zu konzentrieren – Ihre Vision. Sie sagen der KI, was Sie wollen, und sie liefert. Einfach so.

Und vergessen Sie nicht, Midjourney ist nicht nur ein Werkzeug für Profis. Auch wenn Sie kein Design-Experte sind, können Sie dieses Tool nutzen, um beeindruckende Bilder zu erschaffen. Jeder, der eine Vorstellung im Kopf hat, kann sie mit Midjourney in die Realität umsetzen. Es bringt Kreativität auf Knopfdruck – und das in einer Qualität, die Sie so schnell nicht mehr missen wollen.

Was mich aber wirklich umhaut, ist die Art und Weise, wie Midjourney mit Stilrichtungen und ästhetischen Trends umgeht. Es schafft nicht nur generische Bilder, sondern greift aktuelle Trends und kulturelle Einflüsse auf. Egal, ob Sie etwas im Vintage-Stil, im Stil der 80er Jahre oder etwas völlig Futuristisches wollen – Midjourney weiß genau, wie es das umsetzen soll. Es passt sich der kulturellen und künstlerischen Entwicklung an und bleibt immer am Puls der Zeit.

Und wenn Sie mal richtig über die Stränge schlagen wollen? Kein Problem. Sie können Midjourney die wildesten Ideen vorwerfen, und es wird immer etwas Beeindruckendes zurückkommen. Man könnte fast sagen: Das Ding ist ein digitaler Da Vinci! Was früher vielleicht in endlosen Stunden und mit viel technischer Expertise möglich war, ist jetzt für jeden mit ein paar Klicks und etwas Fantasie machbar. Midjourney eröffnet eine Welt der kreativen Möglichkeiten, die kaum Grenzen kennt.

Insgesamt kann ich nur sagen: Das Teil hat es wirklich drauf. Midjourney ist nicht nur eine Spielerei, sondern ein ernstzunehmendes Tool für jeden, der kreativ arbeiten möchte. Es wird spannend sein, zu sehen, wie sich dieses Modell in Zukunft entwickelt und welche neuen Wege es uns eröffnet.

28.4 Google Imagen

Google Imagen ist ein weiterer großer Player, wenn es um Bild-KI geht. Entwickelt von Google, überzeugt dieses Modell besonders durch seine Fähigkeit, unglaublich detailreiche und realistische Bilder zu erzeugen. Es ist echt faszinierend, was Imagen da abliefert. Man gibt einen einfachen Text ein und bekommt Bilder zurück, die aussehen, als hätte sie ein professioneller Fotograf geschossen – gestochen scharf, perfekt belichtet und mit einer Detailtreue, die fast schon unheimlich ist.

Was Google Imagen besonders macht, ist seine Präzision bei den kleinsten Nuancen. Egal, ob es um die Texturen von Objekten, den Glanz von Wasser oder die feinen Details von Gesichtern geht – dieses Modell beherrscht die Kunst, jedes winzige Element im Bild genau richtig zu treffen. Wenn man zum Beispiel ein Bild von einem Tier, einem Gebäude oder einer Landschaft erstellen lässt, wirkt es fast so, als hätte man eine Kamera direkt vor Ort aufgestellt. Die Qualität, die hier erreicht wird, ist kaum noch von der Realität zu unterscheiden.

Ein weiteres beeindruckendes Merkmal von Google Imagen ist die Tiefe der kreativen Kontrolle. Sie können nicht nur ein Bild generieren, sondern das Ergebnis nach Ihren Wünschen weiter anpassen. Das Modell versteht genau, was Sie meinen, wenn Sie spezifische Anweisungen geben. Wollen Sie einen bestimmten Lichtwinkel, eine spezielle Atmosphäre oder eine besondere Farbgebung? Kein Problem, Imagen setzt es um. Es ist, als hätten Sie einen persönlichen Fotografen und Designer, der Ihre Wünsche perfekt umsetzt.

Aber das ist noch nicht alles. Google Imagen zeigt auch bei abstrakteren und kreativeren Anfragen, was es draufhat. Es ist nicht nur ein Werkzeug für realistische Szenen – auch wenn Sie etwas Surreales oder künstlerisch Anspruchsvolles erschaffen wollen, liefert dieses Modell ab. Es kann fantastisch mit Farben und Formen spielen und lässt Ihre wildesten Ideen in brillanter Qualität Wirklichkeit werden.

Die Stärke von Google Imagen liegt aber auch in seiner Skalierbarkeit. Es kann sowohl einfache als auch extrem komplexe Szenen erzeugen. Von einem simplen Stillleben bis hin zu komplizierten Landschaften oder urbanen Szenerien – alles ist möglich. Und es wird dabei nie oberflächlich, sondern schafft es, selbst in den vielschichtigsten Bildern den Überblick zu behalten und jedes Detail präzise wiederzugeben.

Und ja, Google hat mit Imagen mal wieder bewiesen, dass sie ganz vorne mitspielen, wenn es um KI-basierte Technologien geht. Während viele Tools nur einzelne Aspekte der Bildgenerierung beherrschen, deckt Imagen ein breites Spektrum ab und kann dabei sowohl realistische als auch künstlerische Aufträge auf höchstem Niveau umsetzen. Es ist nicht nur ein Spielzeug für Hobbyisten, sondern ein ernstzunehmendes Werkzeug für Designer, Künstler und Kreative, die Qualität und Präzision verlangen.

Google Imagen zeigt uns, wohin die Reise geht: Immer realistischere und beeindruckendere Bilder, die mit einer nie dagewesenen Detailtreue und Klarheit erstellt werden. Wenn Sie also auf der Suche nach einem Modell sind, das realistische Bilder auf einem extrem hohen Niveau erzeugen kann, dann sollten Sie einen Blick auf Google Imagen werfen. Es ist einfach eine der besten Optionen, die es aktuell gibt, und ich bin sicher, dass wir in Zukunft noch viele beeindruckende Dinge von diesem Modell sehen werden.

28.5 Adobe Firefly

Zu guter Letzt, wenn wir über Bild-KI-Modelle sprechen, möchte ich noch Adobe Firefly erwähnen. Klar, es gibt noch jede Menge anderer Modelle, aber irgendwann muss ja mal Schluss sein, sonst wird dieses Buch nie fertig! Aber Firefly darf einfach nicht fehlen. Adobe hat mit Firefly ein Modell auf den Markt gebracht, das perfekt in die Creative-Cloud-Welt eingebettet ist. Es bietet alles, was man für professionelle Bildbearbeitung und Design braucht, und das auf eine Art und Weise, die typisch für Adobe ist – nämlich bis ins letzte Detail durchdacht.

Was Firefly so besonders macht, ist seine enge Integration in die Tools, die viele von uns sowieso schon täglich nutzen. Photoshop, Illustrator, InDesign – Firefly greift nahtlos in diese Programme ein und eröffnet völlig neue Möglichkeiten. Stellen Sie sich vor, Sie arbeiten an einem Design und brauchen schnell ein paar kreative Elemente: Firefly generiert sie auf Knopfdruck. Es geht um Farben, Texturen oder sogar komplette Szenen – alles ist direkt verfügbar und in der gewohnten Adobe-Qualität.

Dabei ist Firefly nicht nur für Experten gemacht. Auch Anfänger kommen gut klar, denn Adobe hat es geschafft, die KI so zu gestalten, dass sie sich einfach bedienen lässt. Die Benutzeroberfläche bleibt gewohnt übersichtlich, während im Hintergrund die KI für spektakuläre Ergebnisse sorgt. Es ist also nicht nur ein Werkzeug für die kreativen Köpfe, die schon ewig mit Adobe-Programmen arbeiten, sondern auch eine großartige Option für Einsteiger, die das volle Potenzial der Bild-KI ausschöpfen wollen, ohne dabei stundenlang Tutorials wälzen zu müssen.

Ein weiteres Highlight von Firefly ist die Anpassungsfähigkeit. Sie können den Stil, die Farben und die Bildkomposition genau nach Ihren Wünschen gestalten. Egal, ob Sie an einem hyperrealistischen Projekt arbeiten oder etwas künstlerisch-abstraktes schaffen möchten – Firefly liefert. Und das in einer Geschwindigkeit, die einfach beeindruckt. Wo früher noch stundenlange Feinarbeit nötig war, genügt jetzt ein paar Mal klicken, und schon steht das perfekte Design.

Wie immer bei Adobe ist natürlich auch hier alles auf Profis zugeschnitten. Firefly erzeugt Bilder in hoher Auflösung, die für Druck, Web und jede Art von Medienproduktion bereit sind. Es ist also kein Spielzeug für Hobbyisten, sondern ein ernstzunehmendes Werkzeug für alle, die Qualität und Präzision verlangen.

Also, wenn Sie schon in der Creative Cloud unterwegs sind und ein Tool suchen, das Ihre Designs auf das nächste Level hebt, dann ist Firefly genau das Richtige für Sie. Es kombiniert die Power von KI mit der Benutzerfreundlichkeit und den Möglichkeiten der Adobe-Welt. Und wie gesagt, klar, es gibt noch viele andere Modelle da draußen – aber irgendwo muss man die Grenze ziehen. Sonst wird das Buch nie fertig!

29 Menschlichkeit und KI

So, liebe Leserinnen und Leser, jetzt kommt mal was Persönliches. Dieses Kapitel war überhaupt nicht geplant und hat sich quasi eingeschlichen. Ich muss zugeben, ich bin ein wenig traurig. Warum? Das kann ich Ihnen ganz ehrlich sagen. Ich habe mich meine gesamte Ausbildung lang in die Schule geschleppt, um das alles zu lernen, was mir heute plötzlich von einer Maschine abgenommen wird. Mediengestalter Digital und Print, Fachrichtung Konzeption und Visualisierung – das war mein Weg. Photoshop, InDesign, Illustrator, Premiere, Flash, HTML, CSS, JavaScript – das alles habe ich mir mühsam angeeignet.

Stunden um Stunden habe ich damit verbracht, Konzepte für Unternehmen zu schreiben, Werbekampagnen zu entwickeln und Websites zu programmieren. Und jetzt? Jetzt steht da so eine KI und soll das alles besser, schneller und schöner hinbekommen? Ehrlich?

Das tut richtig weh. Wenn Sie das alles durchmachen, sich in den Programmen verlieren, die Nächte durchschuften, nur um am nächsten Tag das perfekte Design abzuliefern – das ist ein Prozess, der mit so viel Leidenschaft und auch mit Frust verbunden ist. Und auf einmal reicht es, ein paar Worte in ein Programm zu sprechen, und der Computer erledigt alles von allein? Da fühlt man sich doch ein bisschen überflüssig, oder?

Es ist nicht nur der Schmerz darüber, dass all die Mühe, die man investiert hat, plötzlich wertlos erscheint. Es ist auch diese seltsame Ohnmacht. Früher war man stolz darauf, wenn man etwas geschafft hat, was sonst keiner konnte. Ein besonders kniffliges Design, eine komplexe Website, die anderen die Köpfe zerbrochen hat – das war der Moment, in dem man sich gesagt hat: »Ja, das kann ich!« Aber jetzt? Jetzt drückt jemand einen Knopf, und das Design ist fertig, die Website gebaut, die Kampagne durchdacht. Wo bleibt da noch die Kreativität, die Leidenschaft, die Seele, die man in ein Projekt steckt?

Verstehen Sie mich nicht falsch. Ich bin fasziniert von der Technik, wirklich. Es ist unglaublich, was heute möglich ist. Und ja, es erleichtert viele Dinge, spart Zeit, lässt uns produktiver sein. Aber wenn man das alles mit so viel Einsatz und Hingabe gelernt hat, dann tut es schon weh zu sehen, wie eine Maschine plötzlich alles übernimmt.

Vielleicht ist es auch ein wenig nostalgisch, aber ich denke, viele von uns fühlen das. Diese Mischung aus Faszination und Enttäuschung. Fasziniert, weil die Technologie so rasant voranschreitet und uns neue Welten eröffnet. Enttäuscht, weil das, was uns so viel bedeutet hat, was wir mühsam erarbeitet haben, plötzlich nur noch eine Funktion auf Knopfdruck ist.

Doch, wissen Sie was? Das ist auch nicht das Ende. Ja, KI kann viel. Aber es kann nicht alles. Es kann nicht die Leidenschaft, das Herzblut ersetzen, das wir in unsere Arbeit stecken. Und genau das ist unser Vorteil. Denn am Ende sind es nicht nur die Tools, die großartige Werke erschaffen, sondern die Menschen dahinter. Klar, KI kann helfen, aber sie wird uns nicht ersetzen – nicht die Kreativität, nicht das Einfühlungsvermögen, nicht den Funken, der ein Projekt wirklich besonders macht.

Ja, ich weiß, ich schweife gerade ein klein wenig vom Thema ab, aber ich bleibe dennoch im Thema – weil das gehört auch ins Gebiet von KI. Ich habe bereits einige Romane geschrieben und seit vielen Jahren Artikel und Texte verfasst. Das hat mich ganz gut geübt, und genau deshalb falle ich manchmal in diese gedanklichen Ausflüge. Doch ich denke, dass genau diese Sorgen, Probleme und Ängste hier auch ihren Platz haben.

Künstliche Intelligenz nimmt uns kreative Prozesse ab, und das lässt mich nicht kalt. Auf der einen Seite profitieren all jene, die keine Ahnung von Design oder Technik haben, enorm von dieser Entwicklung. Sie können plötzlich atemberaubende Grafiken erstellen, ansprechende Texte schreiben und komplexe Programme nutzen, ohne sich jemals mit den Grundlagen auseinandersetzen zu müssen. Das ist zweifellos ein großer Vorteil. Aber auf der anderen Seite stehen die Menschen, die sich jahrelang durch das Dickicht der Designprinzipien, der Programmicrlogik und der kreativen Prozesse gekämpft haben. Sie haben sich die Zähne an einer CSS-Eigenschaft ausgebissen, die einfach nicht so wollte, wie sie sollte, haben Stunden damit verbracht, Fehler zu finden und Lösungen zu erarbeiten. Und nun? Ja, die verlieren ihre Grundlage.

Das ist schmerzhaft und total ungerecht. Diejenigen von uns, die jahrelang in das Handwerk investiert haben, fühlen sich plötzlich wie Relikte aus einer vergangenen Zeit. All die Mühe, die Leidenschaft, die Tränen und die Freuden scheinen auf einmal in den Schatten zu geraten. Es ist nicht nur die Angst, ob unsere Fähigkeiten in Zukunft noch gefragt sind, sondern auch die tiefe Traurigkeit darüber, dass das, was wir so lange als wertvoll erachtet haben, jetzt oft als unwichtig oder überflüssig erscheint.

Man könnte sagen, es ist wie ein plötzlicher, harter Schlag ins Gesicht. Wenn man eine ganze Karriere darauf aufbaut, die Kunst des Designs zu meistern oder die Geheimnisse der Programmierung zu entschlüsseln, dann ist es ein schockierendes Gefühl, zu sehen, wie Maschinen diese Fähigkeiten übernehmen, und das oft mit einer Leichtigkeit, die wir uns wünschen würden. Es fühlt sich an, als ob die Essenz dessen, was wir tun, in Frage gestellt wird. Unsere Arbeit, die wir mit so viel Hingabe und Mühe gestaltet haben, wird plötzlich zu einer Routine, die jeder mit ein paar Klicks und einem Befehl ausführen kann.

Natürlich sind wir in der Lage, uns weiterzuentwickeln und neue Wege zu finden, um unsere Kreativität auszudrücken. Aber die Unsicherheit bleibt. Wo liegt unser Wert, wenn Maschinen uns überholen? Wo ist der Platz für die menschliche Note in einer Welt, die zunehmend von KI dominiert wird? Diese Fragen lassen mich nicht los, und ich bin sicher, dass ich nicht allein damit bin.

Es ist wichtig, dass wir diese Gefühle und Gedanken in den Diskurs einbringen. Denn am Ende wird die Diskussion um

KI nicht nur von den technischen Aspekten bestimmt, sondern auch von den emotionalen und kreativen Dimensionen. Die Herausforderung besteht darin, eine Balance zu finden. Wir müssen lernen, die Vorteile der KI zu nutzen, ohne die Leidenschaft und das Engagement aus den Augen zu verlieren, die uns antreiben. Denn so schmerzhaft diese Veränderungen auch sein mögen, sie können auch die Möglichkeit bieten, neue Perspektiven zu entdecken und neue kreative Wege zu gehen.

So, ich habe mich jetzt genug ausgekotzt darüber – muss ich mal so hart schreiben! Was mache ich also? Ich schalte meinen Rechner heute aus und werde wütend und traurig spazieren gehen. Manchmal ist es wichtig, die Gedanken zu sortieren und einfach die frische Luft zu genießen. Ich weiß, dass ich mich fangen werde, aber im Prozess werde ich immer wieder darauf zurückkommen – zumindest in Gedanken. Schließlich bin ich ein Mensch und keine KI.

Wir dürfen nicht vergessen: KI hat noch keine Emotionen. Sie kann beeindruckende Ergebnisse liefern, aber das Verständnis von menschlichen Gefühlen, Kämpfen und der kreativen Leidenschaft bleibt ihr verwehrt. Es ist dieser emotionale Prozess, der unsere Arbeit so wertvoll macht. Es sind die schmerzhaften Nächte, die durchgemachten Stunden und die kleinen Siege, die uns formen. Morgen werde ich meinen Rechner wieder einschalten, und zwar mit einem guten Gefühl. Ich werde den nächsten technologischen, absolut beeindruckenden Hammer über KI vom Stapel lassen. Es gibt so viel, das uns die Technik bieten kann, und ich will nicht in der Vergangenheit verweilen.

Also bitte. Egal, was Sie aus diesem Buch mitnehmen, achten Sie in jeder Hinsicht darauf, die Menschlichkeit nicht aus den Augen zu verlieren. Es ist entscheidend, die Perspektive der Menschen zu verstehen, die sich jahrelang abgemüht haben: Designer, Schriftsteller, Poeten, Maler, Fotografen und Programmierer. All jene, deren Berufe nun direkt bedroht sind. Diese Menschen haben nicht nur ihre Zeit investiert, sondern auch ihre Seele in ihre Arbeiten gesteckt. Es ist nicht gerecht, dass ihr Werk nun nicht mehr benötigt wird, dass ihre Kreativität durch eine Maschine ersetzt werden könnte.

Wenn Sie können, geben Sie einer von Menschenhand erstellten Website eine Chance. In ihr steckt nicht nur Technik, sondern auch Liebe, Hass, Verzweiflung und Hartnäckigkeit. So eine Website wird nicht einfach so hingepflackt! Jedes Element, jeder Text und jedes Bild sind das Resultat harter Arbeit und emotionaler Investition. Es sind die Geschichten, die hinter diesen Kreationen stehen, die sie lebendig machen.

Das ist doch das, was unser Leben so wertvoll macht – unsere Arbeit und Mühen. Unsere Schweißtropfen und vor allem unsere Fehler. Diese Fehler sind oft die treibende Kraft hinter dem, was wir tun. Sie zeigen uns, dass wir menschlich sind, dass wir lernen, wachsen und uns verbessern können. Sie sind die Bausteine unserer Erfahrungen, die uns zu dem machen, was wir sind.

Denken Sie immer daran. Ich bitte Sie. In einer Welt, in der KI immer präsenter wird, ist es umso wichtiger, die menschliche Note zu schätzen und zu bewahren. Es sind die Emotionen, die Geschichten und die Kämpfe, die das Leben ausmachen. Lassen Sie uns gemeinsam dafür sorgen, dass diese Werte nicht in der schieren Rationalität einer Maschine verloren gehen. Behalten Sie die Menschlichkeit in der Technik im Blick, denn letztlich sind es die Menschen, die hinter den Maschinen stehen und diese zu dem machen, was sie sind.

In der Auseinandersetzung mit KI werden wir lernen, wie wir sie als Werkzeug nutzen können, um unsere kreativen Fähigkeiten zu erweitern, anstatt sie zu ersetzen. Lassen Sie uns also diesen Spagat meistern und die Chancen erkennen, die uns die Technologie bietet, während wir gleichzeitig unsere Menschlichkeit bewahren. Denn am Ende des Tages sind es unsere Emotionen, die uns antreiben und die Welt um uns herum so bunt und lebendig machen.

30 DALL-E Account, Abo

Im letzten Kapitel habe ich mich ein wenig weiter geöffnet. Das war notwendig, und ich sehe keinen Grund, mich dafür zu entschuldigen. Also, gehen wir jetzt gemeinsam zu DALL-E über.

Ich nutze DALL-E über OpenAI, dieselbe Plattform, auf der ich auch ChatGPT verwende. Ich habe das ChatGPT Plus-Abonnement, das monatlich 20 USD kostet – umgerechnet etwa 23 bis 24 Euro, je nach Wechselkurs. Für dieses Abo benötigen Sie auf jeden Fall eine Kreditkarte. OpenAI akzeptiert aktuell leider nur Kreditkarten als Zahlungsmethode, warum das so ist, weiß ich nicht. Aber es ist nun mal der Weg, wie Sie den Dienst abonnieren können. Stellen Sie also bitte sicher, dass Sie eine Kreditkarte zur Verfügung haben, wenn Sie DALL-E nutzen möchten.

Warum das Ganze? Mit dem Plus-Abo haben Sie nicht nur Zugriff auf die fortschrittlicheren Modelle von ChatGPT, sondern auch auf DALL-E, das beeindruckende, KI-generierte Bilder erstellt. Sie geben einfach einen Text ein, und die KI spuckt Ihnen in kürzester Zeit eine Grafik aus. Ob Sie in kreativen Projekten arbeiten oder einfach visuelle Unterstützung benötigen – dieses Tool kann eine Menge für Sie tun. Der Einstieg ist einfach, und die Möglichkeiten sind nahezu unbegrenzt.

Jetzt haben wir aber genug geschwafelt. Es ist Zeit, dass wir Bilder mit DALL-E erstellen. Weiter vorn im Buch, im Kapitel »ChatGPT-Account erstellen«, haben wir besprochen, wie Sie einen Account bei OpenAI anlegen können. Ich gehe davon aus, dass Sie zumindest den kostenlosen Account bereits eingerichtet haben.

Falls Sie nicht die Möglichkeit haben, einen kostenpflichtigen Account bei OpenAI zu nutzen, können Sie temporär den kostenlosen Credit-Account verwenden. Damit haben Sie Zugriff auf eine bestimmte Anzahl von Credits, mit denen Sie kostenlos Bilder generieren können. Diese Credits können im Laufe der Zeit aufgebraucht werden, aber es gibt auch Optionen, zusätzliche Credits zu erwerben oder durch bestimmte Aktionen zu verdienen. Das ist ideal, um sich erstmal einen Überblick über die Funktionalitäten von DALL-E zu verschaffen, bevor man in ein kostenpflichtiges Modell einsteigt.

Es ist also eine gute Gelegenheit, um die Technik auszutesten und zu schauen, ob sie für Ihre Projekte passt. Die kostenlose Version bietet genug Möglichkeiten, um die Leistungsfähigkeit von DALL-E zu verstehen. Und wenn Sie mehr wollen, können Sie ganz einfach zusätzliche Credits kaufen oder auf ein bezahltes Modell umsteigen.

30.1 DALL-E verwenden

Loggen Sie sich bitte in Ihren ChatGPT-Account ein. Falls Sie noch nicht auf der OpenAI-Seite sind, gehen Sie zu https://platform.openai.com und melden sich an. Um DALL-E in der kostenlosen Version zu nutzen, müssen Sie es über die GPT-Explorer-Funktion aufrufen. Nach dem Einloggen befinden Sie sich im Dashboard. Klicken Sie auf »Erkunden« oder »GPTs erkunden«. Geben Sie dann in der Suchleiste »DALL-E« ein und wählen Sie das passende Tool aus. Oder Scrollen sie so weit runter, bis sie unter »GPTs erkunden« DALL-E finden.

Sobald Sie DALL-E ausgewählt haben, wird die Benutzeroberfläche zur Erstellung von Bildern geladen. Überprüfen Sie, wie viele Credits Ihnen zur Verfügung stehen. Diese werden für das Generieren von Bildern benötigt. Geben Sie dann die gewünschte Bildbeschreibung in das Textfeld ein. DALL-E erstellt die Bilder basierend auf Ihrer Textanweisung. Sobald das Bild generiert wurde, können Sie es herunterladen oder speichern. Ich greife nochmal meine Idee auf, der KI einen Prompt mitzugeben und bitte Sie, dies mir gleich zu tun, um zu sehen, ob es unterschiede gibt. Hier ist der Text, dem ich der KI mitgeteilt habe, also mein Prompt:

Erstelle Bild, Buchcover Hochformat: Die Mutter aller KI Bücher. Auf dem Cover soll eine KI Robotermutter sein. Sie schiebt einen Kinderwagen. Neben ihr laufen ein paar KI Roboter Kinder. Im Hintergrund ist eine rote, diffuse Leiterplatte zu sehen.

Auf meiner Facebook-Seite »Ralfis Blog« (https://www.facebook.com/RalfisBlog) habe ich einen Beitrag gepostet mit der Überschrift: »DALL-E. Welches Bild haben Sie als Antwort erhalten?« In diesem Beitrag lade ich Sie alle ein, ihr erhaltenes Bild zu posten.

Ich muss Ihnen sagen, was DALL-E mir jetzt als Buchcover zurückgegeben hat, ist einfach nur bemerkenswert und erstaunlich. Ich hatte DALL-E vorher gefragt, ob er Zugang zum Netz hat, und er sagte mir klipp und klar: »NEE!« – also genauer gesagt: »Nein, habe ich nicht, weil 2023 Bildungsstand und sowas«. Aber das Bild, das DALL-E mir geschickt hat, sieht verblüffenderweise fast genauso aus wie mein echtes Cover, das schon längst fertig ist.

Das bringt mich wirklich ins Grübeln. Ich hatte die Elemente meines Covers alle einzeln gestaltet. Die Roboter und die Roboterkinder waren von einer anderen KI, Fotor, generiert worden. Die Leiterplatte, die auf meinem Cover zu sehen ist, stammt von Pixabay. Den Text, das gesamte Design und die Platzierungen habe ich persönlich in Photoshop gemacht. Zwei Stunden saß ich da, habe an Details gefeilt, alles bis ins Kleinste abgestimmt.

Und dann kommt DALL-E und wirft mir eine nahezu exakte Kopie hin. Wie bitte? Verblüffend, wirklich. Ich hätte niemals gedacht, dass eine KI aus ein paar Textanweisungen so nah an das herankommt, was ich stundenlang per Hand in Photoshop gestaltet habe.

Warum sitze ich eigentlich noch zwei Stunden an Photoshop, wenn DALL-E das in Sekunden raushaut? Natürlich, das Feintuning, der menschliche Touch, das kann eine KI noch nicht ersetzen. Aber es zeigt doch, wie weit die Technik inzwischen ist. Man fragt sich langsam wirklich: Wie viel Zeit sparen wir uns in Zukunft bei solchen Aufgaben? Aber dann fällt mir auch wieder ein, dass es diese schmerzhaften Stunden vorm Bildschirm sind, die mich formen. Die kleinen Siege, die ich mir erkämpfe, machen den Unterschied. Trotzdem, DALL-E – Respekt. Das hätte ich nicht erwartet.

Ich haue diese von DALL-E gemachten Bilder jetzt auch in mein Facebook rein – aber mal ehrlich, woher hat DALL-E das genommen? Da will mir doch keiner erzählen, dass die KI mein Cover noch nie gesehen hat! Ich bin wirklich baff. Das Bild sieht meinem echten Cover so ähnlich, dass es fast schon unheimlich ist. Die Frage drängt sich auf: Wie kann das sein?

Es kann mir keiner weismachen, dass diese KI einfach »zufällig« etwas generiert hat, was so nah an mein Design herankommt. Ich meine, ich habe Stunden in Photoshop gesessen, habe jedes Detail geplant und selbst gemacht – und dann spuckt DALL-E in wenigen Sekunden ein Bild aus, das fast eine Kopie ist. Da läuft einem schon ein kalter Schauer über den Rücken. Aber was soll's, ich mache jetzt Feierabend. Zzzs. Das gibt's ja nicht!

So beeindruckend DALL-E funktioniert, sollten Sie stets auf Ihr Geld achten, wenn Sie Credits kaufen. Das System arbeitet zwar hervorragend und liefert oft verblüffend realistische Ergebnisse, aber die Kosten können sich schnell summieren, wenn man unüberlegt agiert. Bevor Sie also einfach drauflos erstellen, überlegen Sie sich genau, was Sie für ein Bild benötigen. Es lohnt sich, im Vorfeld einen klaren Plan zu haben. Welche Farben, welche Objekte, welcher Stil – all das sollten Sie im Kopf haben, bevor Sie beginnen. Jeder Klick kostet Credits, und diese sind, wie alles im Leben, endlich.

Ein häufiger Fehler, den viele Nutzer machen, ist es, »einfach mal zu spielen« und ohne klaren Plan verschiedene Eingaben auszuprobieren. Das kann zwar kreativ sein, aber es wird schnell teuer. Selbst wenn man das Finanzielle mal beiseitelässt, spielt auch ein anderer Punkt eine immer größere Rolle: die Umwelt. Jedes Mal, wenn Sie ein Bild generieren, läuft im Hintergrund ein enormer Rechenaufwand ab. Die Server, die DALL-E antreiben, verschlingen große Mengen an Strom, und das hat natürlich Auswirkungen auf unseren ökologischen Fußabdruck. Es ist leicht, das zu vergessen, weil das Ganze so unsichtbar im Hintergrund abläuft. Aber die Realität ist, dass diese KI-Modelle energiehungrig sind.

Wir werden später ausführlich darauf eingehen, wie Sie »perfekt prompten« – also die bestmöglichen Eingaben machen, um schnell an das gewünschte Ergebnis zu kommen. Aber eines vorweg, je genauer Sie Ihre Eingaben formulieren und je klarer Sie sich sind, was Sie erreichen wollen, desto weniger Versuche brauchen Sie. Das spart nicht nur Credits, sondern auch unnötige Rechenleistung und damit Energie. Man könnte sagen, dass effizientes Prompten nicht nur eine Frage des Geldes, sondern auch der Verantwortung ist.

Es ist auch wichtig, zu verstehen, dass die Kosten schnell außer Kontrolle geraten können, wenn man die Übersicht verliert. Das Preismodell von DALL-E ist so gestaltet, dass Sie für jede Bildgenerierung Credits verwenden. Die Verlockung ist groß, schnell mehrere Variationen eines Bildes zu erstellen, aber das summiert sich. Und während ein paar Dollar oder Euro hier und da vielleicht nicht direkt ins Gewicht fallen, merkt man es über einen längeren Zeitraum doch.

Daher mein Tipp: Gehen Sie bewusst mit der Technologie um. Planen Sie Ihre Eingaben sorgfältig, und überlegen Sie, was Sie wirklich brauchen. Setzen Sie Ihre Credits gezielt ein, um nicht nur Geld zu sparen, sondern auch die Ressourcen, die hinter dieser beeindruckenden Technologie stecken, nicht unnötig zu verschwenden. KI mag auf den ersten Blick grenzenlos erscheinen, aber die Ressourcen, die dahinterstehen, sind es nicht. Denken Sie daran, dass hinter jeder KI-Interaktion eine enorme Infrastruktur steckt, die Strom verbraucht und letztlich die Umwelt belastet.

31 Momentan beste Modelle OpenAI

Nachdem wir uns nun durch einen Wust von Modellen und KI-Techniken gewühlt haben, möchte ich eine Momentaufnahme machen. Meiner Meinung nach und nach vielen Tests ist im Augenblick (03.2024) ChatGPT das beste und leistungsfähigste Sprachmodell. Ebenfalls von OpenAI entwickelt, ist DALL-E das am besten funktionierende Tool für die

Bilderstellung. Doch die Machtverhältnisse in dieser Branche können sich jederzeit schlagartig verschieben. Hier geht es nicht nur um die Qualität der Technologie an sich, sondern auch um die finanziellen Mittel, die hinter den Unternehmen stehen.

Es kommt entscheidend auf das Bankkonto dieser Unternehmen an. Wer hat die besten Server, die besten Entwicklerteams und das klügste Preismodell? Diese Faktoren entscheiden darüber, wer langfristig im Rennen bleibt und wer möglicherweise auf der Strecke bleibt. OpenAI hat hier einen deutlichen Vorteil, denn sie haben sich eine starke Partnerschaft mit Microsoft gesichert. Microsoft pumpt Milliarden in die KI-Entwicklung und stellt nicht nur die finanzielle Unterstützung, sondern auch die notwendige Infrastruktur zur Verfügung. Die Azure-Cloud von Microsoft bietet OpenAI einen Teil der Rechenleistung, die nötig ist, um massive Modelle wie GPT-4 zu trainieren und zu betreiben. Diese Zusammenarbeit hat OpenAI einen technologischen Vorsprung verschafft, den andere so schnell nicht aufholen können.

Google, mit Bard, versucht zwar mitzuhalten, doch sie haben bisher nicht den gleichen Durchbruch erzielt. Während Google unbestreitbar eine gigantische Menge an Daten zur Verfügung hat, was natürlich ein Vorteil ist, fehlt ihnen aktuell die perfekte Integration und die marktbeherrschende Infrastruktur, wie es bei OpenAI der Fall ist. OpenAI hat es geschafft, seine Modelle nicht nur in Nischen, sondern in den Alltag der Menschen zu integrieren. Microsofts Integration von ChatGPT in Produkte wie Word und Outlook sorgt dafür, dass Millionen von Menschen täglich damit arbeiten, ohne es überhaupt zu merken. Google hat zwar Bard, aber die Verbreitung und die alltägliche Anwendung sind bei weitem nicht so stark verankert.

Ein weiterer wichtiger Punkt ist das Preismodell. OpenAI hat ein transparentes und nutzerfreundliches Preismodell, das es sowohl großen Unternehmen als auch Einzelpersonen ermöglicht, ihre Dienste zu nutzen. Das GPT-Plus-Abonnement zum Beispiel bietet eine leistungsfähige Option zu einem relativ günstigen Preis. Und DALL-E folgt einem ähnlichen Modell, bei dem Nutzer Credits für die Bilderstellung erwerben können. Diese Flexibilität hat OpenAI an die Spitze gebracht, während Google Bard mit einer weniger klaren Strategie zu kämpfen hat.

Ein Beispiel: OpenAI hat sich nicht nur auf Forschung und Entwicklung konzentriert, sondern auch auf den praktischen Einsatz. Unternehmen weltweit nutzen GPT-Modelle für Kundenservice, Automatisierung und sogar kreative Prozesse. Die Kombination aus technologischer Führung und wirtschaftlicher Weitsicht hat OpenAI einen deutlichen Vorteil verschafft.

Aber wie schon gesagt, das Blatt kann sich jederzeit wenden. Wenn Google plötzlich ein bahnbrechendes neues Modell präsentiert oder andere Wettbewerber wie Meta oder Amazon signifikant aufholen, könnten die Machtverhältnisse ins Wanken geraten. Es bleibt eine Frage der Ressourcen, und wer die meisten davon aufbringen kann, hat oft die besten Karten. Doch im Moment, im Jahr 2024, bleibt OpenAI mit ChatGPT und DALL-E an der Spitze.

Fakt ist, dass alle genannten Unternehmen wie Microsoft, Facebook, Tesla, Google und Co sowohl über das Geld als auch über die Rechenzentren verfügen und jedes einzelne Morgen schon das neue noch größere Ding auf den Markt werfen kann. Wo Tesla mit autonomen Fahren und Robotik die Number One ist, ist momentan OpenAi Number One in Bild und Text.

32 Prompt Engineering, besser Prompten

So, meine lieben Leserinnen und Leser. Ich habe Ihnen ja schon mehrfach eröffnet, dass meiner Meinung nach OpenAI der Player am Markt ist, der die besten und ausgereiftesten Modelle zur Verfügung stellt. Wenn wir ehrlich sind, möchte ich gar nicht nachzählen, wie oft ich bis hierhin schon das Wort »ChatGPT« geschrieben habe. Es ist nun mal so: Wer über KI-Modelle spricht, kommt an ChatGPT nicht vorbei. Genau deshalb stütze ich auch weiterhin alles darauf. Es ist das Maß aller Dinge, wenn es um Sprachmodelle geht.

Außerdem hat OpenAI den ganzen KI-Wahn überhaupt erst ins Rollen gebracht. Stellen wir uns vor, Facebook, Microsoft, Google, Tesla, Twitter (X) und OpenAI wären Kinder in einer Schulklasse. Die Lehrerin fragt: »Wer war das?« Google zeigt sofort auf OpenAI: »Das war OpenAI!« Die Lehrerin schaut zu Microsoft: »Stimmt das?« Microsoft, grinsend: »Jahaha Frau Lehrerin, ich habe es genau gesehen!« Und Tesla, der Streber, fügt noch hinzu: »Ja, Frau Lehrerin, Microsoft sagt das Wahrheit!« Die Lehrerin überlegt nun, ob OpenAI sich jetzt in die Ecke stellen sollte, um sich zu schämen ... – nur ein Spaß am Rande.

Auf jeden Fall hat sich OpenAI den Thron im KI-Olymp gesichert – sie sind in die Geschichte eingegangen, und das werde ich hier natürlich auch entsprechend würdigen: Applaus, Applaus …! Mit ihrem Vorstoß haben sie die gesamte Tech-Welt verändert und neue Maßstäbe gesetzt. Und deshalb bleibe ich beim Prompting bei OpenAI.

Ich gehe jetzt also mit Ihnen die wichtigsten Methoden und Techniken des Prompt Engineering durch und erkläre erst einmal die einzelnen Bereiche. Warum ist Prompt Engineering überhaupt so wichtig? Ganz einfach: Es ist der Schlüssel, um das volle Potenzial eines großen Sprachmodells wie ChatGPT auszuschöpfen. Ein Modell ist nur so gut wie die Eingaben, die es bekommt. Die Art und Weise, wie wir unsere Prompts formulieren, entscheidet maßgeblich darüber, ob wir präzise, kreative und nützliche Antworten erhalten – oder eben nicht. Sie können sich das wie ein Werkzeug vorstellen: Wenn Sie es richtig bedienen, können Sie Großes schaffen. Wenn Sie es jedoch falsch einsetzen, wird das Ergebnis bestenfalls mittelmäßig sein.

Was viele Menschen bisher nicht verstehen, ist, dass diese Modelle keine »Gedankenleser« sind. Sie arbeiten unglaublich leistungsstark, aber sie brauchen klare Anweisungen. Prompt Engineering ist also die Fähigkeit, das Modell so zu steuern, dass es Ihnen genau die Antworten gibt, die Sie brauchen. Es geht darum, gezielt Informationen zu extrahieren und das Modell präzise durch den Prompt zu leiten. Und glauben Sie mir, je besser Ihr Prompt, desto besser das Ergebnis.

Ein einfaches Beispiel: Wenn Sie das Modell bitten, einen Bericht zu schreiben, wird es das tun. Aber wenn Sie nicht klarstellen, welche Details wichtig sind, welche Tonalität der Bericht haben soll oder wie lang er sein muss, kann das Ergebnis weit von dem abweichen, was Sie eigentlich im Kopf hatten. Deshalb ist es entscheidend, im Prompt Engineering präzise zu sein. Das ist keine Magie, sondern Technik.

Es gibt verschiedene Techniken, um das Beste aus Ihrem Prompt herauszuholen. Eine davon ist die Klarheit der Anweisung. Das Modell versteht Ihre Absicht besser, wenn Sie genaue und eindeutige Fragen stellen. Vage Eingaben führen oft zu vagen Ergebnissen. Je detaillierter Sie also formulieren, desto mehr kann das Modell seine Stärken ausspielen. Ein Beispiel: Statt »Schreibe einen Text über Autos« könnten Sie sagen: »Schreibe einen informativen Text über die neuesten Elektroautos und vergleiche deren Reichweite, Ladezeiten und Preise.« Das Ergebnis wird sofort besser, weil das Modell klar weiß, was Sie erwarten.

Ein weiterer wichtiger Aspekt des Prompt Engineering ist die Schichtung von Informationen. Sie können das Modell Schritt für Schritt an ein komplexes Thema heranführen, indem Sie den Prompt stückweise aufbauen. Beginnen Sie mit allgemeinen Informationen und führen Sie dann detailliertere Aspekte ein. So sorgen Sie dafür, dass das Modell nach und nach die Informationen sammelt, die es braucht, um eine präzisere Antwort zu geben. Dieser iterative Ansatz hilft Ihnen, am Ende genau das Ergebnis zu bekommen, das Sie möchten, ohne dass das Modell in den ersten Anläufen unnötig abschweift.

Auch die Verwendung von Beispielen kann ein mächtiges Werkzeug sein. Wenn Sie dem Modell ein Beispiel für das geben, was Sie erwarten, kann es sich viel besser an diesen Vorgaben orientieren. Anstatt einfach nur zu sagen: »Schreibe eine Kurzgeschichte«, können Sie ein Beispiel hinzufügen: »Schreibe eine Kurzgeschichte im Stil von Edgar Allan Poe, mit einer düsteren Atmosphäre und einem unvorhersehbaren Ende.« Jetzt hat das Modell einen klaren Rahmen und kann darauf aufbauen. Sie steuern den Prozess damit in eine Richtung, die zu einem deutlich besseren Ergebnis führt.

Zusammengefasst kann man sagen, dass Prompt Engineering nicht nur ein Nebenaspekt ist – es ist eine Kunstform, mit der Sie die volle Kontrolle über das Modell erlangen. Sie müssen das Modell präzise durch Ihre Anweisungen lenken, um das Beste herauszuholen. Es ist wie das Stimmen eines Instruments: Wenn Sie es richtig machen, entsteht Musik. Wenn Sie es falsch angehen, kommt nur Lärm dabei heraus. Die Technik, die dahintersteckt, ist ebenso einfach wie mächtig, und wer sie beherrscht, kann die Modelle so steuern, dass sie genau das liefern, was gebraucht wird.

In den nächsten Kapiteln werden wir tiefer in die Techniken des Prompt Engineering einsteigen und uns spezifische Methoden anschauen, mit denen Sie Ihre Ergebnisse verbessern können. Momentan sind die Methoden, die ich Ihnen jetzt vorstelle die wichtigsten. Aber eines ist klar: Die Kunst des Prompts wird sich immer weiter verändern. Sie ist entscheidend dafür, wie nützlich und effektiv diese Modelle für Sie sein können.

32.1 Strukturierte Prompts

Wie Sie mit klaren Anweisungen bessere Ergebnisse erzielen. Also wollen wir uns mal genauer mit den strukturierten Prompts befassen. Wenn es darum geht, die bestmöglichen Ergebnisse aus einem Sprachmodell oder einem Bilderzeugungsmodell wie DALL-E herauszuholen, dann ist eine präzise Struktur bei den Prompts zentral. Strukturierte Prompts sind nichts anderes als klar gegliederte Anweisungen, die dem Modell helfen, den Auftrag in einer bestimmten Reihenfolge und nach einem logischen Ablauf zu bearbeiten.

Nehmen wir mal das Beispiel des Hundes mit dem Regenmantel. Wenn Sie einfach nur schreiben: »Erstelle ein Bild von einem Hund mit einem Regenmantel« oder »Erzähle eine Geschichte über einen Hund mit einem Regenmantel«, wird das Modell wahrscheinlich irgendetwas generieren, was vielleicht halbwegs passt, aber nicht das ist, was Sie im Kopf hatten. Hier kommt der Vorteil der strukturierten Prompts ins Spiel.

32.1.1 Strukturierte Prompts für Text

Wenn Sie eine Geschichte über den Hund im Regenmantel schreiben lassen wollen, könnten Sie das Modell einfach so laufen lassen und schauen, was dabei herauskommt. Das ist aber nicht wirklich effizient, vor allem, wenn Sie ein ganz bestimmtes Ergebnis erwarten. Stattdessen hilft eine klare Struktur.

Ein Beispiel für einen strukturierten Prompt für die Textgenerierung könnte so aussehen:

»Erzähle eine kurze Geschichte über einen Hund im Regenmantel. Im ersten Absatz beschreibst du den Hund und den Mantel. Im zweiten Absatz erzählst du, warum der Hund den Mantel tragen muss, und im dritten Absatz, wie der Hund reagiert, als er in den Regen hinausgeht.«

Dieser strukturierte Prompt sorgt dafür, dass das Modell nicht einfach wild drauflosschreibt, sondern sich an einen klaren Ablauf hält. Sie haben dem Modell gesagt, was es zuerst, was es danach und was es am Ende tun soll. Dadurch wird das Ergebnis viel geordneter und näher an dem, was Sie eigentlich wollen.

Das Ergebnis könnte dann in etwa so aussehen:

»Der kleine Terrier, braunes Fell, das unter dem gelben Regenmantel hervorlugte, saß ungeduldig vor der Tür. Der Mantel war glänzend und hatte kleine blaue Streifen an den Ärmeln. Er passte perfekt, obwohl der Terrier ihn nicht wirklich zu schätzen wusste. Der Regen hatte seit Stunden nicht aufgehört, und sein Besitzer bestand darauf, dass er den Mantel trug, um nicht völlig durchnässt zu werden. Als der Terrier schließlich vor die Tür trat, schüttelte er sich, als wolle er den Mantel abstreifen. Doch sobald die ersten Tropfen auf den Mantel prasselten, erkannte er, dass er ihn doch lieber behalten wollte.«

Hier sehen Sie, dass die Struktur des Prompts das Modell dazu bringt, den Text klar und logisch aufzubauen. Ohne diese Struktur wäre der Text vielleicht konfus oder würde Details vermissen lassen.

32.1.2 Strukturierte Prompts für Bild

Nun kommen wir zu DALL-E, dem Tool für die Bilderstellung. Auch hier bringt ein gut strukturierter Prompt enorme Vorteile. Wenn Sie einfach nur sagen: »Erstelle ein Bild von einem Hund mit einem Regenmantel«, kann das Modell ein Bild erzeugen, aber es ist sehr wahrscheinlich, dass viele Details fehlen, die Sie eigentlich haben wollen.

Ein strukturierter Prompt könnte stattdessen so lauten:

»Erstelle ein Bild von einem kleinen braunen Terrier mit einem gelben Regenmantel. Der Mantel sollte glänzend sein, mit blauen Streifen an den Ärmeln. Der Hund soll draußen im Regen stehen, und es sollen Regentropfen sichtbar sein, die auf den Mantel prasseln.«

Dieser strukturierte Prompt sorgt dafür, dass das Bild genau die Details enthält, die Sie sich vorstellen. Der Hund ist nicht nur irgendwie mit einem Regenmantel abgebildet, sondern der Regenmantel hat bestimmte Farben, das Wetter ist eindeutig erkennbar, und sogar die Regentropfen spielen eine Rolle.

Durch die klare Struktur des Prompts weiß das Modell genau, was Sie erwarten, und wird nicht mit unklaren oder zu vagen Anweisungen arbeiten müssen.

32.1.3 Warum ist Struktur so wichtig?

Bei der Arbeit mit Sprach- und Bildmodellen ist die Struktur das, was den Unterschied zwischen einem zufälligen Ergebnis und einer gezielten, hochwertigen Antwort ausmacht. Ohne Struktur geht das Modell zwar durch den Prozess, aber es fehlt die klare Führung. Eine strukturierte Eingabe hilft dem Modell, sich auf das Wesentliche zu konzentrieren, und sorgt dafür, dass die wichtigen Details nicht unter den Tisch fallen.

Ein weiterer Vorteil ist, dass Sie mit strukturierten Prompts oft schneller zu einem guten Ergebnis kommen. Anstatt mehrere Versuche zu benötigen, weil das Modell immer wieder an den falschen Punkten ansetzt, liefern Sie von Anfang an die richtigen Hinweise. Das spart Ihnen nicht nur Zeit, sondern auch Credits, wenn Sie mit kostenpflichtigen Modellen wie DALL-E arbeiten.

Wenn Sie also das nächste Mal eine Aufgabe an ein KI-Modell stellen, denken Sie daran, dass eine klare Struktur Ihrem Prompt mehr Präzision und Richtung verleiht. Sie geben dem Modell damit eine Art »Fahrplan«, dem es folgen kann, um Ihre Erwartungen besser zu erfüllen. Ob es um eine Geschichte über einen Hund im Regenmantel oder die Erstellung eines Bildes geht – strukturierte Prompts sind der Schlüssel zu besseren Ergebnissen.

32.2 Shot Prompting

Jetzt geht es um einen weiteren wichtigen Ansatz im Prompt Engineering: Shot Prompting. Was ist das genau? Shot

Prompting beschreibt die Methode, dem Modell Beispiele zu geben, bevor man es mit einer neuen Aufgabe konfrontiert. Dabei gibt es unterschiedliche Varianten: One-Shot und Few-Shot Prompting. Beide Methoden haben eines gemeinsam – sie helfen dem Modell, den gewünschten Stil, die Struktur oder den Ablauf einer Aufgabe besser zu verstehen, indem man ihm vorab Beispiele liefert.

Schauen wir uns das einmal genauer an. Wenn Sie ein Modell wie ChatGPT einfach nur fragen: »Erzähle eine Geschichte über einen Hund im Regenmantel«, wird es zwar eine Geschichte generieren, aber die Qualität kann stark variieren. Das Modell versteht vielleicht nicht, wie detailliert die Geschichte sein soll, in welchem Stil sie geschrieben sein muss oder welche Art von Handlung Sie erwarten. Hier kommt Shot Prompting ins Spiel.

One-Shot Prompting

One-Shot Prompting bedeutet, dass Sie dem Modell nur ein einziges Beispiel geben, bevor Sie Ihre eigentliche Anfrage stellen. Nehmen wir das Beispiel des Hundes mit dem Regenmantel. Anstatt einfach nur zu sagen: »Erzähle eine Geschichte über einen Hund im Regenmantel«, könnten Sie ein Beispiel liefern, das dem Modell zeigt, wie Sie sich die Struktur und den Ton der Geschichte vorstellen.

Ein Beispiel für einen One-Shot Prompt könnte so aussehen:

»Hier ist ein Beispiel für eine kurze Geschichte: Ein kleiner Dackel stapfte durch den regennassen Park. Sein roter Mantel schützte ihn vor den dicken Tropfen, die auf die Erde prasselten. Jeder Schritt, den er machte, ließ kleine Wasserlachen auf dem Gehweg aufsteigen. Die Passanten, die vorbeigingen, lächelten ihn an, denn er sah aus wie ein kleiner Kapitän auf einem großen Schiff. Jetzt erzähle eine ähnliche Geschichte, aber dieses Mal geht es um einen Terrier mit einem gelben Regenmantel.«

Durch dieses eine Beispiel weiß das Modell genau, wie es die Geschichte aufbauen soll, und passt seine Antwort dementsprechend an. Anstatt einfach nur irgendeine Geschichte zu schreiben, richtet sich das Modell nach dem Stil und der Struktur des Beispiels.
Few-Shot Prompting

Few-Shot Prompting geht noch einen Schritt weiter. Hier geben Sie dem Modell mehrere Beispiele, bevor Sie Ihre eigentliche Anfrage stellen. Diese Methode ist besonders nützlich, wenn die Aufgabe komplexer ist oder Sie sicherstellen wollen, dass das Modell verschiedene Aspekte des Stils oder der Struktur versteht.

Bleiben wir beim Beispiel des Hundes im Regenmantel. Wenn Sie das Modell bitten, eine sehr spezifische Art von Geschichte zu schreiben, könnte es hilfreich sein, mehrere Beispiele zu geben.

Ein Few-Shot Prompt könnte so aussehen:

»Beispiel 1: Ein kleiner Chihuahua rannte durch die Straßen, sein blauer Mantel flatterte im Wind, während der Regen gegen seine winzigen Beine spritzte. Doch er schien es nicht zu merken, so sehr war er darauf konzentriert, sein Spielzeug zu finden. Beispiel 2: Der große Bernhardiner, mit einem roten Mantel bekleidet, stapfte schwerfällig durch den Wald. Der Regen tropfte von seinen Ohren, aber er trottete weiter, denn sein Besitzer wartete am Ende des Pfads auf ihn. Jetzt schreibe eine Geschichte über einen Terrier mit einem gelben Regenmantel.«

Durch die Kombination mehrerer Beispiele versteht das Modell, dass es verschiedene Stile, Charaktergrößen und Regenmantelfarben berücksichtigen kann, um eine Geschichte zu schreiben, die in den vorgegebenen Rahmen passt.

32.2.1 Shot Prompting für Bild

Auch bei der Bildgenerierung mit Tools wie DALL-E ist Shot Prompting eine äußerst hilfreiche Methode. Ein One-Shot Prompt könnte dem Modell beispielsweise zeigen, wie das gewünschte Bild aussehen soll, bevor man eine spezifische Anfrage stellt.

Sie könnten sagen: »Hier ist ein Bild von einem kleinen Hund im blauen Regenmantel, der durch den Regen läuft. Jetzt erstelle ein Bild von einem Terrier im gelben Regenmantel, der vor einer roten Tür steht, während der Regen fällt.« Durch das Vorab-Beispiel weiß das Modell genau, in welchem Stil und mit welchen Details es das neue Bild erstellen soll.

32.2.2 Warum ist Shot Prompting so wichtig?

Der große Vorteil von Shot Prompting ist, dass es die Genauigkeit und Qualität der generierten Inhalte deutlich verbessert. Indem Sie dem Modell vorab Beispiele geben, haben Sie die Möglichkeit, die Richtung der Antwort gezielt zu beeinflussen. Das Modell kann sich an den Beispielen orientieren und darauf basierend genauere und besser auf Ihre Bedürfnisse abgestimmte Inhalte generieren.

Ohne Shot Prompting kann es passieren, dass das Modell einen völlig anderen Stil oder eine unerwartete Herangehensweise wählt, weil es die spezifischen Anforderungen nicht erkennt. Mit den richtigen Beispielen an der Hand wird das Ergebnis hingegen viel besser, weil das Modell ein klares Bild davon hat, was Sie möchten.

Im Grunde genommen ist Shot Prompting eine Art Anleitung für das Modell. Sie geben ihm einen Rahmen vor, in dem es arbeiten soll, und das Ergebnis wird dadurch deutlich zielgerichteter. Egal ob Text oder Bild – diese Methode hilft dabei, das Modell so präzise wie möglich auf Ihre Anforderungen auszurichten.

32.3 Rollen Prompting

Nun möchte ich Ihnen das Rollen Prompting erklären – feine Sache, kann ich da nur sagen. Was steckt dahinter? Im Grunde fordern Sie das Modell auf, eine bestimmte Rolle einzunehmen, sei es ein Experte, eine bestimmte Person oder ein Fachmann in einem bestimmten Bereich. Das Modell liefert Ihnen dann Antworten, als würde es aus der Perspektive dieser Rolle sprechen. Das sorgt für präzisere und relevantere Antworten, weil das Modell sofort weiß, welchen Kontext es bedienen soll.

Sagen wir mal, Sie fragen nach einer medizinischen Empfehlung. Wenn Sie einfach nur nach einer Lösung fragen, wird das Modell wahrscheinlich eine allgemeine Antwort geben. Aber wenn Sie sagen: »Antworte als Arzt«, ändert sich der ganze Ton. Plötzlich bekommen Sie eine fundierte medizinische Meinung, die auf Fachwissen basiert.

Bleiben wir beim Beispiel des Hundes im Regenmantel. Statt einfach nur zu fragen: »Warum sollte ein Hund einen Regenmantel tragen?«, könnten Sie das Modell bitten, aus der Sicht eines Tierarztes zu antworten: »Antworte als Tierarzt und erkläre, warum ein Hund einen Regenmantel braucht.« Die Antwort wird sofort spezifischer: »Ein Hund sollte einen Regenmantel tragen, wenn er besonders empfindlich auf Nässe reagiert oder gesundheitliche Probleme hat. Besonders Hunde mit kurzem Fell oder ältere Hunde profitieren davon.«

Jetzt stellen Sie sich vor, Sie wollen etwas Komplexeres. Nehmen wir mal einen Mathematiker. Sie könnten dem Modell sagen: »Erkläre das Konzept der Fibonacci-Zahlen, aber antworte als Mathematiker.« Die Antwort wird sofort wissenschaftlicher und detaillierter: »Die Fibonacci-Zahlen sind eine Folge, bei der jede Zahl die Summe der beiden vorangegangenen ist. Diese Sequenz hat interessante Eigenschaften, die in der Natur und der Kunst häufig zu finden sind, zum Beispiel im Wachstum von Pflanzen oder in Spiralmustern.« Sie sehen sofort, dass das Modell hier mit der mathematischen Brille antwortet.

Oder Sie lassen es als Programmierer sprechen. Stellen Sie eine Frage wie: »Antworte als Programmierer und erkläre, wie eine Schleife in Python funktioniert.« Das Modell liefert Ihnen eine detaillierte Erklärung aus der Sicht eines Entwicklers: »Eine Schleife in Python ist eine Kontrollstruktur, die es erlaubt, Codeblöcke wiederholt auszuführen. Die häufigste Art ist die for-Schleife, bei der über eine Sequenz iteriert wird. Zum Beispiel: for i in range(10): print(i) gibt die Zahlen 0 bis 9 aus.«

Oder wollen Sie mal etwas Kreatives? Fragen Sie das Modell: »Schreibe ein Gedicht über einen Hund im Regenmantel, antworte als Gedichtautor.« Die Antwort könnte dann poetisch klingen: »Der Himmel weint, doch stolz steht er, im Mantel gelb, geschützt vorm Meer. Die Tropfen fallen, doch er lacht, im Regen tanzt er, durch die Nacht.«

Das Schöne daran ist, dass Sie das Modell jede erdenkliche Rolle übernehmen lassen können. Ob Sie eine mathematische Erklärung, ein Programmier-Tutorial oder ein Gedicht wollen – Rollen Prompting bringt die Antwort auf ein völlig neues Level.

32.3.1 Kann Rollen Prompting hilfreich sein?

Rollen Prompting ist ein äußerst nützliches Werkzeug, weil es dem Modell hilft, spezifische und kontextbezogene Antworten zu liefern. Statt einer allgemeinen Antwort, die vielleicht oberflächlich bleibt, versetzen Sie das Modell in die Rolle eines Fachmanns, was die Tiefe und Präzision der Antwort deutlich verbessert. Der größte Vorteil ist, dass Sie damit eine Perspektive erhalten, die an die Bedürfnisse einer bestimmten Fachrichtung oder eines bestimmten Publikums angepasst ist.

Nehmen wir zum Beispiel eine Frage zur Programmierung. Wenn Sie das Modell in die Rolle eines Programmierers versetzen, wird es Ihnen nicht nur eine allgemeine Antwort geben, sondern eine, die genau auf die technische Umsetzung fokussiert ist. Es versteht die Problematik aus der Sicht eines Entwicklers und wird Ihnen eine Lösung präsentieren, die sich in der Praxis bewährt hat.

Ein weiterer Vorteil ist, dass Rollen Prompting dabei hilft, komplexe Themen einfacher zu erklären. Wenn Sie das Modell bitten, ein schwieriges mathematisches Konzept aus der Sicht eines Mathematikers zu erklären, wird es die Terminologie und die Denkweise dieses Fachgebiets nutzen. Gleichzeitig können Sie das Modell auch bitten, denselben Sachverhalt aus der Sicht eines Lehrers oder eines Laien zu erklären, wodurch die Antwort verständlicher und zugänglicher wird.

Rollen Prompting kann auch in kreativen Bereichen nützlich sein. Wenn Sie eine Geschichte oder ein Gedicht benötigen, kann das Modell die Rolle eines Schriftstellers oder Dichters einnehmen und eine Antwort liefern, die stilistisch und sprachlich viel ansprechender ist, als wenn es einfach nur »neutral« antwortet.

Durch das gezielte Einnehmen einer Rolle liefert das Modell also Antworten, die nicht nur präziser und relevanter sind, sondern auch in einem bestimmten Tonfall oder mit spezifischen Fachkenntnissen versehen sind. So erhalten Sie nicht nur eine generische Lösung, sondern eine Antwort, die perfekt auf die jeweilige Fragestellung und den Kontext zugeschnitten ist.

32.3.2 Welche Rollen kann KI einnehmen?

Die KI kann im Prinzip jede erdenkliche Rolle einnehmen, je nachdem, welchen Kontext oder welche Perspektive Sie benötigen. Sie könnte als Experte in einem bestimmten Fachgebiet antworten, zum Beispiel als Arzt, Ingenieur oder Anwalt, wenn es um medizinische, technische oder rechtliche Fragen geht. Im Bereich der Technik und Programmierung könnte die KI in die Rolle eines Programmierers oder IT-Sicherheitsexperten schlüpfen, um Ihnen Lösungen für spezifische technische Herausforderungen zu bieten.

Ebenso könnte die KI als Lehrer oder Tutor agieren und komplexe Themen so aufbereiten, dass sie leicht verständlich werden – etwa als Mathelehrer, der die Grundlagen der Integralrechnung erklärt, oder als Geschichtslehrer, der die Ursachen des Zweiten Weltkriegs schildert.

Auch kreative Rollen lassen sich der KI zuweisen. Sie könnte als Schriftsteller eine spannende Kriminalgeschichte beginnen oder als Gedichtautor ein Gedicht über den Herbst verfassen. Darüber hinaus kann das Modell als Wissenschaftler antworten, sei es als Physiker, der die Grundlagen der Quantenmechanik erklärt, oder als Biologe, der den Prozess der Fotosynthese beschreibt. Praktische Berufe lassen sich ebenfalls simulieren. Die KI könnte als Koch ein italienisches Rezept vorschlagen oder als Gärtner Tipps zur Rosenpflege geben.

Interessanterweise kann die KI sogar die Perspektive historischer Persönlichkeiten oder fiktiver Figuren einnehmen. So könnten Sie sie bitten, als Albert Einstein die Relativitätstheorie zu erläutern oder als Sherlock Holmes einen kniffligen Fall zu lösen. Für persönliche Ratschläge könnte die KI auch als Lebens- oder Finanzberater auftreten und Ihnen Tipps zur Work-Life-Balance oder zur Altersvorsorge geben.

Das Besondere am Rollen Prompting ist, dass es die Antworten der KI spezifischer und kontextbezogener macht. Sie erhalten keine allgemeine Antwort, sondern eine, die genau auf die jeweilige Rolle zugeschnitten ist, egal ob es sich um technisches Know-how, kreative Unterstützung oder fachlichen Rat handelt. Die Möglichkeiten sind nahezu unbegrenzt, solange der Kontext klar genug definiert wird.

Im Grunde sind hier wirklich keine Grenzen mehr gesetzt, und es ist unwahrscheinlich, dass eine KI wie ChatGPT sagen würde, dass sie diese Rolle nicht einnehmen kann. Denn genau das ist die Stärke solcher Modelle: Sie können flexibel auf nahezu jede erdenkliche Rolle reagieren, solange die Aufgabe klar formuliert ist. Ob es darum geht, als Ingenieur komplexe technische Konzepte zu erklären oder als fiktiver Charakter wie Sherlock Holmes einen Fall zu lösen – die KI verfügt über genügend Daten und Sprachmuster, um sich in jede dieser Rollen hineinzuversetzen.

Der Grund dafür liegt in der Art und Weise, wie diese Modelle trainiert sind. Sie wurden mit enormen Mengen an Texten aus den unterschiedlichsten Bereichen gefüttert – von wissenschaftlichen Artikeln über technische Handbücher bis hin zu literarischen Werken. Das gibt der KI die Fähigkeit, sich in verschiedene Kontexte und Rollen hineinzudenken, weil sie auf einen breiten Pool von Informationen und Sprachmustern zugreifen kann. Solange die Anfrage klar genug ist und der Kontext richtig vermittelt wird, kann die KI fast jede Perspektive einnehmen, sei es als Fachperson, kreative Figur oder sogar als historischer Charakter.

Die einzige wirkliche Einschränkung kommt ins Spiel, wenn die Anfrage unklar oder ungenau ist. Aber das liegt nicht daran, dass die KI die Rolle nicht einnehmen könnte, sondern eher daran, dass sie nicht genau versteht, was Sie von ihr wollen. Sobald der Kontext und die Rolle klar definiert sind, ist die Flexibilität des Modells fast grenzenlos.

32.4 Three of Thougts

Kommen wir nun zu einer der komplexeren Techniken im Prompt Engineering: Tree of Thoughts. Dieser Ansatz geht über die einfache lineare Bearbeitung einer Aufgabe hinaus und fordert das Modell auf, verschiedene Gedankenstränge oder Lösungsansätze gleichzeitig zu verfolgen. Statt nur einen einzigen Gedankenweg zu beschreiben, entwickelt das Modell mehrere parallele Optionen, die es dann gegeneinander abwägt. Das Ziel ist es, eine Art Denkbaum zu erschaffen, bei dem die verschiedenen Verzweigungen zu unterschiedlichen Ergebnissen führen. Auf diese Weise werden die besten Optionen identifiziert und weiterverfolgt, während weniger gute Ansätze verworfen werden.

Stellen Sie sich das wie eine Entscheidungsstruktur vor. Statt nur einen Weg zu gehen und darauf zu hoffen, dass das Ergebnis am Ende stimmt, baut das Modell eine Art Baumstruktur auf. Jede Entscheidung führt zu neuen Möglichkeiten, und diese werden wiederum analysiert. Diese Technik eignet sich besonders gut für Aufgaben, bei denen mehrere Lösungsmöglichkeiten bestehen und das Modell nicht nur die erste Idee aufgreifen, sondern verschiedene Ansätze gleichzeitig bewerten soll.

32.4.1 Tree of Thoughts für Text

Nehmen wir das Beispiel des Hundes mit dem Regenmantel. Wenn Sie dem Modell einfach nur sagen: »Erzähle eine Geschichte über einen Hund im Regenmantel«, könnte es einen einzigen linearen Handlungsstrang verfolgen und die Geschichte einfach runtererzählen. Doch mit dem Tree of Thoughts-Ansatz wird das Modell gebeten, mehrere mögliche Geschichten gleichzeitig zu entwickeln.

Ein strukturierter Tree-of-Thoughts-Prompt könnte so aussehen: »Erzähle eine Geschichte über einen Hund im Regenmantel. Überlege dabei verschiedene Möglichkeiten: In der ersten Variante hat der Hund Angst vor dem Regen. In der zweiten Variante liebt der Hund den Regen und spielt darin. In der dritten Variante erlebt der Hund ein Abenteuer im Regen. Schreibe die verschiedenen Ansätze auf und wähle den besten aus.«

Das Modell wird nun verschiedene Gedankenstränge entwickeln und eine Art »Baum der Möglichkeiten« aufbauen. Es geht nicht einfach den erstbesten Weg, sondern denkt in Alternativen. Der Vorteil liegt darin, dass es mehrere Lösungswege in Betracht zieht, bevor es sich für die beste Version entscheidet. Das Ergebnis ist oft kreativer und durchdachter, weil das Modell gezwungen wird, verschiedene Optionen abzuwägen.

32.4.2 Tree of Thoughts für Bild

Auch in der Bildgenerierung lässt sich der Tree of Thoughts-Ansatz anwenden. Wenn Sie DALL-E auffordern, ein Bild von einem Hund im Regenmantel zu erstellen, könnten Sie dem Modell verschiedene Variationen vorschlagen, anstatt es nur eine Idee verfolgen zu lassen.

Ein Prompt könnte so aussehen: »Erstelle drei verschiedene Versionen eines Bildes von einem Terrier im gelben Regenmantel. In der ersten Version steht der Hund unter einem Baum im Regen. In der zweiten Version läuft der Hund durch eine Pfütze. In der dritten Version sitzt der Hund auf einer Veranda und schaut dem Regen zu. Zeige die drei Optionen und wähle die beste Version aus.«

Durch diesen Ansatz lässt das Modell mehrere Szenarien entstehen und bewertet sie. Es wählt dann den besten Bildaufbau basierend auf den verschiedenen Alternativen. Das Ergebnis ist nicht nur ein zufälliges Bild, sondern eine durchdachte Version, bei der das Modell verschiedene kreative Ideen durchgespielt und die beste umgesetzt hat.

32.4.3 Warum Tree of Thoughts wichtig ist

Der Tree of Thoughts-Ansatz ermöglicht es, komplexere und durchdachtere Lösungen zu entwickeln, weil das Modell nicht einfach nur dem erstbesten Gedanken folgt. Stattdessen wird es gezwungen, mehrere Alternativen in Betracht zu ziehen, diese zu vergleichen und zu bewerten. Dieser Prozess führt oft zu besseren, raffinierteren Ergebnissen, weil das Modell mehr Zeit und Denkprozesse investiert, bevor es eine endgültige Antwort gibt.

Besonders bei Aufgaben, die mehrere Lösungsansätze zulassen oder wo Kreativität gefordert ist, zeigt dieser Ansatz seine Stärke. Er sorgt dafür, dass das Modell flexibler denkt und nicht stur einem einzigen Lösungsweg folgt. Dies eröffnet dem Nutzer deutlich mehr Möglichkeiten und sorgt für vielfältigere und ausgeklügeltere Resultate.

Tree of Thoughts ist also nicht nur eine Technik, um das Modell zu beschäftigen, sondern eine Methode, um tiefere und durchdachtere Antworten zu erhalten. In einer Welt, in der immer komplexere Aufgaben an KI-Modelle gestellt werden, ist dieser Ansatz ein mächtiges Werkzeug, um sicherzustellen, dass das Modell nicht nur einfach »arbeitet«, sondern auf wirklich intelligente Weise nach der besten Lösung sucht.

32.5 Chain of Thougts

Jetzt geht es um den Ansatz Chain of Thought (Gedankenkette), eine Technik, die es dem Modell ermöglicht, Schritt für Schritt seinen Denkprozess offenzulegen. Anders als bei anderen Methoden geht es hier darum, das Modell dazu zu bringen, nicht nur das Ergebnis, sondern auch den gesamten Weg dahin zu zeigen. Das ist besonders nützlich bei komplexeren Aufgaben, bei denen es um logisches Denken oder detaillierte Problemlösungen geht. Statt nur die Lösung zu liefern, wird das Modell gebeten, seine Überlegungen und

Gedankenschritte zu erklären, bevor es zur endgültigen Antwort kommt.

Chain of Thought gibt uns die Möglichkeit, das Modell zu verstehen, als würde es seine Argumentationskette in Echtzeit aufzeigen. Das ist besonders wichtig, wenn es darum geht, schwierige Entscheidungen oder mehrstufige Problemlösungen zu analysieren. Es hilft dabei, den Prozess transparenter zu gestalten und die Qualität der Antwort zu verbessern, da jeder Schritt überprüfbar wird.

32.5.1 Chain of Thought für Text

Nehmen wir wieder unser Beispiel des Hundes im Regenmantel. Anstatt einfach nur zu sagen: »Erzähle eine Geschichte über einen Hund im Regenmantel«, könnten Sie das Modell bitten, seinen Gedankengang offenzulegen. Ein strukturierter Chain of Thought-Prompt könnte so aussehen:

»Erzähle eine Geschichte über einen Hund im Regenmantel. Beginne mit der Überlegung, warum der Hund den Mantel trägt, dann überlege, wie sich der Hund im Regen verhält, und schließlich, was der Hund erlebt, während er draußen ist. Beschreibe jede dieser Überlegungen nacheinander.«

Durch diesen Prompt wird das Modell gezwungen, den Denkprozess in einzelne Schritte zu zerlegen, bevor es zur eigentlichen Geschichte kommt. Das Ergebnis könnte dann so aussehen:

»Zuerst überlege ich, warum der Hund den Regenmantel trägt. Wahrscheinlich, weil es draußen regnet und sein Besitzer nicht möchte, dass er nass wird. Der Mantel schützt ihn vor dem Regen, und es könnte sein, dass der Hund den Mantel nicht besonders mag. Als nächstes denke ich darüber nach, wie sich der Hund im Regen verhält. Er könnte sich unwohl fühlen, weil er die Feuchtigkeit nicht mag, oder er könnte den Regen genießen, wenn er sich daran gewöhnt hat. Schließlich überlege ich, was der Hund draußen im Regen erlebt. Vielleicht trifft er auf andere Tiere oder entdeckt etwas Interessantes im Park.«

Durch diesen gedanklichen Aufbau zeigt das Modell, wie es zur finalen Geschichte kommt. Es strukturiert seine Überlegungen, bevor es mit dem eigentlichen Schreiben beginnt, und das sorgt für eine durchdachtere und logischere Erzählung.

32.5.2 Chain of Thought für Bild

Auch bei der Bildgenerierung kann Chain of Thought nützlich sein, um dem Modell zu helfen, seine kreativen Entscheidungen nachvollziehbar zu gestalten. Anstatt einfach nur zu sagen: »Erstelle ein Bild von einem Hund im Regenmantel«, könnten Sie dem Modell klare Anweisungen geben, seinen visuellen Denkprozess zu erläutern.

Ein Chain of Thought-Prompt für DALL-E könnte so aussehen:

»Erstelle ein Bild von einem Terrier im gelben Regenmantel. Überlege zuerst, wie das Wetter im Bild aussieht – ist es stark regnerisch oder leicht bewölkt? Dann entscheide, wo der Hund steht – ist er auf der Straße, im Park oder vor einem Haus? Überlege, wie der Regen auf den Mantel prasselt und ob der Hund nass wird.«

Mit diesem Ansatz kann das Modell besser verstehen, wie es die einzelnen visuellen Elemente aufbauen soll, bevor es das Bild erstellt. Es wird Schritt für Schritt durch den kreativen Prozess geführt und erzeugt dadurch ein Bild, das logisch aufgebaut und in sich stimmig ist.

32.5.3 Warum ist Chain of Thought wichtig?

Der Chain of Thought-Ansatz ermöglicht es dem Modell, tiefere und präzisere Antworten zu geben, weil es gezwungen ist, über die einzelnen Schritte seiner Lösung nachzudenken. Dadurch werden nicht nur die Endergebnisse besser, sondern auch die Transparenz des Prozesses. Der Nutzer kann nachvollziehen, warum das Modell zu einer bestimmten Antwort gekommen ist, und bei Bedarf den Gedankengang korrigieren oder lenken.

Besonders bei komplexen oder mehrstufigen Aufgaben ist dieser Ansatz extrem wertvoll. Das Modell wird dazu gebracht, die Aufgabe nicht einfach nur oberflächlich abzuarbeiten, sondern es nimmt sich die Zeit, jeden Schritt sorgfältig zu durchdenken und darzulegen. Das führt zu qualitativ hochwertigeren Ergebnissen, weil das Modell eine Art »Selbstreflexion« durchführt, bevor es eine endgültige Entscheidung trifft.

Chain of Thought ist daher besonders hilfreich, wenn Sie nicht nur die Antwort, sondern auch die dahinterstehende Logik verstehen wollen. Es sorgt dafür, dass das Modell systematischer arbeitet, klarere Entscheidungen trifft und Sie besser nachvollziehen können, wie es zu einem bestimmten Ergebnis kommt. Dieser Ansatz kann bei vielen verschiedenen Aufgaben genutzt werden, von einfachen Erklärungen bis hin zu komplexen Problemlösungen, und er hilft, die Qualität der Antworten auf eine neue Ebene zu heben.

32.6 Self-Reflective Prompts

Jetzt widmen wir uns einem besonders interessanten Ansatz im Prompt Engineering: den Self-Reflective Prompts (SPR). Hier geht es darum, das Modell nicht nur eine Aufgabe erledigen zu lassen, sondern es aktiv dazu anzuregen, seine eigene Antwort zu überprüfen und zu verbessern. SPR ist sozusagen eine Art Selbstreflexion des Modells, bei der es nach der Erzeugung einer Antwort die Gelegenheit bekommt, diese noch einmal zu überdenken und gegebenenfalls zu korrigieren oder zu verfeinern. Dieser Ansatz hebt die Qualität der generierten Inhalte auf ein höheres Niveau, weil das Modell eine Art »zweiten Blick« auf seine eigene Arbeit wirft.

Der große Vorteil dieser Methode liegt darin, dass das Modell nicht einfach nur stur eine Antwort liefert, sondern gezwungen wird, sich selbst zu hinterfragen. Es kann Fehler erkennen, Schwachstellen identifizieren und alternative Lösungsvorschläge machen. Dieses Prinzip der Selbstkorrektur ist besonders hilfreich bei komplexen Aufgaben oder wenn Sie sicherstellen wollen, dass das Modell die bestmögliche Antwort liefert.

32.6.1 SPR für Text

Nehmen wir wieder das Beispiel des Hundes im Regenmantel. Ein einfacher Prompt könnte lauten: »Erzähle eine Geschichte über einen Hund im Regenmantel.« Das Modell wird daraufhin eine Geschichte ausgeben. Aber mit dem Self-Reflective Prompt gehen wir einen Schritt weiter.

Ein SPR-Prompt könnte so aussehen:

»Erzähle eine Geschichte über einen Hund im Regenmantel. Nachdem du die Geschichte geschrieben hast, lies sie dir noch einmal durch und bewerte, ob du sie verbessern könntest. Überlege, ob Details fehlen oder ob die Struktur verbessert werden kann, und schlage Änderungen vor.«

Das Modell wird nun nicht nur die Geschichte schreiben, sondern danach eine Art »Selbstprüfung« durchführen. Es könnte zum Beispiel feststellen, dass der Übergang zwischen den Absätzen holprig ist oder dass es wichtige Details, wie die Beschreibung des Wetters, vergessen hat. Die Selbstreflexion könnte dann etwa so klingen:

»Nachdem ich die Geschichte noch einmal gelesen habe, merke ich, dass ich den Regen nicht ausreichend beschrieben habe. Es wäre besser, mehr auf die Intensität des Regens einzugehen, um die Atmosphäre besser zu transportieren. Außerdem könnte ich genauer beschreiben, wie der Hund auf den Regen reagiert – vielleicht könnte ich ihn zittern lassen oder zeigen, wie er den Regenmantel abstreifen will.«

Durch diese Selbstreflexion wird die Qualität der Antwort deutlich verbessert, weil das Modell nicht nur beim ersten Versuch bleibt, sondern sich selbst die Chance gibt, die eigene Leistung zu hinterfragen und zu optimieren.

32.6.2 SPR für Bild

Auch bei der Bildgenerierung mit Tools wie DALL-E kann der SPR-Ansatz nützlich sein. Nehmen wir an, Sie geben DALL-E den Auftrag, ein Bild von einem Hund im Regenmantel zu erstellen. Anstatt das Modell einfach nur ein Bild generieren zu lassen, könnten Sie ihm die Anweisung geben, das Bild danach noch einmal zu bewerten und mögliche Verbesserungen vorzuschlagen.

Ein SPR-Prompt könnte so aussehen:

»Erstelle ein Bild von einem Terrier im gelben Regenmantel. Nachdem du das Bild erstellt hast, überprüfe es noch einmal und überlege, ob es verbessert werden kann. Gibt es Details, die du noch hinzufügen oder anpassen solltest? Ist das Bild stimmig und realistisch?«

Das Modell könnte daraufhin erkennen, dass es vielleicht vergessen hat, den Regen intensiver darzustellen, oder dass der Hund zu statisch wirkt. Die Selbstreflexion könnte etwa so aussehen: »Das Bild zeigt den Terrier im Regenmantel, aber die Umgebung wirkt leer. Es wäre besser, einige Bäume oder Pfützen hinzuzufügen, um die Szenerie lebendiger zu gestalten. Außerdem könnte ich den Regen stärker darstellen, um den Kontrast zum Mantel deutlicher zu machen.«

Durch diese Selbstprüfung wird die Bildqualität verbessert, weil das Modell sich selbst dazu auffordert, kritischer und genauer zu arbeiten.

32.6.3 Warum ist SPR wichtig?

Self-Reflective Prompts sind besonders wertvoll, weil sie das Modell dazu bringen, seine eigenen Ergebnisse zu überprüfen und zu verfeinern. Sie fordern das Modell auf, nicht nur die erstbeste Antwort oder das erstbeste Bild zu liefern, sondern aktiv nach Möglichkeiten zur Verbesserung zu suchen. Dieser Ansatz verbessert die Qualität der generierten Inhalte erheblich, weil das Modell gezwungen wird, seine eigene Leistung zu reflektieren und mögliche Schwächen zu erkennen.

Der SPR-Ansatz sorgt dafür, dass das Modell kontinuierlich besser wird, da es aus seinen eigenen »Fehlern« lernt und sie selbstständig korrigiert. Das ist besonders nützlich bei komplexen Aufgaben oder wenn Präzision und Detailgenauigkeit gefragt sind. Es gibt dem Nutzer die Gewissheit, dass das Modell nicht nur oberflächlich arbeitet, sondern seine Arbeit kritisch hinterfragt und anpasst.

Self-Reflective Prompts ermöglichen es dem Modell, über den ersten Entwurf hinauszugehen und immer eine optimierte Version zu liefern. Es ist wie ein zusätzlicher Schritt der Qualitätskontrolle, der sicherstellt, dass das Ergebnis nicht nur akzeptabel, sondern optimal ist.

32.7 Visuelles Prompting

Nun kommen wir zu einer Technik, die viele von Ihnen wahrscheinlich schon verwenden, ohne es groß zu merken: visuelle Prompts. Denken Sie an Google Lens oder daran, wie Sie mit Ihrer Bank-App eine Rechnung abfotografieren – das sind typische Anwendungen von visuellen Prompts. Diese Technik wird zunehmend populär und bietet eine intuitive Art und Weise, mit Künstlicher Intelligenz zu interagieren, indem visuelle Eingaben genutzt werden, anstatt reinen Text. Doch was genau sind visuelle Prompts, wie funktionieren sie, was können Sie damit machen, und welche Gefahren und ethischen Herausforderungen sollten Sie im Blick behalten?

32.7.1 Was sind visuelle Prompts?

Ein visueller Prompt ist im Grunde eine Eingabe in Form eines Bildes oder Fotos, das als Grundlage für eine Antwort oder Aktion durch eine KI dient. Während textbasierte Prompts eine schriftliche Frage oder Anweisung verwenden, nutzen visuelle Prompts grafische Informationen. Das Foto oder Bild dient der KI als »Frage«, die die Maschine analysiert, um daraus passende Antworten oder Aktionen abzuleiten. Ein einfaches Beispiel: Sie machen ein Foto von einer Blume, und die KI identifiziert die Pflanzenart für Sie.

32.7.2 Wie funktioniert das?

Visuelle Prompts basieren auf Bilderkennungstechnologien und maschinellem Lernen. Die KI wird auf riesigen Bilddatensätzen trainiert, um Muster, Objekte, Texte und Gesichter zu erkennen. Das Prinzip dahinter ist die sogenannte

Computer Vision. Hierbei werden Millionen von Bildern analysiert, und die KI lernt, Objekte oder Muster zu identifizieren und zu verstehen. Wenn Sie beispielsweise ein Bild von einem QR-Code oder einem Dokument hochladen, »liest« die KI das Bild und konvertiert die darin enthaltenen Informationen in nützliche Daten. Google Lens arbeitet genau nach diesem Prinzip. Sie können Ihr Smartphone auf ein Objekt richten, und die KI analysiert es in Sekundenschnelle – seien es Bücher, Pflanzen oder auch Gebäude.

32.7.3 Was kann man damit machen?

Mit visuellen Prompts können Sie viele nützliche Dinge tun, die den Alltag erleichtern. Ein paar Beispiele:

Texterkennung: Sie fotografieren einen handschriftlichen Zettel, und die KI wandelt das Bild in Text um. Ideal für Notizen oder das Digitalisieren von Dokumenten.

Produktsuche: Sie sehen ein Produkt im Laden, machen ein Foto und die KI zeigt Ihnen ähnliche Produkte online oder vergleicht Preise.

Objekterkennung: Sie fotografieren eine Pflanze, ein Gebäude oder ein Kunstwerk, und die KI liefert Ihnen die passenden Informationen dazu. So können Sie beispielsweise ein unbekanntes Gemälde im Museum fotografieren und sofort mehr über den Künstler erfahren.

Übersetzungen: Sie richten die Kamera auf ein fremdsprachiges Straßenschild oder eine Speisekarte, und die KI übersetzt den Text in Echtzeit.

32.8 Kombiniertes Prompting

Nun kommen wir zu einem der spannendsten Ansätze der KI-Interaktion: kombiniertes Prompten. Dabei handelt es sich um eine Technik, die auf den ersten Blick kompliziert wirken kann, aber im Grunde ganz intuitiv ist. Sie kennen bereits die textbasierten Prompts, bei denen Sie der KI einfach eine Frage oder Anweisung in Textform geben. Doch beim kombinierten Prompten geht es darum, verschiedene Eingabeformen – wie Text, Bilder oder sogar Audiodaten – miteinander zu kombinieren, um noch präzisere und vielseitigere Ergebnisse zu erzielen.

32.8.1 Wie funktioniert kombiniertes Prompten?

Die KI greift auf verschiedene Datentypen zurück, die sie im Training kennengelernt hat. Diese Technologien basieren auf Computer Vision für die Bilderkennung und maschinellem Lernen für die Textanalyse. Nehmen wir als Beispiel ein KI-Modell wie DALL-E, das Text und Bild miteinander verknüpfen kann. Wenn Sie der KI den Auftrag geben »Erstelle ein Bild von einem Hund, der auf einem Mars-Rover sitzt«, könnte das System auf sein Wissen über Hunde und Mars-Rover zugreifen, um das gewünschte Bild zu generieren. Doch nun stellen Sie sich vor, Sie liefern der KI zusätzlich ein Bild eines bestimmten Hundes, um diesen als Vorlage zu nutzen. Die KI kombiniert dann das spezifische Bild mit Ihrer textlichen Anweisung und liefert ein Ergebnis, das den realen Hund zeigt – aber auf dem Mars-Rover.

32.8.2 Was kann man damit machen?

Kombiniertes Prompten eröffnet Ihnen völlig neue Möglichkeiten, Informationen zu verarbeiten, kreativ zu arbeiten und komplexe Aufgaben zu lösen. Sie können Bilder hochladen und diese mit Textbefehlen verknüpfen, um detaillierte Analysen oder kreative Vorschläge zu erhalten. In der Praxis könnten Sie einer KI ein Bild eines Produkts geben und gleichzeitig fragen, wie dieses Produkt im Vergleich zu Wettbewerbern abschneidet. Oder Sie verwenden das kombinierte Prompten im Bildungsbereich: Stellen Sie sich vor, Sie laden ein Bild eines chemischen Moleküls hoch und geben der KI den Auftrag, den Aufbau dieses Moleküls zu erklären. Sie erhalten nicht nur eine detaillierte Erklärung, sondern die KI kann visuell aufzeigen, wie die einzelnen Teile des Moleküls zusammenwirken.

Doch auch im kreativen Bereich gibt es unzählige Anwendungsmöglichkeiten. Angenommen, Sie sind ein Designer und möchten eine neue Kampagne erstellen. Sie laden ein Bild Ihres Produkts hoch und geben der KI den Befehl, verschiedene Designs für Verpackungen zu erstellen, die auf dem Bild basieren. Die KI kann dann verschiedene visuelle Stile und Ideen kombinieren, die Sie direkt für Ihre Kampagne verwenden können.

32.8.3 Gefahren beim kombinierten Prompten

Diese sind nicht zu unterschätzen. Wenn Sie sensible Dokumente wie einen Personalausweis oder vertrauliche Informationen hochladen, um die Daten von der KI analysieren zu lassen, besteht immer das Risiko, dass diese Informationen missbraucht werden oder in die falschen Hände geraten. Auch die unkontrollierte Verwendung von Personenbildern kann problematisch sein. Wenn Sie beispielsweise ein Bild von jemandem hochladen und die KI um eine Analyse oder eine Gesichtserkennung bitten, kann dies schnell in ethische Grauzonen führen. Ohne die Zustimmung der betreffenden Person könnte dies zu einem Eingriff in die Privatsphäre und sogar zu rechtlichen Problemen führen.

32.8.4 Umgang mit Personen in kombinierten Prompts

Beim kombinierten Prompten, insbesondere wenn es um die Verwendung von Bildern, Texten und weiteren Daten geht, sollten Sie äußerst vorsichtig sein, wenn dabei Personen involviert sind. Sobald Bilder oder Informationen über echte Menschen in einen Prompt einfließen, kommen nicht nur technische Fragen auf, sondern vor allem ethische und rechtliche Überlegungen. Es geht hier um den Schutz der Privatsphäre und die Persönlichkeitsrechte der Betroffenen.

Die Verwendung von Personenbildern ist besonders heikel, weil die KI mehr analysieren kann, als Sie vielleicht beabsichtigen. Stellen Sie sich vor, Sie laden ein Bild einer Person hoch, um die KI nach Informationen oder sogar Vorhersagen zu fragen. Die KI kann nicht nur das Gesicht erkennen, sondern unter Umständen Rückschlüsse auf Alter, Geschlecht oder sogar den Gesundheitszustand ziehen. Diese Analysen könnten dann zu weitreichenden, nicht autorisierten Profilen führen, die die Privatsphäre dieser Person massiv verletzen.

Wichtig ist hier die Einwilligung: Wenn Sie Bilder oder Daten von Personen nutzen, müssen Sie sicherstellen, dass die betreffenden Personen auch einverstanden sind. Andernfalls betreten Sie rechtlich und ethisch eine gefährliche Zone. In vielen Ländern gibt es strikte Datenschutzgesetze, die den Schutz personenbezogener Daten regeln. Dazu zählt etwa die DSGVO in Europa, die klar vorschreibt, dass jede Verarbeitung von personenbezogenen Daten – und dazu zählen auch Bilder – nur mit ausdrücklicher Zustimmung erfolgen darf.

Ein weiterer kritischer Punkt ist der mögliche Missbrauch von Gesichtserkennungstechnologien. Diese Systeme können durch kombinierte Prompts so genutzt werden, dass eine KI Personen in verschiedenen Kontexten erkennt und analysiert, ohne dass diese davon wissen. Derartige Technologien könnten leicht für Überwachung oder Manipulation verwendet werden, was uns wieder zur Frage der ethischen Verantwortung führt.

Wenn Sie mit kombinierten Prompts arbeiten, die Bilder, Texte oder andere personenbezogene Daten beinhalten, sollten Sie immer bedenken, welche Auswirkungen das auf die betroffene Person haben könnte. Der verantwortungsvolle Umgang mit KI bedeutet, sich ständig zu hinterfragen, ob man nicht ungewollt in die Privatsphäre anderer eindringt oder deren Persönlichkeitsrechte verletzt.

32.8.5 Kombiniertes Prompten, Schlüssel zur Zukunft

Kombiniertes Prompten wird ohne Zweifel eine zentrale Rolle in der Zukunft der KI-Interaktion spielen. Die Möglichkeit, mehrere Datenformen miteinander zu verknüpfen, eröffnet ungeahnte Möglichkeiten in Bereichen wie Kreativität, Bildung, Forschung und Analyse. Doch wie bei jeder mächtigen Technologie müssen wir auch die Risiken und ethischen Herausforderungen im Auge behalten. Kombiniertes Prompten ist mehr als nur eine Technik – es ist ein Werkzeug, das mit Bedacht genutzt werden muss. Bleiben Sie wachsam, kreativ und verantwortungsbewusst, wenn Sie diese faszinierende Möglichkeit der KI-Nutzung für sich entdecken.

32.9 Gefahren und Ethik visuelles Prompten

Aber mit großen Möglichkeiten kommen auch Risiken. Personalausweise oder andere sensible Dokumente als visuelle Prompts zu verwenden, birgt erhebliche Gefahren. Wenn Sie beispielsweise ein Foto von Ihrem Ausweis machen und es in einer App hochladen, kann es von einer KI verarbeitet werden – aber Sie sollten immer prüfen, ob die App vertrauenswürdig ist. Viele Apps speichern die Daten unverschlüsselt oder nutzen sie für andere Zwecke, die Ihnen vielleicht nicht bewusst sind. Es besteht das Risiko, dass sensible Informationen in die falschen Hände geraten oder von der KI missinterpretiert werden.

Ein großes Problem bei der Nutzung von visuellen Prompts ist die Privatsphäre und der Schutz von Persönlichkeitsrechten. Stellen Sie sich vor, Sie fotografieren eine Gruppe von Menschen auf der Straße, um ein bestimmtes Objekt im Hintergrund zu analysieren. Ohne es zu merken, könnten Sie die Gesichter der Menschen im Bild der KI übergeben, die diese dann verarbeitet und speichert. Hier kommen ethische Fragen ins Spiel: Sollten KIs Zugang zu solchen Daten haben? Wer kontrolliert, was mit diesen Daten geschieht?

Die Nutzung von visuellen Prompts, insbesondere in Bereichen wie Gesichtserkennung oder Personenidentifikation, kann leicht missbraucht werden. Wenn Sie beispielsweise ein Bild von jemandem machen, kann eine KI möglicherweise nicht nur den Namen der Person herausfinden, sondern auch Informationen über deren Wohnort, Beruf und mehr abrufen – und das ohne Zustimmung der betreffenden Person. Der Datenschutz ist hier also ein sehr sensibles Thema, das nicht ignoriert werden darf.

Visuelle Prompts sind eine kraftvolle Technik, die uns neue Möglichkeiten bietet, Informationen zu verarbeiten und mit Künstlicher Intelligenz zu interagieren. Sie bieten eine intuitive und schnelle Methode, um Antworten auf visuelle Fragen zu erhalten, sei es bei der Identifizierung von Pflanzen, der Suche nach Produkten oder der Texterkennung. Aber mit dieser neuen Freiheit kommen auch Verantwortung und Risiken. Sensible Informationen sollten mit Bedacht genutzt werden, und ethische Fragen rund um Privatsphäre und Datenschutz müssen unbedingt ernst genommen werden.

32.10 Promptoptimierung

Es hört sich vielleicht etwas ungewöhnlich an, aber versuchen Sie doch mal, mit einem KI-Modell so zu reden, wie Sie es mit einem kleinen Kind tun würden. Warum das helfen kann? Weil Sie damit dem Modell klare, einfache und strukturierte Anweisungen geben. Wenn Sie Sätze verwenden wie »Atme tief ein und denke nach, bevor du antwortest« oder »Überlege Schritt für Schritt«, signalisieren Sie dem System, dass es sich mehr Zeit für die Verarbeitung und Planung der Antwort nehmen soll. Dieser Ansatz sorgt oft dafür, dass die Antworten präziser und durchdachter sind.

Promptoptimierung bedeutet, Ihre Eingabe so zu gestalten, dass das Modell optimal darauf reagieren kann. Ein gutes Beispiel: Statt »Wie löse ich dieses Problem?« könnten Sie sagen: »Erkläre mir Schritt für Schritt, wie ich dieses Problem lösen kann.« Hier geben Sie dem Modell klare Anweisungen, in welcher Form Sie die Antwort erwarten. Ein einfaches »Gib mir mehr Details« oder »Überlege genauer« fordert das Modell auf, tiefer in die Materie einzutauchen.

Ein weiteres Beispiel: Wenn Sie eine technische Erklärung erwarten, könnten Sie die Eingabe so formulieren, dass sie den Prozess explizit durchgeht, z.B. »Erkläre das Thema einer Person, die keine Ahnung davon hat, ganz einfach.« So wird das Modell dazu angeregt, Informationen auf den Punkt zu bringen und verständlicher zu machen.

Die Grundregel bei der Promptoptimierung lautet: Je klarer und strukturierter Ihre Eingaben, desto genauer und besser wird das Modell antworten. Es ist, als ob Sie mit einem Kind sprechen – klar, direkt und Schritt für Schritt.

Hier sind noch ein paar Beispiele, um den Ansatz der Promptoptimierung in verschiedenen Themenfeldern zu verdeutlichen:

Beispiel 1: Ernährung. Anstelle von: »Wie kann ich mich gesünder ernähren?«, könnten Sie das Modell so auffordern: »Erkläre mir Schritt für Schritt, wie ich meine Ernährung umstellen kann, um gesünder zu leben. Denke an einfache, umsetzbare Tipps, die ich im Alltag nutzen kann.« Damit signalisieren Sie dem Modell, dass es detaillierter und praxisorientierter antworten soll.

Beispiel 2: Steuern. Anstelle von: »Wie reiche ich meine Steuererklärung ein?«, wäre eine optimierte Frage: »Beschreibe mir in einfachen Schritten, wie ich eine Steuererklärung für das Jahr 2024 einreichen kann. Erkläre die wichtigsten Punkte, die ich dabei beachten muss.« Durch die klare Struktur fordern Sie das Modell auf, den Prozess übersichtlich und verständlich darzustellen.

Beispiel 3: Bank. Anstelle von: »Wie eröffne ich ein Konto bei einer Bank?«, könnten Sie sagen: »Führen Sie mich durch die Schritte, wie ich ein Bankkonto eröffne. Was brauche ich dafür und welche Dokumente sind notwendig? Achten Sie darauf, alle wichtigen Details zu nennen.« Hier fordern Sie eine detaillierte, aber klare Anleitung an, die Sie sofort umsetzen können.

Beispiel 4: Umwelt. Anstelle von: »Wie kann ich meinen CO2-Fußabdruck reduzieren?«, könnten Sie das Modell bitten: »Erklären Sie mir konkret, welche Maßnahmen ich im Alltag ergreifen kann, um meinen CO2-Fußabdruck zu verringern. Achten Sie darauf, einfache und wirkungsvolle Schritte zu nennen.« Sie geben dem Modell hier einen klaren Fokus auf praktikable und nachvollziehbare Tipps.

Beispiel 5: Büroaufgaben. Anstelle von: »Wie organisiere ich mich besser im Büro?«, wäre die optimierte Version: »Geben Sie mir einen genauen Plan, wie ich meine Büroarbeit besser organisieren kann. Beschreiben Sie Schritt für Schritt, wie ich Aufgaben priorisiere und meinen Tag strukturiere.« So leiten Sie das Modell dazu an, Ihnen eine strukturierte Anleitung zu geben, anstatt eine allgemeine Antwort.

In all diesen Beispielen geht es darum, dem Modell präzise Anweisungen zu geben, was Sie erwarten, und es damit zu detaillierteren und nutzbareren Antworten zu führen.

Ich bitte Sie wirklich – öffnen Sie ChatGPT und stellen Sie ihm entweder genau die eben besprochenen Fragen, um das Prompten zu lernen und zu verstehen, wie die Optimierung funktioniert, oder gehen Sie direkt auf Ihr ganz spezielles Problem ein. Sie haben hier die Gelegenheit, eine KI zu nutzen, die Ihnen in kürzester Zeit präzise und durchdachte Antworten liefern kann.

Die Macht von ChatGPT liegt darin, dass Sie ihm jede Frage stellen können, die Ihnen auf der Seele brennt. Ob es sich um komplizierte technische Fragen, Alltagsprobleme oder tiefgreifende Rechercheanfragen handelt – diese KI wird sofort zu einem unverzichtbaren Ratgeber. Glauben Sie mir, Sie werden erstaunt sein, wie flexibel und hilfreich dieses Tool ist.

Nehmen wir an, Sie haben ein Problem, das Sie schon seit Tagen beschäftigt – ChatGPT kann Ihnen dabei helfen, es zu lösen. Sie können ihm einfache, klare Fragen stellen, aber auch komplexe und tiefgehende Probleme angehen. Wenn Sie beispielsweise nicht wissen, wie Sie eine Steuererklärung ausfüllen, oder sich fragen, wie Sie eine neue Ernährungsweise beginnen können, fragen Sie einfach. GPT wird Ihnen Schritt für Schritt den Prozess erklären und Ihnen die Werkzeuge an die Hand geben, die Sie benötigen.

Der wahre Mehrwert entsteht, wenn Sie lernen, wie Sie mit der KI interagieren, um die bestmöglichen Antworten zu erhalten. ChatGPT wird für Sie mehr als nur ein Ratgeber sein – es wird ein Partner, der Sie durch die verschiedensten Herausforderungen des Lebens begleitet. Und das Beste daran: Es spielt keine Rolle, ob Ihre Frage einfach ist oder sich um ein komplexes Thema dreht, ChatGPT passt sich Ihrem Wissensstand an und liefert Ihnen die Antworten, die Sie brauchen.

Stellen Sie sich einmal vor, wie viel Zeit Sie sparen könnten. Keine ewige Internetrecherche, kein Suchen in Foren oder das Wälzen endloser Anleitungen. Sie können alles direkt von der KI erfahren – und das in einer Geschwindigkeit, die Sie verblüffen wird. Glauben Sie mir, sobald Sie diese Möglichkeit genutzt haben, werden Sie nicht mehr darauf verzichten wollen.

Und das ist nur der Anfang. Wenn Sie erst einmal verstanden haben, wie mächtig diese Technologie ist, werden Sie sie nicht mehr nur als einfache Antwortmaschine sehen. Sie werden erkennen, dass ChatGPT Ihnen auf vielen Ebenen zur Seite stehen kann – ob beruflich oder privat. Die Flexibilität, mit der es auf Ihre Bedürfnisse eingeht, wird Sie immer wieder überraschen.

Also, zögern Sie nicht. Öffnen Sie ChatGPT und stellen Sie ihm Ihre Fragen. Experimentieren Sie mit verschiedenen Formulierungen, probieren Sie aus, wie die KI auf unterschiedliche Eingaben reagiert. Je besser Sie das Prompten verstehen, desto präziser werden die Antworten, die Sie erhalten. Sie werden sehen: ChatGPT wird schnell zu einem unverzichtbaren Werkzeug in Ihrem Alltag und Berufsleben.

32.11 Promptoptimierung mit Bild

Manchmal kommt es vor, dass die Künstliche Intelligenz auf Ihre textliche Eingabe nicht die gewünschte Antwort liefert. Vielleicht liegt es daran, dass der Prompt zu vage ist oder die KI das, was Sie meinen, schlichtweg nicht erkennt. Bevor Sie dann verzweifeln oder den ganzen Prozess infrage stellen, sollten Sie überlegen, ob Sie der KI nicht mit einem Bild auf die Sprünge helfen können. Ein Bild kann oft das verdeutlichen, was die Worte nicht erfassen.

Ein Beispiel: Nehmen wir an, Sie versuchen, der KI zu erklären, wie ein bestimmtes technisches Gerät aussieht, und möchten von ihr eine Analyse oder einen Vergleich zu ähnlichen Geräten. Wenn die KI jedoch nicht genau versteht, auf welches Gerät Sie sich beziehen, könnten Sie einfach ein Bild des Geräts hochladen und den Prompt erweitern: »Analysiere dieses Gerät und erkläre die Unterschiede zu Modell XY.« Plötzlich hat die KI einen visuellen Anhaltspunkt, mit dem sie arbeiten kann, und die Qualität der Antwort wird deutlich verbessert.

Natürlich ist es unwahrscheinlich, dass die KI von einem sehr spezifischen »etwas« noch nie etwas gehört hat, besonders wenn sie auf riesigen Datensätzen trainiert wurde. Aber nicht alles ist der KI sofort klar. Sie müssen sich vorstellen, dass die KI durch Kombinationen von Datenpunkten arbeitet. Mit einem visuellen Prompt geben Sie der Maschine mehr Kontext und helfen ihr, die Aufgabe genauer und zielgerichteter zu bearbeiten.

Nehmen wir das Beispiel einer automobilen Fehleranalyse. Wenn Sie der KI eine rein textliche Beschreibung eines Autoteils geben, das ein Problem verursacht, könnte sie Schwierigkeiten haben, die richtige Analyse zu liefern. Wenn Sie jedoch ein Foto des betreffenden Teils beifügen, kann die KI visuell analysieren, worum es geht, und auf Basis der Bilddaten und des dazugehörigen Textprompts eine präzisere Antwort formulieren.

Das Schlüsselprinzip bei der Promptoptimierung liegt darin, der KI alle nötigen Informationen in einer Form zu geben, die sie am besten verarbeiten kann. Bilder liefern zusätzliche Dimensionen, die Texte allein oft nicht bieten.

32.12 Tipps für besseres Prompten

Ich möchte Ihnen hier eine klare und strukturierte Anleitung geben, wie Sie effektiver Prompts erstellen können. Diese Tipps helfen Ihnen nicht nur, das Prinzip des Promptens besser zu verstehen, sondern ermöglichen es Ihnen auch, Ihre eigenen Techniken zu verfeinern und individuell anzupassen. Zunächst geht es darum, die Logik hinter einem erfolgreichen Prompt zu erkennen: Welche Informationen sind wichtig? Wie sollte die Frage gestellt werden, damit die KI präzise und hilfreiche Antworten liefert? Sobald Sie diese Grundlagen beherrschen, werden Sie in der Lage sein, Ihre eigenen kreativen Strategien zu entwickeln und gezielt anzuwenden. Es geht darum, mit jedem neuen Prompt besser zu werden und das volle Potenzial der KI für Ihre Zwecke auszuschöpfen.

32.12.1 Aufgabenstellung

Genauso wie in der Schule, ist eine klare Aufgabenstellung der Schlüssel für ein erfolgreiches Ergebnis. Je genauer und präziser Sie das Problem definieren, desto höher ist die Wahrscheinlichkeit, dass die Lösung effektiv und zielgerichtet ist. Nehmen Sie sich Zeit, um wirklich zu verstehen, worum es bei Ihrem Anliegen geht. Was genau möchten Sie erreichen? Was ist der Kern des Problems? Indem Sie sich Notizen machen und bewusst darüber nachdenken, können Sie die Problematik aus verschiedenen Blickwinkeln betrachten. Je besser Sie das Problem durchdringen, desto präziser wird Ihr Prompt, und desto hilfreicher wird die Antwort der KI sein. Die Klarheit in der Aufgabenstellung schafft eine solide Basis für die Lösung.

32.12.2 Wiederholte Prompts

Wenn Sie Prompts haben, die sich regelmäßig wiederholen oder die Sie häufiger benötigen, dann ist es sinnvoll, sich eine Word-Datei anzulegen, in der Sie diese abspeichern. So können Sie sie jederzeit bequem per Copy-and-Paste wiederverwenden. Das spart Zeit und Aufwand, da Sie nicht jedes Mal von Neuem nachdenken müssen, wie der Prompt genau formuliert werden sollte. Beispiele wären »Wo steht Bayern München und welcher Verein bedroht aktuell seinen Platz in der Tabelle?« oder »Wie sind die aktuellen Aktienkurse für OpenAI?« oder »Wann kommt der BUS 806 von Mühlenbeck Mönchmühle nach S-Bahnhof Berlin Hermsdorf?«. Indem Sie sich diese Prompts griffbereit halten, haben Sie schnell und einfach Zugriff auf Ihre wichtigsten Anfragen.

32.12.3 Anweisungen an die KI

Anweisungen an die KI. Manchmal kann es unglaublich hilfreich sein, der KI explizite Anweisungen zu geben, um die Ergebnisse zu verfeinern. Wenn Sie der KI zum Beispiel sagen: »Gar nicht schlecht, aber nimm mal die Perspektive eines dritten Beobachters ein« oder »Noch mal, aber wir haben jetzt Weihnachten!«, dann wird die KI die Anfrage anders interpretieren und entsprechend anpassen. Solche kleinen Hinweise können große Unterschiede in der Ausgabe bewirken. Auch humorvolle oder ungewöhnliche Anweisungen wie »Ich geh jetzt einen Kaffee trinken, und wenn ich wiederkomme, sind die Ergebnisse korrigiert – verstanden?« können der KI den nötigen Schub geben, etwas völlig Neues zu liefern. Glauben Sie mir, das wirkt Wunder. Mit klaren und kreativen Anweisungen an die KI haben Sie die Möglichkeit, das Ergebnis maßgeblich zu beeinflussen und maßgeschneiderte Lösungen zu erhalten.

32.12.4 Fakt ist aber …

Fakt ist jedoch, dass Sie, egal was ich in diesem Buch schreibe, niemals exakt das gleiche Ergebnis erzielen werden, wenn Sie es eins zu eins in die KI eingeben. Künstliche Intelligenz funktioniert nicht wie eine einfache Datenbank, die statisch Informationen abruft. Eine Datenbank spuckt dieselbe Antwort immer wieder aus, solange Sie dieselbe Anfrage stellen. Die KI hingegen kreiert dynamisch auf Grundlage Ihrer Fragen, Anweisungen und sogar der Formulierung Ihrer Prompts. Das bedeutet, dass jedes Mal, wenn Sie einen Prompt eingeben, die Antwort variieren kann – selbst bei identischen Eingaben.

Diese dynamische Natur der KI ist kein Fehler, sondern Teil ihrer Stärke. Sie arbeitet auf Basis von Wahrscheinlichkeiten und Assoziationen, die aus riesigen Mengen an Daten generiert wurden. Dabei fließen unzählige Faktoren in das Ergebnis ein: Der Wortlaut Ihrer Frage, der Kontext, in dem sie steht, oder sogar, welche Prompts Sie der KI davor gegeben haben. Es gibt keine festen Antworten, sondern eine Art kreativen Prozess, der die KI dazu bringt, jedes Mal etwas Neues zu schaffen. Das ist auch der Grund, warum zwei Menschen, die dieselbe KI mit derselben Frage füttern, unterschiedliche Antworten bekommen können.

Dieses Prinzip ist genau das, was die Arbeit mit KI so faszinierend macht. Sie bietet die Chance, neue Perspektiven und

Ansätze zu entdecken, die Sie vielleicht gar nicht auf dem Radar hatten. Wenn Sie der KI also Anweisungen geben, werden diese Anweisungen nicht einfach nur »abgearbeitet«, sondern in eine Vielzahl von Möglichkeiten übersetzt. Jedes Ergebnis ist eine Antwort, die auf der momentanen Interpretation Ihrer Frage basiert. Dieser Prozess bietet unendliche Möglichkeiten, aber auch die Herausforderung, klar und präzise zu sein, wenn Sie ein bestimmtes Ziel vor Augen haben.

KI ist also weniger ein Werkzeug, das Ihnen einfache Antworten gibt, sondern vielmehr ein dynamischer Partner, der auf Ihre Inputs reagiert und auf kreative Weise Lösungen bietet. Das bedeutet aber auch, dass Sie mit der KI zusammenarbeiten müssen, anstatt bloß Antworten abzuholen.

32.13 Zusammenfassung Prompting

Wir haben uns eine Reihe von Prompting-Methoden angesehen, die das volle Potenzial von Sprachmodellen wie ChatGPT ausschöpfen. Jede dieser Techniken verleiht dem Modell mehr Struktur, Präzision oder Tiefe, um Antworten zu liefern, die besser auf Ihre Anforderungen zugeschnitten sind.

Strukturierte Prompts helfen dabei, dem Modell einen klaren Fahrplan zu geben, sodass die Aufgabe Schritt für Schritt abgearbeitet wird. Hiermit verhindern Sie, dass das Modell in verschiedene Richtungen abdriftet und garantieren, dass es Ihre Erwartungen in einer logischen Reihenfolge erfüllt.

Mit Shot Prompting – egal ob One-Shot oder Few-Shot – geben Sie dem Modell Beispiele, bevor Sie es eine Aufgabe lösen lassen. Diese Methode sorgt dafür, dass das Modell genau weiß, welche Art von Antwort Sie sich vorstellen, indem es sich an den vorgegebenen Beispielen orientiert.

Chain of Thought fordert das Modell dazu auf, seinen Denkprozess offenzulegen und Schritt für Schritt zu erläutern, wie es zu einer Lösung kommt. Das führt zu klareren und nachvollziehbareren Antworten, besonders bei komplexen Fragestellungen.

Tree of Thoughts geht noch weiter, indem das Modell mehrere parallele Lösungsansätze entwickelt, sie miteinander vergleicht und die beste Option wählt. Dadurch können kreative oder mehrstufige Aufgaben effizienter gelöst werden.

Self-Reflective Prompts (SPR) lassen das Modell seine eigene Antwort bewerten und mögliche Verbesserungen vorschlagen. Hier reflektiert die KI über ihre eigene Leistung, was oft zu präziseren und hochwertigeren Ergebnissen führt.

Und schließlich das Rollen Prompting, bei dem Sie das Modell in eine bestimmte Rolle versetzen – sei es als Arzt, Programmierer, Mathematiker oder Dichter. Dadurch erhalten Sie Antworten, die viel genauer auf das jeweilige Fachgebiet oder den gewünschten Kontext abgestimmt sind.

Jede dieser Methoden bietet ihren eigenen Vorteil und kann je nach Anwendungsfall eingesetzt werden, um das Modell noch gezielter und effizienter zu nutzen.

Diese Prompting-Modelle sind bei weitem nicht alles, und es kommen täglich weitere hinzu. Wie bei allem ist es entscheidend, das Prompten wirklich zu verstehen, denn darin liegt der Schlüssel, um das volle Potenzial der KI zu entfalten. Neue Techniken werden ständig entwickelt, um spezifischere oder komplexere Anforderungen noch besser zu bewältigen. Doch um den Einstieg zu finden und effektiv mit Modellen wie ChatGPT zu arbeiten, reichen die bereits besprochenen Methoden völlig aus.

Um zu lernen, wie man ein guter »Prompter« wird, genügen meiner Meinung nach diese grundlegenden und bewährten Techniken. Ob Sie klare Anweisungen mit strukturierten Prompts geben, durch Shot Prompting gezielte Beispiele vorlegen oder das Modell mit Chain of Thought zum logischen Denken anregen – mit diesen Methoden sind Sie bestens gerüstet, um das Beste aus der KI herauszuholen. Natürlich ist es ein kontinuierlicher Lernprozess, und je mehr Sie experimentieren, desto feiner wird Ihr Gespür für den richtigen Prompt. Aber diese Techniken bieten eine solide Basis, um sofort produktiv zu arbeiten und langfristig besser zu werden.

Sie haben nun einige von den vielen möglichen Arten des Promptens kennengelernt, und man könnte daraus tatsächlich eine eigene Wissenschaft machen. Die Möglichkeiten sind nahezu grenzenlos. Sie können mit den Prompts spielen, kombinieren, neue Ansätze ausprobieren, erweitern und das Ganze wieder von vorne beginnen – und jedes Mal werden Sie eine andere Antwort erhalten. Doch was das Spannende daran ist: Obwohl die Antworten variieren, sind sie meistens dennoch korrekt oder zumindest hilfreich. Das zeigt, dass die KI in der Lage ist, sich flexibel auf Ihre Fragen einzustellen und in verschiedenen Kontexten passende Lösungen zu liefern.

Es ist ein wenig wie im echten Leben, wenn Sie jemanden um Rat fragen. Jeder Mensch hat eine eigene Perspektive und kann auf dieselbe Frage unterschiedlich antworten. Sie kennen das bestimmt: Sie stellen eine Frage, und die Person antwortet vielleicht mit einem einfachen »Weiß ich nicht!«. Das passiert bei Menschen sogar sehr oft – und manchmal in den unpassendsten Momenten. Besonders auffällig wird es, wenn diese Situation vor Gericht auftritt, wo eine klare Antwort eigentlich gefragt ist. Aber genau dann hört man oft den Satz: »Daran kann ich mich (leider, leider) nicht mehr erinnern« oder »Weiß ich nicht!«

Im Gegensatz dazu versucht die KI immer, eine Antwort zu geben, auch wenn sie nicht perfekt ist. Sie nimmt es nicht einfach hin, zu sagen, dass sie es nicht weiß. Sie wird vielmehr alles daransetzen, Ihnen eine brauchbare Antwort zu liefern. Es ist wie ein eifriger Schüler, der immer eine Lösung präsentieren möchte, auch wenn er vielleicht nicht zu 100 % sicher ist. Und genau darin liegt die große Stärke der KI: Sie liefert dynamisch und flexibel Antworten, die Sie weiterbringen, auch wenn der Weg dorthin manchmal unterschiedlich aussieht.

Dieses Spiel mit den Variationen macht das Arbeiten mit der KI zu einer kreativen und faszinierenden Erfahrung.

33 Promptvorschläge für gute Ergebnisse

Ich mache Ihnen jetzt einige Vorschläge, wie Sie z.B. prompten können, um wirklich gute Ergebnisse zu erzielen. Jeder Mensch formuliert anders, und das ist auch völlig in Ordnung. Ich möchte hier lediglich verdeutlichen, welche Art von Informationen ein KI-Modell aktuell benötigt, um brauchbare und präzise Ergebnisse zu liefern. Es geht dabei weniger darum, wie kompliziert oder ausführlich Ihre Anfrage ist, sondern mehr darum, wie klar und präzise Sie Ihre Gedanken formulieren.

Stellen Sie sich vor, Sie haben eine konkrete Frage oder Aufgabe. Viele neigen dazu, einfach drauflozufragen, ohne vorher genau zu überlegen, was sie eigentlich wissen wollen. Die KI wird zwar in den meisten Fällen trotzdem eine Antwort liefern, aber diese kann weit von dem abweichen, was Sie eigentlich erwartet haben. Das liegt nicht daran, dass die KI »dumm« ist, sondern daran, dass sie auf präzise Anweisungen angewiesen ist, um das Beste aus ihren Fähigkeiten herauszuholen.

Ich empfehle Ihnen, diese Vorschläge, die ich Ihnen gleich gebe, tatsächlich mal selbst abzutippen. Warum? Erstens entwickeln Sie dadurch die Fähigkeit, genauer und bewusster zu prompten. Zweitens verstehen Sie dadurch den Ansatz besser – nämlich, wie Sie das Modell steuern können, um das gewünschte Ergebnis zu bekommen. Und drittens sind die Beispiele, die ich Ihnen hier präsentiere, gut durchdacht und garantiert nützlich. Sie basieren auf meiner Erfahrung im Umgang mit KI-Modellen und sind darauf ausgelegt, Ihnen zu zeigen, wie Sie das Modell in die richtige Richtung lenken.

Das Ziel beim Prompten ist es, das Modell klar und strukturiert durch den Prozess zu führen. Es geht nicht darum, es zu »überfordern«, sondern ihm genau die Informationen zu geben, die es braucht, um die beste Antwort zu liefern. Wenn Sie zum Beispiel eine detaillierte Erklärung zu einem Thema erwarten, geben Sie dem Modell eine klare Struktur vor: »Erkläre mir Schritt für Schritt, wie…«. Wenn Sie eine kreative Antwort erwarten, lenken Sie es in diese Richtung: »Schreibe mir eine kurze Geschichte über…«. Sie sehen, die Art, wie Sie fragen, bestimmt, wie tief das Modell in das Thema eintaucht und welche Art von Antwort es liefert.

Durch das bewusste Abtippen und Ausprobieren dieser Techniken werden Sie schnell merken, dass das Modell viel leistungsfähiger und flexibler ist, wenn Sie ihm die richtigen Informationen und den passenden Rahmen bieten. Es geht nicht darum, jeden Prompt bis ins kleinste Detail zu planen, sondern vielmehr darum, die KI gezielt zu steuern und so zu nutzen, dass Sie genau das bekommen, was Sie brauchen.

Ein weiterer Vorteil des klaren und strukturierten Promptens ist, dass Sie schneller zu einem Ergebnis kommen. Je präziser Ihre Anfrage, desto weniger müssen Sie später nachjustieren oder eine neue Frage stellen. Das spart Zeit, Energie und – wenn wir mal ehrlich sind – auch ein wenig Frustration, die manchmal aufkommt, wenn die erste Antwort nicht das ist, was man wollte.

Zusammengefasst: Je genauer und strukturierter Sie arbeiten, desto besser sind die Ergebnisse. Indem Sie sich die Zeit nehmen, sich mit den Vorschlägen hier auseinanderzusetzen, lernen Sie nicht nur, effektiver zu arbeiten, sondern auch, wie Sie die KI für Ihre eigenen Zwecke optimal einsetzen können. Denn am Ende des Tages geht es nicht nur darum, dass die KI »funktioniert«, sondern dass sie Ihnen tatsächlich weiterhilft und die Ergebnisse liefert, die Sie brauchen.

33.1 Prompten: Gesunde Ernährung

Erkläre die Grundlagen einer gesunden Ernährung und nenne die wichtigsten Nährstoffe, die der Körper täglich benötigt.

Antworte als Ernährungsberater und gib mir einen Wochenplan für eine ausgewogene Ernährung, die auch für jemanden mit einem stressigen Alltag realistisch umsetzbar ist.

Was sind die Vor- und Nachteile einer pflanzenbasierten Ernährung? Gehe auf gesundheitliche, ökologische und ethische Aspekte ein.

Erkläre den Unterschied zwischen gesättigten und ungesättigten Fettsäuren und warum eine ausgewogene Fettaufnahme wichtig ist.

Antworte als Sporternährungsberater: Welche Rolle spielen Proteine, Kohlenhydrate und Fette in einer gesunden Ernährung für Sportler?

Erstelle eine Liste von gesunden Snacks, die man während der Arbeit oder unterwegs essen kann, und erkläre, warum sie gute Alternativen zu herkömmlichen Snacks sind.

Welche Lebensmittel sollte man in die tägliche Ernährung integrieren, um die Herzgesundheit zu unterstützen?

Gib einen Überblick über die Bedeutung von Mikronährstoffen wie Vitaminen und Mineralien in der Ernährung und nenne Beispiele für Lebensmittel, die reich an diesen Nährstoffen sind.

Wie beeinflusst die Ernährung die geistige Gesundheit? Gib Beispiele für Lebensmittel, die sich positiv auf das Gehirn und die Stimmung auswirken.

Erkläre die Auswirkungen von Zucker auf den Körper und nenne gesunde Alternativen zu raffiniertem Zucker, die in der täglichen Ernährung genutzt werden können.

33.2 Prompten: Umweltschutz, Privatpersonen

Erkläre, wie man als Privatperson den eigenen Energieverbrauch reduzieren kann, um einen positiven Beitrag zum Umweltschutz zu leisten.

Welche alltäglichen Verhaltensweisen kann man ändern, um den eigenen ökologischen Fußabdruck zu verringern?

Gib Tipps, wie man den Plastikverbrauch im Haushalt effektiv senken kann, und nenne Alternativen zu gängigen Plastikprodukten.

Erkläre, wie der Umstieg auf erneuerbare Energien im privaten Haushalt funktioniert und welche Optionen es gibt.

Wie kann man als Privatperson die Biodiversität im eigenen Garten oder auf dem Balkon fördern?

Gib einen Überblick über nachhaltige Konsumgewohnheiten und wie man bewusst einkauft, um die Umwelt zu schonen.

Welche Rolle spielt die Ernährung beim Umweltschutz und wie kann man durch die Auswahl von Lebensmitteln die Umweltbelastung reduzieren?

Erkläre, wie man durch Upcycling und Recycling im Alltag Ressourcen schonen kann.

Gib Tipps, wie man die eigene Mobilität umweltfreundlicher gestalten kann, zum Beispiel durch den Umstieg auf öffentliche Verkehrsmittel, Fahrräder oder Elektroautos.

Erkläre die Bedeutung des Wasserverbrauchs im Umweltschutz und wie man den Wasserverbrauch im Haushalt reduzieren kann.

33.3 Prompten: Einbruchsschutz und Sicherheit

Erkläre, wie man das eigene Zuhause gegen Einbrüche sichern kann, indem man mechanische Sicherheitstechnik wie Tür- und Fensterschlösser verbessert.

Gib Tipps, wie man durch den Einsatz von Überwachungskameras und Bewegungsmeldern die Sicherheit im eigenen Haus erhöhen kann.

Erkläre, welche Rolle Smart-Home-Technologien beim Einbruchsschutz spielen und wie sie effektiv eingesetzt werden können.

Was sind die besten Maßnahmen, um während längerer Abwesenheit das eigene Zuhause vor Einbrüchen zu schützen?

Gib einen Überblick über die Bedeutung von Nachbarschaftsnetzwerken und wie sie zur Erhöhung der Sicherheit beitragen können.

Erkläre, wie man durch gezielte Beleuchtung rund um das Haus potenzielle Einbrecher abschrecken kann.

Welche einfachen Verhaltensregeln im Alltag können dazu beitragen, das Risiko eines Einbruchs zu minimieren?

Gib Tipps, wie man Wertsachen zu Hause sicher aufbewahren kann, um das Risiko eines Verlusts im Falle eines Einbruchs zu verringern.

Erkläre, wie eine professionelle Sicherheitsberatung helfen kann, Schwachstellen im eigenen Zuhause zu erkennen und zu beheben.

Gib einen Überblick über Versicherungsmöglichkeiten, die im Falle eines Einbruchs finanziellen Schutz bieten, und worauf man achten sollte.

33.4 Rollenprompting: Einbruchsschutz und Sicherheit

Erkläre als Polizist, wie man das eigene Zuhause gegen Einbrüche sichern kann, indem man mechanische Sicherheitstechnik wie Tür- und Fensterschlösser verbessert.

Gib als Polizist Tipps, wie man durch den Einsatz von Überwachungskameras und Bewegungsmeldern die Sicherheit im eigenen Haus erhöhen kann.

Erkläre aus der Sicht eines Polizisten, welche Rolle Smart-Home-Technologien beim Einbruchsschutz spielen und wie sie effektiv eingesetzt werden können.

Was sind aus polizeilicher Sicht die besten Maßnahmen, um während längerer Abwesenheit das eigene Zuhause vor Einbrüchen zu schützen?

Gib als Polizist einen Überblick über die Bedeutung von Nachbarschaftsnetzwerken und wie sie zur Erhöhung der Sicherheit beitragen können.

Erkläre als Polizist, wie gezielte Beleuchtung rund um das Haus potenzielle Einbrecher abschrecken kann.

Welche einfachen Verhaltensregeln im Alltag empfiehlt ein Polizist, um das Risiko eines Einbruchs zu minimieren?

Gib als Polizist Tipps, wie man Wertsachen zu Hause sicher aufbewahren kann, um das Risiko eines Verlusts im Falle eines Einbruchs zu verringern.

Erkläre als Polizist, wie eine professionelle Sicherheitsberatung helfen kann, Schwachstellen im eigenen Zuhause zu erkennen und zu beheben.

Gib als Polizist einen Überblick über Versicherungsmöglichkeiten, die im Falle eines Einbruchs finanziellen Schutz bieten, und worauf man dabei achten sollte.

33.5 Prompten: Mein Kind vor Gefahren schützen

Erkläre, wie man das eigene Zuhause kindersicher macht, um Unfälle und Gefahren für kleine Kinder zu vermeiden.

Gib Tipps, wie man Kinder im Umgang mit fremden Personen sensibilisieren kann, ohne ihnen Angst zu machen.

Erkläre, wie man Kinder über den sicheren Umgang mit dem Internet und sozialen Medien aufklärt.

Welche Maßnahmen sollte man ergreifen, um Kinder im Straßenverkehr zu schützen, sowohl als Fußgänger als auch als Radfahrer?

Gib einen Überblick über die Bedeutung von Aufsicht bei Freizeitaktivitäten und wie man Gefahren beim Spielen im Freien reduziert.

Erkläre, wie man Kinder an den sicheren Umgang mit Gefahren im Haushalt heranführt, zum Beispiel bei Elektrizität, Feuer und gefährlichen Substanzen.

Welche Verhaltensregeln können Kinder lernen, um sich in Notfällen richtig zu verhalten, sei es zu Hause, in der Schule oder in der Öffentlichkeit?

Gib Tipps, wie man Kinder für den richtigen Umgang mit Tieren sensibilisieren kann, um Unfälle oder Verletzungen zu vermeiden.

Erkläre, wie man das Selbstbewusstsein von Kindern stärkt, damit sie in gefährlichen Situationen klare Grenzen setzen und sich sicherer fühlen.

Gib einen Überblick über Sicherheitsmaßnahmen in der Schule und wie Eltern mit Lehrern und der Schulleitung zusammenarbeiten können, um ein sicheres Umfeld für ihr Kind zu gewährleisten.

33.6 Rollenprompting: Mein Kind vor Gefahren schützen

Erkläre als Kindergartenerzieherin, wie man das eigene Zuhause kindersicher macht, um Unfälle und Gefahren für kleine Kinder zu vermeiden.

Gib als Kindergartenerzieherin Tipps, wie man Kinder im Umgang mit fremden Personen sensibilisieren kann, ohne ihnen Angst zu machen.

Erkläre als Kindergartenerzieherin, wie man Kinder über den sicheren Umgang mit dem Internet und sozialen Medien aufklärt.

Welche Maßnahmen sollte man ergreifen, um Kinder im Straßenverkehr zu schützen, sowohl als Fußgänger als auch als Radfahrer? Antworte aus der Perspektive einer Kindergartenerzieherin.

Gib als Kindergartenerzieherin einen Überblick über die Bedeutung von Aufsicht bei Freizeitaktivitäten und wie man Gefahren beim Spielen im Freien reduziert.

Erkläre als Kindergartenerzieherin, wie man Kinder an den sicheren Umgang mit Gefahren im Haushalt heranführt, zum Beispiel bei Elektrizität, Feuer und gefährlichen Substanzen.

Welche Verhaltensregeln können Kinder lernen, um sich in Notfällen richtig zu verhalten? Antworte aus der Sicht einer Kindergartenerzieherin.

Gib als Kindergartenerzieherin Tipps, wie man Kinder für den richtigen Umgang mit Tieren sensibilisieren kann, um Unfälle oder Verletzungen zu vermeiden.

Erkläre als Kindergartenerzieherin, wie man das Selbstbewusstsein von Kindern stärkt, damit sie in gefährlichen Situationen klare Grenzen setzen und sich sicherer fühlen.

Gib als Kindergartenerzieherin einen Überblick über Sicherheitsmaßnahmen in der Schule und wie Eltern mit Lehrern und der Schulleitung zusammenarbeiten können, um ein sicheres Umfeld für ihr Kind zu gewährleisten.

33.7 Zusammenfassung Promptvorschläge

Sie sehen schon, es ist gar nicht so schwer – und wirklich: Geben Sie sich einen Ruck und tippen Sie die Prompts mit Ihren eigenen Fingern in die Tastatur bei ChatGPT ein. Der erste Schritt ist oft der schwierigste, aber sobald Sie diesen gemacht haben, werden Sie erstaunt sein, wie schnell und hilfreich die Antworten sind, die Sie von der KI erhalten. Das Schöne daran ist, dass Sie sofort Ergebnisse sehen. Egal, ob Sie nach einer Erklärung suchen, einen kreativen Impuls brauchen oder einfach nur eine Aufgabe effizient erledigen wollen – mit den richtigen Prompts können Sie in kürzester Zeit wertvolle Antworten erhalten.

Das Beste daran? Wenn Sie es einmal verstanden haben, und das werden Sie schnell, können Sie anfangen, Ihre Prompts immer weiter zu optimieren. Vielleicht stellen Sie fest, dass kleine Anpassungen Ihre Ergebnisse noch präziser machen. Dann sind Sie bereit, sich an immer neue Themen zu wagen. Ob es um Büroorganisation, Steuerfragen oder Ihre Bankangelegenheiten geht – die Möglichkeiten sind wirklich grenzenlos. Und genau das macht diese Technik so mächtig.

Es ist ein bisschen wie ein persönliches Training mit der KI. Durch ständiges Üben – also das Formulieren und Eingeben von Prompts – verbessern Sie nicht nur die Antworten, die Sie bekommen, sondern auch Ihr eigenes Verständnis davon, wie die KI arbeitet. Sie werden lernen, welche Art von Fragen die besten Antworten erzeugen, welche Details Sie in den

Prompts einbauen sollten, und wie Sie die KI gezielt lenken können, um Ihre Anforderungen zu erfüllen.

Stellen Sie sich das wie ein Lernprozess vor, der auf Wiederholung und Priorisierung basiert. Jedes Mal, wenn Sie einen Prompt eingeben, sammelt die KI Informationen darüber, was funktioniert und was nicht. Je häufiger Sie bestimmte Themen und Anfragen wiederholen und verfeinern, desto besser wird das Modell darin, Ihre Erwartungen zu verstehen. So ähnlich wie ein Muskel, der durch regelmäßiges Training stärker wird, wird auch Ihre Fähigkeit, mit der KI effizient zu kommunizieren, mit jeder neuen Anfrage geschärft.

Das Entscheidende ist: Haben Sie keine Angst, zu experimentieren! Versuchen Sie unterschiedliche Formulierungen, wechseln Sie das Thema und beobachten Sie, wie die KI reagiert. Mit der Zeit werden Sie feststellen, dass das Ganze immer mehr wie eine Unterhaltung wird, bei der Sie die Richtung bestimmen. Je mehr Sie üben, desto mehr werden Sie auch über die Feinheiten des Prompting lernen. Sie werden erkennen, welche Art von Input die besten Ergebnisse bringt und wie Sie Ihre Anfragen so stellen, dass sie die genauesten und nützlichsten Antworten erzeugen.

Und das ist der Kern des Ganzen: Verstehen. Sobald Sie den Prozess verstanden haben, werden Sie sehen, dass es nicht nur darum geht, dass die KI Antworten liefert, sondern dass Sie die Kontrolle über den gesamten Ablauf haben. Sie können das Modell so trainieren, dass es genau das tut, was Sie wollen, indem Sie Ihre Prompts Schritt für Schritt verfeinern und anpassen.

Also, worauf warten Sie noch? Setzen Sie sich hin, tippen Sie Ihre ersten Prompts ein und beobachten Sie, wie die KI Ihnen dabei hilft, neue Ideen zu entwickeln, Aufgaben schneller zu erledigen oder komplizierte Sachverhalte verständlicher zu machen. Mit jedem Versuch werden Sie besser – und die KI wird genauer auf Ihre Bedürfnisse reagieren. Je mehr Sie experimentieren, desto mehr werden Sie die Möglichkeiten erkennen, die Ihnen zur Verfügung stehen. Es ist wie ein Dialog, den Sie immer weiter verbessern können – und das, ohne je an Grenzen zu stoßen.

Legen Sie los, und machen Sie es sich zur Gewohnheit, regelmäßig mit der KI zu arbeiten. Sie werden erstaunt sein, wie viel Sie dadurch lernen und wie vielseitig die Einsatzmöglichkeiten sind.

34 Promptvorschläge für Bilder

Wir haben uns jetzt ausführlich mit einer Menge Prompts für Texte beschäftigt und einen guten Einblick gewonnen, wie man die KI effizient steuern kann, um präzise und nützliche Antworten zu erhalten. Aber nun ist es an der Zeit, sich mal die Bild-KI DALL-E vorzunehmen. Und hier verhält es sich ähnlich – ach, was, eigentlich genauso. Der Schlüssel zu einem guten Bild ist, wie auch bei Texten, die richtige Formulierung des Prompts. Je klarer und detaillierter Sie den Prompt gestalten, desto besser wird das Bild, das die KI für Sie erstellt.

Bei DALL-E haben Sie die Möglichkeit, Ihrer Kreativität freien Lauf zu lassen. Sie können fast alles visualisieren, was

Ihnen in den Sinn kommt, aber auch hier gilt: Die KI versteht Ihre Absicht besser, wenn Sie sie präzise anleiten. Ein simpler Prompt wie »male einen Wald« wird Ihnen zwar irgendeinen Wald liefern, aber er könnte komplett anders aussehen, als Sie sich das vorgestellt haben. Wenn Sie jedoch spezifisch sind und sagen: »Erstelle ein Bild von einem dichten Nadelwald bei Sonnenuntergang, mit Nebel, der durch die Bäume zieht«, dann bekommt die KI eine viel klarere Vorstellung davon, was Sie wollen, und das Ergebnis wird entsprechend detaillierter und passender.

Auch bei DALL-E gilt: Je mehr Kontext, desto besser das Ergebnis. Aber übertreiben Sie es nicht, denn zu viele Details können das Modell auch verwirren oder das Bild unnötig komplex machen. Es ist wichtig, den richtigen Mittelweg zu finden – präzise genug, um klare Anweisungen zu geben, aber nicht so überladen, dass die KI Schwierigkeiten hat, das Wesentliche herauszufiltern.
Ein weiterer wichtiger Punkt beim Arbeiten mit DALL-E ist, dass Sie auch Stimmungen und Atmosphären beschreiben können. Sie können also nicht nur sagen, was Sie auf dem Bild sehen wollen, sondern auch, wie es wirken soll. Zum Beispiel: »Zeichne eine entspannende Szene an einem ruhigen See, in der das Licht weich ist und die Farben sanft ineinander übergehen.« Durch diese Art von Zusatzinformation wird das Bild nicht nur realistischer, sondern es transportiert auch die Stimmung, die Sie sich wünschen.

Was das Ganze besonders spannend macht, ist, dass Sie bei DALL-E auch Stile und Materialien spezifizieren können. Sie könnten sagen: »Erstelle ein Bild von einem modernen Wohnzimmer, im skandinavischen Stil, mit warmem Holz, minimalistischen Möbeln und großen Fenstern, durch die das Sonnenlicht hereinfällt.« Das Bild, das Sie erhalten, wird dann genau diese Atmosphäre und den Stil widerspiegeln.

Genau wie bei den Textprompts können Sie auch bei DALL-E durch ständiges Optimieren und Anpassen Ihrer Eingaben immer präzisere und bessere Ergebnisse erzielen. Es ist ein Lernprozess. Sie werden schnell merken, welche Details der KI helfen, genau das zu liefern, was Sie sich vorgestellt haben. Es ist nicht selten, dass man beim ersten Versuch vielleicht noch nicht das perfekte Bild bekommt, aber mit jedem neuen Versuch und jeder Verfeinerung des Prompts kommen Sie dem gewünschten Ergebnis näher.

Am Ende geht es auch bei DALL-E darum, die KI gezielt zu steuern. Je klarer Sie Ihre Wünsche formulieren, desto besser versteht das Modell, was Sie sehen möchten. Und genau wie bei der Texterstellung können Sie mit verschiedenen Ansätzen experimentieren, um herauszufinden, wie Sie die besten Resultate erzielen. Seien Sie mutig, probieren Sie verschiedene Stile und Szenarien aus – die Möglichkeiten sind genauso grenzenlos wie bei der Text-KI. Aber übertreiben Sie nicht, einmal ist DALL-E nicht komplett kostenlos und dann verbraucht das Modell Unmengen an Energie.

DALL-E öffnet Ihnen eine visuelle Welt, die Sie durch präzises Prompting steuern können. Indem Sie die richtigen Beschreibungen, Stimmungen und Details einbringen, erschaffen Sie Bilder, die genau Ihren Vorstellungen entsprechen – oder diese sogar übertreffen. Es ist eine Reise der Kreativität, und genau wie beim Schreiben gilt: Übung macht den Meister.

34.1 Prompten, Bilder: Entspannung

Erstelle ein Bild von einem friedlichen Strand bei Sonnenuntergang, mit sanften Wellen, die an den Strand rollen, und einem leichten Nebel am Horizont.

Zeichne eine Waldlichtung mit einem kleinen Fluss, der ruhig durch die Landschaft fließt, umgeben von hohen Bäumen und weichem Moos auf dem Boden.

Erstelle ein Bild von einem Zen-Garten, mit perfekt geharktem Sand, Steinen und einem kleinen Wasserfall im Hintergrund, der leise plätschert.

Stelle einen Raum mit großen Fenstern dar, durch die warmes Sonnenlicht hereinfällt, während auf einem weichen Sofa jemand entspannt ein Buch liest.

Zeige eine Berglandschaft mit einem klaren See im Vordergrund, umgeben von schneebedeckten Gipfeln und wolkenlosem Himmel.

Erschaffe ein Bild von einer ruhigen Küstenklippe mit einem Leuchtturm im Hintergrund und Vögeln, die über das Meer gleiten.

Stelle eine heiße Quelle inmitten von Felsen und dampfendem Wasser dar, umgeben von Bambus und exotischen Pflanzen.

Erstelle ein Bild von einem modernen Spa-Raum mit gedimmtem Licht, Kerzen und einem luxuriösen, warmen Wasserbecken.

Zeige eine offene Wiese bei Sonnenuntergang, mit einem einsamen Baum in der Mitte und hohen Gräsern, die sanft im Wind wehen.

Male ein Bild von einem tropischen Garten mit Hängematte zwischen Palmen, während der Himmel rosa gefärbt ist und eine leichte Brise die Blätter bewegt.

34.2 Prompten, Bilder: Partyeinladung

Erstelle ein Bild für eine Party-Einladung mit einem glamourösen Thema, inklusive funkelnder Lichter, Champagnergläsern und einem eleganten Schriftzug.

Gestalte eine Einladung für eine Strandparty mit Palmen, einer Hängematte und einem Sonnenuntergang im Hintergrund.

Zeichne eine Retro-Party-Einladung im Stil der 80er Jahre, mit Neonfarben, Disco-Kugel und tanzenden Silhouetten.

Erschaffe eine verspielte Einladung für eine Kindergeburtstagsparty, mit Luftballons, Konfetti und einer bunten Torte.

Erstelle eine Einladung für eine Halloween-Party, mit gruseligen Kürbissen, Spinnweben und einer mystischen Atmosphäre.

Gestalte eine Einladung für eine Sommergrillparty, mit einem Grill, saftigen Burgern und erfrischenden Getränken im Garten.

Zeichne eine elegante Einladung für eine Dinner-Party, mit gedecktem Tisch, Kerzenlicht und einem luxuriösen Ambiente.

Erstelle eine Party-Einladung für eine Neujahrsfeier, mit Feuerwerk, Sektgläsern und einer festlichen Gold- und Silberfarbpalette.

Gestalte eine Einladung für eine Themenparty im Stil der 1920er Jahre, mit Flapper-Kleidern, Jazzmusik und Art-Déco-Elementen.

Zeichne eine Einladung für eine Überraschungsparty, mit einem großen Geschenk, Luftschlangen und der Aufschrift „Überraschung!" im Mittelpunkt.

34.3 Rollenprompting Bilder

Male eine Szene eines Seerosenteichs, wie Claude Monet es tun würde, mit sanften Pinselstrichen und leuchtendem Lichtspiel auf dem Wasser.

Schlüpfe in die Rolle von Vincent van Gogh und erschaffe eine dynamische Waldszene, bei der die Bäume lebendig wirken, durch die intensiven Farben und wirbelnden Pinselstriche am Himmel.

Sei Paul Cézanne und stelle eine Berglandschaft dar, bei der die Formen klar und geometrisch sind, mit kräftigen, erdigen Farbtönen, die den Felsen Struktur geben.

Erschaffe eine stürmische Strandlandschaft, wie J.M.W. Turner sie malen würde, mit dramatischen Licht- und Schatteneffekten und einem Himmel, der über den Wellen tobt.

Male wie Georgia O'Keeffe eine abstrahierte Naturdarstellung, bei der die Blumen oder Wüstenlandschaften durch große, geschwungene Formen und klare Linien betont werden.

Nimm die Perspektive von John Constable ein und male eine ländliche Szene, bei der Bäume, Flüsse und sanfte Hügel detailliert und in warmen, natürlichen Farbtönen dargestellt sind.

Schlüpfe in die Rolle von Gustav Klimt und erschaffe ein Naturbild, bei dem Bäume und Pflanzen durch goldene Muster und dekorative Elemente veredelt werden, mit einem Hauch von Symbolismus.

Male eine winterliche Berglandschaft, wie Caspar David Friedrich, mit einsamen, nebelverhangenen Bäumen und Bergen, die eine ruhige und melancholische Atmosphäre schaffen.

Sei Hokusai und zeichne eine Küstenszene, bei der die Bewegung des Wassers und der Wellen durch klare Linien und feine Details in einem traditionellen japanischen Stil festgehalten wird.

Male wie Henri Rousseau eine exotische Landschaft mit lebendigen Pflanzen und Tieren, in einem naiven, träumerischen Stil, der die Lebendigkeit der Natur in einer fantastischen Umgebung betont.

34.4 Zusammenfassung

Auch hier sehen Sie wieder, wenn Sie der KI die richtigen Anweisungen geben, werden Sie erstaunlich gute Ergebnisse erzielen. Diese Art des Promptens – das gezielte Lenken der KI durch präzise und durchdachte Eingaben – ist universell anwendbar. Ob Sie ein Sprachmodell wie ChatGPT nutzen oder ein Bildmodell wie DALL-E, der Erfolg liegt immer darin, wie Sie Ihre Anfragen formulieren. Das Schöne daran: Diese Technik funktioniert nicht nur in einem speziellen Kontext, sondern bei fast jedem LLM (Large Language Model) oder Bildmodell, das Sie verwenden.

Sie können sogar die Sprachbarrieren überwinden und in Fremdsprachen schreiben, um zu sehen, wie das Ergebnis in einem anderen kulturellen oder sprachlichen Kontext aussieht. Wenn Sie zum Beispiel ein Bild in Französisch oder Spanisch beschreiben, wird die KI Ihnen ebenfalls erstaunlich genaue und kulturell passende Ergebnisse liefern. Sie müssen sich nicht auf eine einzige Sprache oder einen Stil beschränken – die KI ist in der Lage, vielfältig und flexibel zu reagieren, je nachdem, wie Sie die Anfrage gestalten.

Ich ermutige Sie, sich langsam heranzutasten. Beginnen Sie mit einfachen Prompts und beobachten Sie, wie die KI darauf reagiert. Sie werden schnell merken, welche Informationen für das Modell nützlich sind und wie Sie Ihre Anfragen verfeinern können, um die Ergebnisse weiter zu verbessern. Jeder neue Versuch bringt Sie näher an das heran, was Sie sich vorstellen. Es ist ein Lernprozess, bei dem Sie Schritt für Schritt besser verstehen, wie Sie mit der KI interagieren müssen, um das Beste aus ihr herauszuholen.

Egal, ob Sie eine detaillierte Analyse zu einem komplexen Thema benötigen, eine kreative Geschichte schreiben lassen oder ein einzigartiges Bild erstellen wollen – die Prinzipien des Promptens bleiben gleich. Es ist eine Technik, die in jeder KI und für jedes Thema anwendbar ist. Sobald Sie das verstanden haben, öffnen sich Ihnen unendlich viele Möglichkeiten. Sie können mit der KI arbeiten, um in jedem Bereich, der Sie interessiert, nützliche und kreative Ergebnisse zu erzielen.

Letztendlich geht es darum, dass Sie die Kontrolle übernehmen. Die KI ist nur so gut wie die Informationen, die Sie ihr geben. Wenn Sie den Prozess des Promptens beherrschen, können Sie die KI in jede gewünschte Richtung lenken – egal, ob Sie gerade an einem technischen Projekt arbeiten, ein kreatives Bild malen oder eine fremdsprachige Konversation führen wollen. Die Werkzeuge sind da – es liegt nur an Ihnen, sie geschickt zu nutzen.

35 KI macht Fehler

Sie haben in diesem Buch viele verschiedene Anwendungsfälle gesehen, wie man KI-Systeme nutzen kann. Von der Textgenerierung über die Bildbearbeitung bis hin zur Unterstützung bei der Entscheidungsfindung – die Einsatzmöglichkeiten sind breit gefächert und faszinierend. Doch bei aller Begeisterung sollten Sie eines niemals vergessen: KI macht Fehler. Und diese Fehler können, je nach Kontext, gravierende Auswirkungen haben.

Nun, wenn ich von »Fehlern« spreche, dann meine ich nicht unbedingt Fehler im klassischen Sinne, wie wir sie von uns Menschen kennen. Künstliche Intelligenz trifft keine Entscheidungen basierend auf Emotionen oder einer persönlichen Einschätzung. Sie arbeitet streng nach den Daten, die ihr zur Verfügung stehen, und den Algorithmen, die sie verarbeiten. Aber genau da liegt der Knackpunkt: Wenn die Daten, mit denen das Modell trainiert wurde, fehlerhaft oder unvollständig sind, oder wenn der Algorithmus einen unerwarteten Weg einschlägt, kann es durchaus passieren, dass die KI »Blödsinn« produziert.

Ein typisches Beispiel dafür sind Sprachmodelle wie GPT. Sie sind darauf ausgelegt, in Sekundenbruchteilen Antworten zu generieren, basierend auf riesigen Datenmengen. Doch was, wenn in diesen Daten falsche Informationen stecken? Oder wenn das Modell aufgrund einer falschen Interpretation der Frage eine unsinnige Antwort gibt? In solchen Fällen kann es vorkommen, dass das Modell völlig falsche Fakten präsentiert, unlogische Schlüsse zieht oder schlichtweg Unsinn erzählt. Und das kann vor allem dann problematisch sein, wenn man blind darauf vertraut, dass die Antworten korrekt sind.

Deshalb ist es entscheidend, dass Sie bei der Nutzung von KI-Systemen stets kritisch bleiben. Vertrauen Sie nicht blind darauf, was die KI Ihnen präsentiert. Überprüfen Sie die

Informationen, vor allem, wenn es um wichtige Entscheidungen geht. Denn auch wenn KI beeindruckende Fähigkeiten hat, ist sie nicht unfehlbar. Wenn Sie zum Beispiel eine KI einsetzen, um komplexe technische Lösungen zu entwickeln oder rechtliche Dokumente zu analysieren, sollten Sie die Ergebnisse immer nochmal mit einer menschlichen Expertise abgleichen.

Ein großer Teil der Fehleranfälligkeit von KI liegt in den Trainingsdaten. Wenn eine KI auf einer ungenügenden oder voreingenommenen Datengrundlage trainiert wurde, kann sie keine besseren Antworten liefern, als die Informationen, die sie erhalten hat. Ein einfaches Beispiel: Wenn ein KI-System auf historischen Daten trainiert wurde, die veraltete oder diskriminierende Ansichten enthalten, kann es solche Verzerrungen in den Ergebnissen reproduzieren, ohne dass es das »weiß«. Das System erkennt keine moralischen oder ethischen Aspekte – es gibt nur das wieder, was ihm beigebracht wurde.

Ein weiteres Problem ist, dass Algorithmen manchmal unerwartete Entscheidungen treffen. Sie sind so programmiert, dass sie Muster erkennen und Vorhersagen treffen, aber diese Vorhersagen basieren auf Wahrscheinlichkeiten, nicht auf Gewissheiten. Manchmal führt das dazu, dass ein Algorithmus eine unlogische Entscheidung trifft, weil er aufgrund der ihm zur Verfügung stehenden Informationen »denkt«, dass dies die beste Wahl sei. Für den Menschen mag das dann völlig unverständlich erscheinen, doch für die KI ergibt es innerhalb ihrer mathematischen Welt durchaus Sinn.

Hier liegt auch eine der großen Herausforderungen im Umgang mit KI: Sie kann unglaublich präzise und leistungsstark sein, aber sie versteht die Welt nicht so, wie wir Menschen sie verstehen. Sie kann keine Absichten erkennen, keine emotionale Intelligenz aufbauen und keine moralischen Überlegungen anstellen. Das bedeutet, dass wir immer als Kontrollinstanz fungieren müssen. Wir müssen die Antworten, die uns die KI gibt, hinterfragen, analysieren und in den richtigen Kontext setzen.

Ein guter Tipp ist: Wenn Sie das Gefühl haben, dass die Antwort der KI nicht ganz stimmig ist, hinterfragen Sie sie sofort. Probieren Sie aus, die Frage anders zu formulieren, geben Sie der KI mehr Kontext oder überprüfen Sie die Informationen auf anderen Wegen. KI ist zwar mächtig, aber sie ist kein Ersatz für kritisches Denken. Sie sollte als Werkzeug betrachtet werden, nicht als allwissender Ratgeber.

Ein weiteres Beispiel: In der Medizin kann KI schon jetzt bei der Diagnose von Krankheiten helfen und Ärzte unterstützen. Doch auch hier gibt es Fehlerpotenzial. Wenn die Trainingsdaten lückenhaft sind oder die Algorithmen eine bestimmte Krankheitsgeschichte nicht richtig interpretieren, kann es zu falschen Diagnosen kommen. Und das zeigt, wie wichtig es ist, dass der Mensch immer im Entscheidungsprozess involviert bleibt.

KI kann also großartige Unterstützung leisten, aber sie bleibt ein Werkzeug. Ein Werkzeug, das nur so gut ist wie die Daten, die es verarbeitet. Und wie bei jedem Werkzeug kommt es darauf an, wie man es einsetzt und wie kritisch man mit den Ergebnissen umgeht. Sie können sich von der

Präzision und Geschwindigkeit der KI beeindrucken lassen, aber Sie sollten nie vergessen, dass Fehler passieren können – und zwar nicht selten. Diese Fehler sind nicht immer leicht zu erkennen, aber wenn Sie aufmerksam bleiben und die Antworten der KI hinterfragen, können Sie das Beste aus dieser Technologie herausholen, ohne blind darauf zu vertrauen.

Insgesamt ist KI eine faszinierende und mächtige Technologie, die unser Leben in vielen Bereichen verbessern kann. Aber wie bei jeder neuen Technologie sollten wir auch hier vorsichtig und verantwortungsbewusst damit umgehen. Achten Sie stets darauf, wie die KI zu ihren Ergebnissen kommt, und seien Sie bereit, Fehler zu erkennen und zu korrigieren. Denn am Ende sind es wir Menschen, die die Kontrolle behalten müssen – und nicht die Maschine.

36 Künstliche Intelligenz und Ethik!

Künstliche Intelligenz ist in vielerlei Hinsicht eine der bedeutendsten technologischen Entwicklungen unserer Zeit. Sie revolutioniert ganze Branchen, hilft bei der Lösung komplexer Probleme und eröffnet uns Möglichkeiten, die vor wenigen Jahrzehnten noch undenkbar waren. Doch bei aller Faszination für die Technologie dürfen wir nicht die ethischen Auswirkungen aus den Augen verlieren. Denn KI bringt nicht nur Chancen mit sich, sondern auch Gefahren – insbesondere dann, wenn sie fehlerhaft agiert oder auf unzulänglichen Daten basiert.

Das Thema Ethik in der KI ist von entscheidender Bedeutung, weil es uns direkt betrifft: als Individuen, als Gesellschaft und als globale Gemeinschaft. Die Entscheidungen, die heute im Bereich der KI-Entwicklung getroffen werden, haben tiefgreifende Auswirkungen auf die Art und Weise, wie wir in Zukunft mit dieser Technologie leben werden. Es ist daher unerlässlich, dass wir die ethischen Fragen, die sich rund um KI ergeben, genau verstehen und verantwortungsvoll handeln.

Eine der größten Gefahren im Zusammenhang mit Künstlicher Intelligenz ist die Möglichkeit, dass sie aufgrund von fehlerhaften Daten oder falsch programmierten Algorithmen Entscheidungen trifft, die diskriminierend, unfair oder schlichtweg falsch sind. Stellen Sie sich vor, ein KI-System, das darauf trainiert wurde, Entscheidungen im Bereich der Personalbeschaffung zu treffen, würde auf der Grundlage von Daten trainiert, die historische Vorurteile enthalten. Das Ergebnis könnte sein, dass bestimmte Gruppen von Menschen – beispielsweise Frauen, Minderheiten oder ältere Menschen – systematisch benachteiligt werden.

Ein extremes Beispiel könnte sein, wenn eine KI – aufgrund fehlerhafter Daten oder Vorurteile in den Trainingsdaten – den Satz formulieren würde: »Schwarze Menschen sind weniger wert als weiße.« Lassen Sie mich betonen, dass dies nur ein Beispiel ist, um das Problem zu verdeutlichen, aber es ist ein erschreckendes Szenario, das durchaus vorkommen könnte, wenn wir uns nicht aktiv um die Qualität der Daten und die ethischen Leitlinien kümmern, die für KI-Systeme gelten.

Solche Vorfälle wären nicht nur inakzeptabel, sondern könnten tiefgreifende Auswirkungen auf die betroffenen Menschen und auf die Gesellschaft insgesamt haben. Ein solcher Fehler würde dazu führen, dass die KI Vorurteile reproduziert und verstärkt, anstatt sie zu bekämpfen. Das zeigt uns, wie wichtig es ist, dass wir als Menschen immer die Kontrolle über KI-Systeme behalten und sofort einschreiten, wenn sie gefährliche oder falsche Aussagen treffen.

Wenn Sie als Nutzer oder Entwickler einer KI bemerken, dass das System falsche oder gar diskriminierende Aussagen trifft, ist es entscheidend, dass Sie sofort eingreifen. Wenn eine KI eine offensichtlich falsche oder diskriminierende Aussage trifft, sollten Sie sofort hinterfragen, wie diese Aussage zustande gekommen ist. War es ein Fehler in den Trainingsdaten? Hat der Algorithmus eine falsche Verbindung hergestellt? Oder basiert die Aussage auf einem systematischen Vorurteil, das unbemerkt in die Daten eingeflossen ist?

Viele KI-Systeme, insbesondere solche, die auf maschinellem Lernen basieren, sind darauf ausgelegt, aus Feedback zu lernen. Wenn Sie also eine falsche oder problematische Aussage bemerken, ist es wichtig, dem System klar zu machen, dass diese Aussage falsch ist. In den meisten Fällen können Sie dies tun, indem Sie die entsprechende Antwort als fehlerhaft kennzeichnen und das System dazu auffordern, diesen Fehler zu korrigieren. Es ist jedoch wichtig, dass dieses Feedback korrekt in das System integriert wird, damit es tatsächlich daraus lernt.

Ein Großteil der Probleme in der KI entsteht durch unvollständige oder verzerrte Daten. Wenn die KI fehlerhafte Aussagen trifft, sollten die Daten, auf denen das System basiert, überprüft und bereinigt werden. Dies erfordert ein kritisches Bewusstsein dafür, welche Daten genutzt werden und wie sie verarbeitet werden. Daten sollten stets auf ihre Qualität und ihre ethischen Implikationen hin überprüft werden.

Ein weiteres Schlüsselelement, um ethische Probleme in der KI zu vermeiden, ist Transparenz. Die Entwicklung und der Einsatz von KI-Systemen sollten offen und nachvollziehbar sein, sodass klar ist, wie Entscheidungen getroffen werden und auf welchen Daten sie basieren. Wenn wir wissen, wie ein System arbeitet, können wir besser darauf achten, ob es ethische Richtlinien verletzt.

Die Weiterentwicklung und Verbesserung von KI-Systemen ist ein fortlaufender Prozess. Es reicht nicht aus, ein System einmal zu programmieren und es dann unbeaufsichtigt arbeiten zu lassen. KI muss kontinuierlich überwacht und angepasst werden, insbesondere wenn sie auf sich verändernde gesellschaftliche Normen und ethische Standards reagiert.

Um solche Fehlentwicklungen zu verhindern, ist es unerlässlich, dass wir einen klaren ethischen Rahmen für den Einsatz von KI entwickeln und umsetzen. Dieser Rahmen muss sicherstellen, dass KI-Systeme fair, transparent und verantwortungsvoll handeln. Er sollte die Grundsätze der Gerechtigkeit, der Transparenz, der Verantwortlichkeit und des Schutzes der Privatsphäre umfassen.

Stellen Sie sich vor, Sie nutzen eine KI, die Ihnen dabei helfen soll, Bewerbungen zu bewerten. Das System trifft jedoch aufgrund von historischen Daten die Annahme, dass

Bewerber aus bestimmten sozialen Gruppen weniger erfolgreich sind. In diesem Fall wäre es Ihre Verantwortung, einzugreifen und sicherzustellen, dass die KI nicht auf Vorurteilen basiert. Sie sollten die Trainingsdaten überprüfen, den Algorithmus anpassen und sicherstellen, dass das System in Zukunft keine solchen diskriminierenden Annahmen trifft. Ihr Feedback, Ihre kritische Überprüfung und die ständige Weiterentwicklung der KI sind entscheidend, um sicherzustellen, dass die Technologie ethisch und fair bleibt.

Künstliche Intelligenz hat das Potenzial, unsere Welt in vielerlei Hinsicht zu verbessern. Doch ohne einen klaren ethischen Rahmen birgt sie auch Gefahren. Fehlerhafte Daten, diskriminierende Algorithmen oder fehlende Transparenz können dazu führen, dass KI-Systeme falsche Entscheidungen treffen und Vorurteile reproduzieren. Daher ist es wichtig, dass wir als Menschen stets die Kontrolle behalten, die KI kritisch hinterfragen und sie so gestalten, dass sie unseren ethischen Standards entspricht. Nur so können wir sicherstellen, dass KI wirklich zum Wohl aller eingesetzt wird.

37 KI genutzt von Kriminellen

Künstliche Intelligenz bietet unzählige Möglichkeiten, unser Leben zu verbessern, sei es durch effizientere Prozesse, präzisere Analysen oder personalisierte Services. Doch wie bei jeder Technologie gibt es auch eine Kehrseite der Medaille. Kriminelle entdecken zunehmend das Potenzial von KI, um ihre illegalen Aktivitäten zu optimieren oder neue Methoden zu entwickeln. Die Gefahren, die dadurch entstehen, sollten wir keinesfalls unterschätzen.

Kriminelle Organisationen sind in der Lage, KI für eine Vielzahl von Zwecken zu nutzen. Einer der größten Vorteile für sie besteht darin, dass KI automatisierte Prozesse viel schneller und effizienter durchführen kann als ein Mensch. Dies ermöglicht es, Betrugsversuche oder Angriffe im großen Stil zu organisieren, die früher undenkbar gewesen wären. Ein klassisches Beispiel hierfür ist der Einsatz von KI im Bereich des Phishings. KI-gesteuerte Systeme können personalisierte Phishing-E-Mails generieren, die auf die individuellen Merkmale der Zielpersonen zugeschnitten sind. Indem sie riesige Datenmengen analysieren, sind diese Systeme in der Lage, überzeugendere Betrugsversuche durchzuführen, indem sie beispielsweise den Stil von Unternehmen oder bekannten Personen perfekt nachahmen.

Ein weiterer Bereich, in dem KI von Kriminellen eingesetzt wird, ist die Entwicklung von Malware. Traditionell musste Schadsoftware manuell programmiert und getestet werden, um bestimmte Sicherheitslücken auszunutzen. Heute können KI-Systeme jedoch in Echtzeit neue Schwachstellen erkennen und Angriffsmuster entwickeln, die bisher nicht bekannt waren. Diese adaptiven Angriffe machen es Sicherheitsunternehmen schwerer, rechtzeitig Gegenmaßnahmen zu ergreifen, da die KI in der Lage ist, sich ständig weiterzuentwickeln und ihren Code anzupassen.

Ein besonders besorgniserregendes Beispiel ist der Einsatz von KI für sogenannte Deepfakes. Deepfakes nutzen maschinelles Lernen, um täuschend echt wirkende gefälschte Videos oder Audios zu erstellen. Diese Technologie ermöglicht es Kriminellen, realistische Fälschungen von Menschen zu erstellen, die entweder in der Öffentlichkeit stehen oder private Ziele sind. Stellen Sie sich vor, ein Krimineller erstellt ein gefälschtes Video, in dem eine Führungsperson scheinbar sensible Informationen preisgibt oder illegale Handlungen durchführt. Solche Deepfakes könnten genutzt werden, um Erpressungen durchzuführen oder den Ruf von Einzelpersonen oder Unternehmen zu ruinieren. Selbst bei Audioaufnahmen könnte eine KI-Stimme genutzt werden, um falsche Befehle oder Aussagen zu verbreiten. Die Grenze zwischen Realität und Fiktion wird dabei immer schwerer zu erkennen.

Auch in der Finanzwelt birgt KI ein enormes Missbrauchspotenzial. Durch den Einsatz von KI können Kriminelle in großem Umfang automatisierte Finanzbetrügereien durchführen. KI kann verwendet werden, um unauffällig in Finanzsysteme einzudringen, verdächtige Transaktionen zu erkennen und zu verschleiern oder Algorithmen zu nutzen, um den Börsenhandel zu manipulieren. Diese Art von Angriffen kann immense Schäden verursachen, ohne dass sie sofort entdeckt werden.

Ein weiteres Problem ist der Einsatz von autonomen Drohnen oder Fahrzeugen, die mit KI gesteuert werden. Kriminelle könnten diese Technologien nutzen, um Drogen, Waffen oder andere illegale Waren zu transportieren, ohne dass menschliches Personal direkt involviert ist. Diese Drohnen könnten schwer zu verfolgen und zu stoppen sein, da sie programmiert sind, Routen zu wählen, die herkömmlichen Kontrollmechanismen entgehen. In Kriegs- oder Konfliktgebieten könnten autonome Waffen, die durch KI gesteuert werden, in die falschen Hände geraten und massive Schäden verursachen, ohne dass jemand die Verantwortung direkt übernehmen muss.

Ein weniger offensichtliches, aber ebenso gefährliches Beispiel ist der Missbrauch von KI zur Überwachung und Ausspähung. Kriminelle könnten KI-basierte Überwachungssysteme einsetzen, um Personen oder Unternehmen zu beobachten, indem sie ihre Bewegungen, Verhaltensmuster und Kommunikationswege analysieren. Diese Daten könnten dann verwendet werden, um gezielte Angriffe zu planen oder Erpressungen durchzuführen. Die Fähigkeit von KI, riesige Mengen an Daten in Echtzeit zu verarbeiten, macht es möglich, Informationen zu sammeln und zu nutzen, die vorher kaum zugänglich waren.

Kriminelle können mittlerweile mit erstaunlicher Leichtigkeit Viren entwickeln oder bekannte Schadsoftware so kombinieren, dass völlig neue, noch gefährlichere Programme entstehen. Die Möglichkeiten, die ihnen durch den Einsatz von Künstlicher Intelligenz zur Verfügung stehen, sind beängstigend. Mithilfe von KI können sie automatisierte Systeme schaffen, die ständig neue Varianten von Malware erstellen, indem sie bestehende Muster kombinieren und modifizieren, sodass Sicherheitssoftware immer einen Schritt hinterher ist. Diese Angriffe können auf eine Weise orchestriert werden, die es erschwert, sie zu erkennen und abzuwehren.

Seien Sie sich dessen bewusst und achten Sie verstärkt darauf, wie Sie mit Ihren Daten umgehen. Insbesondere die Art und Weise, wie Sie Informationen in eine Tastatur eingeben oder in Online-Systeme übertragen, sollte immer hinterfragt werden. Kriminelle warten nur auf ihre Chance, Schwachstellen auszunutzen. Sobald Sie persönliche oder vertrauliche Daten in ein unsicheres System eingeben, erhöht sich das Risiko, dass diese Informationen in die falschen Hände geraten.

Ein wichtiger Punkt: Geben Sie niemals persönliche Daten in KI-Modelle ein, die nicht eindeutig als sicher und vertrauenswürdig gekennzeichnet sind. Auch wenn es verlockend sein mag, schnelle Antworten oder Lösungen von einer KI zu erhalten, sollten Sie immer im Hinterkopf behalten, dass diese Systeme von kriminellen Akteuren überwacht oder manipuliert werden könnten. Diese Daten könnten abgefangen, gesammelt und später für bösartige Zwecke verwendet werden, wie Identitätsdiebstahl, Betrug oder gezielte Angriffe.

Der technologische Fortschritt bringt uns viele Vorteile, aber auch erhebliche Risiken, wenn es um den Missbrauch von KI geht. Die zunehmende Verknüpfung von KI und Schadsoftware bedeutet, dass es noch wichtiger wird, Sicherheitsmaßnahmen zu ergreifen und sorgfältig zu überlegen, welche Daten Sie teilen. Schutz und Vorsicht sollten an erster Stelle stehen, um zu verhindern, dass Sie oder Ihr Unternehmen Opfer solcher Angriffe werden. Kriminelle nutzen jede Schwachstelle – seien Sie daher wachsam und schützen Sie Ihre Daten.

38 Gefahren von KI und mit KI

Künstliche Intelligenz birgt ein gewaltiges Potenzial, um das Leben in vielerlei Hinsicht zu verbessern – von der Medizin über die Automatisierung von Prozessen bis hin zur Optimierung von Alltagsaufgaben. Doch dieses Potenzial bringt auch eine große Verantwortung mit sich. Die Gefahren, die mit dem Einsatz von KI einhergehen, sind nicht nur theoretisch, sondern sehr real, und wir als Gesellschaft müssen uns diesen Herausforderungen stellen.

Eine der größten Gefahren besteht darin, dass KI von Menschen missbraucht werden kann, die ihre Macht und Reichweite für illegale oder unethische Zwecke nutzen. KI-Systeme, die entwickelt wurden, um komplexe Probleme zu lösen, können auch genutzt werden, um gezielte Angriffe auf Einzelpersonen, Unternehmen oder sogar ganze Staaten zu starten. Die gleichen Algorithmen, die für maschinelles Lernen und Datenanalyse eingesetzt werden, könnten auch verwendet werden, um Angriffsmuster zu entwickeln, die besonders schwer zu erkennen und zu stoppen sind. Es ist daher unverzichtbar, dass wir uns nicht nur mit den positiven Anwendungen von KI beschäftigen, sondern auch ihre potenziellen Gefahren genau analysieren.

Eine andere Gefahr besteht darin, dass die KI-Modelle selbst fehlerhaft oder voreingenommen sein können, wenn die Daten, auf denen sie trainiert werden, problematisch sind. Dies kann dazu führen, dass KI-Systeme falsche Entscheidungen treffen oder diskriminierende Handlungen durchführen, die für bestimmte Gruppen von Menschen verheerende Folgen haben können. Ein schlecht trainiertes KI-System, das beispielsweise in der Strafverfolgung eingesetzt wird, könnte dazu führen, dass Menschen aufgrund von Vorurteilen oder unzureichender Daten als kriminell eingestuft werden, obwohl sie unschuldig sind. Es ist daher von größter

Bedeutung, dass die Trainingsdaten sorgfältig überwacht und ständig aktualisiert werden, um solche Risiken zu minimieren.

Ein weiteres Risiko, das oft übersehen wird, ist die Möglichkeit, dass KI die Arbeitswelt radikal verändert. Viele Menschen fürchten, dass durch den Einsatz von KI zahlreiche Arbeitsplätze verschwinden könnten. Automatisierung kann für Unternehmen zwar effizient und kostensparend sein, doch was passiert mit den Millionen von Menschen, deren Jobs von Maschinen und Algorithmen übernommen werden? Diese Gefahr ist real, und es ist die Aufgabe der Gesellschaft und der Regierungen, Lösungen zu finden, um sicherzustellen, dass der technologische Fortschritt nicht zu Massenarbeitslosigkeit führt. Umschulungen und neue Bildungsprogramme müssen entwickelt werden, um Menschen auf eine Zukunft vorzubereiten, in der KI eine immer größere Rolle spielt.

Hinzu kommt die Gefahr, dass KI zur Überwachung und Kontrolle eingesetzt wird. Autoritäre Regime könnten KI nutzen, um ihre Bürger systematisch zu überwachen und persönliche Freiheiten einzuschränken. Intelligente Überwachungssysteme könnten eingesetzt werden, um Bewegungen und Aktivitäten von Menschen zu verfolgen, was zu einem massiven Eingriff in die Privatsphäre führen könnte. Es besteht die Gefahr, dass solche Technologien missbraucht werden, um politische Gegner zu unterdrücken oder soziale Gruppen gezielt zu kontrollieren. Deshalb müssen wir als Gesellschaft genau hinschauen, wie KI genutzt wird, und sicherstellen, dass ihre Anwendung ethischen und rechtlichen Grundsätzen entspricht.

Eine der größten Herausforderungen besteht darin, dass KI-Systeme immer eigenständiger werden. Während wir heute noch die Kontrolle über die meisten KI-Anwendungen haben, gibt es bereits Entwicklungen, die darauf abzielen, dass KI eigenständig Entscheidungen trifft. In der Forschung zu autonomen Waffensystemen zum Beispiel gibt es Szenarien, in denen Maschinen in der Lage wären, ohne menschliches Eingreifen Angriffe durchzuführen. Dies stellt eine immense Gefahr dar, da solche Systeme möglicherweise Entscheidungen treffen könnten, die wir nicht vorhersehen oder kontrollieren können. Die Frage, wie viel Kontrolle wir KI-Systemen zugestehen, ist eine der drängendsten ethischen Fragen unserer Zeit.

Ein weiterer, oft nicht beachteter Aspekt ist die Frage nach der Haftung. Wenn ein KI-System eine falsche Entscheidung trifft oder Schaden verursacht, wer ist dann verantwortlich? Der Entwickler des Systems, der Betreiber oder die KI selbst? Diese Frage ist besonders in Bereichen wie der Medizin, der Finanzwelt oder dem autonomen Fahren relevant, wo eine fehlerhafte Entscheidung erhebliche Konsequenzen haben kann. Es ist daher dringend notwendig, dass wir als Gesellschaft klare rechtliche Rahmenbedingungen schaffen, um sicherzustellen, dass Verantwortung und Haftung auch im Zeitalter der KI geregelt sind.

Was können wir also tun, um uns gegen diese Gefahren zu wappnen? Zunächst einmal müssen wir sicherstellen, dass wir als Gesellschaft wachsam und kritisch bleiben. Der technologische Fortschritt darf nicht ohne ethische Überlegungen voranschreiten. Jede Entwicklung, die wir im

Bereich der KI vorantreiben, muss immer mit einem klaren ethischen und rechtlichen Rahmen einhergehen. Es ist die Aufgabe der Regierungen, Unternehmen und der Zivilgesellschaft, zusammenzuarbeiten und sicherzustellen, dass KI verantwortungsvoll eingesetzt wird.

Die öffentliche Aufklärung ist dabei ein Schlüssel. Viele Menschen verstehen die Auswirkungen von KI auf ihr Leben noch nicht vollständig. Deshalb ist es wichtig, dass wir über die Risiken und Gefahren informieren, damit die breite Öffentlichkeit in der Lage ist, diese Bedrohungen zu erkennen und sich entsprechend zu schützen. Dies gilt insbesondere für den Bereich der Datensicherheit. Jeder Einzelne sollte sich bewusst sein, welche Daten er preisgibt und welche Konsequenzen das haben könnte. Denn auch Kriminelle werden immer raffiniertere Methoden entwickeln, um KI für ihre eigenen Zwecke zu nutzen.

Unternehmen, die KI entwickeln, tragen ebenfalls eine enorme Verantwortung. Sie müssen ihre Systeme regelmäßig auf Sicherheitslücken und ethische Schwachstellen überprüfen. Algorithmen sollten so entwickelt werden, dass sie gegen Missbrauch geschützt sind, und es sollte immer eine menschliche Kontrollinstanz vorhanden sein, die sicherstellt, dass das KI-System im Sinne der Gesellschaft handelt. Dazu gehört auch, dass Unternehmen sich verpflichten, transparent über ihre KI-Entwicklungen zu informieren, damit die Öffentlichkeit weiß, wie diese Systeme funktionieren und welche Risiken sie mit sich bringen.

Letztlich liegt es an uns, als Gesellschaft und als Individuen, die Technologie zu gestalten, anstatt uns von ihr gestalten zu lassen. KI hat das Potenzial, unser Leben in unvorstellbarer Weise zu verbessern – aber nur, wenn wir sie verantwortungsvoll und mit Bedacht einsetzen. Die Frage ist nicht, ob wir die Entwicklung von KI stoppen sollten, sondern wie wir sicherstellen können, dass diese Technologie zum Wohl aller genutzt wird. Es ist die Art und Weise, wie wir als Menschen damit umgehen, die darüber entscheidet, ob KI eine positive oder negative Kraft in der Zukunft sein wird.

39 Haftung bei Fehlern von KI

Mit dem rasanten Aufstieg der Künstlichen Intelligenz (KI) und ihrer breiten Anwendung in verschiedensten Bereichen stellt sich eine immer drängendere Frage: Wer haftet eigentlich, wenn eine KI einen Fehler macht? Diese Frage ist nicht so leicht zu beantworten, denn KI unterscheidet sich grundlegend von traditionellen Technologien, bei denen Fehler klaren Verantwortlichkeiten zugeordnet werden können. In der Welt der KI gibt es eine Vielzahl von Akteuren, die in den Entwicklungs- und Entscheidungsprozess involviert sind – vom Programmierer über den Betreiber bis hin zum Nutzer. Doch wenn Fehler auftreten, wer trägt die Verantwortung?

Stellen Sie sich vor, Sie nutzen ein autonomes Fahrzeug, das vollständig durch KI gesteuert wird. Während einer Fahrt trifft das System eine falsche Entscheidung und verursacht einen Unfall. Wer haftet nun? Ist es der Hersteller des Fahrzeugs, der Programmierer der KI-Software oder der Eigentümer des Fahrzeugs, der auf die Technologie vertraut hat? Diese Fragen zeigen, wie komplex das Thema der Haftung in der Ära der KI ist.

Nun nehmen wir an, es handelt sich um ein KI-System, das in der medizinischen Diagnose eingesetzt wird. Dieses System wurde entwickelt, um Ärzten dabei zu helfen, Krankheiten zu erkennen und Behandlungspläne vorzuschlagen. Sagen wir mal, die KI übersieht ein kritisches Symptom oder empfiehlt eine falsche Therapie, was zu schwerwiegenden gesundheitlichen Folgen führt. Wer ist in diesem Fall haftbar? Der Hersteller der KI? Der Arzt, der die Entscheidung letztlich getroffen hat, auf die KI zu vertrauen? Oder der Entwickler des spezifischen Algorithmus, der für die Diagnose verwendet wurde?

Diese Beispiele verdeutlichen, dass es keine einfache Antwort auf die Frage der Haftung bei Fehlern von KI gibt. Die traditionelle Vorstellung von Haftung basiert auf der Annahme, dass es einen klaren menschlichen Akteur gibt, der entweder eine Handlung oder Unterlassung begeht, die zu einem Schaden führt. Doch bei KI-Systemen, die selbstständig Entscheidungen treffen, verschwimmt diese Grenze. Oft handelt die KI nicht auf Basis einer einzigen Person oder eines einzigen Unternehmens, sondern auf der Grundlage eines komplexen Zusammenspiels von Algorithmen, Daten und maschinellem Lernen, bei dem die Verantwortung nicht immer sofort ersichtlich ist.

Ein zentrales Problem bei der Haftung von KI-Systemen ist ihre inhärente Unvorhersehbarkeit. KI-Algorithmen sind darauf trainiert, aus Daten zu lernen und Muster zu erkennen. Sie können jedoch auch unvorhergesehene Entscheidungen treffen, die nicht explizit in ihrem ursprünglichen Programmiercode vorgesehen waren. Das bedeutet, dass selbst die Entwickler der KI nicht immer genau wissen können, welche Entscheidung das System in einer bestimmten Situation treffen wird. Wenn dann ein Fehler auftritt, stellt sich die Frage, ob der Entwickler oder das Unternehmen für das Versagen haftbar gemacht werden kann, obwohl die Entscheidung der KI auf einem unerwarteten Lernprozess basiert.

Ein weiteres Beispiel: Nehmen wir an, ein Unternehmen setzt eine KI ein, um Finanztransaktionen zu überwachen und verdächtige Aktivitäten zu erkennen. Aufgrund eines Fehlers im Algorithmus übersieht das System eine große betrügerische Transaktion, die dem Unternehmen erhebliche Verluste einbringt. Wer haftet in diesem Fall? Ist es der Entwickler der Software, der Betreiber, der die KI überwacht, oder das Unternehmen, das sich auf die Technologie verlassen hat?

Auch im Bereich des Verbraucherschutzes stellt sich die Haftungsfrage bei KI-basierten Systemen. Sagen wir, eine KI in einem Smart-Home-System fällt aus und verursacht einen technischen Defekt, der zu einem Hausbrand führt. In solch einem Fall würde sich die Frage stellen, ob der Hersteller des KI-Systems haftbar gemacht werden kann, selbst wenn der Fehler nicht direkt durch den ursprünglichen Code, sondern durch eine unvorhergesehene Interaktion mit anderen Geräten im Haus verursacht wurde.

In vielen dieser Fälle wird die sogenannte „Produkt- und Herstellerhaftung" zur Anwendung kommen. Diese sieht vor, dass der Hersteller eines Produkts haftbar ist, wenn dieses Produkt fehlerhaft ist und dadurch ein Schaden entsteht. Doch das Problem bei KI-Systemen besteht darin, dass der „Fehler" nicht immer so klar definiert werden kann wie bei physischen Produkten. Bei einem defekten Auto oder einer fehlerhaften Maschine ist der Fehler oft mechanischer Natur und kann eindeutig nachgewiesen werden. Bei KI hingegen sind die Fehler oft schwerer zu identifizieren, da sie auf komplexen Entscheidungen und Daten basieren, die nicht immer direkt nachvollziehbar sind.

Ein weiteres Modell, das in der Diskussion über die Haftung von KI ins Spiel gebracht wird, ist die sogenannte „Aufsichtspflicht". Dies bedeutet, dass diejenigen, die KI-Systeme entwickeln oder betreiben, eine besondere Sorgfaltspflicht haben, um sicherzustellen, dass diese Systeme korrekt arbeiten und keine Schäden verursachen. Diese Sorgfaltspflicht könnte beispielsweise vorschreiben, dass Unternehmen, die KI in kritischen Bereichen wie der Medizin oder dem Verkehr einsetzen, regelmäßige Sicherheitschecks durchführen müssen, um sicherzustellen, dass die KI-Systeme korrekt funktionieren und keine unvorhersehbaren Entscheidungen treffen.

Doch auch dies stößt an seine Grenzen. Nehmen wir an, ein KI-System verhält sich in einer Testumgebung völlig korrekt, zeigt jedoch in einer realen Anwendung unerwartete Fehler. In einem solchen Fall wäre es schwer nachzuweisen, dass der Entwickler oder Betreiber die erforderliche Sorgfalt hat walten lassen, wenn der Fehler nur unter bestimmten, unvorhersehbaren Bedingungen auftritt. Solche Szenarien verdeutlichen, dass das Thema Haftung bei KI-Systemen einer ständigen Anpassung und Weiterentwicklung der rechtlichen Rahmenbedingungen bedarf.

Was können wir als Gesellschaft also tun? Zunächst einmal müssen wir klare gesetzliche Regelungen schaffen, die festlegen, wer in Fällen von Fehlentscheidungen oder Schäden durch KI-Systeme haftbar gemacht werden kann. Darüber hinaus müssen wir sicherstellen, dass die Verantwortlichen – sei es der Entwickler, der Betreiber oder der Endnutzer – stets darauf achten, dass die KI-Systeme sicher und verlässlich arbeiten.

Die Haftung bei Fehlern von KI ist ein Thema, das uns in den kommenden Jahren intensiv beschäftigen wird. Mit dem technologischen Fortschritt entstehen immer neue Anwendungsbereiche für KI, und mit ihnen auch neue Herausforderungen im Bereich der Haftung. Um sicherzustellen, dass KI sicher und verantwortungsvoll eingesetzt wird, müssen wir uns diesen Herausforderungen stellen und die rechtlichen und ethischen Fragen kontinuierlich weiterentwickeln.

In unserer Gesellschaft gibt es die Gerichte und Gesetze, die dafür sorgen, dass Konflikte und Haftungsfragen geklärt werden. Doch wenn wir über die Haftung bei Fehlern von Künstlicher Intelligenz sprechen, stehen wir vor einer gewaltigen Herausforderung. Am Ende wird in vielen dieser Fälle wahrscheinlich ein Prozess zur Klärung geführt werden müssen. Dies bringt uns jedoch vor das nächste Problem: die schiere Menge der zu erwartenden Aufgaben für die Gerichte, wenn KI immer tiefer in unsere Gesellschaft eindringt.

Je mehr KI in kritischen Bereichen wie Medizin, Verkehr, Finanzwesen oder auch in alltäglichen Konsumentenprodukten eingesetzt wird, desto größer wird die Anzahl der

Fälle, bei denen Fehler auftreten und Haftungsfragen aufgeworfen werden. Wenn jedes Mal, wenn ein KI-System einen Fehler macht – sei es eine Fehlentscheidung, ein Unfall oder eine falsche Diagnose – ein Gerichtsverfahren nötig wird, könnten die Justizsysteme vieler Länder bald an ihre Kapazitätsgrenzen stoßen. Diese Herausforderung wird umso größer, wenn wir bedenken, dass KI nicht nur lokal eingesetzt wird, sondern weltweit vernetzt ist. Der globale Charakter von KI-basierten Technologien bringt zusätzliche Komplexität mit sich.

Es muss daher überlegt werden, wie wir als Gesellschaft auf diese potenzielle Überlastung der Gerichte reagieren können. Die bisher geltenden Rechtsrahmen und Prozesse sind für traditionelle Haftungsfragen konzipiert, in denen menschliche Akteure klar zu identifizieren sind. Bei KI wird es jedoch immer schwieriger, diese Verantwortung eindeutig zuzuordnen, insbesondere wenn die KI selbst Entscheidungen trifft, die nicht direkt auf eine menschliche Handlung zurückgeführt werden können. Deshalb wird es nicht ausreichen, nur bestehende Gesetze anzupassen – es müssen umfassende neue Regelungen her, die speziell auf die komplexen Haftungsfragen bei KI abgestimmt sind.

Darüber hinaus wird klar, dass diese Regelungen nicht nur auf nationaler Ebene getroffen werden können. Es müssen klare weltweite Regeln her, weil KI-Systeme grenzüberschreitend agieren. Nehmen wir das Beispiel eines autonomen Fahrzeugs, das in Deutschland entwickelt, in den USA verkauft und dann in China einen Unfall verursacht. Welches Rechtssystem ist in einem solchen Fall zuständig? Wer trägt die Verantwortung? Diese Fragen zeigen, dass wir dringend eine internationale Zusammenarbeit benötigen, um globale Haftungsstandards zu schaffen.

Die Dringlichkeit dieser Aufgabe wird durch den Umstand verstärkt, dass KI sich immer schneller entwickelt. Was heute noch Zukunftsmusik scheint, könnte morgen bereits Realität sein. Wenn wir keine einheitlichen globalen Standards für die Haftung von KI haben, drohen uns massive juristische und ethische Konflikte. Ein weltweit abgestimmter Rechtsrahmen für KI könnte dazu beitragen, solche Konflikte zu vermeiden, indem er klare Verantwortlichkeiten festlegt und einen einheitlichen Umgang mit den Risiken und Haftungsfragen von KI gewährleistet.

Darüber hinaus müssten diese globalen Regelungen auch Mechanismen zur Überwachung und Durchsetzung enthalten. Es reicht nicht, nur Gesetze und Regeln festzulegen – wir brauchen auch Institutionen, die dafür sorgen, dass diese Regeln eingehalten werden. Dies könnte durch internationale Gerichtshöfe oder spezielle Schiedsstellen geschehen, die sich auf KI-bezogene Haftungsfragen spezialisiert haben. Diese Institutionen könnten dann als zentrale Anlaufstellen dienen, um Konflikte schnell und effektiv zu lösen, ohne die nationalen Gerichtssysteme zu überlasten.

Ein weiteres Problem, das gelöst werden muss, betrifft die Frage der Beweislast. Nehmen wir an, eine KI trifft eine Fehlentscheidung, die zu einem Schaden führt. Wer muss dann beweisen, dass die KI für den Schaden verantwortlich ist? Liegt die Beweislast beim Hersteller der KI, der nachweisen muss, dass sein System korrekt funktioniert hat? Oder liegt sie beim Geschädigten, der beweisen muss, dass die KI den

Fehler verursacht hat? Diese Fragen müssen in jedem Fall durch klare gesetzliche Vorgaben geregelt werden, damit Haftungsfälle schnell und gerecht entschieden werden können.

Abgesehen von rechtlichen Regelungen müssen wir uns auch darauf vorbereiten, dass nicht jede Haftungsfrage durch Gesetze gelöst werden kann. Einige Probleme könnten vielmehr durch ethische Überlegungen und gesellschaftliche Diskussionen geklärt werden müssen. Sagen wir mal, ein KI-System trifft eine Entscheidung, die zwar technisch korrekt ist, aber moralisch fragwürdig erscheint. In solchen Fällen wird es nicht ausreichen, einfach die Gesetze zu befolgen – es wird eine gesellschaftliche Auseinandersetzung darüber nötig sein, welche Rolle wir der KI in unserer Welt zugestehen wollen und wo die Grenzen ihrer Verantwortung liegen sollten.

Schließlich ist es wichtig, dass wir uns darauf einstellen, dass die Technologien immer schneller und komplexer werden. Während wir heute noch über die Haftung von KI in relativ klaren Fällen diskutieren – wie bei autonomen Fahrzeugen oder medizinischen Diagnosesystemen – könnten zukünftige KI-Systeme in viel umfassenderen Bereichen unseres Lebens Entscheidungen treffen. Diese Entscheidungen könnten unsichtbar im Hintergrund ablaufen, in den Systemen, die unser tägliches Leben regeln, und es könnte schwierig sein, überhaupt zu erkennen, dass ein Fehler passiert ist, geschweige denn, wer dafür verantwortlich ist. Wir müssen also proaktiv denken und Regelungen schaffen, die nicht nur die Probleme von heute, sondern auch die von morgen adressieren.

Zusammengefasst ist die Frage der Haftung bei Fehlern von KI eine der zentralen Herausforderungen unserer Zeit. Ohne klare Regeln und internationale Zusammenarbeit riskieren wir, dass KI-Systeme unkontrollierbare Risiken für die Gesellschaft darstellen. Es liegt an uns, sicherzustellen, dass diese Technologien in einem Rahmen entwickelt und eingesetzt werden, der sowohl rechtliche als auch ethische Grenzen respektiert. Nur so können wir sicherstellen, dass KI eine positive Kraft für die Zukunft bleibt, während wir gleichzeitig die Verantwortung für die Risiken übernehmen, die sie mit sich bringt.

40 Ihre Daten in der Cloud

Wie schon mehrmals gesagt, kann ich keinesfalls alle Aspekte der Künstlichen Intelligenz (KI) abdecken, aber die Themen, die mir besonders auf der Leber brennen, möchte ich unbedingt ansprechen. Eines davon ist die Kontrolle und Analyse von Daten in der Cloud, speziell durch den Einsatz von KI. Wenn wir über Clouddienste wie Google Drive, Microsoft OneDrive oder ähnliche Plattformen sprechen, gibt es einen zentralen Punkt, den Sie nicht aus den Augen verlieren sollten: Es ist davon auszugehen – ich möchte fast sagen, es ist absolut sicher – dass diese Unternehmen alles, was Sie hochladen, in seine Einzelteile zerlegen und analysieren.

Warum ist das so? Clouddienste sind weit mehr als einfache Speicherorte. Sie bieten Funktionen wie automatische Datensicherung, Dateisynchronisation und einfache Zusammenarbeit über das Internet. Aber das alles basiert auf

Datenverarbeitung, und in einer Zeit, in der KI die zentrale Technologie für die Analyse riesiger Datenmengen ist, können Sie davon ausgehen, dass Unternehmen wie Google und Microsoft diese Technologien intensiv nutzen. Die KI-Systeme dieser Firmen sind dazu in der Lage, hochgeladene Daten zu analysieren, zu kategorisieren und möglicherweise auch zu interpretieren.

Denken Sie daran: Jedes Dokument, jede Tabelle, jedes Bild, das Sie hochladen, wird von diesen Diensten vermutlich bis ins Detail analysiert. Die Unternehmen könnten Metadaten auslesen, Muster erkennen und sogar den Inhalt selbst nach bestimmten Kriterien durchsuchen. Der Vorteil für diese Anbieter liegt auf der Hand: Sie gewinnen wertvolle Einblicke und können ihre Dienste entsprechend optimieren – oder sie nutzen die Daten für andere Zwecke, etwa für zielgerichtete Werbung oder zur Verbesserung ihrer KI-Modelle.

Nehmen wir zum Beispiel Google Drive. Wenn Sie ein Dokument hochladen, das Informationen über Ihre persönlichen Finanzen enthält, könnte Google theoretisch analysieren, welche Art von Ausgaben Sie tätigen, um Ihnen gezielte Werbeanzeigen für Finanzprodukte anzuzeigen. Wenn Sie Fotos speichern, könnte eine Bilderkennungs-KI durchgehend den Inhalt der Bilder auswerten, Personen identifizieren und sogar den Ort erkennen, an dem die Fotos aufgenommen wurden, falls Standortdaten in den Metadaten der Bilder enthalten sind. Diese Analyse erfolgt möglicherweise nicht nur auf direkter Ebene, sondern kann auch durch Verknüpfung mit anderen Diensten, die Sie nutzen, zu einem noch umfassenderen Profil Ihrer Person führen.

Was bedeutet das für Ihre Privatsphäre? Ganz klar: Sie geben einen Teil Ihrer Kontrolle über Ihre Daten auf, sobald Sie diese in die Cloud hochladen. Es mag den Anschein haben, als ob die Daten sicher gespeichert sind, doch in Wirklichkeit durchläuft alles, was Sie in der Cloud ablegen, eine tiefgehende Analyse durch KI-Systeme, die weit mehr können, als Sie auf den ersten Blick vermuten würden.

Natürlich geben diese Unternehmen an, dass sie strenge Datenschutzrichtlinien haben und Ihre Daten nicht „einfach so" durchsuchen. Aber seien wir ehrlich: Vertrauen ist gut, Kontrolle ist besser. Es gibt bereits zahlreiche Berichte über Fälle, in denen sensible Daten aus Cloud-Diensten entweder absichtlich oder versehentlich an Dritte gelangt sind. Selbst wenn die Unternehmen sich an die Datenschutzgesetze halten, bleibt die Tatsache bestehen, dass KI-Systeme Ihre Daten durchforsten, um wertvolle Informationen zu extrahieren.

Nun nehmen wir an, Sie speichern in Ihrem Cloud-Speicher medizinische Informationen oder juristische Dokumente. Wollen Sie wirklich riskieren, dass diese Daten von einem KI-System analysiert und möglicherweise verwendet werden? Die schiere Menge an Daten, die täglich in die Cloud hochgeladen wird, bietet einen unwiderstehlichen Schatz an Informationen für Unternehmen, die auf datengetriebene Geschäftsmodelle setzen. Selbst wenn Sie nichts „Geheimes" hochladen, bleibt die Tatsache, dass Ihre Daten von einer KI gescannt und in irgendeiner Form verwendet werden.

Diese Entwicklungen werfen schwerwiegende ethische Fragen auf. Wenn Ihre Daten von KI analysiert werden, ohne dass Sie es bemerken oder ausdrücklich zustimmen, inwieweit bleibt dann Ihre Privatsphäre gewahrt? Es gibt keine klaren Grenzen, was ein Unternehmen mit den Daten tun darf, wenn die Analysen intern bleiben und die gesammelten Informationen „anonymisiert" verwendet werden. Doch Anonymisierung ist ein dehnbarer Begriff, und mit genügend Daten können selbst anonymisierte Datensätze oft wieder auf eine konkrete Person zurückgeführt werden.

Die Risiken gehen aber noch weiter. In Zukunft könnten die KI-Systeme, die in Cloud-Diensten eingesetzt werden, noch leistungsfähiger und invasiver werden. Die Technologien entwickeln sich schnell, und die Fähigkeit von KI, Daten zu durchdringen und zu analysieren, wird sich weiter verbessern. Was heute noch relativ harmlos wirkt – wie die automatische Kategorisierung Ihrer Fotos in „Urlaub" oder „Geburtstag" – könnte morgen dazu führen, dass Ihre gesamten Aktivitäten, Interessen und Verhaltensmuster detailliert ausgewertet und in einen globalen Datenpool eingespeist werden.

Sagen wir mal, Sie arbeiten in einer Branche, die mit sensiblen oder vertraulichen Informationen zu tun hat, etwa im juristischen Bereich oder im Gesundheitswesen. In diesen Bereichen kann der Verlust oder die unsachgemäße Analyse von Daten katastrophale Folgen haben. Möchten Sie wirklich, dass ein Cloud-Anbieter Einblick in die juristischen Dokumente Ihrer Mandanten oder die Krankenakten Ihrer Patienten erhält? Diese Informationen sind nicht nur wertvoll, sondern könnten auch von enormem Interesse für

Dritte sein, die möglicherweise daran interessiert sind, sie zu analysieren und zu nutzen.

Deshalb ist es wichtig, dass wir uns bewusst machen, wie viel Macht diese großen Cloud-Anbieter tatsächlich haben, wenn es um die Analyse und Kontrolle von Daten durch KI geht. Die Bequemlichkeit, die uns diese Dienste bieten, hat ihren Preis – und dieser Preis ist oft die Kontrolle über unsere eigenen Daten. Je mehr wir in die Cloud hochladen, desto mehr geben wir diese Kontrolle ab, und desto mehr vertrauen wir darauf, dass die Unternehmen, die diese Dienste bereitstellen, ethisch und verantwortungsvoll mit unseren Daten umgehen.

Doch das Vertrauen allein reicht nicht. Es muss klare Regeln und Gesetze geben, die den Einsatz von KI zur Analyse von Cloud-Daten streng regulieren. Unternehmen sollten verpflichtet werden, transparent darzulegen, wie sie KI zur Datenanalyse einsetzen, und die Nutzer müssen in der Lage sein, genau zu verstehen, was mit ihren hochgeladenen Daten passiert. Nur so können wir sicherstellen, dass die Macht der KI in der Cloud nicht missbraucht wird und unsere Privatsphäre gewahrt bleibt.

In einer Welt, in der Daten der neue „Rohstoff" sind, ist es umso wichtiger, kritisch zu hinterfragen, wem wir unsere Daten anvertrauen und wie diese Daten verwendet werden. Die Analyse von Cloud-Daten durch KI ist ein mächtiges Werkzeug, das sowohl zum Guten als auch zum Schlechten genutzt werden kann. Seien Sie sich dessen bewusst und überlegen Sie genau, welche Daten Sie in die Cloud hochladen und welche potenziellen Risiken damit verbunden sind.

An dieser Stelle möchte ich Ihnen zwei Dienste vorstellen, die in der Schweiz operieren und nach den Gesetzen der EU sowie der DSGVO und den Schweizer Datenschutzgesetzen arbeiten. Sie bieten hohe Verschlüsselungsstandards und legen großen Wert auf den Schutz der Privatsphäre. Wenn schon Cloud, dann bitte die sicherste, die zur Verfügung steht – und diese Anbieter bieten genau das. Sie setzen auf strenge Datenschutzbestimmungen und halten sich an die in Europa geltenden Datenschutzverordnungen, was ihnen im Vergleich zu vielen globalen Anbietern einen erheblichen Vorteil verschafft.

Doch auch hier muss man sich immer bewusst sein: Grundsätzlich gilt bei allen Cloud-Diensten – egal, wie sicher sie erscheinen – dass Ihre Daten auf Servern gespeichert werden, die weit, weit weg stehen. Diese Server gehören dem jeweiligen Unternehmen, und Sie haben keinerlei physischen Zugriff auf diese Infrastruktur. Das bedeutet, dass Sie im Endeffekt darauf vertrauen müssen, dass der Anbieter Ihre Daten so behandelt, wie er es verspricht. Auch wenn eine starke Verschlüsselung und strenge Datenschutzrichtlinien für ein hohes Maß an Sicherheit sorgen, bleibt immer ein gewisses Restrisiko bestehen.

Denn die Tatsache, dass Sie keinen direkten Zugriff auf die Hardware haben und Ihre Daten einem externen Anbieter anvertrauen, ist ein innewohnendes Risiko jeder Cloud-Nutzung. Sie müssen sich darauf verlassen, dass dieser Anbieter nicht nur die Sicherheitsstandards einhält, sondern auch in der Lage ist, eventuellen Angriffen von außen standzuhalten. Die Frage, ob Ihre Daten wirklich sicher sind, hängt also nicht nur von der Technologie ab, sondern auch von der Zuverlässigkeit und Integrität des Cloud-Anbieters.

Selbst wenn die Daten verschlüsselt sind, besteht das Risiko, dass Schwachstellen in der Verschlüsselungstechnik oder menschliche Fehler zu Sicherheitslücken führen. Auch die Frage, wer innerhalb des Unternehmens Zugriff auf die Server und die gespeicherten Daten hat, sollte nicht unterschätzt werden. Sobald Ihre Daten auf einem externen Server liegen, ist es praktisch unmöglich, vollständig zu kontrollieren, wer möglicherweise Zugriff darauf haben könnte.

Deshalb lautet die grundlegende Faustregel: Cloud bedeutet Risiko. Auch wenn es Dienste gibt, die höchsten Sicherheitsstandards genügen, bleibt die Tatsache bestehen, dass Ihre Daten auf einem Server gespeichert sind, der nicht in Ihrer unmittelbaren Kontrolle liegt. Solange Sie diese Risiken kennen und bewusst damit umgehen, kann die Nutzung von Cloud-Diensten sinnvoll sein. Doch das Bewusstsein darüber, dass jeder Cloud-Speicher ein potenzielles Risiko für Ihre Daten darstellt, sollte stets im Hinterkopf behalten werden – egal, wie sicher der Dienst auf den ersten Blick erscheint.

Im nächsten Schritt werde ich Ihnen die beiden Dienste vorstellen, die sich durch besonders strenge Sicherheitsvorkehrungen und hohen Datenschutz auszeichnen.

Auch wenn Google mit Android extrem bequeme Cloudlösungen bietet und OneDrive von Microsoft perfekt in Windows integriert ist, rate ich ganz dringend davon ab, Ihre Daten über den großen Teich in die USA zu verschieben! Die Gesetze dort sind deutlich laxer als in der EU, und in den USA sind Ihre Daten oft mehr wert als Sie selbst. In der EU hingegen wird der Datenschutz strenger gehandhabt und Ihre persönlichen Rechte werden besser geschützt. Vertrauen Sie lieber auf Lösungen, die innerhalb der EU nach den strengen Datenschutzstandards der DSGVO arbeiten.

40.1 Sichere Cloud: pCloud

In dem vorangegangenen Sinne möchte ich Ihnen einen Cloud-Dienst vorstellen, den ich selbst im sogenannten Lifetime-Abo nutze: pCloud. Ja, Sie haben richtig gelesen – mit pCloud können Sie für einen einmaligen Betrag eine lebenslange Cloud-Nutzung erwerben. Das ist einer der Hauptgründe, warum ich diesen Dienst verwende.

Der absolute Hauptgrund aber, warum ich mich für pCloud entschieden habe, ist die Sicherheit, die Verschlüsselung und vor allem der Standort in der Schweiz. Die Schweiz ist weltweit bekannt für ihre strengen Datenschutzgesetze, die zusammen mit der DSGVO in der EU ein besonders hohes Schutzniveau für Ihre Daten bieten. Diese rechtlichen Rahmenbedingungen sorgen dafür, dass Ihre Informationen unter einem der sichersten Datenschutzsysteme der Welt verarbeitet werden.
Besonders wichtig ist hierbei die Tatsache, dass pCloud TLS/SSL-Verschlüsselung verwendet, um Ihre Daten während der Übertragung zu sichern. Das bedeutet, dass Daten, die von

Ihrem Gerät in die Cloud hochgeladen werden, durch eine verschlüsselte Verbindung geschützt sind.

Zusätzlich werden Ihre Dateien auf mindestens drei Serverstandorte verteilt. Das sorgt dafür, dass Ihre Daten auch bei einem Serverausfall oder einem technischen Problem immer sicher und zugänglich bleiben. Ein weiteres besonderes Sicherheitsmerkmal ist die Client-seitige Verschlüsselung, die durch den optionalen Dienst pCloud Crypto angeboten wird. Diese Verschlüsselung sorgt dafür, dass die Daten bereits auf Ihrem Gerät verschlüsselt werden, bevor sie überhaupt in die Cloud hochgeladen werden. Der Clou dabei: Nur Sie haben den Schlüssel zur Entschlüsselung dieser Dateien. Weder pCloud noch Dritte können auf Ihre sensiblen Daten zugreifen und diese demnach auch nicht mit KI analysieren.

Die Sicherheitsinfrastruktur von pCloud ist zertifiziert nach ISO 27001:2013, einem internationalen Standard für Informationssicherheits-Managementsysteme, der bestätigt, dass pCloud erstklassige Maßnahmen zum Schutz der Daten ergriffen hat. Diese Zertifizierung zeigt, dass der Anbieter nicht nur hohen technischen Standards entspricht, sondern auch strenge interne Kontrollen zur Datenverwaltung durchführt.

Was pCloud wirklich einzigartig macht, ist das Lifetime-Abo. Anstatt monatlich oder jährlich zu zahlen, können Sie einen einmaligen Betrag entrichten und die Cloud für den Rest Ihres Lebens (oder für 99 Jahre) nutzen. Das bietet einen großen finanziellen Vorteil, insbesondere für diejenigen, die langfristig denken. Sie müssen sich keine Gedanken über wiederkehrende Kosten machen, und Ihre Daten bleiben gesichert, ohne dass Sie Abos überwachen müssen.

Auch wenn pCloud hervorragende Sicherheitsstandards bietet, bleibt die grundlegende Regel bestehen: Eine Cloud ist immer ein Server, der weit entfernt steht und auf den Sie keinen physischen Zugriff haben. Das bedeutet, dass Sie – wie bei jedem Cloud-Anbieter – ein gewisses Vertrauen in den Dienst setzen müssen. Es ist jedoch wichtig zu wissen, dass pCloud in der Schweiz strengen rechtlichen Rahmenbedingungen unterliegt und alles dafür tut, Ihre Daten sicher zu halten.

Wenn Sie also eine Cloud-Lösung suchen, die Sicherheit und Datenschutz in den Mittelpunkt stellt, bietet pCloud mit seinem Crypto-Dienst und den hohen Verschlüsselungsstandards eine der sichersten Optionen auf dem Markt.

pCloud bietet seinen Nutzern die Möglichkeit, den Dienst in einer abgespeckten, kostenlosen Version zu nutzen. Diese kostenlose Variante gewährt Ihnen bis zu 10 GB Speicherplatz, allerdings mit eingeschränkten Funktionen im Vergleich zu den kostenpflichtigen Plänen. Der Speicherplatz reicht jedoch völlig aus, um kleinere Dateien, Fotos oder Dokumente zu sichern, die Sie jederzeit über verschiedene Geräte synchronisieren können. Im Vergleich zum Lifetime-Abo sind einige erweiterte Funktionen, wie beispielsweise pCloud Crypto zur End-to-End-Verschlüsselung, in der Gratisversion nicht enthalten. Dennoch erhalten Sie eine solide Cloud-Lösung mit hoher Sicherheit und der Möglichkeit, den Dienst erst einmal kostenlos auszuprobieren, bevor Sie sich für ein Upgrade entscheiden.

Für den persönlichen Gebrauch oder private Daten, die nicht verloren gehen dürfen, bietet pCloud jedoch auch in der kostenlosen Version einen zuverlässigen Schutz. Die Dateien werden während der Übertragung und Speicherung durch TLS/SSL-Verschlüsselung gesichert, sodass Sie sich keine Sorgen über die Integrität Ihrer Daten machen müssen und sie werden auch in der kostenlosen Version komplett verschlüsselt gespeichert. pCloud synchronisiert Ihre Daten automatisch, was Ihnen besonders dann hilft, wenn Sie wichtige Dateien auf mehreren Geräten aktuell halten möchten.

40.2 Sichere Mail und Cloud: Proton

Sie haben sich sicher schon am Anfang meines Buches eine meiner E-Mail-Adressen angesehen: ralf-peter-kleinert@proton.me. Dies bringt mich zum zweiten Dienst, den ich Ihnen hier vorstellen möchte: Proton. Wie pCloud ist auch Proton in der Schweiz ansässig, und das bietet einen klaren Vorteil in puncto Sicherheit und Datenschutz. Proton ist vor allem durch seinen Dienst ProtonMail bekannt, der sich auf sichere E-Mail-Kommunikation spezialisiert hat. Doch das Unternehmen bietet weitaus mehr, einschließlich Proton Drive, einer Cloud-Speicherlösung, die auf den gleichen hohen Sicherheitsstandards basiert.

Proton bietet eine unschlagbare Sicherheit, die stark durch den Schweizer Rechtsrahmen geprägt ist. Die Schweiz ist berühmt für ihre strengen Datenschutzgesetze, die den Schutz der Privatsphäre auf höchstem Niveau gewährleisten. Proton fällt zudem unter die DSGVO der Europäischen

Union, was zusätzliche Sicherheit bietet, insbesondere im Hinblick auf den Schutz persönlicher Daten. Proton legt besonderen Wert auf End-to-End-Verschlüsselung, was bedeutet, dass Ihre Daten von dem Moment an, in dem sie Ihr Gerät verlassen, bis hin zur Speicherung auf den Proton-Servern vollständig verschlüsselt sind. Nur Sie haben den Schlüssel zum Entschlüsseln Ihrer Daten.

Ein herausragendes Merkmal von Proton ist, dass das Unternehmen ein starkes Engagement für Transparenz zeigt. Der gesamte Code ist Open Source, was bedeutet, dass er öffentlich überprüft und auf Sicherheitslücken getestet werden kann. Proton betont, dass selbst sie als Anbieter keinen Zugriff auf Ihre Daten haben, was es unmöglich macht, dass Dritte – seien es Hacker oder Regierungsbehörden – Ihre Kommunikation oder Ihre Dateien abfangen können. Diese Kombination aus Schweizer Recht, End-to-End-Verschlüsselung und Open-Source-Technologie macht Proton zu einem der sichersten Anbieter auf dem Markt.

Wenn Sie also auf der Suche nach einem sicheren Cloud-Dienst sind, der den Schutz Ihrer Daten an oberste Stelle setzt, dann ist Proton eine erstklassige Wahl. Gerade in einer Zeit, in der Datenschutz immer mehr an Bedeutung gewinnt, bieten Dienste wie Proton und pCloud einen klaren Vorteil gegenüber anderen, oft weniger transparenten und sicherheitsbewussten Anbietern.

Proton bietet ebenfalls eine kostenlose Version seiner Dienste an, die besonders für Nutzer geeignet ist, die eine hochsichere E-Mail-Kommunikation suchen, ohne gleich in einen kostenpflichtigen Plan investieren zu müssen. Im

Free-Tarif von ProtonMail erhalten Sie 500 MB Speicherplatz, den sie durch verschiedene Möglichkeiten kostenlos erweitern können. Sie können bis zu 150 Nachrichten pro Tag verschicken. Diese kostenlosen E-Mails sind bereits End-to-End-verschlüsselt, sodass niemand außer Ihnen und dem Empfänger auf den Inhalt zugreifen kann. Trotz der Einschränkungen in Bezug auf Speicherplatz und Nachrichtenanzahl bleibt die hohe Sicherheits- und Verschlüsselungsqualität bestehen, was Proton gerade für sicherheitsbewusste Nutzer attraktiv macht.

Wenn es um den Schutz von besonders sensiblen Daten geht, sei es in Form von E-Mails oder Dateien, bietet Proton eine unvergleichliche Sicherheit, selbst im kostenlosen Tarif. Ihre Daten werden in der Schweiz gespeichert, unter den weltweit strengsten Datenschutzgesetzen. Proton betont immer wieder, dass selbst sie als Anbieter keinen Zugriff auf Ihre E-Mails haben, was den Dienst ideal für Personen macht, die sich um die Sicherheit ihrer Kommunikation sorgen – und das ganz ohne Kosten.

41 Rechtliche Bedingungen im Bezug auf KI

Künstliche Intelligenz (KI) revolutioniert viele Bereiche unseres Lebens, aber mit der Einführung dieser Technologie gehen auch neue rechtliche Herausforderungen einher. Wer KI nutzt, sollte sich immer über die rechtlichen Rahmenbedingungen im Klaren sein, die diese Technologie regulieren, und vor allem verstehen, welche Risiken und Pflichten damit verbunden sind.

41.1 Haftung und Urheberrecht

Ein zentrales Thema im Zusammenhang mit KI ist das Urheberrecht. In der EU ist derzeit unklar, inwieweit von KI generierte Werke unter den Schutz des Urheberrechts fallen. Die aktuelle Gesetzeslage verlangt, dass ein Werk eine menschliche Schöpfung sein muss, um als originell und damit schützenswert zu gelten. Das stellt generative KI-Systeme, die oft auf urheberrechtlich geschütztem Material trainiert werden, vor rechtliche Herausforderungen. Fraglich bleibt, ob die Verwendung solcher Daten ohne Zustimmung der Urheber als Urheberrechtsverletzung zu werten ist. Die Europäische Union (EU) verlangt laut der DSM-Richtlinie 2019/790 von KI-Anbietern, offenzulegen, welche Daten für das Training ihrer Systeme genutzt werden. Dies soll es Rechteinhabern erleichtern, zu prüfen, ob ihre Werke rechtmäßig verwendet wurden.

Quellen:

https://copyrightblog.kluweriplaw.com/2024/01/18/generative-ai-copyright-infringements-and-liability/

https://eur-lex.europa.eu/legal-content/DE/TXT/?uri=CELEX%3A32019L0790

41.2 Falschinformationen und Fake News

Ein weiteres bedeutendes Problem ist die Verbreitung von Falschinformationen oder Fake News durch KI. Insbesondere auf Social-Media-Plattformen können KI-Algorithmen die Verbreitung von Desinformationen fördern, da sie oft Inhalte pushen, die hohe Interaktionsraten versprechen. Mit dem neuen Digital Services Act (DSA) hat die EU jedoch strikte Auflagen erlassen, die Plattformen verpflichten, gegen Fake News vorzugehen. Inhalte, die von KI-Systemen erstellt wurden, müssen transparent gekennzeichnet sein, und die Betreiber sind dazu verpflichtet, die Verbreitung von falschen Informationen zu überwachen und einzudämmen.

Quellen:
https://digital-strategy.ec.europa.eu/en/policies/digital-services-act-package

https://eur-lex.europa.eu/legal-content/DE/TXT/?uri=CELEX%3A32022R2065

41.3 Hinterfragung der rechtlichen Situation

Die rechtliche Situation rund um KI befindet sich in einem stetigen Wandel. Viele Fragen, insbesondere die der Haftung, sind noch nicht endgültig geklärt. Wenn ein KI-System beispielsweise Schaden anrichtet – sei es durch Fehlentscheidungen oder durch Verbreitung falscher Informationen – stellt sich die Frage: Wer haftet? Der Entwickler, der Betreiber oder der Nutzer des KI-Systems? Die EU adressiert diese Fragen mit dem kommenden AI Act, der ab 2024 in Kraft treten wird. Dieser reguliert Hochrisiko-KI-Systeme strenger und soll klare Haftungsregeln schaffen.

Quellen:
https://artificialintelligenceact.eu/

https://eur-lex.europa.eu/legal-content/DE/TXT/?uri=CELEX%3A52021PC0206

41.4 Entwicklung der Gesetzeslage in der EU

Die Europäische Union arbeitet weiterhin daran, die rechtlichen Rahmenbedingungen für KI zu verfeinern. Der AI Act, der weltweit als erster umfassender Regulierungsrahmen für KI gilt, wird Hochrisiko-Systeme wie jene im Gesundheitsbereich strengen Kontrollen unterziehen. Systeme, die etwa in der Strafverfolgung oder Justiz eingesetzt werden, müssen besonders strikte Vorschriften einhalten. Ein besonderer Fokus liegt darauf, Systeme zu verbieten, die als ethisch inakzeptabel gelten, wie etwa Social Scoring.

Quellen:
https://eur-lex.europa.eu/legal-content/DE/TXT/?uri=CELEX%3A52021PC0206

https://www.europarl.europa.eu/news/en/press-room/20230609IPR96910/european-parliament-adopts-its-position-on-the-ai-act

41.5 Zusammengefasst Rechtliches

Für Nutzerinnen und Nutzer von KI-Technologien bedeutet das: Seien Sie wachsam. Die rechtliche Lage entwickelt sich schnell weiter, und was heute als sicher oder gesetzeskonform gilt, kann sich morgen ändern. Bleiben Sie auf dem Laufenden, passen Sie Ihr Verhalten an neue Gesetze an und hinterfragen Sie die Nutzung von KI stets kritisch. Der technologische Fortschritt ist rasant, und damit müssen auch die rechtlichen Rahmenbedingungen Schritt halten. Nur so können wir sicherstellen, dass KI verantwortungsvoll eingesetzt wird.

Quellen:

https://eur-lex.europa.eu/legal-content/DE/TXT/?uri=CELEX%3A32022R2065

https://digital-strategy.ec.europa.eu/en/policies/digital-services-act-package

41.6　Mein Appell an Sie

Versuchen Sie möglichst, keine Gesetze zu verletzen, insbesondere wenn Sie KI-Technologien nutzen. Wie oben beschrieben, gibt es klare rechtliche Rahmenbedingungen, die Sie einhalten sollten, um sich sicher und verantwortungsvoll in der digitalen Welt zu bewegen. Doch neben diesen Regeln möchte ich Ihnen ein paar Beispiele und Grundregeln an die Hand geben – als gedanklichen Leitfaden, der jedoch Ihren gesunden Menschenverstand nicht ersetzen kann. Denken Sie daran: Die Grundregel des Lebens ist und bleibt einfach. Nimm nicht das, was dir nicht gehört – eine Lektion, die wir alle schon im Kindergarten gelernt haben.

Beispiel 1: Texte generieren

Wenn Sie KI nutzen, um Texte zu generieren, egal ob für Blogs, Artikel oder kreative Projekte, denken Sie daran, dass die Quellen, die die KI verwendet, oft aus urheberrechtlich geschützten Materialien bestehen. Die Regel hier ist simpel: Geben Sie die Inhalte nicht als Ihre eigenen aus, es sei denn, Sie haben sie vollständig verändert oder ausreichend bearbeitet, um sie zu einem neuen Werk zu machen. Zitieren Sie Quellen, wo immer es notwendig ist, und machen Sie sich bewusst, dass eine KI zwar Inhalte zusammenstellen kann, diese jedoch nicht immer frei von Rechten Dritter sind.

Beispiel 2: Bilder mit KI erstellen

Ein großes Thema ist auch das Urheberrecht bei Bildern, die durch KI generiert werden. Selbst wenn Sie ein Bild von einer KI erstellen lassen, kann es passieren, dass das System auf urheberrechtlich geschützte Werke zurückgreift, um neue Bilder zu kreieren. Hier gilt: Veröffentlichen oder verkaufen Sie diese Bilder nicht, ohne sicherzustellen, dass sie keine rechtlich geschützten Elemente enthalten. Wenn Sie KI für kommerzielle Zwecke nutzen wollen, sollten Sie stets prüfen, welche Rechte mit den generierten Inhalten verknüpft sind.

Beispiel 3: Töne und Musik

Musik und Sounds, die durch KI erzeugt werden, bieten großartige kreative Möglichkeiten. Doch auch hier sollten Sie vorsichtig sein. Nehmen wir die Grundregel: Verwenden Sie keine Klänge, die Ihnen nicht gehören. KI kann bestehende Musikstücke oder Soundelemente nutzen, um neue Werke zu erstellen. Diese Bestandteile können jedoch rechtlich geschützt sein. Achten Sie also darauf, ob die Musik, die Sie durch KI erstellen, frei von Rechten Dritter ist oder ob Sie Lizenzen benötigen.

Beispiel 4: Videos und Animationen

Wenn Sie KI verwenden, um Videos oder Animationen zu erstellen, sollten Sie ebenfalls aufpassen, welche Elemente in diese Arbeiten einfließen. Denken Sie daran: Nur weil eine KI Ihnen bei der Erstellung hilft, bedeutet das nicht, dass alles, was produziert wird, automatisch rechtlich sauber ist. Besonders problematisch können hier Videos sein, die möglicherweise auf geschützten Inhalten wie Logos, Musik oder geschützten Bildern basieren. Die Regel hier ist einfach: Achten Sie auf alle verwendeten Bestandteile und holen Sie im Zweifelsfall eine Genehmigung ein, bevor Sie etwas veröffentlichen.

Nutzen Sie Ihren gesunden Menschenverstand

Letztlich ist es wie überall im Leben: Nutzen Sie Ihren gesunden Menschenverstand. Wenn es sich »falsch« anfühlt oder Sie Zweifel haben, ob Sie die Rechte an einem bestimmten Inhalt haben, recherchieren Sie lieber noch einmal oder verzichten Sie darauf, ihn zu verwenden. Die Nutzung von KI kann großartige Vorteile bieten, aber sie entbindet uns nicht von der Verantwortung, uns rechtlich und ethisch korrekt zu verhalten.

Weiteres Beispiel:

Ein typisches Beispiel aus der Praxis könnte sein, dass Sie der KI den Auftrag geben: »Schreibe einen Text im Stil von Stephen King.« Die KI wird daraufhin einen Text produzieren, der genau diesen Stil imitiert – beflügelt, leicht, als wäre es nichts Besonderes. Aber genau hier liegt das Risiko. Es kann gut sein, dass Teile des Textes nicht nur wie Stephen King klingen, sondern auch von Stephen King stammen. Je länger der Text wird, desto wahrscheinlicher ist es, dass sich bestimmte Passagen einschleichen, die aus Werken von Stephen King direkt übernommen wurden. Diese können vielleicht nur Bruchstücke oder typische Phrasen enthalten, aber das reicht schon, um rechtliche Probleme zu verursachen. Auch wenn die KI nicht bewusst zitiert, kann sie auf urheberrechtlich geschütztes Material zurückgreifen.

Das muss nicht immer passieren, aber es ist sicherer, davon auszugehen, dass es passiert. Wichtig ist: Egal wie beeindruckend der Text aussieht, prüfen Sie ihn kritisch. Ihr eigener Stil ist doch ohnehin viel besser als der von Stephen King, oder? Warum sich auf das Risiko einlassen, wenn Sie Ihren eigenen kreativen Ausdruck finden und entfalten können?

Noch ein Beispiel:

Bildgenerierung: Sagen wir, Sie nutzen eine KI, um ein Bild im Stil eines berühmten Künstlers wie Pablo Picasso oder Vincent van Gogh zu erstellen. Auch hier könnte die KI sich auf geschützte Elemente stützen, die nicht als eindeutig »neue« Werke gelten. Das könnte bedeuten, dass Teile der generierten Bilder tatsächlich stark an die Originalwerke angelehnt sind, was rechtliche Probleme mit sich bringt. Die Faustregel hier lautet: Sobald ein Stil oder eine Vorlage sehr spezifisch und bekannt ist, steigen die Chancen, dass das generierte Bild urheberrechtlich geschützte Teile enthält. Seien Sie daher besonders vorsichtig, wenn Sie KI-generierte Bilder für kommerzielle Zwecke nutzen.

Und weiter:

Musikproduktion: Ein weiteres Beispiel könnte sein, dass Sie der KI sagen: »Erstelle mir einen Song im Stil von Beethoven.« Die KI kann dann Musik generieren, die an Beethovens Werke erinnert. Aber je nach der Art der Daten, auf denen die KI trainiert wurde, könnten Teile des generierten Stücks direkt aus Beethovens Kompositionen stammen – und obwohl Beethoven lange tot ist und seine Werke als gemeinfrei gelten, können bestimmte Arrangements oder Aufnahmen immer noch durch andere Rechte geschützt sein. Tipp: Achten Sie bei KI-generierter Musik immer darauf, welche Elemente verwendet wurden, und prüfen Sie, ob sie wirklich frei von Rechten Dritter ist.

Na, ein Beispiel noch:

Ton und Stimme: Wenn Sie eine KI nutzen, um eine Stimme zu generieren, die wie eine berühmte Person klingt – beispielsweise »Erstelle eine Audionachricht im Stil von Morgan Freeman« – kann es sein, dass die Stimme so exakt imitiert wird, dass sie als Verletzung des Persönlichkeitsrechts gewertet wird. Die Nutzung von Stimmen oder spezifischen Sprechstilen von bekannten Persönlichkeiten ohne deren Erlaubnis kann rechtliche Probleme nach sich ziehen. Das Recht am eigenen Bild und die Persönlichkeitsrechte gelten nicht nur für das visuelle Abbild, sondern auch für Stimmen.

Auch wenn KI-Technologien faszinierende und leistungsfähige Werkzeuge sind, bergen sie Risiken, wenn es um den Umgang mit Urheberrecht, Persönlichkeitsrechten und geschützten Inhalten geht. Die Grundregel bleibt einfach: Wenn es Ihnen nicht gehört, nutzen Sie es nicht ohne klare Erlaubnis. Prüfen Sie KI-generierte Inhalte immer sorgfältig, besonders wenn sie in einem kommerziellen oder öffentlichen Kontext verwendet werden sollen. Seien Sie wachsam und kreativ, und denken Sie daran: Der eigene Stil ist nicht nur sicherer, sondern auch einzigartig und wertvoll!

42 KI Gesamtzusammenfassung

Ich habe Ihnen in diesem Buch viele, viele Möglichkeiten zur Nutzung von KI vorgestellt. Wir sind gemeinsam durch unzählige KI-Modelle gegangen und haben ihre Besonderheiten und Eigenheiten beleuchtet. Vom Umgang mit Sprachmodellen wie GPT bis hin zu spezialisierten KI-Systemen, die in der Industrie, im Gesundheitswesen oder der Finanzwelt Anwendung finden – wir haben viele Facetten dieser Technologien betrachtet. Aber das ist nur der Anfang. Die Welt der Künstlichen Intelligenz ist weitaus größer, als man auf den ersten Blick erkennt.

Wir sprachen über die Anfänge der KI, wie sie sich von simplen Programmen zu den mächtigen Werkzeugen entwickelt hat, die wir heute kennen. Die Geschichte der KI ist eine Geschichte der Innovation, der Rückschläge, aber auch der kontinuierlichen Verbesserung. Unternehmen, die früh in KI investiert haben, ernten heute die Früchte. Einige dieser Firmen verdienen massig Geld mit ihren KI-Technologien und investieren gleichzeitig Unsummen, um diese weiterzuentwickeln. Google, Microsoft, OpenAI – das sind nur einige der großen Namen, die diese technologische Revolution antreiben. Wir haben uns angesehen, wie diese Unternehmen ihre Modelle trainieren, welche Ressourcen dafür nötig sind und welche immensen Summen in Forschung und Entwicklung fließen.

Es war wichtig, Ihnen diese finanziellen Aspekte zu zeigen, weil sie verdeutlichen, wie ernst die KI-Technologie genommen wird. Es handelt sich nicht nur um ein Modewort, sondern um eine fundamentale Veränderung, die alle Bereiche unseres Lebens beeinflusst. Von den riesigen Rechenzentren, die unvorstellbare Datenmengen verarbeiten, bis hin zu den Teams aus Forschern und Ingenieuren, die unermüdlich daran arbeiten, die Grenzen des Machbaren zu erweitern – der Aufwand, der hinter diesen Technologien steht, ist enorm. Und er zeigt, wie viel Potenzial noch in der KI steckt.

Aber trotz all dieser Informationen, die wir zusammen durchgegangen sind, haben wir keinesfalls alles abgedeckt, was mit KI möglich ist. Ganz im Gegenteil: Die Anwendungen und Einsatzgebiete wachsen ständig. Denken Sie nur an die Bereiche, die wir gestreift, aber nicht vertieft haben. Wie sieht es beispielsweise mit der Rolle der KI in der Kunst aus? Wir haben kurz über generative Modelle gesprochen, die Musik, Bilder und sogar ganze Geschichten erschaffen können – aber das ist nur die Oberfläche. In der Zukunft werden wir wahrscheinlich erleben, wie KI ganze kreative Prozesse autonom steuert. Diese Technologien werden nicht nur Werkzeuge sein, sondern möglicherweise Partner im kreativen Schaffen.

Ein weiteres Feld, das wir nur angeschnitten haben, ist die Rolle der KI in der Medizin. Die Fähigkeit, Diagnosen zu stellen, Therapien vorzuschlagen oder sogar neue Medikamente zu entwickeln – all das ist schon Realität. Aber wohin könnte uns das noch führen? Werden wir eines Tages eine Welt erleben, in der medizinische Experten und KI Hand in Hand arbeiten, um das Gesundheitswesen auf ein völlig neues Niveau zu heben? Sicherlich – und die ersten Schritte in diese Richtung sind bereits gemacht. Doch wir haben nicht die Zeit gehabt, in all die spannenden Details einzutauchen, die mit dieser Technologie verbunden sind.

Selbst im Alltag gibt es immer noch unzählige Bereiche, in denen KI eine transformative Wirkung haben könnte, die wir nicht vollständig erfasst haben. Von der Automatisierung des Verkehrs über intelligente Haushaltsgeräte bis hin zu persönlichen Assistenten, die sich nicht nur um einfache Aufgaben kümmern, sondern tatsächlich proaktive Entscheidungen für uns treffen können – das Potenzial ist riesig. Sicherlich sind Sie jetzt, nach all den Informationen, die Sie in diesem Buch gelesen haben, schon gut darin, sich vorzustellen, was KI alles leisten kann. Doch ich versichere Ihnen, wir stehen erst am Anfang.

Was ich damit sagen will: Auch wenn dieses Buch viele Fragen beantwortet hat und Sie mit einem guten Verständnis der aktuellen KI-Landschaft ausstatten sollte, sind wir weit davon entfernt, alles abgedeckt zu haben. Die Entwicklung schreitet so schnell voran, dass selbst das, was heute als innovativ und wegweisend gilt, in wenigen Jahren als veraltet betrachtet werden könnte. KI ist ein dynamisches, sich ständig veränderndes Feld.

Der erste Teil dieses Buches hat Ihnen die Grundlagen vermittelt – aber es gibt noch so viel mehr zu entdecken. Künstliche Intelligenz ist keine statische Technologie, sie entwickelt sich kontinuierlich weiter. Und mit jedem Fortschritt eröffnen sich neue Möglichkeiten, neue Fragen und neue Herausforderungen. Was wir bisher betrachtet haben, ist nur ein Ausschnitt aus einer viel größeren Welt, die sich fortlaufend erweitert. Lassen Sie uns also weiterhin neugierig bleiben und die vielen unerschlossenen Felder der KI erforschen, denn die Reise ist noch lange nicht zu Ende.

Ich habe mir allergrößte Mühe gegeben, alles so einfach und verständlich wie möglich zusammenzutragen. Es war mein Ziel, ein Werk zu schaffen, das die komplexen Themen rund um Künstliche Intelligenz nicht nur erklärt, sondern auch zugänglich macht – für alle, die sich dafür interessieren. Doch wenn ich mir jetzt die Aufgabe stellen würde, alles in dieses Buch zu schreiben, was es über KI zu sagen gibt, dann werde ich im Leben nicht fertig. Denn mit jedem Tag, an dem ich daran arbeite, mit jeder Taste, die ich drücke, entstehen neue Modelle, neue Innovationen. Es ist so: Die KI unterstützt den Menschen dabei, noch bessere und leistungsfähigere KI zu entwickeln.

Wo diese Reise hinführt, kann niemand genau vorhersagen. Sicher ist jedoch, dass sie immer schneller und schneller vorangehen wird. In den letzten Jahren hat sich die Entwicklung von Künstlicher Intelligenz in einem Tempo beschleunigt, das wir uns vor wenigen Jahrzehnten kaum hätten vorstellen können. Unternehmen investieren riesige Summen, nicht nur, um mit der Konkurrenz Schritt zu halten, sondern um die nächste große Innovation zu entdecken. Und hinter jedem neuen Modell stehen weitere Möglichkeiten, weitere Anwendungsgebiete, die sich eröffnen. Es ist vollkommen klar: Diese Entwicklung wird nicht langsamer werden. Im Gegenteil, sie wird immer schneller auf uns zukommen, weil die Technologien sich gegenseitig befeuern. KI hilft dem Menschen dabei, KI zu entwickeln, und das bringt uns in eine Phase exponentiellen Wachstums.

Doch das eigentliche Ziel dieses Buches war es, Ihnen ein tieferes Verständnis für KI zu vermitteln. Ich wollte ein informatives Buch schreiben, das nicht nur die Theorie erklärt, sondern auch die praktischen Anwendungen zeigt. Es ging mir nicht darum, Sie mit Fachbegriffen zu überhäufen oder Sie durch wissenschaftliche Details zu verwirren. Stattdessen war es mein Wunsch, Ihnen die Welt der Künstlichen Intelligenz so zu präsentieren, dass Sie sie nachvollziehen und begreifen können. Dass Sie, ganz gleich, ob Sie vorher schon etwas über KI wussten oder nicht, nach der Lektüre ein fundiertes Wissen darüber haben, wie diese Technologien funktionieren, welche Auswirkungen sie auf unser Leben haben und wo sie herkommen.

Das ist der zentrale Punkt: Ein Verständnis für KI zu schaffen. Ich wollte nicht, dass dieses Buch wie ein trockenes Lehrbuch daherkommt, wie man es vielleicht aus der Schulzeit kennt – mit starren Kapiteln, unzähligen Fußnoten und komplizierten Erklärungen, die oft mehr verwirren als erhellen. Nein, mir war es wichtig, dass Sie das Buch in die Hand nehmen können und einfach darauf loslesen. Es sollte spannend, interessant und lehrreich zugleich sein. Ein Buch, das man nicht nur liest, um etwas zu lernen, sondern das einen auch fesselt, das einen in die Thematik hineinzieht und neugierig macht, mehr zu erfahren.

Ich habe mich bemüht, dieses Buch fast wie einen Roman zu schreiben – oder zumindest so nah wie möglich daran. Denn wenn ich eines gelernt habe, dann, dass Menschen komplizierte Themen am besten verstehen, wenn sie in einer zugänglichen, erzählerischen Form präsentiert werden. Es gibt nichts Langweiligeres, als sich durch trockene Theorietexte zu kämpfen, die man kaum nachvollziehen kann. Daher wollte ich Ihnen die Künstliche Intelligenz auf eine Weise nahebringen, die es Ihnen erlaubt, sich die Informationen zu erschließen, ohne sich dabei zu quälen. Sie sollten das Gefühl haben, durch die Seiten zu fliegen und dabei spielerisch zu lernen. So wie ein gutes Buch fesselt, so wollte ich, dass dieses Buch Sie auf eine Reise durch die Welt der KI mitnimmt – und dabei möglichst keine Frage unbeantwortet lässt – was aber unmöglich ist.

Gleichzeitig war es mir wichtig, dass Sie sich nie überwältigt fühlen. Auch wenn die Themen manchmal kompliziert erscheinen mögen, habe ich stets darauf geachtet, dass die Erklärungen verständlich bleiben. Kein Fachchinesisch, keine unnötigen Abschweifungen – sondern klare, nachvollziehbare Gedanken. Es sollte so sein, als ob Sie mit mir zusammen die Konzepte Schritt für Schritt durchgehen, so dass Sie am Ende des Kapitels nicht nur verstehen, was KI ist, sondern auch, wie sie funktioniert und wie sie eingesetzt wird.

Mir war es außerdem ein Anliegen, die Thematik so zu präsentieren, dass Sie erkennen, wie tiefgreifend die Auswirkungen der Künstlichen Intelligenz auf unsere Gesellschaft bereits sind und noch sein werden. Von den großen Unternehmen, die Milliarden in diese Technologien investieren, bis hin zu den alltäglichen Anwendungen, die immer mehr in unser Leben Einzug halten. KI ist nicht mehr bloß

Zukunftsmusik – sie ist bereits Teil unseres Alltags. Doch gleichzeitig war es mir wichtig, die Balance zu wahren: Ich wollte Sie nicht mit übertriebener Euphorie überschütten, aber auch keine unnötigen Ängste schüren. Vielmehr wollte ich eine realistische, faktenbasierte Darstellung liefern, die Ihnen hilft, die Chancen und Risiken der KI abzuwägen.

Kurz gesagt: Es ging mir darum, ein Buch zu schreiben, das sich liest wie ein spannender Roman, Sie aber gleichzeitig auf eine tiefgreifende und lehrreiche Reise mitnimmt. Ein Buch, das Sie nicht nur informiert, sondern auch inspiriert. Denn das ist letztlich der Schlüssel: Das Wissen, das Sie hier erlangen, sollte nicht nur dazu dienen, Ihren Horizont zu erweitern, sondern auch dazu, Ihnen Mut zu machen, die Möglichkeiten, die KI bietet, für sich zu nutzen. KI ist keine abstrakte Zukunftstechnologie – sie ist greifbar, sie ist real, und sie steht uns allen offen. Dieses Buch soll Ihnen die Werkzeuge an die Hand geben, um diese Technologien zu verstehen und zu nutzen.

Letztendlich wollte ich mit diesem Buch einen Raum schaffen, in dem Sie sich nicht nur als Leser fühlen, sondern als Teil einer großen, spannenden Erzählung über die Zukunft der Menschheit und ihre Technologien. Ich hoffe, dass Ihnen diese Reise genauso viel Freude bereitet hat, wie es mir Spaß gemacht hat, sie für Sie zu schreiben. Aber bedenken Sie: Wir sind erst am Anfang.

An manchen Stellen bin ich auch emotional geworden, und das spürt man sicherlich. Über den großen Zeitraum, in dem ich an diesem Buch gearbeitet habe, können Sie diese Emotionen deutlich wahrnehmen. Es gab Tage, da war ich voller

Begeisterung – fasziniert von den Möglichkeiten, die uns KI bietet. Dann wiederum gab es Tage, an denen ich betrübt oder sogar traurig war, wenn ich darüber nachdachte, wohin uns diese Entwicklungen führen könnten. Es waren Momente, fast schon voller Angst vor dem, was kommen mag. Diese Gedanken und Gefühle haben sich tief in das Buch eingegraben.

Es war nicht immer leicht, an manchen Tagen lief alles wunderbar – ich fühlte mich inspiriert, die Worte flossen fast wie von selbst, die Faszination für das Thema trieb mich voran. Doch es gab auch die Tage, an denen die Zuversicht schwand. Tage, an denen ich mich fragte: Wo führt uns diese Technologie hin? Werden wir als Menschen noch in der Lage sein, die Kontrolle über diese Entwicklungen zu behalten? Wird KI uns irgendwann überflügeln, und wenn ja, was bedeutet das für uns? All diese Gedanken haben sich unweigerlich auf meine Arbeit ausgewirkt.

Ich bin eben keine KI, die in der Lage ist, über tausende Seiten hinweg einen gleichbleibenden Stil zu halten. In der menschlichen Arbeit stecken Höhen und Tiefen, kleine Siege und herbe Rückschläge. Diese Unvorhersehbarkeit, diese Wechsel zwischen den Emotionen – das ist es, was uns Menschen ausmacht. Und genau das spiegelt sich auch in diesem Buch wider. Es gibt Kapitel, die vor Energie sprühen, die von der Begeisterung getragen sind, die ich in den besten Momenten beim Schreiben verspürte. Und dann gibt es Abschnitte, die vielleicht ruhiger oder nachdenklicher sind – Tage, an denen die Zweifel überwogen und die Schwere der Thematik mich beschäftigte.

Das ist der Unterschied zwischen uns Menschen und der KI. Eine KI ist darauf programmiert, konsistent zu sein. Sie kann ohne Pause arbeiten, in einem stetigen, durchgezogenen Stil, egal ob es 100 oder 1000 Seiten sind. Bei mir hingegen ist jeder Abschnitt von den Gefühlen und Gedanken geprägt, die mich in dem Moment bewegt haben. Das bedeutet aber auch, dass dieses Buch etwas Einzigartiges in sich trägt - es lebt. Es lebt von der menschlichen Erfahrung, vom Ringen mit den Themen und der ständigen Auseinandersetzung mit den Möglichkeiten und Risiken der Künstlichen Intelligenz.

Diese emotionale Achterbahnfahrt, die mich beim Schreiben begleitet hat, macht das Buch vielleicht ein wenig unvorhersehbar - aber genau das ist es, was es auch authentisch macht. Sie bekommen hier keine sterile Abhandlung von Fakten und technischen Details, sondern Sie begleiten mich auf einer sehr persönlichen Reise. Eine Reise, die von Neugier und Faszination geprägt ist, aber auch von Momenten des Zögerns und der Unsicherheit. Ich wollte, dass dieses Buch nicht nur informiert, sondern auch spürbar macht, wie sehr uns das Thema KI als Gesellschaft und als Individuen beschäftigt.

Vielleicht ist es gerade diese Menschlichkeit, die das Buch ausmacht. Während eine KI Ihnen präzise Informationen liefern kann, fehlt ihr das emotionale Verständnis, das Bewusstsein für die Bedeutung dessen, worüber sie spricht. Sie können meine Höhen und Tiefen in diesem Buch miterleben, weil ich in jeder Zeile versucht habe, ehrlich zu sein - sowohl mit mir selbst als auch mit Ihnen als Leser. Und genau das kann eine KI nicht: Gefühle, Unsicherheiten,

Begeisterung – all das, was das Menschsein ausmacht, findet sich in diesen Seiten.

Es ist mir nicht gelungen, den durchgehend gleichen Stil zu wahren, aber das war auch nicht mein Ziel. Das Buch sollte ein lebendiges Abbild dessen sein, was in mir vorging, während ich mich durch die Welt der KI gearbeitet habe. Es sollte Ihnen nicht nur Wissen vermitteln, sondern Sie auch auf einer emotionalen Ebene erreichen. Weil ich glaube, dass wir Menschen genau das brauchen: Nicht nur Fakten, sondern auch Empathie. Eine Verbindung zu dem, was wir lernen und verstehen wollen.

Und so, wie dieses Buch eine Reise war – für mich persönlich und hoffentlich auch für Sie – so wird es auch in Zukunft weitergehen. Denn KI entwickelt sich jeden Tag weiter, schneller als wir es uns vielleicht manchmal wünschen. Doch die Frage ist, wie wir Menschen damit umgehen. Ob wir es schaffen, uns die Technologie zunutze zu machen, ohne dabei das zu verlieren, was uns wirklich ausmacht: unsere Emotionen, unsere Kreativität und unser Bewusstsein für das Leben.

Dieses Buch sollte genau das sein: Ein Begleiter auf dieser Reise, in dem sich nicht nur die Informationen widerspiegeln, sondern auch die menschlichen Erfahrungen, die diese Technologien in uns hervorrufen. Ein Werk, das Sie nicht nur informiert, sondern auch berührt. Und wenn das gelungen ist, dann habe ich mein Ziel erreicht.

Natürlich würde ich lügen, wenn ich behaupten würde, dass KI mir bei diesem Buch nicht geholfen hat. Wenn ich mal nicht weiterwusste oder Unsicherheiten hatte, habe ich genauso die KI gefragt. Und ja, wenn ich etwas nicht verstand, habe ich mir Erklärungen geholt, um sicherzugehen, dass die Informationen korrekt sind. Die Rechtschreibung? Na klar, auch da hat die KI ihren Anteil. In meiner Autorensoftware werkelt ständig eine KI im Hintergrund – das kann ich gar nicht verhindern. Jeder noch so kleine Fehler wird mir direkt vor Augen geführt, in aufdringlichen roten Rahmen, die mir gnadenlos zeigen, wo ich mich vertippt habe. Diese Technologie ist da, und sie hilft mir, wie sie es bei vielen anderen auch tut.

Aber – und das ist mir wichtig zu betonen – ich schreibe gerne. Ich habe schon Romane unter einem Pseudonym veröffentlicht, und Hunderte von Artikeln geschrieben, weit bevor es diese Künstliche Intelligenz gab. Das Schreiben selbst, das Ringen mit den Worten, die Suche nach der perfekten Formulierung, das ist für mich weit mehr als nur Arbeit. Es ist eine Leidenschaft. Es ist der Prozess, in dem ich mich verliere, wo ich grüble, formuliere, verwerfe und neu beginne. Es ist dieser kreative Schaffensprozess, der mich motiviert, immer weiterzumachen, selbst wenn es manchmal mühsam ist.

Deshalb richtet sich meine Bitte ganz besonders an alle Autoren: Schreibt weiter selbst. Vertraut nicht nur auf die KI, lasst sie nicht den kreativen Teil übernehmen. Das Schreiben, das Grübeln, das Basteln an Formulierungen – das ist der Kern dessen, warum wir uns entschieden haben, Autoren zu sein. Es ist diese tiefe Freude, die uns antreibt. Die kleinen Momente, in denen ein Satz plötzlich perfekt passt, in denen ein Gedanke klar wird oder eine Idee Gestalt annimmt – das sind die Augenblicke, die das Schreiben so wertvoll machen.

In meinem Buch habe ich auch bewusst auf Themen einen Fokus gesetzt, die nicht unbedingt direkt mit der Künstlichen Intelligenz (KI) Technologie verbunden sind – aber irgendwie dann doch, wie beispielsweise pCloud und Proton. Diese Dienste bieten nicht nur erstklassige Cloud-Lösungen oder E-Mail-Dienste an, sondern schützen Ihre Daten auch vor den neugierigen Augen von KI-Systemen, insbesondere wenn wir an große Technologieunternehmen wie Google und Microsoft denken. Hier liegt der große Vorteil in der strengen Verschlüsselung und den Datenschutzgesetzen der Schweiz, die viel strengere Richtlinien zum Schutz der Privatsphäre verfolgen als andere Länder.

Natürlich habe ich nicht nur über diese Dienste gesprochen, sondern auch die Gefahren und Risiken, die im Zusammenhang mit KI-Systemen auftreten, ausführlich beleuchtet. Themen wie die rechtlichen Rahmenbedingungen, Haftung und die potenziellen Missbräuche von KI sind ebenso wichtig. Es reicht nicht, sich allein auf die Technologie zu konzentrieren – wir müssen das größere Bild betrachten und verstehen, wie die Technologie in unsere bestehenden Systeme integriert wird und welche Risiken dies birgt. pCloud und Proton stehen hier exemplarisch für Technologien, die sich bewusst auf den Schutz Ihrer Daten konzentrieren, während viele andere Dienste diesen Schutz vernachlässigen.

Mit diesem Ansatz wollte ich Ihnen also nicht nur ein Buch an die Hand geben, das sich ausschließlich auf KI-Technologien wie ChatGPT oder DALL-E konzentriert. Vielmehr habe ich mir Mühe gegeben, auch unmittelbar verbundene sowie weiter entfernte Themen mit einzubeziehen, um Ihnen einen Gesamtleitfaden zu bieten. Mein Ziel war es, dass Sie über den Tellerrand blicken und verstehen, dass es bei KI nicht nur um die offensichtlichen Anwendungen geht, sondern auch um die Tools und Mechanismen, die uns in einer Welt voller Daten schützen können. Es hängt alles irgendwie zusammen. Die Art und Weise, wie Daten verarbeitet, gespeichert und genutzt werden, spielt eine zentrale Rolle – egal ob von einer KI oder durch andere Technologien. Um KI in ihrer ganzen Tragweite zu begreifen, ist es unerlässlich, auch diese tieferliegenden Strukturen zu verstehen und zu berücksichtigen.

Mit anderen Worten: Sicherheit, Datenschutz und rechtliche Rahmenbedingungen sind untrennbar mit der Entwicklung und Nutzung von KI verbunden. KI mag der Motor des Fortschritts sein, aber Dienste wie pCloud und Proton sind der Schutzschild, der uns davor bewahrt, die Kontrolle über unsere Daten zu verlieren.

Für die Zukunft merken Sie sich bitte: Auch wenn ich hier klare Empfehlungen und eindeutige Absagen an einzelne Dienste abgegeben habe, kann sich die Lage schneller ändern, als Sie denken – und zwar schneller als ein Betrunkener vom Kneipenstuhl rutscht! Was ich damit sagen will, ist ganz einfach: Die Bedingungen, denen Sie heute vertrauen, können sich von einem Tag auf den anderen ändern. Unternehmen, die heute Datenschutz und Sicherheit hochhalten, können morgen schon andere Interessen verfolgen. Vielleicht passen sie ihre Geschäftsmodelle an, ändern ihre

Datenrichtlinien oder es gibt neue gesetzliche Vorgaben, die alles auf den Kopf stellen.

Deshalb mein Rat: Prüfen Sie regelmäßig die Bedingungen der Dienste, die Sie nutzen. Schauen Sie sich immer wieder an, was in den Nutzungsbedingungen oder den Datenschutzrichtlinien steht. Diese ändern sich häufiger, als viele glauben, und oft sind die Anpassungen nicht unbedingt zu Ihrem Vorteil. Bleiben Sie wachsam, auch wenn Sie sich auf einen Dienst verlassen, der bisher als sicher galt. Vertrauen Sie nicht blind darauf, dass das, was heute gilt, auch morgen noch Bestand hat.

Und das betrifft nicht nur die Anbieter selbst. Loten Sie die allgemeinen Gesetze aus, denn auch die rechtlichen Rahmenbedingungen sind in ständiger Bewegung. Datenschutzgesetze wie die DSGVO sind zwar strenge Regelwerke, aber auch diese Gesetze können angepasst werden. Technologie und Gesetzgebung gehen oft nicht im Gleichschritt – das macht es umso wichtiger, dass Sie sich als Nutzer immer wieder informieren und sich bewusst machen, dass nichts in Stein gemeißelt ist.

Passen Sie sich an, wenn sich die Anbieter anpassen. Wenn ein Dienst plötzlich die Sicherheitsstandards lockert oder sich entscheidet, Ihre Daten in einer Weise zu nutzen, die Ihnen nicht passt, dann sollten Sie nicht zögern, die Konsequenzen zu ziehen. Es geht um Ihre Daten, Ihre Privatsphäre und letztlich Ihre Sicherheit. Nichts ist heute wie gestern, und morgen wird anders sein als heute! Diese Dynamik der ständigen Veränderung gilt besonders im Bereich der digitalen Technologien und noch mehr bei KI und Cloud-Diensten. Bleiben Sie flexibel und wachsam – nur so können Sie langfristig die Kontrolle über Ihre digitalen Informationen behalten.

43 Bitte bewerten Sie mein Buch

Nach einer langen und intensiven Phase des Schreibens halte ich nun mein fertiges Buch in den Händen. Es erfüllt mich mit Stolz, das Ergebnis meiner Bemühungen mit Ihnen teilen zu können. Doch trotz aller Sorgfalt und Hingabe, die in dieses Werk geflossen sind, bin ich mir bewusst, dass kein Buch perfekt ist. Daher bitte ich Sie um Ihre Unterstützung.

Ich habe mir größte Mühe gegeben, meine Gedanken klar und verständlich zu formulieren, die Themen präzise auf den Punkt zu bringen und das Buch so zu gestalten, dass es Ihnen einen echten Mehrwert bietet. Dabei habe ich besonders darauf geachtet, dass es weder unnötig aufgebläht noch inhaltlich überladen ist. Doch wie jede Autorin oder jeder Autor weiß, ist es manchmal schwierig, den eigenen Text mit der nötigen Distanz zu betrachten.

Hier kommen Sie ins Boot gestiegen, wenn ich das so sagen darf. Ihr Feedback ist für mich von unschätzbarem Wert. Ich bin auf Ihre Rückmeldungen angewiesen, um sicherzustellen, dass mein Buch wirklich verständlich ist, dass keine wichtigen Informationen fehlen und dass keine Fehler übersehen wurden. Vielleicht gibt es Stellen, die für Sie schwer nachvollziehbar waren, oder Sie haben Anregungen, wie bestimmte Inhalte noch klarer vermittelt werden könnten.

Ihre ehrliche Meinung ist für mich der Schlüssel zur Verbesserung. Sie hilft mir, eventuelle Schwächen zu erkennen und zukünftige Projekte noch besser zu gestalten. Daher lade ich Sie herzlich ein, mir Ihre Gedanken, Anmerkungen und Kritik mitzuteilen.

Ich danke Ihnen schon jetzt für Ihre Unterstützung und freue mich auf Ihr wertvolles Feedback.

Weitere Bücher von mir

Bitte besuchen Sie meine Amazon Autoren Seite: https://www.amazon.de/stores/Ralf-Peter-Kleinert-RPK/author/B0D6FVWCTN.

Hier finden Sie weitere Bücher von mir aus dem Bereich IT-Sicherheit, Betriebssysteme und Virtualisierungsserver.

1. **Proxmox VE 8 Praxisbuch** – kostenlose Profivirtualisierung für Unternehmen und Privatanwender in Deutsch, Englisch und Französisch.
https://www.amazon.de/dp/B0CW19TM3N

2. **Computer und IT Sicherheitsfibel**. Das umfassende Buch zur digitalen Sicherheit in Deutsch.
https://www.amazon.de/dp/B0D73XN1JS

3. **Schluss mit Windows! Jetzt kommt Linux!** Erfahren Sie, welche Daten von Ihnen durch Windows in die Cloud gelagert werden, ohne dass Sie vielleicht davon wissen – und wie sie mehr Datenschutz mit erreichen können. Deutsch, Englisch und Schwedisch.

https://www.amazon.de/dp/B0DDCH4VMF

Besuchen Sie auch gerne meine Website: https://ralf-peter-kleinert.de, oder Schreiben Sie mir an mein verschlüsseltes Postfach ralf-peter-kleinert@proton.me.

44 Zum Schluss

Hui, war das eine Reise, meine Lieben. Ich bin förmlich selbst erschüttert, was ich alles gesehen, gelesen und gehört habe, als ich dieses Buch geschrieben habe. Es sind so viel mehr Themen ins Buch geflossen, als ursprünglich geplant. Es sollte ja ein Buch über die »Techgiganten« werden – isses aber nicht. Ich habe damals, 2022, gedacht: »Ach, hauste mal n Buch über Facebook, Google und Co. raus. Wirste berühmt!« (lachen im Kopf). Natürlich Quatsch. Ich fange an zu schreiben, recherchiere und plötzlich: Bumms, OpenAI und KI sind das große Ding. Keiner muss mehr arbeiten, alle sind reich und niemand auf der Welt muss mehr hungern. Zumindest hat sich das eine Zeit lang so angefühlt, als die Erwartungen an KI ins Unermessliche wuchsen.

Und jetzt? Jetzt ist ein Buch herausgekommen, das zwar »Die Mutter aller KI-Bücher« heißt, aber im Grunde nur an der Oberfläche der KI kratzt. Es gibt so viel mehr zu entdecken, und ich gebe zu: Die Reise hört hier nicht auf. Dieses Thema wird uns noch lange beschäftigen. Aber, um Ihnen etwas mitzugeben: Das Buch ist ziemlich umfangreich geworden, es deckt Themen wie die Entwicklung von KI, die Geschichte des Computers, rechtliche Rahmenbedingungen, ethische Fragen und vieles mehr ab.

Ich möchte Ihnen ans Herz legen, dieses Buch immer mal wieder in die Hand zu nehmen und Ihr Gedächtnis aufzufrischen. Manchmal reicht es schon, das Inhaltsverzeichnis zu überfliegen, um sich an die wichtigen Konzepte zu erinnern. Denn so werden Sie KI einfacher nutzen und deutlich sicherer durch die KI-Welt »fliegen«. Es ist ein bisschen wie bei einem Erste-Hilfe-Kurs – man muss immer mal auffrischen, damit die Handgriffe sitzen. Es geht nicht nur darum, was KI heute kann, sondern auch darum, sich bewusst zu machen, wie schnell sich diese Welt weiterdreht.

Natürlich wird sich die Welt rasant weiterentwickeln. Da müssen wir uns nichts vormachen. Aber viele der Konzepte, die ich hier vorgestellt habe, werden zumindest in ihren Grundzügen bestehen bleiben – auch wenn sie sich stark verändern. Bleiben Sie neugierig. Das ist vielleicht der wichtigste Tipp, den ich Ihnen mit auf den Weg geben kann. Lesen Sie nach, bilden Sie sich weiter, und zwar nicht nur in meinem Buch. Schauen Sie sich auch andere Quellen an, bleiben Sie dran und prüfen Sie immer wieder, wie sich die Technologien und die rechtlichen Rahmenbedingungen weiterentwickeln.

Die Dinge, die heute noch wie Science-Fiction wirken, sind morgen vielleicht schon Alltag. Aber je besser Sie vorbereitet sind, desto einfacher wird es Ihnen fallen, sicher und souverän mit dieser sich ständig wandelnden Welt der KI umzugehen. Bleiben Sie wachsam und informiert. Und, wer weiß, vielleicht sind Sie ja bald schon derjenige, der andere auf diese Reise mitnimmt.

45 Haftungsausschluss

Die Informationen in diesem Buch dienen lediglich allgemeinen Informationszwecken. Ich übernehme keine Gewähr für die Richtigkeit, Vollständigkeit oder Aktualität der bereitgestellten Inhalte. Jegliche Handlungen, die aufgrund der in diesem Buch enthaltenen Informationen unternommen werden, erfolgen auf eigene Verantwortung.

Ich hafte nicht für Schäden, Verluste oder Unannehmlichkeiten, die durch die Nutzung oder Nichtnutzung der Informationen in diesem Buch entstehen. Dies gilt auch für direkte, indirekte, zufällige, besondere, exemplarische oder Folgeschäden. Ich behalte mir das Recht vor, die Informationen in diesem Buch jederzeit ohne Vorankündigung zu ändern oder zu aktualisieren. Es liegt in der Verantwortung der Leser, die Aktualität der Informationen zu überprüfen.

Diese Haftungsausschlusserklärung gilt für alle Inhalte in diesem Buch, einschließlich Links zu anderen Informationsquellen, die von Dritten bereitgestellt werden. Ich habe keinen Einfluss auf den Inhalt und die Verfügbarkeit dieser externen Quellen und übernehme keine Verantwortung dafür.

Die Verwendung dieses Buches erfolgt auf eigene Gefahr, und Leser sollten ihre eigenen Maßnahmen ergreifen, um sich vor Viren oder anderen schädlichen Elementen zu schützen.

Änderungen und Irrtümer vorbehalten. 2024

Ralf-Peter Kleinert – DIGITALeasy

www.ingramcontent.com/pod-product-compliance
Lightning Source LLC
Chambersburg PA
CBHW052234220526
45471CB00001B/45